谨以此本书献给所有想通过投资数字货币

实现财富自由的人们！

如何投资数字货币

王　博　周朝晖　主　编
邹来辉　曾舜斌　潘国力　马　龙　副主编

電子工業出版社·
Publishing House of Electronics Industry
北京·BEIJING

内 容 简 介

本书的受众是币圈内外一切想了解和参与数字货币投资的前卫人群，不论对数字货币了解多少，既往投资经验积累是否丰富，多少资金规模，多大职业跨度，年龄几何，都期望读者能通过阅读本书，轻松上手，从容切入，成为成熟稳健的数字货币投资者。

本书由浅入深，分为基础知识、投资交易、投资理念、区块链技术和数字货币的应用与发展、百家争鸣5篇，是系统介绍如何投资数字货币的大众读本，也是完全遵守去中心化原则，充分呈现各位编委会成员独立思想和原创观点的智慧风暴著作。本书非学院派研究论著，更非此前介绍数字货币概念的知识普及读物，本书需要读者认真思考，经历烧脑、煎熬和跋涉，才能最终体悟和掌握数字货币投资大智慧。

我们期待与读者一起学习和进步，通过投资数字货币，享受人生最大的一次财富增长机遇。

本书除满足数字货币投资者需求外，还适合币圈技术精英、区块链与数字货币应用研究和创新机构、银行与保险和政府金融研究与监管部门、高校金融专业教学参考。

图书在版编目（CIP）数据

如何投资数字货币/王博，周朝晖主编，一北京：电子工业出版社，2017.1
ISBN 978-7-121-30415-6

Ⅰ.①如… Ⅱ.①王… ②周… Ⅲ.①电子货币—投资—基本知识 Ⅳ，① F830.9

中国版本图书馆CIP数据核字（2016）第280674号

策划编辑：董亚峰
责任编辑：董亚峰 特约编辑：刘广钦 刘红涛
印 刷：北京七彩京通数码快印有限公司
装 订：北京七彩京通数码快印有限公司
出版发行：电子工业出版社
北京市海淀区万寿路173信箱 邮编100036
开 本：720×1000 1/16 印张：22.25 字数：466千字
版 次：2017年1月第1版
印 次：2018年6月第11次印刷
定 价：68.00元

凡所购买电子工业出版社图书有缺损问题，请向购买书店调换。若书店售缺，请与本社发行部联系，联系及邮购电话：(010) 88254888，88258888。

质量投诉请发邮件至 zlts@phei.com.cn，盗版侵权举报请发邮件至 dbqq@phei.com.cn。

本书咨询联系方式：(010) 88254694。

名家与读者推荐

区块链加密技术将彻底颠覆我们的日常生活，数字资产是最具潜能的投资，此书是追求财富自由者必读！

——世界区块链基金会主席、比特币大使　李威声

投资区块链数字资产，识别骗局最重要，感谢王博、周朝晖、江恩等十位作者创作的这本书，给了大家一个好的指引。

——亚洲 DACA 区块链研究协会秘书长、清华大学 iCenter 导师　韩锋

无论是数字货币还是区块链技术，在最近几年的发展都是突飞猛进的，数字货币层出不穷、良莠不齐，本书从方方面面由浅入深地对数字货币进行了权威的解读，尤其对数字货币的选择和投资做了重点讲述，堪称数字货币投资的红宝书。

——亚洲 DACA 区块链协会会长、BtcTrade 董事长 张寿松

数字货币正在兴起，同时数字货币骗局也在兴起，本书可以让你少踏点坑！

——亚洲 DACA 区块链研究协会副会长、金链盟常务副秘长、深圳大学 ATR 国防科技重点实验室博士 申屠青春

参与这本书写作的作者不少都是巴比特专栏作家、巴比特社区技术达人，内容覆盖数字货币原理、应用、挖矿、交易与投资的方方面面，堪称数字货币百科全书。

——巴比特创始人、科幻作家 长铁

本书认真仔细地把密码学货币梳理了一遍，并且严格摒弃了传销币，是国内难得的资料性书籍。

——维优区块链 CEO 顾颖 （初夏虎）

数字货币和区块链是充满机遇和风险的行业。本书既有对数字货币技术原理的深入诠释，也有投资操作的丰富经验总结和建议，让读者对数字货币这个领域不再感到神秘和陌生。

——CHBTC CEO、Bitbank 副总裁 李大伟

很佩服本书作者将艰深晦涩的数字货币，通过通俗易懂的语言进行普及，让我们有机会全面了解数字货币，进而投资数字货币。

——搜搜比特币联合创始人 李雄

本书系统全面地梳理了数字货币产业链的发展状况，无论是数字货币的投资者、关注者还是从业者，都值得一读。

——比特币之家 & 金先声创始人 王忠鸣

进入数字货币这个激动人心的领域，并且获得收益，需要知识和技巧，本书可以在这两方面帮到您！

——图灵奇点 CEO（此前就职央行） 郭成

本书在区块链行业自律方面起到了导向作用，定能推动区块链行业健康发展。

——招股金服 CEO 鄢傲

数字货币对未来人类的发展会产生巨大的影响，当下我们更要认清楚数字货币才能走在行情的前沿，本书带你走进“她”的内心世界。

——btcmini 矿业创始人 王瑞锡

这本书给想了解数字货币的人打开了一扇窗。阅读本书，你未必能一览数字货币发展的全景，也不能完成一次入门到精通的快速学习，但可能会更新你的认知：数字货币不是传销，不是诈骗，而是一次伟大的技术革新，一场可能颠覆原有金融秩序的革命。

——融 360 财经专栏作者　南宫远

本书深入浅出地介绍了比特币、区块链以及后续发展的各种竞争性数字货币的基础知识，深刻剖析挖矿、交易、众筹、应用等多方面发展趋势，非常适合比特币和区块链初学者入门。

——莱特币国际团队成员，中国莱特币区块链社区创始人 杨鹏（PZ）

好书应该分享，在暴涨暴跌的数字货币世界中，我们应该透过现象看本质，权衡利弊，理智投资。

——比特帮 CEO　戴军军

这本书中涵盖了目前国内数字货币的发展现状，如同我对这本书抱有极大的热忱和期待一样，我衷心希望作为读者的你们也能从这本书中有所收获！

——尚持公司中国区总经理　安德士（Anders J rnkrok）

作为比特币、加密货币和区块链技术领域的业内人，我相信这是正在走向主流市场的最有前景的高科技之一。区块链技术将剔除不必要的中间商，降低交易成本，并为人类做出巨大贡献。

——DECENT 内容发布平台创始人及总裁　Matej Michalko

数字货币作为一种投资品正逐渐被人们所熟悉，区块链技术应用的探索可能改变未来企业的运行模式和人们的生活方式。本书比较系统地介绍了主要的数字货币、投资策略、区块链技术的应用等，深入浅出，通俗易懂，是了解数字货币和区块链技术很好的中文资料。

——经济学博士 柯建飞

本书提供了股票与期货投资者快速融入数字货币投资的一切知识，成为老股民踏入数字货币投资的桥梁。

——资深股票分析师 马新峰（股往金来）

本书在股票、期货、邮币卡、房地产传统投资品种外，增加一个数字货币全新选择，这是每位高端理财人士的一次重大投资机会。

——北京金泰广宇科技发展有限公司董事长、邮币卡资深专家 王学志（北京大王）

本书解析了不为常人所知的通货膨胀对个人货币资产稀释的真相，投资不动产、数字货币都是个人财富保值增值不可或缺的选择。

——西安思筹之路地产 CEO 李永新

梦想改变世界、数字成就未来，数字资产与不动产都将是个人的重要财富！

——北京欣汇聚商业管理有限公司 CEO、商业地产知名操盘手 赵永杰

本书提供的如何投资数字货币的战略规划和实战技法，读来明显感到是沉淀数十年操盘经验之谈，对普通投资者具有重要的指导意义。

——机构投资操盘手、股票期货高级分析师、高校金融专业客座专家 吕振亮

作者结合自身多年的金融市场经验和实战操盘技法，较为系统、客观地剖析了数字货币市场诞生、发展的特点和具体投资方法。本书对投资者了解和介入数字货币市场都具有较高的参考价值！

——期货营业部经理、股票期货资深人士 李大江

货币数字化是一种发展的趋势，本书将带领我们一起进入数字货币的世界。

——泉州农商银行支行行长 万世雄

本书对创建国际数字货币管理框架体系，对如何发行央行币均做了富有意义的探索，很有参考价值。

——浦发银行宝鸡分行原行长 付冰

比特币的诞生告诉我们，货币的进化远未终结。只是，在似是而非的迷雾之中，数字货币何去何从尚不得而知。而本书的意义就在于，拨开这团雾霭，还原其本真。

——羊城晚报资深调查记者　李钢

区块链与数字货币产业已扑面而来，成为每位投资者必须学习和掌握的新领域。拜读了本书内容，幸之；有助于把握新的投资机遇，荐之。

——上海勇翔投资董事、理解同享阳光私募基金经理　李洁（理解）

马云说：“你之所以还没有成功，是因为学习不够！”现在开始学习数字货币，一定获益匪浅。

——牛博士　（闫欣）

当今世界，能有百倍回报率的投资正隐藏在数字资产之中，此书的问世，掀起了数字货币投资的神秘面纱，这是一本值得细读的投资指南，相信拥有此书的读者均为有福之人。

——丰泽创投联合创始人 江华

如果你想投资它，这里给出了方法；如果你想了解它，这里讲述了投资理念；如果你害怕有风险，这里特别提醒了你；如果你真有胆识，这里为你搭建了桥梁；如果你有疑问困惑，本书为你解开谜团。有眼光才有未来，有魄力才有收获。看罢此书，有助于你理性规避风险，扩大投资收益。

——现代作家文学电子刊主编、资深培训师　吴国红（踔风）

前 言

2016年1月20日中国人民银行数字货币研讨会在北京召开的消息被人行官网高调发布，1月21日电子工业出版社学术出版分社首席策划董亚峰即联系到中国狗狗币协会会长江恩，表示期望出一本关于“互联网+金融”（数字货币）的图书。被评为2014年数字货币十大名人榜首、2015—2016年十大区块链意见领袖的江恩，一直活跃在数字货币投资第一线，充分感受到民间对这场去中心化区块链革命迫切了解和参与的愿望，也深知币圈精英积极推进数字货币理念和思想的无限激情，迅速遍访群侠以去中心化模式组织六位币圈牛人构成编辑委员会。

进入编委会的成员，虽不是专业作家，都有自己的实体产业或事业运行，但都与数字货币具有紧密联系：江恩甚至做出要一生从事数字货币推广与发展的长远规划；王博集股票期货收藏等二十多年投资经验，坚信这是一场改变人类历史进程的伟大革命和一次重大投资机遇，义无反顾地要致力于推动和引导全社会投资者积极参与；周朝晖活跃在国际开源软件社区十多年，用他几十年的代码模块优势开创了施比爱打赏系统、支撑了诸多币圈网站与咨询平台，成为国内少有的精通数字货币和区块链的技术领袖；邹来辉参与创建英克雷瓦王国、让狗狗币首次成为了法定货币、还被邀登上凤凰卫视，他正全力推进世界公民理想与狗狗币的慈善文化，成为国内连接国际社区并负责狗狗币钱包维护更新的管家；潘国力的数字货币大数据分析系统已成功众筹并成为币圈重要的投资参考；马龙在巴比特贡献多篇深度技术研究文章，并活跃在各类社交平台，其“bite酱”系列视频正每天都为数字货币的未来发展哺育“90后”和“00后”接班人。

数字货币是一场星星之火可以燎原的金融革命，也是一次由民间发起政府逐渐领悟并默许而后积极推进的国际洪流，大局当前，中国政府的高调表态，是对从2013年年底至今压抑两年多来数字货币理念与思想的再次引爆。曾经有不少投资者，因为在比特币暴涨到8000元后价格的狂跌与政策的打压，遭遇惨痛的投资亏损和信任危机，但今天，一切都烟消云散，我们似乎看到了股票、期货、邮币卡、现货商品、房地产市场那些长期被阴霾和低迷笼罩的投资者，当他们看到和读懂数字货币长期螺旋上涨的重大投资机遇后，形成的势不可当之大潮！

但是，数字货币先天的去中心化理念、区块链分布式总账本构成的无须第三方信任的机制，以及它的加密算法、钱包、地址、公钥、私钥、开户交易、提币、充币等一系列特点，在圈内极客与粉丝看来都了如指掌，但对大多数圈外投资者却构成天然的技术屏障，这就迫切需要一本连接普通投资者需求的交易指南性读本。

任何重大事件的创新，在其价值衡量评估体系未确定前，都伴随着一定的投资风险，2015 年以来，区块链产业与智能合约的创新与投资频现高潮，以太坊数次成功众筹及行情炒作甚至超过比特币曾经的辉煌，一些中心化团队操控的众筹资产币种因为有组织地推广和宣传表现出了更为强劲的人气。这种现象值得冷静思考，必须有勇于承担社会责任的作者，将这种顾虑和风险警告给投资者，引导他们理性投资。

在本书编写过程中，编委会成员曾多次遭遇诸如维卡币、百川币等以传销骗钱为目的的骚扰。许多类似的传销币种，圈内人只需钱包、地址、区块链几个参数便可鉴别真伪，但圈外投资者长期受“中心化公司主体”思维影响，更偏向于相信具有中心化组织推广的币种，不少人中了传销组织的圈套，为此，本书还必须能满足投资者甄别投资币种的需要。

投资数字货币不仅要规避系统性风险，更重要的是让投资者树立必胜的信念和获得更大的收益！因此，本书还应讲透“数字货币诞生与发展有没有历史必然性”“数字货币成长空间有多大”“如何确定高致赢率的投资战略”“怎样建立适合自身特点的实战技法”“如何把握数字货币的行情波动周期、价格运行趋势、阶段目标价位”。顾客就是上帝，让读者满意才是硬道理，只有把这些问题说清楚，编委才算尽到责任。

正是沿着以上思路和理念，编委会在反复讨论的基础上达成共识：要么不出书，要出就要抓住全社会对“如何投资数字货币”这个需求，解析投资者的困惑与疑虑，树立投资数字货币的信心，引导战略投资机构、民间散户投资者在互补融合前提下积极参与，推动整个数字货币产业健康发展！同时，为政府决策与监管、合理布局央行币与公众数字货币关系、建立未来超主权国际数字货币框架体系提出前瞻性意见。

本书由王博主持搭建框架结构体系和确定中心思想，并负责有关数字货币投资、厘清币种分类、数字货币未来体系建设、百家争鸣等内容；周朝晖负责基础知识解读、投资交易实施、区块链产业发展与应用等内容；邹来辉为读者献上世界公民的理想主义去中心化社会理念，为了彰显每个编委的独立思想，所有文章都给予署名。

这是一次政策召唤与民间需求的和谐共振，是一次出版社自上而下发起与编者自觉自愿齐心协力的完美结合，没有功利，唯有热情。我们没有学院派高贵的身份、学历、职务与亲近高层的便利，但我们有深入民间、参与平台、连接人气、与行情同呼吸的底蕴；我们无暇引经据典追求理论和说教的完美，但我们有集数十年的真刀实枪浴血拼杀的经验练就的篇篇干货；在去中心化的理念下，我们失去了权威的个人，但我们却在无所畏怯的争论与独立思考中，铸就了团队集体智慧的王者风范；愿这本在完全开放包容的状态下创作的类似数字货币智库性质的书，能像比特币挑战传统的中心化货币体系一样，为读者打开如何投资数字货币的新天地。

为了保障本书的观点和结论能尽量反映民间思想和发展趋势，本书关于“如何投资”“币种划分”“百家争鸣”等章节内容，曾采取完全开放的方式发布在巴比特与比特时代广泛征求全国币圈大V和草根领袖的意见，多篇文章引起热烈讨论和好评，其中“数字货币诞生和发展有其必然性”一文获国内数字货币圈最大打赏（1枚比特币）。

本书为力求内容全面与权威，以补缺短板的性质，邀请了比特时代CEO黄天威、巴比特专栏作家李健（EVA）、矿业大咖廖翔、炒币防守术创建人赤道参与命题创作，几位好友的美文均署名呈现，在此一并表示感谢！

最后，友情告知读者：数字货币刚刚开始滑行，尚未到全面起飞的那一天，赶紧登机吧！

我们十位作者一起张开臂膀欢迎您！将齐心合力帮您开启这一风光无限的财富之旅！

目　录

第1篇　基础知识篇

第2篇 投资交易篇

第3篇　投资理念篇

第 4 篇　区块链技术和数字货币的应用与发展篇

第5篇 百家争鸣篇

第 1 篇
基础知识篇

第1章 什么是数字货币

周朝晖

1.1 数字货币的定义和基本属性

人们通常所说的数字货币，实际上是指数字加密货币。数字加密货币是指不依托任何实物，基于密码学和网络 P2P 技术，由计算机程序产生，并在因特网上发行和流通的新型货币。英文名为 Cryptocurrency。

数字货币属于比较特殊的虚拟货币。所有的电子货币都是虚拟货币，如 Q 币就是大家耳熟能详的虚拟货币，但是 Q 币并不是数字加密货币。数字货币的代表品种是比特币。一般认为：比特币是最可能取代法定货币地位或大大延伸法定货币应用领域的数字货币。

数字货币的第一个尝试并不是比特币，但数字货币的概念首次以排山倒海之势闯入人类的视野和大脑。正是因为比特币，2009 年 1 月 3 日，比特币网络诞生，中本聪本人发布了开源的第 1 版比特币客户端——Bitcoind，世界上第一个比特币区块链诞生，世界上首批 50 个比特币被创造出来。比特币的诞生是数字货币崛起的首个也是最重要的里程碑。鉴于比特币的这一伟大贡献，数字货币的通用标识中直接嵌入了比特币的货币符号，这也标志着比特币（Bitcoin）已被视为世界上第一种广泛接受及最主要的数字加密货币。

比特币的通用标识

数字货币虽然才发展了 7 年多，但目前数字货币已有数千个币种。而其大类通常被分为三种：比特币、竞争币和数字资产币（Asset-backed tokens）。竞争币一般是指在 Blockchain 2.0 之前，仿照比特币技术而创建出来的数字货币，国内也常称之为山寨币。数字资产币则常常局限使用于各个区块链项目内。之所以把它也视为数字货币，是因为和比特币及竞争币一样，它是区块链行业普遍应用的代币（token，所有数字货币本质上都是 token），它们还往往是其区块链项目里唯一可用的支付币种，并且其交易也同样采用加密技术记录在区块链里，也就是说它们完全符合数字货币的定义和应用场景。

这无疑是很特殊的分类方法。最重要的原因在于万变不离其宗，正是比特币奠定了数字货币的技术和应用基础，所以比特币被视为独立的一类。

当今世界纷繁复杂，在当前这个数字货币早期发展阶段，市场难免鱼龙混杂（这也是令很多外行人对数字货币望而生畏的一个重要原因），因此在此以比特币为数字货币的代表，来说明优良数字货币的特点。

比特币两个公认的最核心的特点是：去中心化（Decentralized）和无须信任（Trustless）。

1. 去中心化的比特币

比特币是一种去中心化自治系统。所谓去中心化，是指这个系统自 2009 年 1 月 3 日创世后，以既定规则在因特网中自主运行，不依赖某个机构的服务器，也无须某个机构来监管。

换句话说，与传统货币不同，比特币的运行机制不依赖任何中央银行、政府、企业的支持或者信用担保，而是依赖对等网络中种子文件达成的网络协议。去中心化、自我完善及透明开放的货币体制，在理论上确保了任何人、机构或政府都无法操控比特币的货币总量，或者制造通货膨胀。

比特币的发行机制的特点：它的货币总量按照预定的速率逐步增加，货币发行速度逐步放缓，并最终在 2140 年达到 2100 万个极限，此后不再有新的比特币发行。这个发行机制是连政府都无法干预的，并且因为规则、代码和数据的开放性，不存在暗箱操作的可能，这在根本上杜绝了不良主权法币利用通胀剥削公众利益的弊端，在货币体系层面的理解上，这一点恰恰成为数字货币之所以具有顽强生命力的历史驱动。

提到去中心化，有很多人担心它会是一盘散沙，无法凝聚人心，无法对阵中心化组织，无法打败黑暗势力。人们如何能瞬间明白去中心化的必要性、可靠性及其爆发的势不可当？这正是国人的痛点。笔者过去 12 年参与国际协作的内容管理系统 Joomla，基本就是按去中心化模式发展的，而它 15 年来却一直是业界的佼佼者。但令人惋惜的是，即使像 Linux、BSD 和 MySQL 等对全球影响最大的开源软件，国人的贡献也微乎其微。要知道如果没有它们，今天的因特网就没有内容可看，没有 iPhone 没有安卓手机可玩。它们的成功并非因为哪家公司，而是因为去中心化的全球各种层面的协作。去中心化在国外已经得到普遍的实践，并且获得了巨大的成功。去中心化向其他所谓传统行业的辐射只是一个时间的问题，以比特币为代表的数字货币，本质上说，只是起到了催化剂的作用——数字货币及其核心技术区块链会让去中心化以前所未有的速度爆发。

伟大的东西注定都有异常艰难的历程：世界最大规模的比特币交易所Mt.Gox，2014年2月28日，因85万个比特币（当时的价值约为255亿元人民币）“被盗一空”而宣布破产。2016年1月，全球名气最大的竞争币交易平台Cryptsy（Cryptsy.com）发布公告称，一场黑客袭击导致该公司损失了约1.3万个比特币（相当于750万美元）及约30万个莱特币（相当于208万美元），公司面临破产。类似的事件在过去几年“层出不穷”。

这里要说的是，多家中心化的数字货币交易所因黑客的肆虐和创始人的贪婪让投资者损失巨大，而与之形成鲜明对比的是：比特币在全球最强悍的黑客的攻击加上某些政府最强硬的打压下，沿着去中心化的道路已经坚定地走了7年，其本身毫发无损，恰恰完美地佐证了去中心化的优越可靠性。

2. 无须信任的可信系统

本书后面的内容很快会让读者明白：比特币就是一个公开透明的分布式账单系统，它把账单完全公开透明地交给全球所有的比特币用户维护。而正因为所有用户都有一份公开透明的账单，至少要事先串通51%的用户作假，才可能让自己伪造的交易被整个网络信以为真。

比特币交易被记账员（矿工）确认后作为账单分发给所有用户确认，并且要在系统里总共做6次这样的确认才被最终接纳，再加上所有的账单都是透明可查的，因此交易的参与方不需要相互了解或者彼此信任，不再需要中央银行这样的中介，就能安全可靠地完成交易。

综上所述，比特币比世界上的任何银行都安全，它几乎不受机构的监管，账目完整、完全公开且所有记录将永存（永远不能被删除或篡改），因此它是值得信赖的。

虽然从本质上说，比特币看上去只是一种货币而已，但它显然是一种能够保护百姓利益的货币，因为黑客、奸商集团、政党及无良政府等均无法肆意妄为地操控它。

以比特币为代表的数字货币改变人类世界的时代已经到来。

数字货币的高大上之处还不仅仅是这两个特点，它还有以往任何货币都望尘莫及的一个特点：基于代码而创建的数字货币具有无与伦比的进化能力。

竞争币（Altcoin）在国内一般被称为山寨币。这个称呼很形象、很地道，因为所有竞争币无一例外是在比特币的基础原理或基础系统中衍生出来的，其中有一些在技术或者应用方面都有令人赞叹的创新，可谓是继承与发展的完美典范！比特币奠定了数字货币 DNA 的基础，竞争币在技术和应用方面进行了拓展，所以无论是合约币、彩色币，还是莱特币、狗狗币、达世币等，都可以直接看成是由比特币进化而来的币种。

比特币的去中心化和无须信任两大特性都与它的一个核心技术有关，前面已提及的区块链（Blockchain 或 Block chain）。该概念在中本聪的比特币白皮书中被首次提出，并经由比特币 7 年多的实践证实了它的价值（从而引发了全球性的技术研究热潮）。比特币区块链是一串使用密码学方法相关联产生的数据块，每个数据块中包含了 10 分钟内全球比特币网络交易的信息，并用于验证交易信息的有效性（防伪）和生成下一个区块。比特币区块链在网络上是公开的，在每个离线比特币钱包中都可以查询其数据。由于区块链是比特币的核心技术，或者说比特币本身就是一个最早也最成功的区块链示范项目，因此受它启迪而陆续涌现出来的身份认证、学历认证和去中心化组织等方面的区块链应用项目，所谓花开两朵各表一枝，都可以看成比特币的进化分支项目。

由于区块链是比特币中最重要的核心，比特币就是基于区块链技术的一个应用，那么既然数字货币的底层技术源于区块链，而区块链的应用又远非局限于数字货币，因此业界已经把“数字货币”归为“区块链”旗下。当业界深刻认识到比特币区块链技术的厉害之处后，从 2015 年起，全球技术界刮起了前所未有的区块链风暴，这场风暴不但惊动了谷歌、微软、IBM 和 Linux 基金会等技术界大佬，并席卷了包括中国人民银行在内的几乎全球所有银行。

甚至有不少人认为未来 10 年区块链将取代因特网——这种观点有急躁冒进之嫌，但区块链将从根本上革新因特网，是毫无疑问的。

如果读者的英文不错，可以马上看看包含数字货币项目在内的“全球影响力百强区块链公司排行榜”（https：//www.rise.global/blockchain-100）。

在比特币的启发下，事实上早就已经开始并将继续引爆人类历史上最强烈的技术和应用的创新风暴。也就是说，加上在数字货币基础上延伸出来的智能合约客户端（去中心化，完全不需要依赖第三方）、数字货币开放市场暨电商平台（同样完全不需要依赖第三方）、一切有价物免费兑换平台、致力于去中心化自治组织建设的平台，以及构建在数字货币核心技术区块链之上的无数新技术的涌现与发展，数字货币及其区块链技术的确正在彻底革新这个世界的金融系统、商贸逻辑直至国家职能。比特币的出现，意义非凡！

总结来说，比特币不仅是一种依附于网络的数字加密货币，还是一种新的支付方式，是因特网中基于同一个被称为“比特币”核心的各种各样的协议，是基于同一个被称为“比特币”的核心的很多开放功能、协议和服务接口的程序……数字加密方法、支付机制、协议都可以进化，尤其是代码，它具备超强的、超级有想象力的、范围超级广泛的进化能力。在早期，比特币的进化将依赖于人类的智慧和计算机的升级换代而打下坚实的基础。譬如人们对于数字货币的认识顺着纵深方向业已从它们的货币价值过渡到信用保障价值，并开始通过以比特币为代表的数字货币，把我们现在的“信息因特网”改造成为传递价值的因特网。到后期，它会借助大数据技术、物联网、机器学习与人工智能而腾飞，未来还有无限的想象空间！

1.2 数字货币投资

具体而言，数字货币的投资主要有三大领域。

(1) 和购买股票一样购买优质数字货币，持币待涨。

李嘉诚投资的 Bitpay 和 IDG 投资的 Coinbase，都是类似支付宝的比特币支付公司——它可以将商业公司收到的比特币及时兑换成用户需要的法币。这说明比特币已经做好电子商务应用的准备。而在市场方面，在比特币行业内部采用比特币支付已经非常普遍，比如买卖钱包设备、矿机（这已经不是小买卖）、VPN 服务和各种纪念品，以及投资区块链众筹项目等。可汗学院、Mozilla 基金会等许多公益或开源项目都接受比特币捐赠，而国内比特币和狗狗币爱好者对喜欢的文章进行“打赏”也在慢慢成为按质付酬的一种知识市场交易模式（如本书主编王博的作品《坚信数字货币的诞生与发展有其必然性》曾获币圈最大单人打赏 1 枚比特币）。不难想象：全球越来越多的商家正在接受比特币支付，比特币的总量却只有 2100 万，那么其价格快速上涨也就是顺理成章的了。比特币如此，其他的通用型数字货币也是如此。

通过 coinmarketcap.com 和 cryptolization.com 等网站初步统计发现，目前全球各国的数字货币交易所里共有 700 多种数字货币，这些币种 2016 年 6 ～ 7 月两个月的总市值的波动区间为 830 亿～ 1000 亿元。

数字货币的总市值大概只有 A 股中贵州茅台的 1/3，发展空间十分巨大。

(2) 投资数字货币和区块链项目。

直接投资于项目本身，需要有一点工作经验或者专业知识。很多区块链公司发行的数字资产币（或项目资产币）实际上就相当于公司发行的股份，收益完全看其公司或项目的发展前景。对于这类投资，需要对项目本身的技术、团队和市场等做一番研究方可决定是否投资、投资的金额及投资周期等，切莫盲目跟风。

（3）投资数字货币或区块链的关联项目。

北京航天大学毕业生张楠赓通过生产比特币“矿机”芯片，5 年间把公司做到了 30 亿元的市值。人家挖矿他来送水，这样的项目也是好项目。

值得注意的是：数字货币使用的技术纷繁复杂，加上已经是全球一体化，项目涉及的经济和文化层面都需要有较为丰富的阅历和知识背景，加上对初涉该领域的投资者来说，最为头疼的还有鱼龙混杂——打着区块链旗号卖狗肉，打着数字货币旗号搞传销，这样的案例委实不少。初来乍到，切记要多学习多做调研，最忌摸过几年股票就自以为是、冒冒失失！有合并、收购、政府救市等中心化管理机制，股票跌死不容易，这两年夭折的数字货币可就远不止几种十几种了！

在资本市场博弈，来不得半点马虎！

1.3　数字货币的应用与发展

全世界的总体情况是：越是在发达的国家，数字货币及其相关技术区块链的发展越好……甚至未来发展空间也越好。

例如，美国已经可以使用比特币在 Home Depot（家电装修）、CVS（药房）、Kmart（日用百货）、Ears（服饰），以及在线零售商的鼻祖亚马逊购物……美国主流商业已经广泛接纳比特币，并且已经将它纳入到常规的管理事务里。2015 年 6 月 4 日，纽约州的相关管理部门纽约金融服务部门（NYDFS）出台了最终版本的数字货币公司监管框架 BitLicense（一个要求非常高的法规），让数字货币行业得以在政府管理的情况下健康发展。

这也是在做数字货币投资时，大家应该有的常识。更严谨地说，在决定要投资数字货币时，除了要看项目所在国家政府对数字货币的态度，还应该了解该国是否有完善的数字货币管理措施。

另一个值得重视的情况是，越是在欠发达的国家，由于金融管理制度的落后和法定货币的稳定性太差，人们对比特币等数字货币的热情越高。2016 年上半年，巴西的比特币交易总额已经超过了该国的黄金交易总额，而中国则占有超过 90% 的全球比特币交易量。

有意思的是，在欧美，似乎是阅历较深的社会精英阶层最早拥抱比特币；

而在中国，倒是懵头懵脑的年轻小伙最早奔向比特币的怀抱。

2016 年 4 月全球最大的 PC 游戏数字分发平台 Steam 正式宣布支持比特币购买游戏产品，鲜明对比的是，2016 年 5 月 Steam 正式停止支持支付宝付款。

2016 年 6 月 30 日星期四，尼科西亚大学第一届数字货币硕士的毕业照非常炫耀地发布到了学校的网站上（http：//digitalcurrency.unic.ac.cy），并被全球各大新闻网站转载。他们是世界上学习有关比特币和区块链技术的第一届毕业生。也就是说，尼科西亚大学早在 2014 年就开始招收数字货币硕士生。现在该学校把第一届数字货币硕士的毕业照和数字货币硕士学位的招生广告放在一起，显然骄傲得很！顺便提一下，在尼科西亚大学可以用比特币支付学费。

尼科西亚大学位于地中海一个人口约 100 万的小小岛国——塞浦路斯。塞浦路斯的经济曾被世界银行列为高收入经济体系，在 2001 年被国际货币基金组织列入发达经济体系。2013 年，受欧债危机困扰的塞浦路斯政府为获得欧元区的援助，挽救当地面临破产的银行业，决定向银行储户收取存款税。根据征税建议，存款 10 万欧元以下的储户征税 3%，10 万～ 50 万欧元的征收 10%，超过 50 万欧元按照 15% 的税率征税。此前旧的方案为对存款 10 万欧元以下储户的征税税率为 6.75%，超过这一水准为 9.9%。因为这等同于强行没收一部分银行存户的财产，此举引起当地居民哗然，当地多家银行和提款机更是出现挤兑情况。

这里暂且不谈最终的结局如何。为了所谓的国家利益，政府如此横征暴敛，每个人都知道这远远不是第一起，也绝不是最后一起。

TDV Media 的创始人杰夫 · 贝里克乘势宣布，世界上第一台比特币自动取款机（ATM）将率先部署到塞浦路斯。有了这种机器，塞浦路斯民众可以将储蓄兑换成比特币，从而让自己的资产得到庇护。虽然这个决定最终因种种原因没有得以实施，但潘多拉魔盒却被打开，短短几天内，比特币的价格从 30 多美元飙涨到 265 美元。切肤之痛反而让这个迷你岛国领先一步受益于比特币（很多人反而还赚钱了），因而他们次年启动了数字货币的专业教育。

数字货币及其基础区块链技术，到现在已经是很多大学的在授课程。

联合国开始尝试使用比特币来帮助捐赠，支持其“21 世纪非洲青年运动”。建议有能力的青年多参与这样志愿活动：www.onlinevolunteering.org/en/node/415083

2016 年 9 月，非常出人意料的是：区块链支付公司 Circle 与苹果公司的即时通信软件 iMessage 整合，此举允许用户通过这个流行短信平台以美元、欧元、英镑和比特币的形式进行付款，也就是说 Circle 用户将能够从 iMessage 内置的新图标访问 Circle。没有安装的用户也将能收到比特币。

游戏及大学教育里的新生事物以及联合国支持青年发展的运动，都值得人们重视。而如果一样东西今天同时被游戏、高等教育和联合国青年发展项目等等所接纳，那它必然就是未来潮流的典型代表，因为它会伴随着年轻一代的玩耍、学习和社会公益活动茁壮成长。

投资于未来，定会有更美好的未来！

第 2 章　中本聪与比特币

马　龙

2.1　中本聪对币圈的贡献

2008 年 11 月 1 日，一个自称中本聪（Satoshi Nakamoto）的人在一个隐秘的密码学讨论组上贴出了一篇研究报告，报告阐述了他对电子货币的新构想——比特币就此问世。相关专家们从未听说过他，有关他的信息也寥寥无几，还都隐晦不明甚至自相矛盾。网上简介显示他居住在日本，他的电子邮箱地址来自德国的一个免费服务站点，谷歌上也没有他名字的任何相关信息，显然，“中本聪”是一个假名。不过即便中本聪可能已经成为谜团，他的发明却让一个困扰密码学 10 年的难题“灰飞烟灭”。自因特网诞生以来，电子货币因其方便和难以追踪性，并能脱离政府和银行的监管，而成为一个热门话题。20 世纪 90 年代，一个名为“密码朋克”的密码破译组织就致力于创建电子货币，但付出的努力没有收到任何成效。同样在 20 世纪 90 年代早期，密码破译者大卫 · 乔姆创建了一个匿名系统——“电子现金”，也失败了，部分原因是依赖于政府和信用卡公司的现有基础设施。之后各种电子货币尝试者不断涌现——比特金（bit gold）、RPOW 和 b 钱（b-money）等，但无一例外全都失败了。

设计电子货币面临的核心挑战之一是重复支付问题。倘若电子货币仅仅是信息，摆脱了纸张和金属有形化的局限之处，那该如何阻止大家像复制文本一样，轻易地复制和粘贴，想怎么花就怎么花呢？传统解决方案是利用中央票据交换所，将所有交易汇总成实时总账，这样，如果有人刚用掉一个电子货币，他就不能再重复使用了。实时总账让骗子无机可乘，但它还需要有信誉的第三方机构进行管理。

比特币用公开分布总账摆脱了第三方机构的制约，中本聪称为“区域链”。用户乐于贡献出 CPU 的运算能力，运行一个特殊的软件来做一名“挖矿工”，这会形成一个网络以共同维持“区域链”。在这个过程中，他们也会生成新货币。交易也在这个网络上蔓延，运行这个软件的计算机争相破解不可逆的密码难题，这些难题包括多个交易数据。第一个解决难题的“矿工”会得到 50 比特币的奖励，相关交易区域会加入链条。随着“矿工”数量的增加，每个迷题的困难程度也随之提高，这使每个交易区的比特币生产率约维持在每 10 分钟一枚。此外，每达到 21 万个区域，奖励就减半，从 50 比特币减到 25，再从 25 减到 12.5，一直持续下去。这样到 2140 年，比特币将达到预定的 2100 万枚的上限。

中本聪的论文发表于 2008 年，当时政府和银行管理经济的能力遭到各方质疑，信用降入谷底。美国政府向华尔街和底特律汽车公司注入大笔资金，美联储推出“量化宽松”政策，本质上就是大量印美钞刺激经济，金价上涨。比特币不需要政治和金融(就是它们搞垮了经济)保障——只依据中本聪的巧妙算法。比特币的公开总账看起来不仅使欺诈者无处藏身，还靠业绩决定的发行量而使比特币供应处在可控范围内，这保证了像无限印钱的中央银行和魏玛共和国似的通胀悲剧不会在比特币身上上演。2009 年 1 月 3 日，中本聪成为挖到比特币的第一人——他从创世区挖到 50 枚比特币。约一年时间，他的发明只局限在一小撮尝鲜者中。但渐渐地，比特币的名气超越了密码界这座孤岛，它得到了之前研究电子货币“前辈”的赏识。伟戴（Wei Dai）——b 钱的发明者，称它“具有划时代意义”；尼克 · 萨博——比特金的发明者，称赞它“是对世界的伟大贡献”；哈尔 · 芬尼——RPOW 幕后的杰出密码破译者，认为比特币有“改变世界的潜力”。数字隐私倡导者电子前沿基金会最终开始接受比特币的捐赠形式。初期比特币使用者通过小团队开源软件工程。新英格兰编码员加文 · 安德烈森花 50 美元买入 10000 比特币并创建了名为“比特水龙头”的网站，毫无理由地向人们散发比特币，纯粹为了好玩。佛罗里达程序员拉斯勒 · 豪涅茨（他是第一个在真实世界使用比特币的人）花 10000 比特币在“棒约翰”叫了两块比萨外卖（他把比特币发给英格兰的一个志愿者，然后收到一份来自大西洋彼岸的信用卡订单）。马萨诸塞州一位名为大卫福斯特的农民在卖羊驼毛袜时开始接受比特币付款。

当他们不忙着挖矿时，比特党就试图揭开中本聪的神秘身份。在一个比特币聊天频道里，有人自负地认为“Satoshi”在日语中是“智能”的意思，其他人则怀疑这是 4 家科技公司名字的“拼盘”——三星(Samsung)、东芝(TOSHIba)、中道（NAKAmichi）和摩托罗拉（MOTOrola）。甚至连他的国籍也受到质疑，因为他的英语太地道了，简直毫无瑕疵。

有人暗示，或许中本聪不是一个人，他代表一个有着未知目的的神秘组织——谷歌的一个团队或是国家安全局。豪涅茨说：“我和自称松元智的家伙通过几封电邮”，豪涅茨曾有一段时间是比特币的核心开发成员。“我总认为他不是真实存在的人，我大概每两周收一次回信，就像有人偶尔检查邮箱一样。比特币的设计非常棒，不像是靠一个人就能完成的。”

中本聪很少透露自己的信息，他在网上谈论的话题只限于源代码技术讨论。2010 年 12 月 5 日，在比特币使用者开始要求维基解密接受比特币捐赠后，原本言谈简洁只聊业务的中本聪以前所未有的热情参与到讨论中。“不,不要这样做。”他在比特币论坛里发帖说，“这个项目需要逐步成长，这样软件才能在这个过程中不断增强。我呼吁维基解密不要接受比特币，它还是一个萌芽阶段的小型测试社区。在这个阶段，如果不能妥善处理，只会毁了比特币。”

接下来，就像他的神秘出现一样，神龙见首不见尾的中本聪又消失了。格林尼治时间 12 月 12 日 6 点 22 分，就在他发帖争辩给维基解密捐赠比特币 7 天后，中本聪在论坛发了最后一个帖子，帖中谈到软件最新版本几个无关紧要的细节，他的电邮回复也变得更加不稳定，最后完全终止了。曾是核心开发者的安德烈森是少数几个和中本聪联系过的人。2011 年 4 月 26 日，安德烈森告诉编码员：“今天早上，中本聪建议我们在公开谈论比特币时应淡化‘神秘创始人’的话题。”最后，中本聪甚至连安德烈森的邮件也不再回复了。比特党对他的离开感到悲伤和不解。但不管怎样，他的发明已焕发出勃勃生机。

2.2 被猜为中本聪的人们

2.2.1 尼克 · 绍博

华裔极客戴维认为，全世界有资格当中本聪的人寥寥无几。戴维早年与中本聪有电子邮件往来，他本人在 20 多年前发明了一种名为 b 钱的电子货币，深知比特币难度之大。他认为，发明比特币的人至少具备 5 项素质，但“符合前 3 项条件的人已经非常少，比如我和尼克 · 绍博”。

尼克 · 绍博曾是乔治 · 华盛顿大学的法学教授，也是一名出众的计算机科学家，是“中本聪真身”嫌疑人之一。他还是一位活跃的作家，涉猎之广、产量之高令人惊叹，博客撰文涉及诠释学、深海资源开发和密码安全等领域。更重要的是，在 1998—2005 年，绍博致力于虚拟货币研究，并开发了一个“比特金”体系，这被视为比特币的前身。他因此被高度怀疑是中本聪真身。

绍博本人在 2011 年 5 月发文否认这种猜测。然而，仍有好事者不依不饶，在 2013 年 12 月比对中本聪留言和绍博博客，指出其中不少表达、行文习惯和拼写喜好高度一致。他们注意到，中本聪首次提出比特币半年前，绍博在网上征集合作者，参与其比特金项目。戴维却认为，绍博不可能是中本聪，“我只想说，没几个人能符合所有条件。”他说，中本聪应该是个年轻人，“一个有足够精力和时间，不必操心发表署名论文的人”。依照这一逻辑，还能开释曾名列“嫌疑榜”前茅的道纳尔 · 奥马奥尼团队。奥马奥尼是都柏林三一学院的计算机科学家，1997 年和两个同事合著了一本关于电子支付体系的书，被视为比特币勾勒蓝图。

2.2.2 迈克尔 · 克利尔

在读博士生迈克尔 · 克利尔曾引起《纽约客》记者乔舒亚 · 戴维斯的注意，一度成为中本聪头号嫌疑人。克利尔就读于都柏林三一学院，精通 C++ 编程语言（比特币的编程语言），网络行踪隐秘。本科时，他已是学校中的计算机系尖子生。2009 年，他受雇于爱尔兰联合银行改进其货币交易软件。他还合著发表了一篇关于点对点技术的学术论文，该技术是比特币的理论基石。

戴维斯 2011 年在密码编写者的年度会议上见到了 23 岁的克利尔。

“你是中本聪吗？”他问。克利尔并不作答，而是说：“我可以给你讲讲比特币的设计原理，让你知道我是怎么想的。”后来在邮件中，克利尔说：“我不是中本聪，即使是也不会告诉你。”这招来更多嫌疑。克利尔的照片也被挖了出来。作为一个在读学生，他哪来的钱买名牌眼镜？

最后，克利尔正式发表声明否认，还表示只在技术层面欣赏比特币，对其中蕴含的无政府主义倾向感到不安。

其实，细读中本聪的留言，不难发现其文风和习惯表达更像出自一个年长者。就编程而言，每个人也各有风格。分析比特币代码不难发现，C++ 并不是其发明者的“母语”。如此一来，又排除不少年轻嫌疑人，例如，有自由主义倾向的芬兰极客马尔蒂 · 马尔米和比特币交易所 M t.Gox 特立独行的创始人杰德 · 麦凯雷博。

2.2.3 多瑞安 · S · 中本

《新闻周刊》记者利娅 · 麦格拉斯 · 古德曼认为，如果真想匿名行事，比特币发明者没必要取“中本聪”这种不常见的名字。搜索常住人口数据和国家档案馆材料后，她发现了与中本聪同名的嫌疑人，一个定居加利福尼亚州的美籍日本物理学家。这个中本聪 1959 年从日本移居美国，从小天赋过人，精通数学、工程学和计算机。生活中，他是一个沉默且情绪化的人，格外注重保护隐私。自从40年前大学毕业后，他一直改用“多瑞安 · S · 中本”这个名字。

毕业后，他曾供职多家公司，参与一些国防保密项目，也曾两度下岗。2002年以来似乎再无稳定工作。在女儿艾琳 · 米切尔的印象中，父亲酷爱新技术，经常组装计算机，在家里没日没夜地工作，但没人知道他究竟在做什么。“他总是紧锁房门，如果我们胆敢碰他的计算机，麻烦就大了。”米切尔说。

然而，没有证据显示这个日本人与比特币之间的联系。《新闻周刊》的报道招来大批记者围堵中本聪。他一再声明与比特币无关，最后和愿意请他吃午饭的记者脱离重围。

2.2.4 克雷格 · 赖特

据BBC报道，澳大利亚企业家、计算机科学家克雷格 · 赖特（Craig Wright）声称，他就是“比特币之父”中本聪。

“经过深思熟虑，我决定公开身份。”赖特说，之所以选择站出来表明身份，是希望制止有关比特币的错误信息传播，“我坚信，比特币能够让世界变得更好。希望我的出现能澄清负面谣言，打消人们的疑虑。”

尽管如此，仍然有一些媒体对他的身份深表怀疑。“一个异常聪明的孩子父亲身份不明，现实生活中，DNA检测就能解决问题，但在比特币这个复杂的世界里就不那么简单了。”英国《经济学人》杂志表示。

不过，短短几天后就上演了剧情大反转，克雷格 · 赖特改口称无法面对如此严密的公众的监察，因而不再进一步证明自己“比特币之父”的身份。

赖特在其个人网站上发布自己是中本聪的证据后一个多小时，就有网友在社交论坛Reddit上质疑这一说法。

分析认为，如果赖特真的是比特币的创造者，那么他本人可能有100万个比特币，依现行“汇率”相当于大约4亿美元，然而他却给不出足够的证据。

据《经济学人》杂志透露，赖特一直拒绝为所有采访记者签署文件，这个举动让他的声明变得更加可疑。

此外，他从未公开签署任何与早期比特币相关的隐私密钥，特别是和最初50枚比特币有关的密钥。从始至今，赖特所提供的证据都只是比特币第一笔交易的密钥，这项交易发生于比特币出现9天后。

面对质疑，赖特表示，之所以公开身份，并不是为了名利，“我一分钱也不会收，永远不会”。赖特表示，他现在可以公开自己的研究，让人们了解比特币的潜力。

5 月 6 日，赖特突然发表一封公开信，表示自己“非常抱歉”“没有勇气”继续证明自己是“中本聪”的身份。

2.3 签名验证谁是真正中本聪

难道就没人知道中本聪的身份吗？是的，没有人能确定他的身份。但是，在追寻答案的过程中，所用的分析方法往往比答案本身更引人思考。《纽约客》杂志（New Yorker）的 Joshua Davis 认为中本聪是 Michael Clear，一名爱尔兰圣三一学院的密码学研究生。Joshua 是分析了中本聪约 8 万词的网上文字，试图从中寻找独特的文字风格后，得出这一推断的。Joshua 还曾怀疑中本聪是芬兰经济社会学家、原游戏开发者 Vili Lehdonvirta。这两个被怀疑对象都断然否认自己是中本聪。

《快公司》（FastCompany）杂志的 Adam Penenberg 不同意这一推断。他认为中本聪是 3 个人：Neal King、Vladimir Oksman 和 Charles Bry。Adam 的方法是用 Google 搜索比特币论文中的一些独特短语，看是否曾出现在其他地方。他发现 computational impractical to reverse 这个不常见的短语曾经出现在这 3 个人的一份专利申请中，专利内容恰恰是关于密码的更新和分发的。另外，中本聪发表论文的 bitcoin.org 域名刚好是在这份专利申请提交的 3 天后注册的。bitcoin.org 注册地为芬兰，而这 3 人中的一位曾在 6 个月前去过芬兰。同样，这 3 人也都否认自己是中本聪。

bitcoin.org 注册于 2008 年 8 月 18 日。事实上，注册时使用的是日本的匿名注册服务商，并且服务器架设在日本的 ISP 上。直到 2011 年 5 月 18 日，bitcoin.org 域名才转移到芬兰。这让前面涉及芬兰的理论变得站不住脚。

有人认为中本聪是 Martii Malmi，一名芬兰的程序员。他从一开始就参与了比特币项目，并且开发了比特币的用户界面。

有人认为中本聪是 Jed McCaleb。Jed 既是日本文化粉丝，也曾在日本生活。Jed 是比特币交易所 Mt.Gox 的创始人，也是 Ripple 的联合创始人。另外，他还曾在 2000 年创建了 P2P 下载软件电驴（eDonkey）。

还有人认为中本聪是计算机科学家 Donal O’Mahony 和 Michael Peirce。理由是这两人曾经写过一本关于数字支付的书，并且基于书的内容发表过一篇论文（和另一作者 Hitesh Tewari）。Donal O’Mahoy 和 Hitesh Tewari 都曾在爱尔兰圣三一学院就读，和前文提到的第一个被怀疑对象 Michael Clear 一样。

最近冒出一个中本聪显身的新闻，此人名为 Craig Wright。到目前为止，从爆出的新闻来看，无法准确地验证其就是中本聪真人。

下面就借这个新闻来说一下能够在因特网上确认自己身份的一种技术——比特币私钥签名。

1993年《纽约客》杂志刊登了一幅漫画，标题是“在因特网上，没人知道你是一条狗。”这句话流行甚广。

事实上也大抵如此。人们在因特网上的身份确认很难，各种伪造信息的工具让人很难相信网络上的身份声明。

比如，如果通过微信向朋友借钱，人们一般不会相信，而是通过电话辨别声音来判断真假。比如，邮件收到一些关键信息都要怀疑是否是钓鱼。

1. 比特币区块链是世界上唯一的存在

比特币区块链是一个可以写入，不可以修改也不可以删除的分布式存储数据库，但可供任何人查询。

打个比方，比特币区块链是一个不可撕页、不可跳页、不可更改、永不间断、永不可损毁的记账本，每10分钟记一页。

因为比特币区块链的不可伪造属性，导致任何人只要将信息写入区块链，将不可再删除，也不能伪造。有了这个特性，就可以使用区块链来进行身份验证。

2. 使用比特币区块链来进行身份验证

人们使用一个比特币公钥，向外界公布，并声明这个公钥对应的私钥归自己所有。并且使用私钥签名，以证明自己确实拥有该地址的私钥。

因为比特币区块链的唯一性，不可以伪造信息。因此当下次需要在因特网上声明自己的身份时，就可以让对方写一段“签名文本”，然后对该文本进行私钥签名，并广播出去。对方就可以在比特币区块链上验证该签名，以证明你确实是该私钥的拥有者。

这就是使用比特币区块链来进行身份验证的方式。

而中本聪如果要现身证明自己真的是比特币的发明人，那么他只需要使用创世块里的私钥对创世块的公钥签名，随意使用一个签名文本都可以。因为创世块私钥一定是归比特币的发明人所有。

近期有一个名为Wright的人声称自己就是比特币创始人中本聪，一些技术大伽让其给出创世区块地址的签名证明，其最后就放弃证明了。下面就来介绍什么是币签名，如何验证？通过币密码签名技术，解决“谁是真中本聪”的问题，避免有人冒充。

2.3.1 为什么要有币签名

大家知道刷信用卡要签名，签合同时要签名，用每个人的字迹来证明确实是本人参与的。但是如何在网上实现呢？先不说用鼠标不容易写字，利用 PS 技术就可以轻松复制签名。于是便需要电子签名。

2.3.2 怎样进行币签名

像纸上签名要有笔一样，对电子信息签名要有签名工具。可以用口令全拼点抗术，进入签名信息工具。

输入想签名的信息和对其签名的私钥，单击签名即可。私钥是币地址中币的控制字符串，只有有私钥的人才能用币地址签名信息。

2.3.3 币签名如何验证

有待验的信息及签名字符串，即可验证是由哪个地址的私钥持有者签名发出的。需要提供消息原文及签名时生成的数字签名串。可在比特币钱包菜单验证消息右下角显示。或用脑口令的验证签名工具，验证成功后有验证链接可分享，可不提供币地址而由脑口令工具给出，但原文与签名任意一处改动都不会通过验证。

2.4　人人都是中本聪

人们究竟需要“中本聪”吗？抛开比特币的去中心化不提，究竟“中本聪”的存在对于比特币有什么意义？在 TechCrunch 的报道中，他们甚至用 Linux 来进行类比：“Linux 的创始人 Linus Torvalds 并不是第一个使用开源代码的人，但这个市场就是需要一个起源的故事，但关键在于这种技术能够让人不必再花费大量资金去租用专业服务器，而是使用自己的计算机作为服务器”。

康奈尔大学的教授 Emin G ü n Sirer 就表示：

“最为重要的是中本聪带来了什么。我们的银行架构非常陈旧，从千年虫问题爆发以来基本没有改进。整个金融系统中也没有什么透明度和可供审计性可言。

零售银行业从 1959 年到最近几年还有一些比较珍贵的小进步。直到今天，银行还是通过差劲的方式管理我们的资金。当然我不会肯定像比特币一样的虚拟货币就是终极解决方案，或者是对现在可能的方案进行对比。

比特币并不能扩展到全球，即便考虑到它最近一些计划中的提升，而且它在安全方面还有很大的难度需要挑战。但‘中本聪’和他的一些前辈还是带来了一些全新的技术思路，能够应用在我们的全球社会中。

有责任的媒体应该放下对于‘中本聪’这个人的追踪，而是更多地去关注技术和其影响。这才是我们实际上需要做的。”

如果没有中本聪，比特币协议就不可能诞生。毫无疑问，中本聪是一个绝顶聪明的设计师，但是比特币早已脱离中本聪时代，现在大家都在用比特币，而不是早期寥寥数人在使用。

在无数次的尝试中，每次对于“中本聪”真身的追寻只会引出更多的疑问和不确定。没错，这个问题终有一天会得到答案，也许那时这个问题也已经不再重要。但有一点不会改变：比特币还是一个大众都可以使用的“工具”，它并不属于任何一个人。

下面可能是真正的“中本聪”在比特币发展讨论邮件列表中的表态。

“我不是克雷格 · 怀特。我们每个人都是中本聪（I am not Craig Wright. We are all Satoshi）。”

随着一次次寻找中本聪的失败，币圈的人们渐渐产生了一种新的思想：不要再寻找了。所有对比特币有贡献的人在十几年、几十年后，长期来看，都是中本聪。

第 3 章　区块链与挖矿

周朝晖

3.1　区块和区块链

人们对区块链的认识基本源于比特币。

比特币每 10 分钟通过矿工产生一个区块（Block），这个区块是一份账单，里面记录的是 10 分钟内全球发生的所有交易信息。那么浅显一点说：一个区块就相当于账本中的一页，这一页上面记录了这 10 分钟内全球的交易信息。

比特币会永久保留自创世以来的所有有效区块。这样就会马上产生一个疑问：比特币已经产生了很多这样的区块，那它们是如何存储在一起的呢？

比特币的每个区块都被打上了时间戳，每个区块都会通过计算机算法告诉人们它的上一个区块是哪个，这样比特币严格按照时间顺序将所有区块组织成一个首尾相接的长长的链条，故名区块链。

另外，每个比特币节点（实际上就是使用比特币客户端验证和广播交易的计算机）都会获得一份完整的区块链的副本，供所有比特币钱包用户下载保存。

所以，区块链就是一个记录了所有比特币交易的完全开放且交给很多用户保存的账本。由于比特币账本已交给用户保存，因此不再需要中央机构管理。

后来，当人们开始意识到没有任何政府保护也没有任何机构主管的比特币依靠区块链，在黑客肆虐的因特网世界，7 年来居然一直坦然自若、安然无恙，就开始对区块链刮目相看。于是 2015 年全球掀起了一股区块链研究的狂热浪潮。很快人们就发现，相较于传统的信用担保方式，区块链可省去大量人力和中介成本，所记录的信用信息更为完整且难以造假。随着研究与交流的深入，区块链的应用边界很快得到爆炸性的拓展。目前，人们认同的区块链的应用场景几乎可以覆盖到各行各业，如电子商务、投票、公证、知识产权保护、证券发行交易、众筹、契约和担保等——并不仅仅局限于数字货币。

区块链技术使得去中心化自治组织（Decentralized Autonomous Organization，DAO）成为可能，去中心化自治组织则是一种对立于当前主流的人类社会组织管理模式的组织形式。虽然 DAO 这类组织其实自古就存在，却一直被边缘化，有了区块链技术，如虎添翼，各种 DAO 就能蓬蓬勃勃地发展起来。

比特币是区块链技术最成功也最成熟的一个例子。区块链的发展方兴未艾！

3.2 挖矿

数字货币挖矿只是一种形象的说法，因为大家熟悉的黄金的源头就是挖矿。

以比特币为例，其实挖矿的本质包含 3 件事：发行比特币、给全球交易记账和通过算力保障系统安全。在早期，这三者是同时兼具的，等到 2140 年后比特币已全部挖完，挖矿的目的就变成了维持货币的支付功能和保障系统安全。

比特币的去中心化很像一个长盛不衰的网络游戏——斗地主。

中本聪式斗地主是这样玩的：任何人都可以坐下来打“斗地主”，并通过输赢获得积分。和网上玩“斗地主”一样，所有牌手都看不到对方，不知道对方的真实姓名。而且可以随时离开，随时加入到缺人的新的一桌。既然匿名，那么如果有 10000 个人参与，连续打上 7 年，某个人的积分是多少还有人知道吗？

怎么办呢？

中本聪规定任何人都可以充当记分员，而且对记分员有奖励。比特币每 10 分钟出一道难题，谁能算出答案谁就当记分员，其余的就负责核对他记的账目，并把核对好的全部账单发给每一个牌手，防止记分员做假账。中本聪的加密技术体系最神圣的地方就在于，连续运行挖矿的算力越大，获得记分员资格的概率就越高，最终获得记分员资格与工作量投入多少正相关的公平公正平等机制，并用形成的这种工作量证明体系，赋予了每个比特币的初始储存价值。

每个牌手都有一份完整的公开透明的记账本，记分员记完分后，每次都会把新的账单贴到他们每一位记账本的最后一页，因此每个人都有一份全球完整的交易记录——这样哪怕很多人“斗地主”损失惨重、中途吐血而亡，只要还有一个活口，那么就还是会有一份完整的记账本，上面有全球完整的交易记录。

记分员记完账都有系统奖励，因此记分员相当于在帮助发行比特币——比特币每 10 分钟的流通量都在慢慢增加。

因为有奖励，记分员就会提高他的计算机（矿机）的性能，以抢到更多的记账权，得到更多的奖励。这样你追我赶，矿机的计算能力（算力）就会越来越强，整个系统杜绝假账的能力也就越来越高。

账单是由核对积分的人和牌手一起与需要获得账单的人直接建立多个一对

一通道传递的，这种情况在网络里称为点对点（peer-to-peer）传递。这个机制可以有效防止账单的分发渠道被居心叵测者封死。

比特币挖矿就是这么回事。

但是很快人们就发现比特币的挖矿机制几乎就是典型的“公地悲剧”：每个牧羊人都希望自己的收益最大化。在公共草地上，每增加一只羊会有两种结果：一是牧羊人可以从增加的羊身上获得相应的利润；二是加重草地的负担，并可能使草地过度放牧。因有利可图，许多牧羊人纷纷增加羊的数量。由于羊群的进入不受限制，所以牧场被过度使用，草地状况迅速恶化，悲剧就这样发生了。

为了规避“公地悲剧”，一些竞争币放弃了比特币的做法。而采用了一种被称为股权证明（Proof of Stake）的模式。它的典型做法就像点点币，只要钱包内有点点币，也就是余额不能为零，而且这些点点币在钱包里最少已经停留了30 天，就可以挖矿——就是只要一直在网上挂着点点币钱包即可。所以在股权证明模式中，实际上所有工作都交给软件本身来做了。

股权证明模式中矿工的年息一般低于总投入的 5%，加上对应数字货币的币值也低，因此很少受到大家的热捧。热的是产业规模大到惊人的比特币矿业。

3.3 几个重要概念

3.3.1 智能合约（Smart Contract）

随着区块链逐渐被人们所熟知，特别是以太坊爆发之后，智能合约开始被频频提起。但其实尼克萨博（Nick Szabo）在 20 世纪 90 年代的某篇论文就对智能合约有了简洁而明确的探讨：“一个智能合约是一套以数字形式定义的承诺，包括合约参与方可以在上面执行这些承诺的协议。”

在一次以太坊爱好者活动上，少平对智能合约模型做了这样的描述：一段代码（智能合约）被部署在分享的、复制的账本上，它可以维持自己的状态，控制自己的资产和对接收到的外界信息或者资产进行回应。

所以智能合约本身就是程序（代码），这个程序就像一个完全可信的资产保管员，总是按照事先规定好的条约执行操作。另外，这个程序还能够控制账本上的资产，能够接受资产，也能够按照合约与账本进行交互或者处置资产。所以，这个程序已经完全是一个自足的经济活动参与者，所以称为智能合约。

其实比特币既然是可编程的货币，它本身就很容易构建简单的智能合约。经典的案例是：A 可以约定必须由收款人 B 和担保人 C 同时签名才能支配某笔比特币（担保交易），也可以约定B、C、D中任意两人签名就能支配（联名账户）；A 可以约定 B 必须在一年后才能动用某笔比特币（延时支付），也可以约定任何人都能支配（撒钱）或者都不能支配（烧钱）。

这看上去与“智能”并没有关系，但其未来不可限量。原因就是它取代了传统模式里完全依赖于人去做的最重要的工作——当然现在程序本身还要依赖于人这两年机器学习是和大数据分析常常成双成对出现的一个热门词，很多人不知道的是：机器学习的本质就是自动编程。自动编程已经普遍应用于数控领域，在不远的将来，电脑会自行去编写区块链的合约代码，让代码更严谨，让黑客无漏洞可钻，并且创造出新的合约规则。

去中心化自治组织 The DAO，就是在以太坊里面采用智能合约完成了史上最大的 1.6 亿万美元的众筹。但也正是由于程序编写的代码太烂，The DAO 被黑客轻而易举彻底摧毁！

3.3.2 POW

POW 的全称为 Proof of Work，翻译过来就是“工作证明”或者“工作量证明”。

比特币、狗狗币和莱特币等都是基于 POW 模式的数字货币。挖矿获得多少货币奖励，取决于挖矿贡献的有效工作，也就是说，矿机的性能越好、挖矿时间越长，所获得的货币奖励就越多。工作量证明的重要意义在于：它迫使货币的产生，需要付出一定的工作量和成本，这就赋予了货币一定的商品属性，使得自由市场这只无形的手能够通过“价格机制”自发地调节货币供应，保证了货币具有稳定的价值，从而使得货币能够获得人们的信任。

POW 拥有一个很好的特性：可脱离政治。从共识层面讲，它的数学算法简单透明，并且完全去中心化；从理论上讲，任何人都可以挖矿并产生区块。

但实际上 POW 也有很大的缺陷，譬如对于比特币而言，POW 已经成了一个掏钱才能玩（pay-to-play）的模式，是一个只有能花费大量成本的人才会加入的盈利模式。事实上挖矿的人具有长期的资本支出，以此来实现自己利益的最大化。另外，POW 非常不环保。POW 的收益取决于所拥有的算力（或者说矿机的先进程度等）。算力越高，分给用户的记账机会就越多，因此，算力越高、挖矿时间越长，所获得的比特币就越多。这毫无疑问，会带来长期的、激烈的设备竞争。比特币矿机最贵的时候十几万元一台，比特币挖矿消耗的电力及其增速也非常惊人。截至 2014 年 1 月，中国的比特币算力不到 1P，按照 1T 需要耗电 1 千瓦来计算，年耗电不到 5000 万元。中国在比特币方面 2016 年达到 17 亿元的耗电规模，2017 年将增长到 24 亿元。另外，也有人详细研究后发现：到 2020 年，比特币网络的耗电量可能会达到丹麦整个国家的耗电水平。

3.3.3　POS 与 DPOS

POS 即权益证明或股权证明，全称为 Proof of Stake。

2012 年 8 月点点币（PPCoin）的创世，首次实现了 POS。

权益证明模式就是一个根据所持有货币的量和时间，来发利息的一个模式。在 POS 模式下有一个核心名词——币龄：每个币每天产生 1 币龄。比如你持有 100 个币，总共持有了 30 天（一个月），那么，此时你的币龄就为 3000。这个时候，如果你发现了一个 POS 区块，你的币龄就会被清空为 0。你每被清空某个固定的币龄，就会从区块中获得一定的奖励（利息）——持币有利息。比如，首创 POS 模式的点点币就是 1% 年利率，而且这样的模式使得点点币有一个与比特币完全不同的特点：比特币 2100 万的总量是固定的，但点点币没有固定的总量，它会保持每年 1% 的通胀。

当然，并不是说 POW 模式的币就没有通胀。比如，狗狗币采用的是每年固定的通胀值（通胀百分比逐年递减）的机制。

在 POS 最大的问题是“富者更富”，在 POS 体系下，新获得 POS 的能力受已持有 POS 的绝对限制。人们普遍认为它是一种不公平的模式。

POS 币体系中必须先持有 POS 币才能获得利息，导致后来者主要依赖于向上家买币，结果就形成金字塔结构。如纯 POS 未来币（NXT），因为原始股权结构是写入 IPO 的，而且第一次公开发行没有增发公众股，而是全部存量发行，理论上讲原始股东如果联合起来控制价格是很容易的。事实也是如此：其原始股东只有 20 多个，市场机制没有均衡，卖单价格取决于大股东。

DPOS 即授权股权证明（Delegated Proof-of-Stake）。

DPOS 授权股权证明的过程为：股东可以影响区块（block）由谁来产生。股东如何去影响呢？就是去给代表投票。得票最高的代表在预定的时间将所有合法的交易打包成区块（block），并获得系统奖励。DPOS 的优势在于更快的区块确认和可扩展到 VISA 级别的每秒 10000 次支付或转账频率。

3.3.4　POI

POI（Proof of Importance），即重要性证明。

POI 算法提供了一种分布更为均匀的挖矿方法。人们既不需要使用更强劲的机器，也不需要持有更多的股份来获取更多的奖励。只需要向整个经济体证明自己的重要性来获取区块奖励。这样它也无须特殊的挖矿硬件，能运行在一个树莓派设备上，因此它省电环保，有助于解决让人们头疼的地球高碳排放带来的温室变暖问题。很显然，重要性证明可以解决比特币生态中的大量资源浪费和挖矿设备之间的竞争问题。除此之外，在重要性证明方案下，有钱并不意味着重要，它更看中的是交易量、活跃度，以及和谁做的交易。这些特性可以去除其他所有 POS 系统都拥有的弊端，即进入让富者更富这样的循环。

重要性证明机制算法最重要的应用是新经币 NEM。一个 NEM 用户的重要性取决于他拥有多少数量的货币和他的钱包交互数量。相比而言，其他数字货币并没有考虑一个结点对网络所有的支持作用。一些工作证明机制只需要一个结点拥有大量的数字货币去形成区块，对于 NEM 而言，货币传输的数量同样也是对网络的一项支持因素，这会鼓励用户不仅是持有 NEM，而是积极在 NEM 系统内开展交易。因此，在重要性证明币种中，酬金是以一种精妙且平衡的方式决定并发送至用户的。

3.3.5 POA

POA（Proof of Assets），即资产证明。

Digix 通过它的资产证明（POA）协议为实体资产代币化和文档化提供了使用实例。这是笔者在后面推荐 DGX 代币的最重要的原因：它诞生于一个非常有意义的创新项目里。Digix 资产证明（POA）认证过程在以太坊上记录和提供一项资产的审计跟踪,用以创建 POA 资产卡。这些资产卡通过来自监管链参与者(即黄金供应商、托管商和审计商）的连续数字签名获得认证，数字签名进一步通过被提供和上传到 IPFS（星际文件系统）所永久保存起来的购买和存储收据证明所确认。

3.3.6 POB 及其他

POB（Proof of Burn），即烧毁证明。

创建新区块的人必须为创建新的货币支付费用。这些费用将按照预先规定的比例或者算法转换为新的货币。合约币（XCP）就是通过烧毁比特币而产生。

数字货币算法还有购买证明(Proof-of-Purchase)、时间证明(Proof-of-Time)、身份证明（Proof-of-Identity）和混合证明（Combining Proofs）等。

第 4 章 比特币的八大特性

周朝晖

4.1　去中心化（Decentralized）

关于去中心化，本书开篇就做了详细介绍，请读者自行回顾一下。

4.2　无须信任的可信系统（Trustless）

本书前面已对比特币的无须信任特性做了介绍，这里不再赘述。

随着认识的深入和技术发展的深入，人们慢慢会认识到比特币已经不仅仅是一种数字货币，而是一个庞大的生态系统里的 DNA，它是人类社会一个新兴系统的底层构架，最后，无论未来它拓展到哪个领域，它都是一个无须任何组织或政府背书的可信系统。

比特币的可信还体现在它本身的坚不可摧。

为防范洗钱风险，俄罗斯一直严厉禁止比特币等数字货币交易，甚至不惜动用刑法来阻止和打击比特币（最高可以被判处 7 年有期徒刑）。我国政府 2013 年的一纸文书，甚至将全球比特币市场整整冰冻了两年。

而被黑的交易所从全球最早最大的 Mt.Gox（不止一次），到 Bitcoinica、BitFloor、欧洲最大的数字货币交易所 Bitstamp、不知名的 Allinvain、ShapeShift、Inputs.io、BIPS、Picostocks、Cointerra、Flexcoin、Poloniex、Bitcurex&Canadian Bitcoins、加拿大最大的比特币交易所 Cavirtex（资金没有损失）、波兰的 Bidextreme.pl、中国香港的 796 和 Gatecoin、中国的比特儿……这还只是交易所，如果再加上支付系统 Bitpay、SWIFT 或者个人计算机被黑等情况，如果你现在手上还有比特币就已经是很幸运的了。

可是无论克格勃和黑客们如何折腾，比特币本身却刀枪不入、毫发无伤。他们既整不死它，也找不到中本聪所设计的技术上的任何漏洞——2015 年，全球极客们突然明白过来：比特币非常靠谱。结果，就引发了比特币账单技术，也就是比特币区块链技术的疯狂研究大潮。

以上两大特性已经在技术界掀起一股强烈的全球头脑风暴。数字货币及区块链的理论研究和应用开发，甚至在数月之间就席卷了全球。这两大特性简直就像伽利略声称能撬动地球的那根杠杆，惊动了整个因特网，并且它们未来必然会撬出政府的职能革命。

4.3 快速点对点交易（Fast Peer-to-Peer Transactions）

比特币转账仅需 10 分钟即可到账，1 小时即可完全确认交易。比特币交易不受任何中央管理机构或银行的影响，完全是点对点交易。

当然回到现实层面，出于安全交易这样一个目的，也必然还有按照淘宝模式来进行托管交易的商业模式。比如 CoinPayments、OpenBazaar 等都是如此。但笔者认为新型的无须第三方监管或者担保的商业模式，如 Bithalo 这样基于智能合约的交易模式，会成为未来比特币应用的主流。

而点对点交易则更适合于实体零售业等场景应用。

4.4 全球支付（Worldwide Payments）

比特币转账依靠的是因特网，完全没有国界限制。而且无论身处地球的哪个角落，比特币的到账时间都是 10 分钟，交易完成时间都是 1 小时。

也许有人会说美元好像也没有国界限制。

美元只是通过“布雷顿森林协定”让自己成为国际间货币结算的币种，但全球大多数国家已经允许美元在市场自由流通了吗？除了东帝汶、厄瓜多尔、巴拿马和津巴布韦等几个芝麻大的地方，还有多少国家市场流通的币种里有美元？你收了美元在中国能生活吗？你不还得把它兑换成人民币才能养家糊口？

所以某个国家有人要买你的产品，往往都得先拿这个国家的法定货币想方设法兑换到美元，然后用美元购买你的产品，然后你再把美元兑换成人民币用于生活或公司的运作。这个流程不但复杂，还必定要给银行等第三方缴纳手续费。不但营销效率低下，还要摊上额外的营销成本。

以比特币为代表的数字货币，不仅只是货币，其实它们同时也是一种支付网络。所谓支付网络，就是说依靠比特币本身构建的钱包软件，就可以转账给他人。

就像如果国外没有 Paypal、国内没有支付宝解决网络交易的支付问题，那就完全不可能有现在这么火热的电子商务市场。对于电子商务来说，支付是至关重要的一环。可问题在于虽说因特网没有国界，各种法定货币却都有国界，它们从来都不是全球化的，更谈不上完全自由流通，这就是现有的货币体系与伟大的因特网的矛盾所在，自由、安全、极低的手续费、超快捷的结算速度……比特币恰好能完美解决这里面的矛盾。

说比特币这个支付网络伟大，还在于在它的启发下，陆陆续续衍生出了很多其他的数字货币支付网络。举一个激动人心的例子：物联币正在努力开发智能合约基础上设备之间的自动提供服务之后的自动收款（收取物联币）功能。

4.5 零或极低的手续费（Low Processing Fees）

说到营销成本，使用比特币转账，无论转账金额多高，手续费都是万分之一比特币。听到这个消息，很多电商人该要奔走相告了。OpenBazaar+ 比特币，只有它们才是可以而且必然打败淘宝的无敌组合。

不过其实比特币已经不是手续费最低的数字货币，比如狗狗币转账的默认手续费是 1 Doge，按今天的价格也就相当于人民币 1 厘 5。

4.6 交易不可逆（Irreversible）

交易不可逆是指只要在转账时单击了“发送”按钮，那么这笔款就不能再撤回。如果要追回它，唯一的办法是和收款人沟通，让他主动转款给你。

做过外贸的人都应该清楚，在交易环节有好多利用现有金融系统缺陷的行骗招术。笔者随手用“西联汇款骗局”在百度里搜索了下，第一个案例大致是这样：

客人 7 月 31 日下的单，货款和运费大概总共 2700 美元，客人发了 MTCN，网上查的（特别注意）到账可取，OK，包装发货，因为客人催的急，第二天又是周六，周六发的话很可能周一才会上官网，所以周五就打包发了。

第二周的星期二，突然想起还有这档事，打西联电话确认，西联说让我联系客人，让客人重新打钱，因为发生不知名错误，赶紧让快递公司截货，但是很遗憾货物已经开始报关，没办法，只好让快递公司将货放在客人附近的转运点。联系客人，客人说第二天去西联那边看看出了什么问题。

到 8 月 25 日，客人已经彻底不理我了，电话也不接了。

我分析了一下，然后问了西联那边，西联说可能是客人打钱后在我发货后发现钱没有被取出来，立马更改名字，然后我这边取不出来，他那就有理由让西联退钱了。而且西联说退钱其实 15 个工作日就可以解决的。

看到问题的关键没有：骗子打了钱出来，看到这个发货了但没取钱，他居然能更改名字造成改名之前的汇款失效，成功地让交易变得单反逆转了。

任何比特币交易都是不可撤销的。这也就是说：一个人给你转了账，一般约 10 分钟你就会收到到账通知，虽然这时候你还没有真正获得这笔费用，但他并不能单方撤销这笔交易、偷偷冻结或者收回这笔比特币。

4.7 非匿名（Not Anonymous）

因为使用比特币不需要提供身份信息，所以从比特币创始一直到现在，很多人都认为比特币是匿名币。很多人认为比特币匿名或者谈到比特币的匿名性，其实仅仅是指不必像使用银行账号那样使用比特币钱包，如果需要一个银行账号，必定会要把自己的真实姓名等资料提交给银行。使用比特币钱包完全不用注册个人信息，因此哪些比特币地址是你的，谁都不知道。

另外，比特币转账时会用到一种特殊的“找零机制”技术。简单地说，就是转账 1 比特币给对方给的某个地址（B）时，如果你的那个地址（A）上实际有 10 比特币，那么比特币钱包会把地址 A 上面的 10 个比特币全部打出去。其中 1 比特币转到地址 B，9 比特币转到你钱包里的某个备用地址 C 上。所以想要猜出你把钱转给了谁，只有 50% 的可能性可以猜中。如果多转几次，一次猜中的概率就变成 25%，12.5%，6.25%……

而且既然你的比特币钱包没名、没姓、没标识，谁知道地址 A 和 C 就是在你的钱包而不是在某位贪官的钱包里呢？

不过这些都无法构成真正的匿名，或者说只有在比特币发展初期的 10 来年可以匿名。

关键在于任何比特币地址的转账记录都是可跟踪的。我的确不知道地址 A 和 C 都是你的，但首先地址 B 的主人就知道它们都是你的。因为地址 C 从 blockchain.info 上查寻地址 A 的交易记录就能查到。

其次，如果我和地址 B 的主人做过交易，打过款到地址 B，那我就能查到地址 A 的主人和他做过交易。

还有一种情况是，现在大家大多都是在公司级的交易所购买比特币，你在交易所既有真实的个人资料，又有转账记录。

那么，假如在一次活动中很多粉丝都来给某个明星用比特币打赏，那么这个明星的比特币资产就很容易被狗仔队晒个底朝天，并且，还会牵扯出其他很多明星或他的亲朋好友——这一定是狗仔队非常乐意去做的事情。

为此，官方网站首页特别强调比特币根本不是匿名币，它的交易完全可以被跟踪。到 blockchain.info 看一眼就知道是怎么回事了。

顺便提一下，达世币、黑币等币种倒是可以做到真正匿名，那是因为它们从技术上一开始就做了相关的创新。

4.8　划时代意义的创新支付网络（Innovative Payment Network）

以比特币为代表的数字货币，不仅仅只是货币，其实它们同时也是极为简单、便捷和高效的支付网络。我们都知道，今天的支付网络几乎就是全球经济的命脉。而数字货币作为支付网络，可以简单到仅仅只需要一个钱包软件，无需借助任何第三方，真正零人工，通过电脑或手机或其它上网设备就可以实现全球无障碍点对点直接到帐——数字货币这个支付网络的建设成本如此之低、效率如此之高、使用如此之方便，这本身在人类金融史上，就是一大创举！

如果国外没有 Paypal、国内没有支付宝解决网络交易的支付问题，那就完全不可能有现在这么火热的电子商务市场，对于在我们的生活中已经举足轻重的电子商务来说，支付是至关重要的一环。可问题在于虽说因特网没有国界，各种法定货币却都有国界，它们从来都不是全球化的，更谈不上完全自由流通，并且无论网速多块，各银行间的结算仍然需要可长达一周的蜗行时间，这就是现有的货币体系与伟大的因特网的矛盾之所在。自由、全球化、安全可靠、极低的手续费、交易完全透明、彻底杜绝欺诈、兼具众筹功能、兼具多重签名支付模式、超快捷的结算速度和微支付能力、机器自动结算……比特币恰好能完美解决现有支付系统里面的种种矛盾和瓶颈，并提升了支付能力、大大地拓展了支付的应用场景。除此之外，在它的启发下，还陆陆续续衍生出一些其它创新型的数字货币支付网络（譬如有几种数字货币正在努力开发设备之间的自动提供服务之后的依据智能合约而自动执行的收款功能），其意义无疑是划时代的！

第 5 章　主要币种解析

周朝晖

5.1　解析币种的原则

第一，任何行业的成功者都不可能独一无二，比特币也不例外。它不会成为唯一的密码学货币。大家都知道，货币是多元化的。当今世界，美元是全球结算货币，但它其实根本算不上是全球通用货币，在多数国家无法直接使用它。几乎所有国家流通的主要货币都是自己的法定货币。美元的全球化并没有取代其他国家的货币的使用，而且永远都不会。法定货币如此，数字货币也会有类似的情况。除了通用型的比特币外，还会有一些专用的币种共存。这些币种专注于某些领域，如物联网、匿名投融资和企业资产管理等。所以，比特币在数字货币圈具有至高的地位，但它会被延伸和补充，而不会成为唯一。

第二，百花齐放局面的出现在各行各业都是好事，尤其是在行业发展的初始阶段。但不是每种数字货币都能成功。相反，从 7 年多的纷繁复杂的数字货币发展状况来看，注定很多的一代和二代数字货币最终都会走向消亡。有的数字货币仅仅是复制其他数字货币、修改几个参数而成；有的圈走市场一笔钱后开发者便跑路；有的虽有创新，但有重大的技术漏洞或者应用缺陷。这些数字货币最终只能沦为炒作的工具，在激烈的市场竞争和技术发展中难逃淘汰出局的命运。

第三，数字货币百花齐放的阶段已经过去，残酷的淘汰赛大幕已经拉开。因为技术应用的布局已经开启好久了，很快那些无法发展得足够好或者开发出足够多应用的币种就再也没有可炒作的资源。

第四，本篇第一章已经解释过，数字资产币虽然常常局限于它所属的区块链项目内，由于它们和比特币及竞争币一样，在区块链行业得到了普遍的应用，特别是在其所属的区块链项目里，是唯一的支付币种，加上从技术上看，其交易也同样采用数字加密技术记录在区块链里，所以业界约定俗成地把它们视为数字货币。在各大数字货币交易所、数字货币排行榜、数字货币宣传和交流活动中，也都将它们作为数字货币予以收纳。

数字货币币种之多给人们带来了一个搔首挠耳的烦恼：除了比特币，还有什么样的数字货币值得投资？

首先我们一起来简单探讨一下数字货币的价值。

1. 本身有技术或应用创新

所谓技术创新，是指在技术层面具有首创的与比特币不同的技术。比如，合约币（Counterparty）虽然本质上就是比特币，但是它通过简单的手段强化了分发股份、分红等比特币本身不具备的功能。达世币和黑币都有真正的匿名功能，使得交易完全无法被追踪，对个人资产和交易无疑能够起到更好的保护作用——想象一下：这个世界经常有大额甚至巨额交易，如果使用比特币进行交易，等于把资金的来龙去脉完全告诉了黑客、江洋大盗和绑匪。这就为他们提供了极好的作案对象的锚定和跟踪机会。狗狗币技术源于比特币和莱特币，但在应用层面，它引入了一个具有全球共识性的东西——狗文化。在此基础上，狗狗币致力于有趣和友好的社区建设，因此在慈善和打赏方面卓有成效。

有创新，就有潜在的价值；没创新，除了烧香拜佛还能怎样？

需要注意的是，有些劣质币照抄其它币种的技术，然后说自己定位并应用于某个行业。乍一听很诱人，但只要反问一个问题就行了：它能干的事，早于它创世的其它币种能干吗？如果答案是能，那么就要谨慎对待。

2. 有基础创新型项目或强大的公司作为依托

比如黑币，它在自己的技术特点上，已经开始致力于智能合约客户端的开发。先是开发了 Blackhalo（号称全球智能合约和去中心化市场之母），后又增加了对比特币的支持，开发出了 Bithalo。虽然软件开发速度很慢，但它若成功可就了不得了，因为它会是一个底层应用或者是一个基础创新型应用，大家在它的基础上将能发展出很多关联项目或者对接型项目——看看去中心化应用开发平台以太坊，现在还没有看到开发出几个应用，其上面的数字货币 ETH 的总市值已经仅次于比特币了。

还有很多被称为代币，或者起到股份分配、自动分红的数字货币。譬如最近突然大红的 DGD 币（DigixDAO Token），它是在 DigixDAO 为团队 ICO 众筹资金时推出的。DigixDAO 先是发行了 DGX 币，它可被用来支付任何基于以太坊的产品和服务，DGX 币的交易会收取 0.13% 的手续费。而 DGD 币的主要作用是众筹资金，主要卖点是可以通过 DGX 币的交易手续费来获得收益，即 DGD 币是一种分红收益的币种。这样的分红币的重点往往不在于其本身有什么技术创新，而是其上有一个大家觉得靠谱的创新项目。分红币的主要目的是帮助用户投资项目，英文中之所以常会用 token 而不是 coin，也是在提醒大家注意它的本质。投资上的差别是：分红币是依靠对应的项目的盈利来赚钱，而比特币及其竞争币则是靠它们自己被应用的情况来赚钱。

这样的股权分红币本质上属于企业资产币或者组织资产币。也就是说它服务于一家企业或者某个组织或者某个项目，在功用上，它以后将取代公司股票或者同时成为该公司或组织或项目最重要的资产，所以我们将这种数字货币称为数字资产币，有时候就简称资产币。

资产币有下列两种玩法。

第一种玩法典型的代表是下面将要介绍的 Sia 币：一方面，Sia 币像现在市场上很多企业发行的股票一样，有一定的投资和分红功能（不同的是，它的分红是自动分红，而且不是以法定货币分红，而是以数字货币如比特币分红）；另一方面，企业 Sia 的客户可以用 Sia 币购买该企业的服务。

第二种玩法最典型的代表是下面将要详细介绍的 DGX 和 DGD。它们属于"一家人"，一种是用于购买其产品或服务的币种，即 DGX 币可被用来支付任何基于以太坊的产品和服务；另一种则完全用于投资分红，也就是说 DGD 的作用就是完全取代这家企业发行的股票。

经过上述分析相信大家就会明白：就像今天有很多公司都发行了自己的股票，未来这个世界将会有海量的企业和组织发行自己的数字资产（相信 cryptoasset 这个词很快会流行起来），到时候，光是替代企业股票的数字货币的品种就可能达到数百万种甚至千万种之众。这种数字货币的价值，和股票一样，完全取决于对应的企业或对应的去中心化组织或对应的项目的价值。成功的案例已经有下面将会介绍的以太坊的 ETH、DGD 币等。另外，最近刚看到阳光卫视也采用了这个模式，它转型而生的华语媒体 iSunMedia，一共将发行 1 亿份数字货币 iSunMedia Coin，分批次用于众筹——数字货币在企业或去中心化组织投融资领域的发展才刚刚拉开序幕，还有很多的投资机会等着大家。

无论是竞争币还是资产币，数字货币获得成功的加分条件是：优秀的核心开发团队或组织、活跃的社区和广泛的市场接受程度。

优秀的核心开发团队（如核心功能开发团队、钱包维护团队等），无论是技术见长，还是营销给力，抑或是得到第三方雄厚的技术或资金实力的支持，都可能会让他们的币种抢得先机，所向披靡。

如果一个币种拥有超多粉丝，所谓天时地利人和，它至少具备了一项有利的竞争优势。要知道 3 个臭皮匠还顶一个诸葛亮，或者三人行必有我师。拥趸者多智囊也多，成功的机会也就高了。当然，太过喧闹，再加上自己太嗨，也可能什么都听不见。这在数字货币界也很常见。

和任何投资一样，对数字货币的精挑细选应该是投资者必须要高质量完成的首要任务。对于国人，笔者特别想说的是：不做功课、听风是雨、随波逐流，很危险！

下面介绍几种比较有特色、在业界影响力也比较大的数字货币，其中既有比特币的竞争币，也有数字资产币。一家之言，权当给大家普及点数字货币的知识，不构成投资建议！

5.2 狗狗币（Dogecoin）

创新：

通过引入全球狗文化中具有共识性的精髓，立志成为构建有趣和友好的社区关系的数字货币。

应用场景：

慈善——指欧美慈善 Charity，其概念要大于我国的慈善，除了扶弱济贫之外，任何发自内心的爱和分享的行为都是慈善。如无偿资助一位少年参加电竞大赛就是慈善。

打赏——从打赏编者或分享优秀内容、优秀软件作品等的人开始，通过表达感激、欣赏、友好和激励之心，狗狗币将给这个世界带来积极的、深远的影响。

其他特色：

狗狗币是很罕见的没有经历过炒作的币种，但其人气也一直不错。

狗狗币要想发展起来，很大程度上要从“传统手段”推进，比如与宠物商家的合作。

5.3 达世币（Dash）

创新：

匿名——达世币的匿名发送是完全非信任制的，因为没有人可以控制整个系统，但出问题的概率非常低。顺便说一下，很多人以为数字货币都具有匿名性，而实际情况恰恰相反：绝大多数数字货币都不具匿名性。比特币就是非匿名的典型例子。过去 7 年各种新闻报道以讹传讹，造成至今还有很多人以为比特币能够匿名甚至能够成为洗钱的最佳工具。用比特币进行投资，除非黑客闭上双眼，否则你的财富就会在他们的眼皮底下！

即时——达世币有一种闪电交易模式，称为即时支付（InstantX），可以在几秒钟内（通常只需要 1 秒）完成交易。相比比特币长达 1 小时的交易完成时间，达世币的到账速度非常快。

安全——能做到匿名，自然有过人之处，其高级加密和双层网络模式会带来极强的安全保障。

决策引擎（Decisionmaking engine）——达世币的去中心化区块链管理系统允许任何人提出更改或升级达世币。无论是法律、市场营销或者其他方面的建议，都可以直接通过区块链提交到网络上。被选中的提议将给予新区块 10% 的报酬。社区每月对提议进行投票表决（节点的持有者才具有投票权）。赞成票比反对票至少多出 10% 则合格，提议之间还要竞争。每个月的奖金大约为 8000 达世币。

自给自足的预算系统——达世币的预算系统(Budget System 或 SelfFunding)让任何人都可以自己提供预算，发起一项有关达世币开发和宣传的提案。预算系统和决策引擎，让达世币成为一个独立自主的去中心化自治的币种。没错，Dash 本身很可能就是区块链业界的第一个去中心化自治组织（Decentralized Autonomous Organizatio，DAO）。

应用场景：

希望在匿名投资领域有所建树，致力于构建去中心化可持续匿名融资模式。

某些需求下的即时支付——比如达世币已经赶上比特币，而且是借着比特币进入了 ATM 机市场。因为严格地说，零确认交易比特币是做不到的，比特币 10 分钟确认一次交易，通常需要 3 ～ 6 次确认后商家才敢认可交易成功（另一个因素是比特币区块链容量有限，当交易量爆发时很多人会增加手续费，矿工也就会优先处理手续费高的交易，而可能导致你的转账被延迟）。达世币则不然，它的 InstantX 功能可以解决零交易信任问题，而且达世币主结点网络达成一致性的速度惊人，通常只需要 1 秒。最后，比特币钱包一般都是 6 次确认，到账 1 小时后，才会让用户使用新存的款，这显然不利于应急的小额交易之需。因此，对于需要即时存取款的 ATM 机服务而言，通过消除商家风险，大大加快到账速度，达世币反而占了上风。

其他特色：

匿名发送使用钱包自己内部非常大的地址池中的地址来进行频繁混淆。当进行匿名化时，会在后台产生大量的交易，这意味着需要经常备份钱包文件。为了保障安全，需要在每次匿名混淆资金后备份一个新的钱包文件。

不要同时异地运行钱包程序。如果这样做，会产生自动匿名同步，发生“双花”的问题。

达世币（Dash）以前被称为暗黑币（Darkcoin），由于具备匿名特性，被传销组织予以利用。最严重的是“刘雄暗黑币传销案”。2014 年 8 月，该传销组织重金聘请人员制作了“暗黑币”官网，创建虚假的网上交易平台，开始了网站的运营。为了支撑虚假的“暗黑币”投资，该传销组织的核心人物在中国香港成立了达康智能科技有限公司。以此为基地，通过带人到这个公司总部去考察学习（每天下午都会有顾问负责讲课，传授“虚拟货币”“暗黑币”等概念，以及推广市场的技巧）。仅 8 个月的时间就在中国大陆发展会员 3 万余名（以累计注册账号计算），敛财近 15 亿元。虽然这个传销组织建立的山寨“暗黑币”网站与真正的“暗黑币”没有任何关联，它只是借助“暗黑币”的名声及价值大肆进行宣传，以达到混淆视听的目的。但仍有很多人搞不清真实情况甚至怀疑暗黑币参与其中。因此暗黑币不得不彻底改头换面。英文名、中文名、货币符号、Logo 及官网域名等全部被换掉。但因为案件审理时间很长，替换后案件仍在新闻热炒中。一些不明事理的人将“刘雄暗黑币传销案”改称为“刘雄达世币传销案”，还是给达世币蒙上了一层阴影。这个故事告诉大家，数字货币技术上的复杂性使得大众在短期内无法消化，因此前期的迷茫、混乱和危险就在所难免。另外，中国这几年传销组织之多、之活跃、之长寿，以及传销个案敛财数额之惊人，既提醒了人们要谨慎甄别，也说明了国内环境的糟糕及执法效率的低下。

达世币是众多竞争币中首次、也是在我写到这里时唯一进入比特币 ATM 机市场的加密数字货币——也就是说在比特币 ATM 机上，可以提取到达世币。

经济学家 Ashe Whitener（目前正在为欧洲太平洋资本公司，一个拥有超过 600 家公司治理专家组、税务律师、信托顾问和投资组合经理的全球网络，来管理所有的 B2B 转介合作伙伴）在一次访谈中特别提到达世币，并且说在他看来，达世币是一个比比特币和大多数其他加密货币更加完善和灵活的管理系统。Ashe Whitener 曾会面过达世币的创造者 Evan Duffield，通过接触，他认为 Evan Duffield 在这里有一个很伟大的打算。

5.4 点点币（Peercoin）

点点币（Peercoin）2012 年 8 月 19 日正式发布。点点币的名称取自 P2P 货币，点对点货币。点点币的研发团队和质数币 XPM 的研发团队为同一团队，技术实力强劲，为业界公认，但宣传工作严重不足，整个社区交流人气也不够。

创新：

世界上第一个权益证明类加密电子货币——点点币最大的贡献在于它原创了 POS 利息体系（其采矿方式混合了 POW 工作量证明，并首创了股权证明即 POS 这一新机制），可以有效防止通货紧缩。持有点点币 30 天后，可以赚取年化利率为 1% 的利率。

节能：可在任何设备上进行点点币的挖矿。

应用场景：

通用。

其他特色：

发行公平：不存在内幕预售或者是瞬时预挖——早期创建的很多币种都有猫腻。

争议：它扩大了贫富差距，让富者更富，贫者更贫。

货币供应量不稳定。通货膨胀直接与获胜区块链的奖励成正比，而与支付的交易费成反比。这个变动的通货膨胀使价格的不稳定除了因其不可避免的因素——商品的交换价值和货币的流通速度外，又引进了非必须因素，从而不必要地降低了价格透明度和可预测性。

5.5 合约币（CounterParty）及 Dogeparty

合约币（CounterParty）是建立在比特币协议上的创新传输层，用于实现去中心化的货币发行、资产管理、交易、下注和分红等财务功能。合约币初期通过烧毁比特币（Proof of Burn）的方式产生和分发。

创新：

众筹、分发股份、分红及零确认交易等功能。

为全球范围的开放、透明的数字金融交易和贸易提供智能合约功能。

应用场景：

为企业等各类组织提供发行自己的资产和管理自己的资产的功能，提供自有资产的发行（包括众筹这种形式）、分红及下注等功能。

早在 2014 年 11 月初，合约币就宣布成功移植以太坊编程语言。2016 年年初，陡然暴涨 10 倍的 ETH 就是“去中心化应用开发平台”以太坊发布的主要供该平台内部流通的数字货币。移植的意义在于：合约币的用户们可以编写自己的智能合约，或者使用以太坊生态系统，并在比特币区块链之上运行自己所开发的应用。合约币创始人之一的 Robby Dermody 还说，“因为建立在比特币之上，Counterparty 拥有了最大的安全性……而有了 Counterparty，比特币可以做任何以太坊能做的事。移植工作将最大限度地提高兼容性和安全性。”

其他特色：

合约币从本质上来说就是比特币，可以说它只是一种特殊的比特币。所以使用合约币开发的应用是在比特币区块链之上运行的，而比特币区块链是迄今为止，历史上最悠久、最安全的区块链。

提醒国内的数字货币众筹平台，合约币是一个很好的技术解决方案。它可以轻松 10 倍做好平台的底层，而且除了合约币本身带来的成果，未来还能免费享受比特币基础上发展起来的无数新技术——合约币具有比特币的纯正血统。

在合约币基础上开发的应用（Dapps）有 Storj、Swarm、FoldingCoin、GetGems、Scotcoin 和 Spells of Genesis 等。

Dogeparty 是完全参照合约币的方式，通过烧毁 18 亿狗狗币产生的币，其功用也和合约币一样。

在技术上 Dogeparty 是有价值的。但最终要让烧毁这 18 亿狗狗币的用户们行动起来，并借助合约币的技术才可能东山再起。模仿可以，但未来的路很艰难。

5.6 莱特币（Litecoin）

莱特币是受到比特币启发而产生的。

创新：

其工作量证明算法中使用了由 Colin Percival 首次提出的 scrypt 加密算法。

应用场景：

通用。

其他特色：

因为莱特币是最早出现的竞争币（山寨币），追捧者较多，在全球数字货币排行榜长期排名在前 4 位。

正因为没有什么技术创新，加上绝大部分人都是先从比特币入手了解数字货币，莱特币的开发和应用的门槛反而很低。

5.7 未来币（NXT）

请注意，NextCoin、FutureCoin 等都不是人们所谈的未来币。

创新：

第一个 100% 股权证明（POS）货币。

去中心化资产交易（AE: Decentralized Asset Exchange）——未来币借用了“彩色币”的概念，使得未来币（NXT）的网络可用于交易几乎任何东西。并且是去中心化交易，不必依赖中心化的交易平台。Nxt 是首批允许用户创造自有区块链代币，并在区块链上进行交易的平台之一。已有数十项众筹活动在 NXT 平台上成功完成了。2016 年前，基于 NXT 区块链发行的资产数目高达 600 多个（如集交易所、孵化器、软件和广告于一体的 SuperNET）。

货币制度（MonetarySystem）——允许任何人用 NXT 抵押发行自己的货币，包括 POW 币。

云数据（Data Cloud）——可以发送任何形式的信息。将来还可以发送加密信息。可用来建立文件共享服务、分布式应用程序和更高级别的 NXT 服务。

投票系统（Voting System）——顽固抵抗数字货币的俄罗斯唯一的中央证券托管系统（CSD）国家清算托管局（NSD），最近居然宣布开始测试基于未来币区块链的投票系统。

账户控制（Account Control）——已完成账户租赁（Account Leasing）功能，允许用户在一个固定的时间段把锻造力出租给另一个账户，而不需要把币发送到任何地方。这允许创建安全的锻造矿池。

混币（Coin Shuffle）——一个去中心化的隐私功能，它可以让用户快速、高效地与其他用户的资金进行混合，在现有的用户账户和混币后的新账户之间创建随机的映射关系，从而实现完全匿名。

应用场景：

去中心化资产交易。

企业或其他组织发行自己的数字资产。

云数据存储。

去中心化市场。

自动交易。

其他特色：

自动交易——在 NXT 网络上自己工作的程序允许根据规则自动处理交易。这带来了自动的、无须信任的第三方担保服务。

两阶段付款（Two-phasePayments）——交易需要两次签名才完全发送。例如“我现在给你 1000 未来币，另外 1000 未来币项目验收合格后支付。”

去中心化市场（Decentralized Marketplace/Auction）——去中心化模式购买或出售商品或者服务，所有物品被广播到 P2P 网络上的所有结点。

跨链交易（CrossChain Transactions）。

透明锻造（TransparentForging）——这是一个重要特性，指交易信息直接发送给下一个区块的锻造者，能够大幅减少网络流量，实现远超比特币的 VISA 级的大规模交易。

未来币技术使用了彩色币技术来定制代币，这是以太坊智能合约的一种补充方式。以太坊的方法可能是更为根本的，但未来币的方法是更直接的，并且在所有运行合约的网络结点都不会遭遇可扩展性的问题。

未来币本身的开发是以去中心化模式开展的，结果使未来币拥有了非常丰富的功能。

如果要说缺陷，则是未来币完全使用脑钱包，难以在安全性和易用性上取得平衡。

5.8 物联币（Tilecoin）

物联币是基于合约币（Countparty）协议开发出来的。

创新：

虚拟货币的跨链交易：如侧链和树链。加密的时间戳。

加密信息传输。

应用场景：

物联网——2014 年我国物联网市场规模为 6206.28 亿元，比 2013 年同期增长 32.89%；2015 年我国物联网市场规模为 7976.34 亿元，比 2014 年同期增长 28.52%。物联网作为一个新经济增长点的战略新兴产业，已经表现出具备良好的市场效益。而放眼全球，Internet of Things（IoT）就是一个无比巨大的新兴市场。物联币的第一个钱包不是计算机钱包，也不是手机钱包，而是设备钱包。一旦它能抢先比特币一步，成为物联网设备间最好的通用支付货币，那么其前景当然令人侧目。

Tilepay（www.tilepay.org）支持 Tilecoin/Bitcoin 和其他虚拟货币。

TileVest 支持众筹机制。

TileExchange 是一个去中心化的交易平台（可能支持跨链交易）。

TileClub 是一个投资俱乐部。

TileLend 是一个去中心化的虚拟货币借贷平台。

TileGateways 支持 Tilecoin 转换成其他虚拟货币或者法定货币。

物联币是第一个定位于物联网的币种，重点开发物联网协议，拟通过软、硬件结合的方式连接物联网。也就是说物联币是先从植入设备入手。它一旦接洽上大型物联网设备制造企业，那么对于未来的想象空间就超级大了。

5.9 黑币（Blackcoin）

创新：

黑币是新权益证明协议（POS）的第一个真正尝试。黑币设计者改善了权益证明协议，在原版设计上去除“币龄”和提高网络安全。在黑币之后发布的多数币种都借鉴了它的权益证明。

智能合约 Blackhalo 和 Bithalo。

去中心化交易平台 nighttrader。

黑币能在 10 秒内实现即时交易。

黑币的匿名钱包让用户可以使用想要的字母和数字来定制含有本人喜爱的昵称的匿名地址，完成与他人的匿名交易。

应用场景：

智能合约和去中心化交易。

匿名交易。

5.10 瑞波币（Ripple）

创新：

瑞波币是一种很少见的中心化数字货币，是 Ripple 网络的基础货币。瑞波（Ripple）是世界上第一个开放的支付网络，通过 Ripple 内部网络可以转账任意一种货币，包括美元、

人民币或者比特币等，交易确认几秒内完成，交易费用几乎是零，没有所谓的跨行异地及跨国支付费用。瑞波币是很多大叔的最爱。

瑞波币（XRP）是全球法定货币的桥梁，可以实现多币种支付、结算、结汇和国际转账即时到账，而且几乎没有手续费。实现了各国法定货币的全面转换，包括美元、欧元、人民币和日元等的交易都可在几秒内完成。真正实现了全球货币的快捷流通。

专注于银行合作——Ripple 已经跟全球 25 家企业进行了合作，其中有 10 家是全球排名前 50 的银行，已公开的合作伙伴包括 Fidor 银行、CBW 银行、跨河银行、Earthport、CGI、IntellectEU 和埃森哲。

瑞波公司（RippleLabs）已和地球端口（Earthport，一个大大改善现有支付手段的支付服务）开展全球性合作。地球端口是业已覆盖全球70个国家和地区的、能够大大简化支付管理的解决方案。

应用场景：

专注于银行合作——Ripple（原 Ripple Labs）是美国的一家公司，其初衷是通过技术和网络，帮助全世界的中小银行以低廉成本实现瞬间的跨国转账。

其他特色：

瑞波（Ripple）经过了长达 10 年的努力发展，真的是一个十年磨一剑的动人故事。另外，Ripple 由谷歌投资 10 亿美元，福特汽车投资 2 亿美元，洛克菲勒，全球最富有的罗斯柴尔德家族均已投入（罗斯家族的资产相当于 2200 个马云、800 个比尔盖茨），中国的华创资本、包括给马云投资的孙正义的软银公司，全球顶级的 20 多家风险投资公司全部参与了 Ripple。

实体合作已经发展到中国。

瑞波币的绝大多数为 Ripple Labs 所持有，其发币的体制长期为人所诟病，创始人留了 800 亿给瑞波实验室，瑞波实验室原来说会将其中 500 亿派送出去（即使这样也还留下了 300 亿）。国内有人统计后认为：截至 2015 年 1 月，瑞波币只发行了 1000 亿中的 300 多亿，这当中还包括 3 位联合创始人的将近 200 亿左右，因此瑞波币的实际流通量不超过 150 亿。

5.11　恒星币（Stellar）

恒星币（Stellar）绝对有情怀。它致力于拯救贫困线下的那 10% 左右的大众。因为有人发现“穷是很昂贵的”。团队成员富有理想与激情，拥有哈佛法学位的出色的社交与公关人才 Joyce Kim 出任

CEO、Ripple 创始人 Jed McCaleb 为 CTO、Stripe 创始人兼 CEO Patrick Collison 为董事会成员。同时顾问团队的实力也非常雄厚，有麻省理工实验室现任当家 Joi Ito、有 YC 创业营主席 Sam Altman 等。其运营规则明确，致力于打造一个公开、透明、实践核心理念的优秀团队。

CTO 来自瑞波币，恒星币的一整套技术自然都来自瑞波币，是基于 Ripple 代码修改创建的恒星支付网络中的基础数字货币，总量为 1000 亿，每年增加 1%。恒星支付网络以恒星币为基础货币，用户能够通过其转账任意一种货币，包括美元、欧元、人民币、日元或者比特币，简便易行，十分快捷，交易确认在几秒内完成。

恒星币采用了透明公开的发行方式：50% 通过直接分发计划分配给全世界，25% 通过增加覆盖计划分配给非营利组织以给予金融服务匮乏的人群，20% 通过比特币计划分配，5% 留作运营费用使恒星币运营。团队已按照特拉华州的法律规定注册为非营利组织，以环保、慈善和金融普惠为其核心理念。

以比特币计划分配解释一下：2016 年 7 月 4 日按照协调世界时（UTC），瑞波币官方将会在第一个区块挖矿完成后，对比特币区块链拍摄快照，以获取所有账户的比特币存款。2016 年 7 月 5 日，官方在官网发布免费索取页面，让比特币用户们去领取恒星币。比如 zhangsan 有 10 个比特币，则：

快照中的比特币总数假设为 15692500，zhangsan 有 10 个比特币，则他可领取的恒星币为：

3000000000×（10/15 692 500）= 1 911.72 流明（lumen）

恒星币和瑞波币的唯一差别似乎只是一个在尝试去中心化，另一个则是未去中心化的货币。

创新：

致力于帮助穷人。

可生成任何数字货币、资产或代币（token）。

多重签名及智能合约。

应用场景：

恒星币已经是一个开放的数字产品构建平台。恒星币可以让人像发送电子邮件那样移动货币。

帮助用户发行任何数字货币、资产或代币（token）。

法币快速转账，即可忽略转账手续费（费用为十万分之一个流明，目前 1 流明约为 1 分 2 人民币）。

5.12 公证币（Factoid）

比特币不是万能的，这是为什么有些基于自己的平台的竞争币也非常有价值的原因之一。公证币（Factoid）就是一个典型代表。

公证币（Factoid）是由一家名声远扬的区块链公司公证通（Factom）发行的网络代币。

公证通（Factom）致力于革新整个世界对数据的记录方式，并利用比特币区块链技术保护数据安全。以下是《公证通 Factom 白皮书 1.0 版》对自己的介绍。

Factom 利用比特币的区块链技术来革新商业社会和政府部门的数据管理和数据记录方式。

利用区块链技术帮助各种各样应用程序的开发，包括审计系统、医疗信息记录、供应链管理、投票系统、财产契据、法律应用和金融系统等。开发者能够创造新的应用程序，并把数据保存在区块链上面，同时不用受到直接把数据写入比特币区块链的各种限制，如写入的数据速度、成本和大小等限制。

Factom 维护了一个永久不可更改的、基于时间戳记录的、区块链数据网络。大大减少了进行独立审计、管理真实记录、遵守政府监管条例的成本和难度。

商业社会和政府部门可以利用 Factom 简化数据记录的管理，记录商业活动，并解决数据记录安全性和符合监管的问题。

目标很大，也很惊人。

问题是公证币（Factoid）还是很复杂的。先来说它的发行机制。

通过 crowd sale 活动，让用户用比特币换取公证币（Factoid）。

Factoid 本身还通过系统奖励支撑整个系统的 Factom 服务器和审核服务器等来保持固定的发行速度。

基于以下原因，公证通（Factom）需要公证币（Factoid）而不是比特币。

去中心化系统需要一个奖励机制来激励参与者，而 Factom 并没有权力自生比特币。

相对封闭的系统需要合作，以建立长期的网络创造价值。

最重要的目的是将交易从比特币区块链上剥离出去（除非某天比特币本身也能够达到这一目的）。

作为 Token（令牌，口令），通过人为的稀缺性来降低垃圾信息。

所有的 Factoid 与“积分”的转换都是不可逆的。Factoid 在被兑换时即被销毁。由于比特币本身的稀缺，如果通过同样的模式销毁比特币，市场肯定会坚决反对，因为这肯定会毁掉比特币。

更多信息请查询官网的 FAQ：https：//www.factom.com/faqs。

创新：

通过中央服务器 Oracle 设置条目价值——Factoids 转化为条目信用的兑换率由 Oracle 决定。如 Oracle 将 Factoids 转化成 Factom 条目信用的兑换率设为相对比特币交易值的 1/10 ～ 1/100。兑换率将由中央服务器 Oracle 执行。当将记录 Factoid 兑换率和交易量足量交易转入 Factom 链，将进行兑换率分散运算。合法来源链（交易记录）由各类交易 Factoids 兑换率和交易量来决定。

所有的 Factoid 与“条目积分”的转换是不可逆的。Factoid 在被兑换时即被销毁。

条目积分用于在 Factom 中购买一定数量的数据。

应用场景：

公证业务。

通过两次交易，达到在 Factom 中购买一定数量的数据的作用。

其他特色：

公证通（Factom）是基于比特币区块链协议而构建的另一层分布式的、匿名的数据协议。赋予将比特币区块链技术拓展到无限应用场景中的能力。

用户无须持有加密货币也可以使用 Factom 的系统功能。Factom 服务器和 Factom 代币接受者可接受用户通过比特币、常规信用卡付款等方式条目信用买卖。用户可提供该条目信用的公钥。卖方可将相应数量的 Factoids 转化为条目信用，并将这些条目信用分配到用户公钥中。如此一来，用户便无须持有 Factom 服务器支持的公证通（Factom）购买条目信用。

5.13 羽毛币（Feathercoin）

创新：

安全性——已研发了拒绝 51% 攻击的 ACP 技术，对抗机枪池的 eHRC 技术，以及防御 ASIC 矿机挖矿的 Neoscrypt 算法等多项基础技术。

应用场景：

通用。

其他特色：

羽毛币由英国牛津大学 Peter Bushnell 开发。学院派风格。技术上中规中矩，推广上不温不火，第三方开发也不多，暴涨 10 倍又暴跌至起点实在有点任性。

5.14 MaidSafeCoin

Maidsafe 这个币种真够倒霉的，原因有以下两个。

在网络可以肆意妄为的国家，要大家相信它可以带来去中心化因特网，画面美得实在不敢想。

国内没有交易所上线该品种。

MaidSafe 于 2006 年 2 月成立于苏格兰 Troon，核心成员有 14 名。按照它的白皮书简单介绍如下。

当今的因特网架构越来越难处理 24 亿用户的需求。据估计到 2017 年，因特网用户会增长至 36 亿人。而今天用中心化服务器架构来提供数据存取服务是昂贵和低效的。数据中心消耗了全球 1.1% ～ 1.5% 的电力（并且以每年惊人的 60% 的速度增长）。用户账号和密码被盗的新闻屡见不鲜，已经证明在这种架构下，用户资料的安全性几乎是不可能的。数据中心成为了因特网的瓶颈。

为了适应这些挑战，一个全新替代性的方案就是用完全去中心化架构来消除这些昂贵的数据中心。SAFE（Secure Access for Everyone）将通过实现下列功能使得去中心化因特网成为现实。

自治地处理结构和非结构数据类型。

私密专用和安全通信。

数据在全网以文件系统的级别进行共享，无须 HTTP、SMTP 和 FTP 等协议。

数据隐私受到加密保护，动态储存。

允许用户匿名登录或退出网络。

网络能抵抗中间人攻击和 IP 追查。

无须管理员及任何其他人的介入干预。

无须预先搭建数据中心，网络会根据用户的情况实时自动配置。

提供给开发者易用且免费的 API，可开发出新一代的安全应用程序，而这是现有中心化架构所无法完成的。

以使用加密货币 Safecoin 的经济模式来激励各参与方。

SAFE 是众多开发者 8 年来的智慧结晶。

而且 MaidSafe 核心设计中早已包含加密货币的概念，在多年前（2006 年）

的初始设计中就包含这个概念。重要的是，本提案并不建立创始人池或创始人股，而是激励资助者、开发人员、用户和已有的投资者。这将使得 Maidsafe 明确证明该网络真正和永远属于大家。这是一个极其重要的一步，以保证 SAFE 网络被广泛使用和在这基础上吸引成百上千的、明白完全安全和去中心化网络重要性的开发者加入。所以，本众筹提案的目的在于启动网络，扩展开发者群体，并以清晰逻辑的方式向其他社区呈现推广。

5.15 新经币（NEM）

新经济运动（New Economy Movement，NEM）。先说情怀，而不是先说自己的哪部分是货币，在数字货币界也很流行。

创新：

声望系统——NEM 是首个采用 EigenTrust++ 算法监测网络内的结点行为的数字货币。而其他数字货币则多使用工作量证明等算法维护其区块链。在工作量证明算法中，通过一个洁点的运算量大小来确定其工作量以维持整个系统稳定运行。但是 EigenTrust++ 算法中，工作的质量尤为重要，这使得 NEM 网络可以更有效地运行和维护。

重要性证明（ProofofImportance，POI）最主要的实践者：“NEM 是第一个没有富人或者早期参与者能够通过使用强劲挖矿机挖矿或者单纯买进来获得可观份额的虚拟货币。这对我来说象征着充分的平等与公平。”

基于重要性证明 POI 算法的块链同步解决方案，无须特殊的挖矿硬件，它甚至能运行在一个树莓派设备上，因此它省电节能，能帮助人们创建一个可持续的未来。

给予用户一个高度灵活可配置的方法来管理合同、账目、股票或外汇股息等。

使用 NEM 金融生态系统和基础架构，用户的钱包可以通过编程实现供特定内部实体使用的解决方案。

非常独特和高度安全的平台——NEM 体系结构基于验证有效的多层架构。NIS 作为 NCC 的防火墙为钱包提供了一个保护层。因此 NCC 与外部网络共有两层防护，这意味着 NCC 可以在隐身模式下运行。这种模块化设计使 NCC 与外部攻击有效隔离，NCC 只能通过单点连接的防火墙连接到 NIS，使得 NCC 几乎不可能被攻破。

多重签名——一个用于增强钱包安全的至关重要的技术。多重签名技术要求另一个或几个用户必须对相关交易签名，交易才能发送到区块链。这意味着，如果一个人的钱包被黑客盗取，进行交易时也需要另一个钱包或几个钱包进行签名。多重签名技术也有助于保护社区基金，保护方式为：社区基金进行交易前必须得到大多数指定的用户签名。这是非常有用的，举例来说，可以通过多重签名技术避免一个社区领导的欺诈行为，保证筹资或其他社区发起的基金的安全性。

通过 NXT 资产交易平台筹资（和赎回），产生 1500 名持股人——可见它也的确是正在搞一场运动。

应用场景：

计划中，NEM 能提供的远远不止单一的数字货币，它本身就可以作为整个金融生态系统运转的动力。在此金融生态系统中，可以搭建很多东西，包括电子商务、信息的安全与加密、应用程序、社交网络、社交媒体、数字资产管理、交换平台，或者是需要公共账目管理解决方案的特定应用的实现——所以它自称新经济运动。

其他特色：

NEM 的创始者是 bitcointalk.org 论坛的 UtopianFuture，他受到未来币（NXT）的启发，发起志愿团队在 NXT 的基础上进行改进形成 NEM。2014 年 6 月 13 日，UtopianFuture 被指控申请了多个 NEM 股份，他在承认这些指控后悄然消失，没带走一个 NEM 币。NEM 没有因此而崩溃，也说明其他成员的强大，以及新经济运动本身的一些理念深受大家的拥戴。

据说如果为 NEM 做一些推进性的工作，如在网上写一篇介绍 NEM 的文章，也能赚取 NEM 币。

5.16　崛起币（Emercoin，EMC）

崛起币 EMC 是一个于 2013 年 12 月发布的老币，总量 10 亿个，目前总产量将近 4000 万个。这个币种是一个非常低调的技术流派数字货币，估计很多币圈的人对它都没什么印象。但 EMC 团队在区块链研发上的进度几乎可以说让人叹为观止。EMC 的技术进展已经远远高于绝大部分数字货币，EMC 已获得微软 Azure 支持。

创新：

去中心化域名和 DNS 系统（EMCDNS&NVS）。

分布式无密码认证登录解决方案（EMCSSL）。

Shell 管理的去中心化解决方案（EMCSSH）。

去中心化点击付费广告系统（EMCLNX）。

存储于区块链的所有权证明（EMCDPO）。

存储于区块链的可信任时间戳服务（EMCTTS）。

分布式网络种子文件追踪器（Magnet）。

交易优化器，能有效解决比特币头疼的“金砂”和“灰尘”交易，进一步减少区块链大小并进行“清洁”。

应用场景：

因特网安全——EMC SSL、EMC SSH 双重保障。崛起币区块链开源、可信，为用于加密的公钥基础设施（PKI）的部署奠定了基础。由区块链作为验证端，而不是中心化的服务器来进行验证，EMC SSL 提供了真正的安全证书管理，即为证书持有者消除了 MITM 攻击的可能。此外，EMC SSL 允许用户在因特网上进行免密码认证，也避免了密码丢失或被盗产生的风险，为公司减少了网络安全成本，并提升了安全级别。对于客户而言，则意味着登录到自己中意的网站而无须密码。

物联网——EMC SSL、EMC SSH 双重保障。另外，分布式的解决方案是物联网必需的，崛起币区块链允许跨地理区域设备的安全通信，区块链技术使得物联网成为现实。

知识产权管理、所有权证明、原装品质证明和车辆安全等——基于崛起币区块链技术的版权及所有权服务（EMC DPO），为处理知识产权带来了一种全新的高安全级别和高透明度的解决方案。数字化所有权证明（DPO）解决了产品和服务的有效性和真实性问题。通过委托崛起币区块链进行验证的方式，实物和虚拟商品被拥有者明确无误地证明其所有权归属。崛起币的 DPO 技术提供的所有权确认解决方案可用于经济活动的关键领域，如软件许可证、土地所有权及契约、音乐版权、艺术品归属、车船登记以及很多物品的所有权验证。数字化所有权证明（DPO）也是提供原装品质证明的解决方案，可应用于任何实物或虚拟产品。买一枚使用 EMC DPO 服务的钻戒，即可在崛起币区块链中查询真伪，其信息完全真实可信且无法篡改，如此极大降低了欺诈的可能性。

点对点广告系统——崛起币区块链在甲方（广告客户）和乙方（广告发布者）之间建立了无中介的去中心化广告网络系统 EMC LNX，使其广告宣传无任何中间费用，在减少广告客户成本的同时，广告发布者也能赚取更多盈利。如你是广告客户，现在就可以通过网站、论坛等页面的 EMC LNX 广告，引导访客访问你的网站，获得优质的潜在消费者。在去中心化的 EMC LNX 广告平台投放广告，其低廉的成本比传统的广告平台更具优势，同样的成本可以投放更多广告。此外，EMC LNX 广告网络还具有阻止低品质流量的功能，且没有过多的审查机制。EMC LNX 具有的另一个优点是甲乙双方资金的及时结算，使得通过 EMC LNX 广告来盈利的方式变得简便易行。

智能合约——EMC Atom 使得协议条款达成后，即由运行在崛起币区块链上的智能合约锁定，一旦该合约的预置条件均已满足，合约即被立即执行，在此情况下，没有任何第三方造成的人为影响，没有律师、调解员或仲裁者，区块链技术保证了智能合约的可信性。基于崛起币区块链的智能合约使得商务变得简单可靠。

抵御审查制度的 DNS——如今的因特网上，被 ISP（互联网络供应商）和政府封锁的网站大量增长，特别是在中国、俄罗斯等国家最为严重。过于严格的网络审查制度却使人们产生了奔向自由世界的更为强大的动力，希望在日益互联的世界中，无界共享数据、信息、知识和见解。EMC DNS 就是一种运行于区块链上的分布式 DNS 解决方案，解决了网络封锁的各种问题，并使各种 DDOS 攻击对 EMC DNS 完全失效。

其他特色：

如果用户觉得有意思，快去这里看一下如何应用，崛起币国际开发集团的区块链引擎（http：//www.blockchainengine.org/zh）。

5.17　Ether（以太坊 ETH）

Ether 目前还没有确切的中文名称，因为之前有另外一种币种也称为以太币。

Ether 是去中心化应用开发平台以太坊（Ethereum）中的流通数字货币，也是以太坊平台集资时为了兑换比特币（你给他们比特币，他们就按比例给你 Ether）而开发的币种。

但因为有个团队在以太坊 IPO 时，搞了一个与 Ether（1：1）兑换的 Ethercoin（如果要直译，它才是以太币），所以无法把 Ether 也称为以太币。如此一来，按理国内应该把 Ether 称为以太坊 ETH 或者以太坊币，可是现实很残酷，包括国内最活跃的以太坊宣传组织，都把 Ether 直接说成以太坊，和以太坊（Ethereum）这个平台完全混成一团。

创新：

以太坊（Ethereum）中的流通数字货币。

从技术上而言，比特币脚本非图灵完备，以太坊相对于整合了比特币密码支付架构和图灵完备的脚本语言，以太坊去中心化应用（Dapp）开发平台的成功将会令 Ether 有一个不容小觑的未来。

待续——以太坊刚发展到官方制定的 6 个阶段中的第 2 阶段，以太坊 2.0。以太坊 ETH 资料非常少，只能说未来随着平台的升级，可能还有其他功能被开发出来。

应用场景：

以太坊有些费用必须使用以太坊 ETH 支付。

其他特色：

2015 年起遭遇热炒，暴涨十几倍后，从最高点下跌一大半，然后又强势拉起。目前总市值已跃居数字货币第 2 位。

以太坊从一开始就非常高调，而且业界目前也只有它的智能合约是落地的，是得到认可的。以太坊的成功，基本就意味着以太坊 ETH 的成功。所以作为一种币种，成为它的死党没太大问题，但暴涨之后短期的风险不可无视。

5.18 Digix Gold Tokens（DGX）和 DigixDAO Token（DGD）

DGX 和 DGD 是 2016 年的新贵。没有中文名，而且国内的云币网（yunbi.com）称其为 Digix，其实是有问题的。但即使查看其官网，也会发现它没有讲明白这两个相关联的币种。

这个组织名为 Digix，他们又自称为 DigixDAO，注册的公司是 DigixGlobal Pte Ltd。其目标是建立一个与实物黄金锚定的稳定货币。

DAO 是 Decentralized Autonomous Organization（去中心化自治组织）的缩写。一个团队成立了一个名为某某去中心化自治组织的组织，这本身就让人有点搞不清楚。然后他们还发行了两种关联币：DGX 币和 DGD 币。

DGX 币的英文名为 Digix Gold Tokens，1DGX=1 克黄金。DGX 币最小可以分解到小数点后 4 位。DGX 币是一种价格稳定的代币，因为它牢牢地锚定了黄金。其价格是通过黄金的内在价值背书的。这样任何人只要有以太坊地址，就可以点对点地转移代币化的黄金。每个 DGX 币的交易都会在区块链上留下一个资产证明，这个证明无法被篡改和摧毁。而且其所有权也是完全透明的。

DGD 币的英文名为 DigixDAO Token（https：//sale.digix.io）。DGD 币是在

DigixDAO 为团队 ICO 众筹资金时推出的——没有资金项目就无法实施，这大家都能理解。DGX 币可被用来支付任何基于以太坊的产品和服务，而 DGD 币则可通过 DGX 币的交易来获得收益，同时也能为 DigixDAO 基金提供支持——1 枚 DGX 币 =1 克黄金，而 DGD 币则是一种分红收益的币种。因为 DGX 币的交易会收取 0.13% 的手续费，这些手续费将会成为 DGD 币的分红来源。

DGD 币也是币圈的一个典型币种：发行量为 200 万个（初期供应 200 万个 DGD 币，其中 170 万个 DGD 币在众筹中面向大众，30 万个 DGD 币面向 Digix 开发者），但因为仅有 3 个数字货币交易所上架了该币种（介绍 DGD 币时，恰遇最大的 DGD 币交易所 Gatecoin 被黑，被盗价值 200 万美元的以太坊 ETH 和比特币），其实交易所里的总流通量很小，约在 2 万个以下。价格要拉上去就很容易了。其结果就是总市值很高。

创新：

DGX 币锚定的是传统市场信任度最高的黄金，容易被币民理解和接受。

也正因为锚定的黄金，从某种角度来说，它是一种价格稳定的代币。

在以太坊上通过智能合约以一条金条转化成一定数量 DGX 币的形式铸币。

数字黄金资产卡（Digix Gold Asset Card）可以直接使用以太坊的 Ethereum Wallet 钱包。

DGX 币采用了资产证明即 Proof of Assets（PoA）协议，即利用以太坊和星际文件系统（IPFS），通过监管链（Chain of Custody）追踪资产。它实现了开放和公开的资产存在性认证，无须一个中心化数据库。所提供的即是开发的也是永久的记录。

应用场景：

DGX 币可被用来支付任何基于以太坊的产品和服务。它是一个新型的金本位数字支付系统。

DGX 币交易会收取 0.13% 的手续费，这就是 DGD 币的分红来源。每季度分红。

其他特色：

DigixDAO 有一个自动的众筹项目建议书提交给现有的代币持有者，每两年为一轮，如果有 81% 的持币者同意增发，则会增加 DGD 供给。

5.19 Sia 币（Siacoin）

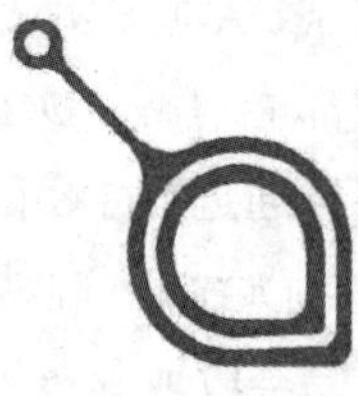

对于云存储，大家都不陌生。最近被指责藏有大量色情信息的百度云，所提供的就是云存储服务。另外，云存储在网站 CDN 加速、网站海量文件与数据的存储方面，都有很重要的应用。

Sia 是建立在 RS 分布式文件系统上的云存储服务运营商，它的服务是基于区块链，可以被自动化智能合约追踪。文件由多阶段进程提供保护，并且由加密算法 Twofish 加密。Sia 具有自动化点对点的特性，允许用户在可靠的安全协议下定制存储计划。类似于去中心化的存储项目 Filecoin 和 Storj。

每个文件都被切片 10 份，分别加密存储在不相关的 10 个不同的网络空间；不用担心自己的文件会丢失，每个保存的文件必须选择 3 个以上的备份，只要有足够的 Siacoin，就可以增加备份数以提高文件的安全性。文件是去中心化保存的，只要网络在，文件就在，而且没有谁能管制，没有谁能偷窥。这种服务听起来简直太棒了。

应用场景：

Sia 币（Siacoin）是 Sia 的代币，用于支付它的云存储服务。

其他特色：

Sia 币的总量高达 450 亿，目前已大约发行 150 亿，其余的将用 4 年左右的时间全部挖出，有一定的挖矿抛压。

Sia 币（Siacoin）目前国内只有云币网可以交易。笔者在查找 Siacoin 资料时，突然发现其实国内很多人还是有情怀也有智慧的。

5.20 DAO 代币（DAO TOKENS）

The DAO（Decentralized Autonomous Organizations）是一个基于以太坊智能合约的自治投资基金项目。从它的英文名可以看出，The DAO 本身是一个去中心化自治组织。2016 年 5 月，连发起人都未公布的 The DAO 成功融资 1.66 亿美元，成为史上当之无愧的众筹状元。

用以太币钱包软件发送以太坊 ETH 币到 The DAO 的合约地址，即可以获取到一定比例的 DAO 代币（DAO TOKENS）。即每个参与众筹的人按照出资数额，获得相应的 DAO 代币，有了 DAO 代币，就有了审查项目和投票表决的权利。

从这点来看，DAO 代币就像是股票，众筹参与者就是股东。DAO 代币还有另一个作用，就是持有人有权提出投资项目的议案，供 The DAO 审核。

投资议案由全体 DAO 代币持有人投票表决，每个代币一票。投票可以在以太坊界面进行。如果议案得到需要的票数支持，相应的款项会划拨给该投资项目。在传统基金中，投资策略是由基金经理之类的专业人士制定的。在 The DAO 中，决策来自“众智”（The wisdom of the crowd），是指综合许多人的智慧，可以做出比某个专家更好的结论。

投资项目的收益会按照一定规则回馈众筹参与人（股东）。

DAO 网站上现有两家公司被列为融资候选方。其中之一是 Slock.it（它创建了 The DAO 的框架），整合了物联网（IoT）和区块链两大热门技术，计划提供智能锁等设备，把人们之间的租赁关系用去中心化的方式建立起来，如租房、租自行车等。另一家是一个法国的组织 Mobotiq，其计划是创建一个共享式电动汽车网络。

有趣的是，目前 The DAO 这个项目的发起人尚无人知晓——历史总喜欢重复一个传奇故事。

创新：

基于智能合约——任何 DAO 代币持有者都可以在任何时间发起一个投资提议，以获得同意者持有的 DAO 代币对应的以太坊 ETH 币；任何时候 DAO 代币持有者都可以索回未投入到提议里的等值的以太坊 ETH 币；即使投资者离开 The DAO，DAO 代币持有者仍将保留从 The DAO 获得回报的权利（https://daohub.org/creation.html）。

允许 DAO 代币持有人对 The DAO 的支出投票表决。

可通过点对点或者通过交易所自由转让。

代表在任何特定时间的 The DAO 的数字资产的总值分成。

去中心自治组织并非 The DAO 的首创，已经实践两年多的比特股才是第一个吃螃蟹的组织。但 The DAO 因为是基于以太坊智能合约之上，以太坊的爆发给了它巨大的助力。如果 The DAO 是人造卫星，那么以太坊就是火箭，这颗卫星已经成功上天了。

应用场景：

去中心化投资决策与实施。

其他特色：

毫无疑问，DAO是一场伟大的实验。并且在我看来，有比特股作为基础，本来其成功的可能性非常大。可惜后来因烂程序导致被盗，目前几乎已死。

一个完全由代码控制的公司，不需要注册，不需要臃肿的企业结构，和传统企业相比，具有天然的成本优势。

就像新药研究也需要很多人甘冒生命和健康危险一样，如此多的人愿意花费巨大的代价参与这场实验，也许这本身就是一种价值体现。

5.21 Lisk（货币代码为LSK）

Lisk（为了区分List项目和平台，以下干脆都以LSK相称）就是List里的流通货币——之前在和以太坊的竞争中，因为资金不足而远远落后的Crypti里的两位成员Olivier和Max离开Crypti，并在开源的Crypti程序基础上分叉发展出Lisk这个项目。也正因为这一分叉非常优秀，Crypti已经接受它为自己的后续版本。如果读者听不懂，就脑补一下这种类型的电视剧：某资本家子女无能，某天突然某个无比优秀的贫民窟长大的私生子从天而降，经过与正宫兄弟的一番钩心斗角的较量，私生子得以子承父业。

因此，现在Lisk就是Crypti的继任者，是一个去中心化的DAPP开发平台。LSK是其平台里的流通数字货币，也是集资时为了兑换比特币而发行的币种。发行总量为1亿个，首轮ICO兑换850万个，其他用于核心团队、合作伙伴和ICO奖励等。

创新：

基于侧链的智能合约技术。

比以太坊更成熟的开源架构和开发环境——Lisk的编程语言是JavaScript，以太坊的编程语言是与JavaScripts类似的Solidity，全球有很多JavaScript程序员，但精通Solidity的程序员很少。另外，在Lisk上可以完成Dapp的前端和后端开发，以太坊只解决Dapp的后端开发。

微软云平台Azure已经与Lisk达成合作，Azure区块链服务集成Lisk。

应用场景：

参与Lisk众筹。

不明——笔者翻遍了整个因特网，还是不知道Lisk除了投资作用外还有什么。只能说大概和以太坊一样，使用Lisk平台做Dapp开发时，有些收费项目要用 LSK 来支付。

其他特色：

在所有编程语言里，JavaScript 在 2016 年 7 月全球排名已上升到第 7 名，仅次于 PHP 程序员，达到它自己的历史最好成绩。这是 TIOBE 编程语言社区排行榜的结果。TIOBE 编程语言社区排行榜是编程语言流行趋势的一个指标，每月更新，这份排行榜排名基于因特网上有经验的程序员、课程和第三方厂商的数量。可见，JavaScript 程序员的全球储量巨大。与之相比，Solidity 与前 100 名无缘，人才十分匮乏。基于这一点，Lisk 也应该受到热捧，而且短期内会有很大的爆发力。

LSK 就是一种代币。

Initial Coin Offering，ICO。改编自证券市场的 Initial Public Offering（首次公开发行）一词，可以称为"首次代币发行"。就本质上而言，ICO 也是一种"公开发行"，只是把所发行的标的物由证券变成了数字货币。在这里没有严格的一、二级市场区分，任何项目一上来就可以众筹或众售，而且往往是立刻先后在各大交易所上架流通交易，也可能在项目开发过程中就作为预认购的筹码期权开始转让流通，类似于房地产炒买的"楼花"。

总结：以上这些币种是否都那么有价值自然还需要时间来证明。在数千种数字货币中，有价值的币种绝不只是区区几种。有的热门币种（如最近作为专注于区块链定制资产的创造及使用、法定货币的转让、众筹、金融工具交易及结算专业平台，在 ICO 中筹得了 1600 万美元，排在了 the DAO 和以太坊之后，跻身为历史第三大区块链众筹项目的 Waves 平台的 Waves 代币）甚至只有在国外交易所才能买到。因此，这里更多的是抛砖引玉，目的是让大家能够明白：凡是有应用创新、技术创新或者本身就有创新型基础项目的币种，都是大有前途的。或者更语重心长地说，凡是既无技术和应用创新，也没有创新型基础项目的那些币种大家一定要谨慎对待——2016 年 3 月 27 日，国内著名数字货币交易平台比特儿（bter.com）下线 45 种竞争币。这等于是宣告了它们的死刑。而这并不是交易所第一次也不是最后一次批量下架竞争币。

创新固然重要，但哪些创新可以落地又是另一个问题。如有些币种声称有智能合约功能，但实际它采用的是何种智能合约、智能合约是否可靠，以及实用性怎样等，外行是很难搞清楚的。对于数字货币或者区块链项目，大家还是量力而行，不懂的要么就多花点时间研究一下，要么就干脆绕道。正所谓"天涯何处无芳草"——看看知名区块链平台的开发者、Coin Sciences 的创始人兼 CEO 的专业意见：为什么很多智能合约应用案例根本不可能实现？（http：//

chainb.com/ ? P=Cont&id=689)

也不排除这样一种情况：有的数字货币本身是有价值的，但如果它和人民币等法定货币的买卖价格在非常长的时间内没有什么变化，甚至说它本身的机制就决定了没什么变化，也不能说它就有投资价值。

听起来让人有些头大，数字货币和区块链领域的投资绝对是非常让人头疼的领域，好像人类所有的密码学知识、货币原理、计算机技术和网络技术等科目的高深理论都是为了它而准备的似的。这绝对是一个鱼龙好混杂、浑水能摸鱼的领域，所以应加强学习，擦亮双眼，提高警惕。除此之外，还需要有足够的工作经验甚至生活常识。譬如对那些声称自己有创新，但连自己的团队和项目组的情况却只字不提的项目，还是要特别当心。

对数字货币有点基础的朋友一定会忍不住要问，为什么对在全球数字货币排行榜长期排名在前 4 位的莱特币介绍那么少？

莱特币创始人为李启威（Charles Lee），华裔，前谷歌程序员，BTCC（原名比特币中国）CEO 李启元的弟弟，且莱特币是第一批山寨比特币技术的数字货币里的代表，这一系列的标签足以让很多国人为之心动。但莱特币在应用领域和技术拓展层面的确乏善可陈，没有可圈可点的创新之处。而且自 2011 年 10 月 7 日创世至今都快 5 年了，还没有自己特色的应用。不难发现的是，此前很多浏览器钱包和交易所都是莱特币紧随比特币，但慢慢地一些项目就只支持比特币而置莱特币于不顾。虽然比特币的数量的确可能太小了点，莱特币未来不是完全没有替补的机会，但恐怕需要千年不遇的极好契机才行。

数字货币的复杂性还远远不止如此。譬如免费发放听起来很公平，实质上背后的故事也可能很复杂。Ripple labs 就承诺了免费发放大部分瑞波币，但其发币的体制长期为人诟病，绝大多数迄今仍为 Ripple labs 所持有，实际流通量情况不明。自然就有让人抬轿的嫌疑。正式出道不到一年的新经币（NEM）在不到一年的时间内跻身 10 强，貌似很强悍。2014 年 5 月 3 日，1000 股 NEM 每个价值 1000 000 NEM 在 NXT 资产交易平台发布，所有的 NXT 用户能够买入并在 2014 年 11 月 30 日前赎取。这种模式似乎不是投资而是免费派送，后面新经币也还做过免费派送的活动。超快速地将 90 亿巨量新经币超分散投放到市场，大部分人没有出售欲望也进不了交易所，少数人在仅有的 5 个交易所控盘，价格往上一拉，90 亿新经币的市值总量当然可以秒杀几千币种。

最后：由于每个人的时间精力有限，所以能够研究透的数字货币币种是有限的。所以从投资上说分散投资几个币种，但投资的币种不宜太多。

第 6 章　钱包、私钥、公钥、地址

周朝晖

6.1 钱包

百度百科上解释：钱包，顾名思义是装钱的包包——其实有点不对，大部分人都还拿钱包装银行卡和各种 VIP 卡。

百度百科还说：钱包分为传统的实体物品装钱的包包和虚拟的电子钱包。比特币、狗狗币等数字货币钱包就属于虚拟的电子钱包。

比特币和狗狗币钱包种类都很多，有计算机钱包、手机钱包、浏览器钱包和脑钱包等。其中脑钱包不适合普通人使用，在此略过。计算机钱包又分为 Windows 钱包、OS X 钱包（苹果计算机钱包）和 Linux 计算机钱包。手机钱包又分为 Android 钱包（适用于安卓手机）、iOS 钱包（适用于苹果手机）和 Blackberry 钱包（适用于黑莓手机）。因此无论是笔记本电脑、台式机、平板电脑、手机、服务器，还是树莓派，基本上不管用哪种设备，都可以安装比特币或狗狗币钱包，甚至还可以拿背包里的钱包装比特币或狗狗币的纸币。没错，可以用比特币钱包打印出比特币纸币来使用。

钱包的种类已经如此之多，具体到数字货币钱包本身那就更多了。数字货币钱包有代表官方发布的（一般称为核心钱包，比特币核心钱包就称为 Bitcoin Core），更多的是第三方开发的。既然是由第三方开发的，那么安全性如何评判呢？一个简单的办法是：如果钱包程序开源出来了，那就比没有开源出来的要安全很多。之所以不是绝对安全，是因为既然源代码开放出来了，无数黑客就会没日没夜地去研究它是否有漏洞。比特币历史上曾因软件漏洞导致多次比特币被盗事件。

如果还是不放心，则使用硬件钱包。硬件钱包的基本原理都是离线生成和保存私钥，是目前已知最安全的数字货币存储方案。譬如比特币硬件钱包有带多重签名功能的 Ledger 钱包（有圈内熟知的 Nano、BTChip HW-1 等 3 款）、Pi-Wallet、Trezor、KeepKey、Case，以及国产的 BWallet。

6.2 私钥、公钥、地址

私钥、公钥和地址这三者的关系是：私钥转换成（生成）公钥，再转换成地址，如果某个地址上有比特币或狗狗币，就可以使用转换成这个地址的私钥花费上面的狗狗币。公钥和地址的生成都依赖于私钥，所以私钥才最重要。

私钥是怎么来的？很简单：钱包根据密码学原理帮用户准备好的。

虽然这三者都在钱包里，但在日常交易中，除了纸钱包外，人们通常并不用操心私钥是什么，更不用管理公钥，只要懂得使用地址转账就可以了。

地址是一串很长的字符串，比如笔者个人的手机钱包里的一个狗狗币地址：DAy6aEpBi8SoKi1AgUPjWUzdQizKuwdVtt。

因为数字货币转账是将一定数量的某种数字货币从一个地址打到另一个地址上，因此数字货币的地址反倒更像人们在某家银行的账户。不同的是，用户在一家银行只能开一个账户，而数字货币钱包能够为用户生成很多个地址。

对于比特币、莱特币和狗狗币等非匿名数字货币，为安全起见，建议每次交易都使用新地址。

知道地址的生成规则后，甚至可以离线创建地址。

6.3 我的比特币在我的钱包里吗

有了比特币私钥，就能生成比特币公钥和比特币地址，也就能控制对应地址上面的比特币，那么只要私钥泄露，别人根本不需要比特币钱包，就能转走这个地址上的所有比特币——你的比特币是在你的地址上，但你的地址及其交易信息同时又在人手一份的公开透明的账单（区块链）里，有了私钥，就具备了操控那些地址里的比特币的权力，当然就可以轻易地通过它转走你的比特币。

所以人们常常说：比特币其实是以账单的形式存放在区块链里，或者干脆说就在因特网里。

这也是把比特币、狗狗币等数字货币称为因特网货币或者网络货币的一个重要原因。

你的比特币或者狗狗币既在在你的钱包里，也在其他很多人的钱包里，但控制它的私钥在你的钱包里。说到这读者应该已经理解了，但是会不会又感觉有点奇怪，因为前面说过：人们平时使用钱包，是只管地址不管什么私钥。倘若把钱包遗失了，其实管理那些地址的私钥也就遗失了。而结论就是：从此彻底遗失了钱包里的所有比特币——真实情况是私钥被数字货币钱包封装成了某个文件，比如比特币的核心钱包（Bitcoin Core）的私钥就是封装在 wallet.dat 文件里，只要从一台计算机上复制 wallet.dat 到另一台计算机的比特币核心钱包

（Bitcoin Core）相应的路径里，就可以在这台计算机上使用原来的那些比特币。因为你拿到了私钥。

手机钱包也是同样，但因为手机的文件管理方式不像计算机那么方便。所以一般手机钱包会提供一个名为或类似“导出私钥”的功能，通过这个功能，就可以将私钥用各种形式导出来。比如比特币手机钱包可以导出为二维码，可以打印或者扫描到纸上。更换手机时，装好比特币钱包扫描一下这个二维码，就可以实现迁移比特币。比特币手机钱包和狗狗币手机钱包可以导出为一份明文字符串，打印到纸上——这就是纸钱包。纸钱包让用户可以到任何有比特币或狗狗币钱包的终端来花费你的比特币或狗狗币。

由于钱包丢失或损坏会导致失去私钥，从而彻底失去该数字货币的转账权。要防止出现这样的悲剧，就要记得经常备份钱包里的数据。除了地址外，备份时也保存了所有的私钥。

6.4　钱包的安装与使用

日常使用最多的是计算机钱包和手机钱包。下面以狗狗币计算机核心钱包为例来进行介绍。

1. 下载狗狗币计算机钱包软件

到狗狗币官网选择钱包下载：http：//dogecoin.com（见图 6-1 和图 6-2）。

图 6-1 根据操作系统选择钱包

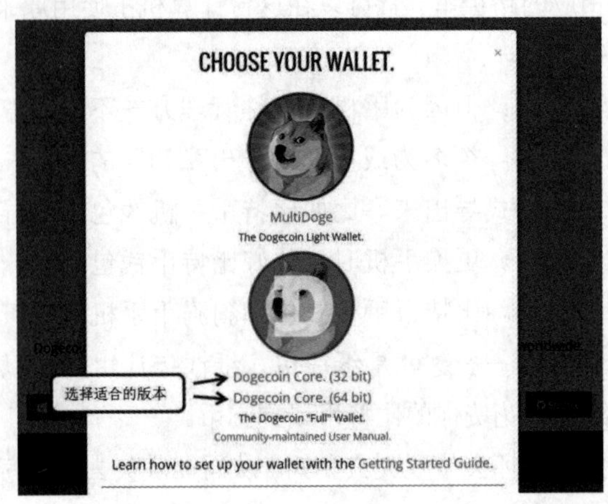

图 6-2 注意 windows 有两个版本的钱包

通过狗狗币官网，会被带到开源软件基地 Github。核心计算机钱包的下载网址为：https：//github.com/dogecoin/dogecoin/releases。

简单介绍如下。

dogecoin-1.10.0-linux32.tar.gz 是 32 位 Linux 钱包。

dogecoin-1.10.0-linux64.tar.gz 是 64 位 Linux 钱包。

dogecoin-1.10.0-osx-signed.dmg 是苹果计算机钱包。

dogecoin-1.10.0-win32-setup-unsigned.exe 是 32 位 Windows 的安装钱包。

dogecoin-1.10.0-win32.zip 是 32 位 Windows 的无须安装的钱包。

dogecoin-1.10.0-win64-setup-unsigned.exe 是 64 位 Windows 的安装钱包。

dogecoin-1.10.0-win64.zip 是 64 位 Windows 的无须安装的钱包。

下面以最常用的 dogecoin-1.10.0-win64-setup-unsigned.exe，也就是 64 位 Windows 的安装钱包为例进行介绍。

2. 安装钱包

安装没有任何特殊的地方。只是要注意必须安装到一个大分区上(见图 6-3)，比如 D 盘还有 100GB 没用，C 盘还有 50GB 没用，那就安装到 D 盘。因为狗狗币的数据越来越多，占用的磁盘空间就会越来越多。计算机核心钱包也就是 Dogecoin Core 的数据量现在已经接近 15GB 了。

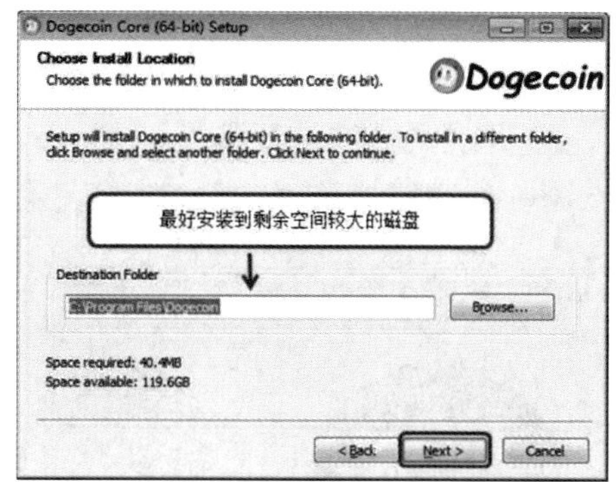

图 6-3 一定要安装到剩余空间大的磁盘

3. 运行钱包，下载数据

在使用狗狗币电脑钱包前，要先下载 15GB 的历史数据（见图 6-4）。

图 6-4 数据库索引可能需要很长时间

打开钱包，移动鼠标指针到钱包右下方的小图标上，就会看到一些提示。比如刚安装的钱包，打开一段时间后提示可能如图 6-5 所示。

8 条到狗狗币网络的活动连接，意思是说我的钱包和网络上的 8 个电脑钱包对接上了，我的钱包正从这 8 个钱包上获取数据。

网络上同时打开的狗狗币电脑钱包越少，你的钱包获取数据的速度就越慢。还有对网络的封锁越严重（比如每年两会期间），速度也越慢。

15GB 的数据通常需要 1 ～ 6 天完成。为了减少数据量，也可以使用狗狗币轻钱包。有关轻钱包的介绍请到中国狗狗币协会网站去查找。不过，如果全国人民都使用轻钱包，那么实际上还是会影响到我们使用狗狗币。所以还是建议大家，越是在困难时期，越要团结起来，请尽量使用狗狗币核心钱包。

还要提醒一下：电脑老，内存小、硬盘转速低等，都会降低获取速度。只有获取了所有数据（最底下显示：落后 0 天），才算安装好了钱包。

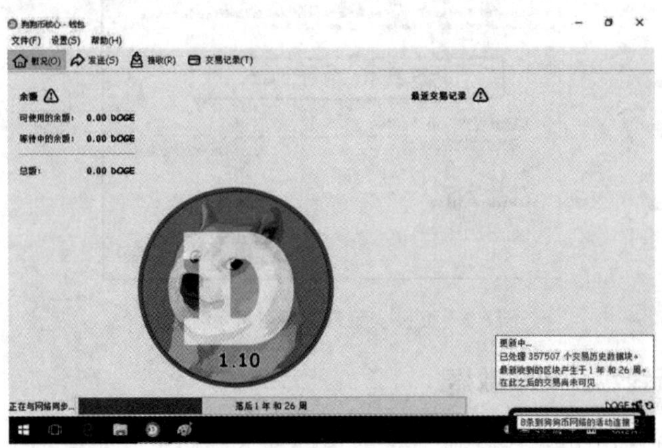

图 6-5 右下角的活动连接数

4. 狗狗币核心钱包概览

打开狗狗币核心钱包（见图 6-6），看到的第一个页面由下列几个板块构成。

（1）菜单栏。包括“文件”“设置”和“帮助”3 个主菜单及其子菜单。

（2）Tab 工具栏。包括“概况”“发送”“接收”和“交易记录”4 个按钮。

（3）主窗口。显示所要查询的各种信息。

（4）状态栏。显示钱包的狗狗币网络的活动连接数、数据同步情况、钱包加密状态和已处理的历史交易数据库数量。

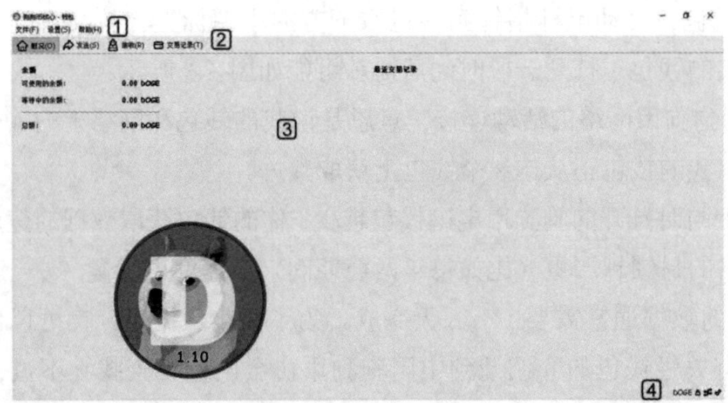

图 6-6 狗狗币核心钱包

5. 加密钱包

如您拥有很多狗狗币，那么最好加密，同时最好把密码告诉可靠的人或者保存到可靠的地方。

在菜单栏中选择“设置”→“加密钱包”命令（见图 6-7）。

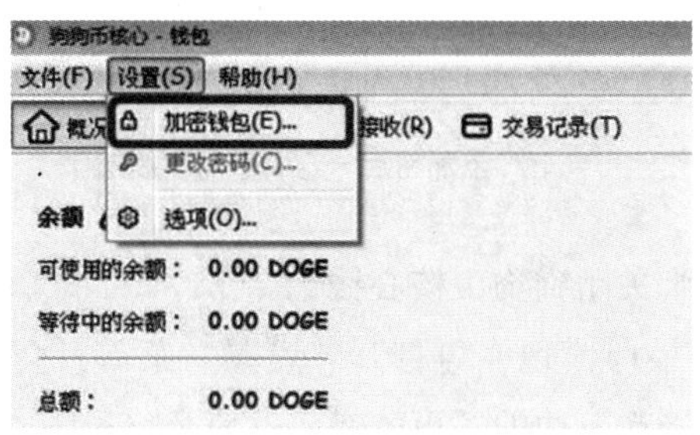

图 6-7 对钱包进行加密

然后在弹出的对话框中输入密码，并重输一次以确保无误——密码要够长，并且像 12345678 这样的密码是毫无意义的（还不如不加密）。但是，也不要太钻牛角尖，因为一旦忘记密码、那里面的钱就再也无法用了。

填写好了以后进行确认，会弹出一个提示窗口，告诉用户加密钱包有利有弊（见图 6-8）。加密钱包的根本原因是保护好自己的狗狗币，但倘若钱包的主人忘记了密码，或者他不幸出了意外而又没把密码告诉家人，那么加密钱包起到的就是反作用。所以，假如狗狗币并不多，而做事又比较大大咧咧，还是不加密为好。

密码一定要保存一份到其他地方：移动硬盘或者家里的墙上。因为光有密码而没有你的电脑或者你的备份，并不能窃取到你的狗狗币，所以将密码单独保存到任何地方，其实都是安全的。

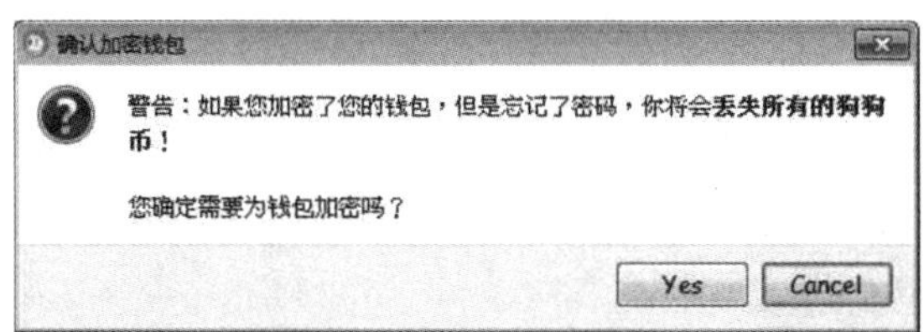

图 6-8 提示您慎重考虑要否加密

单击 Yes 按钮，钱包会通知用户需要重启，而且以前所做的未加密的备份从此就失效了——所以应该重新做一个备份。这个备份会是加密备份。

且慢，还没完！钱包还好给你一个很重要的作业（见图 6-9）。

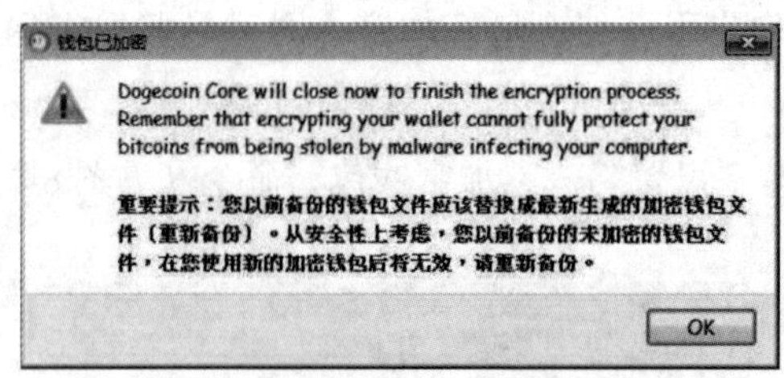

图 6-9 加密后一定要做的后续工作

单击 OK 按钮，则关闭狗狗币核心钱包。

重新打开狗狗币核心钱包，再打开“设置”菜单，会发现“加密钱包”命令为禁用状态，可以选择下边的“更改密码”命令（见图 6-10）。

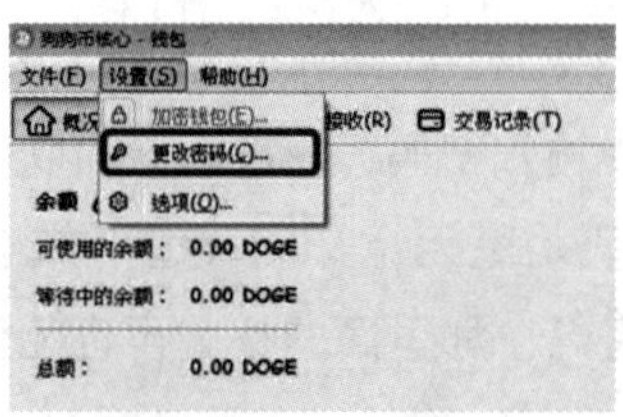

图 6-10 更改密码

要修改密码，需要输入原密码——所以千万不能忘记原密码，这可不像 QQ 号，忘了还能通过提供身份资料让腾讯客服修改掉密码然后交回给你！因为没有任何第三方有你的密码的管理权，一旦遗忘密码，钱包里的狗狗币你可就有命看没命花了！也正是因为这个原因，我个人的建议是：电脑核心钱包作为你的总帐，从安全性着想设置密码还是可以的，密码妥善管理就好。手机钱包一般是当零花钱来使用，没什么必要设置密码。而对于爱忘事、天天孤独寂寞冷的人，无论电脑还是手机都不要手痒：切勿设置密码！

修改成功后会有弹窗明确提示你，让你彻底安心。

需要特别注意的是，在改成新密码之前的任何备份都是以旧密码备份的。也就是说，旧密码仍然能够用于恢复旧的备份。所以为了防止旧备份被窃取，应该马上更新所有备份。

6. 备份

创建备份是为了在电脑遭受毁灭性事故（如硬件烧毁、电脑被水泡等）后，还能恢复狗狗币钱包中的所有数据(主要是狗狗币私钥、地址和钱包密码)。但是，备份数据又会带来另外一个问题：万一数据被别人获取，那么狗狗币就可能被窃走——所以要加密钱包。但加密后如果忘记了密码又会很麻烦。

相对来说，备份比加密钱包更重要。也就是说可以不加密钱包，但如果使用狗狗币核心钱包，那么备份是一定要做的。

选择“文件”→“备份钱包”命令（见图 6-11）。

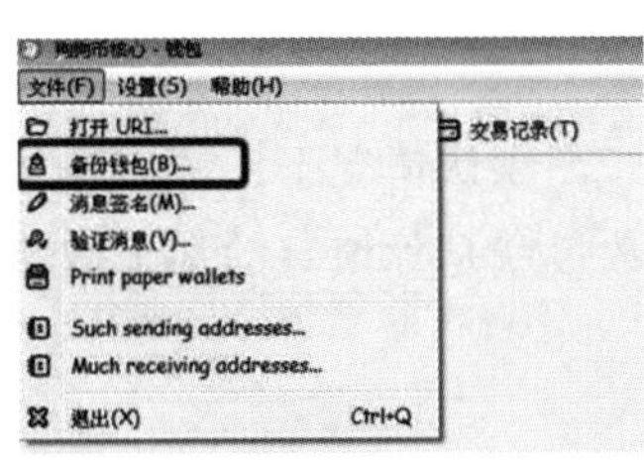

图 6-11 经常备份钱包是个好习惯

选择好备份的保存位置，填写好文件名后，单击“保存”按钮即可。

要全面理解比特币或狗狗币的转账机制，就必须知道它们的“找零机制”。详细资料可参考施比爱网络里的这个问答：http：//shibe.io/help-center/center/2016-05-09-03-54-35.html。

7. 收发狗狗币（Tab 工具栏）

1）概况

这是钱包打开的默认页面。主要显示的信息包括：可用的余额、正等待处理的余额、钱包里的狗狗币总额；最近的交易记录（包括发送和接收到的狗狗币的记录）；狗狗币的标识和钱包的版本号；钱包的狗狗币网络的活动连接数、数据同步情况、钱包加密状态及已处理的历史交易数据库数量。

2）发送

发送和接收狗狗币都有多种方法（见图 6-12）。

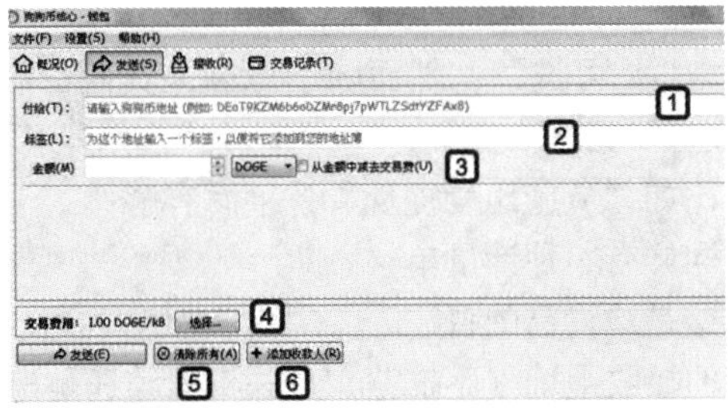

图 6-12 发送狗狗币的方法

图 6-12 发送狗狗币的方法

（1）付给——转账给谁？后面 3 个按钮依次是“选择以前用过的地址”“从剪贴板粘贴地址”和“清空”（目前的翻译是“移除此项”）。

（2）标签——每次交易都写上标签是一个好习惯。如果这里写上标签，以后“选择以前用过的地址”中就多了一个带标签的地址。

（3）金额——目前有 3 个计量单位：狗狗币 DOGE、千狗狗币 KDOGE 和毫狗狗币 MDOGE。

从金额中减去交易费——默认情况下，钱包是从余额中扣除狗狗币，也就是说它发送出去的狗狗币数量就是你填写的那个数字。选择这一项相当于让对方支付交易费（见图 6-13）。

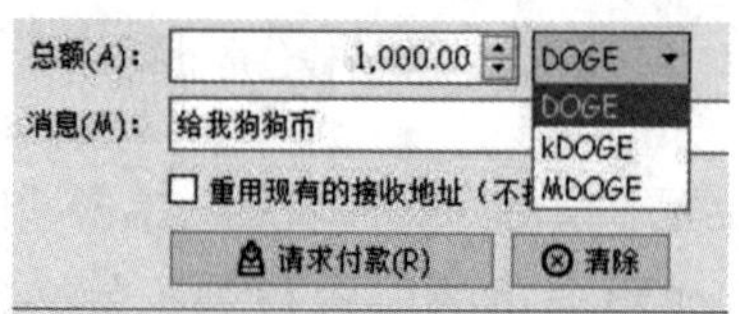

图 6-13 狗狗币的单位

（4）交易费用——不知道为什么放在最底下。你给的交易费高，那么你的交易就会被矿工优先处理。这是保证交易顺利完成的一个有效手段。默认情况下钱包设置的交易费是 1DOGE/kB，而且会智能化处理交易费用，以防止网络中交易太多时你的交易被延迟。自定义时，可以设置每 kB 给多少交易费，或者不管交易数据多大都给多少狗狗币（最小额），或者只支付最小费用 1.00DOGE/kB（里面提示说：网络里交易量小的时候没问题，但如果一段时间网上的交易量一直很大，其他人给的交易费都比你高，那么你的交易就有可能一直无人处理）。

（5）清除所有——将上述信息全部清除。

（6）添加收款人——据说一次给多人转账，手续费平摊下来更合算。

3）接收

虽然“所有字段都是可选”，然而除了总额，其他都可以不填。但是个人觉得还是都填上比较好（见图 6-14）。

（1）标签——比如“从施比爱提现”。下面有解释。

（2）总额——同样有 3 种计量单位。

（3）消息——这是给自己的备注。

（4）重用现有的接收地址（不推荐）——不推荐还是出于安全考虑。

（5）单击“请求付款”按钮后，会弹出一个对话框，告诉你有三种方法收款（见

图 6-15）。

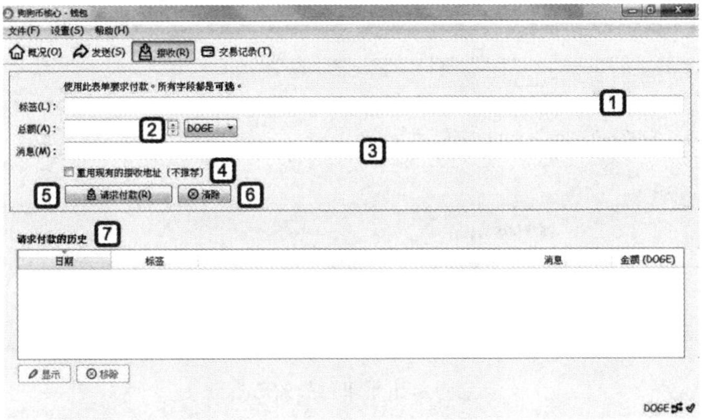

图 6-14 收款方法

复制 URI——把 URI 发给对方。对方在浏览器中粘贴并打开，对方会转到他的狗狗币钱包里。这样对方就能给你付款。

复制地址——复制收款地址，注意这里只复制地址，里面无付款多少的信息。

保存图片——保存二维码图片。二维码图片里包含了你的地址和付款金额。

图 6-15 三种收款地址传递方法

(6) 清除——把以上已经填写的信息全部清除。

(7) 关闭这个窗口后，在“请求付款的历史”中就会增加一条记录（见图6-16）。

显示——显示所选定的记录的详情。

移除——删除所选定的记录。

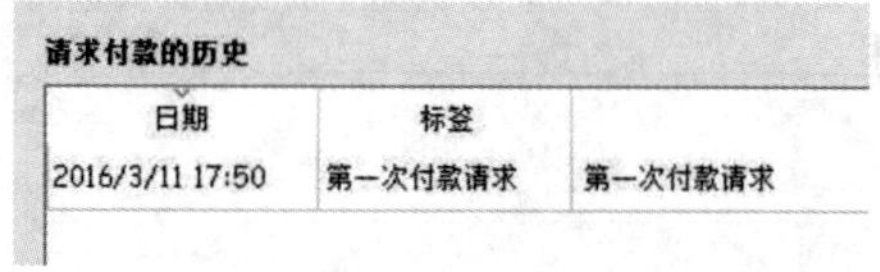

图 6-16 请求付款的历史记录

4) 交易记录

(1) 让用户按时间筛选记录。里面的选项有“全部”“今天”“本周”“本月”“上月”“今年”和“范围”。

如果选择“范围”选项，下面会出现两个框让用户选择起止时间。比如可以选择“04/03/16”到“11/03/16”，来筛选出需要的记录。

(2) 按类型筛选。类型里面的选项有“全部”“接受于”“发送给”“到自己”“挖矿所得”和其他。

(3) 也可以输入地址进行检索。

8. 主菜单的二级菜单项

1) 文件

(1) 打开 URL：打开来自 URI 文件的付款请求。

(2) 备份钱包：把钱包里的所有资料备份出来。

(3) 消息签名：可以用你的地址对消息或协议进行签名，以证明你可接收发送到该地址的狗狗币——或者说，可以通过签名告诉别人（或证明）你就是某笔交易的发起人。

(4) 验证消息：输入接收者的地址、消息和签名，以验证消息。用于证明接收方签名的地址。

(5) 打印纸钱包（Print paper wallets）（见图 6-17）。

(6) 所有到付地址（Such seding addresses...）：债主们的地址。

(7) 所有收款地址（Much receiving addresses...）：所有收款地址。

(8) 退出：关闭钱包。

图 6-17 打印纸钱包

2）设置

（1）加密钱包。

（2）更改密码。

（3）选项：如果想了解更多内容，那就自己去研究。

3）帮助

（1）调试窗口：如果想了解更多内容，可以自己去研究。

（2）命令行选项：可以自行研究。

（3）关于狗狗币核心。

（4）关于 Qt。

第7章　如何拥有你的数字货币

周朝晖

7.1　挖矿

由于比特币采用的是竞争激烈的 POW（工作证明）模式，早在 2012 年，参与比特币挖矿的设备就开始向专业矿机进化。2013 年专业矿机得到了广泛应用。经过几年的激烈竞争，目前使用的矿机都已经进化 N 代。

比特币矿业经过如此快速的专业化，似乎应该很快淘汰单干的矿工，但得益于矿池的发展，反而给他们提供了较为稳定的机会。

比特币矿池实际上就是组队挖矿，是大家把自己的矿机的算力（计算能力）组合到一起，来抢得记账权。在矿池利益的分配上，典型的做法是，一旦队伍中的任何人获得了一个区块，就将区块中的货币按大家的性能分给大家，这样大家就都能很快地获得比特币，并且这样的协作模式可能让该矿池里的所有矿工获得更多的挖矿收益。不难理解，如果单干，比特币每 10 分钟产生一个区块，会有千万人竞争，而这个区块最终只归 1 个人所有，其他人都颗粒无收。弱小 N 倍的你肯定无法再从那些已经算力协作的矿池竞争中获得记账权，那么你就根本无法收获对应的比特币系统奖励和转账手续费。

首先要看一下全球十大矿池（见图 7-1），网址为:

https://bitcoinchain.com/pools.

接下来可以了解一下这些矿池的收益分配情况（见图 7-2），网址为:

https://en.bitcoin.it/wiki/Comparison_of_mining_pools.

矿池的利益分配机制非常复杂，主要包含以下几个。

DGM（Double Geometric Method）——双几何制。结合了 PPLNS 和几何奖励类型，使得矿池运营者能规避一部分风险。矿池运营者在短期内收取部分挖出的货币，之后以正规化过的值返还给矿工。

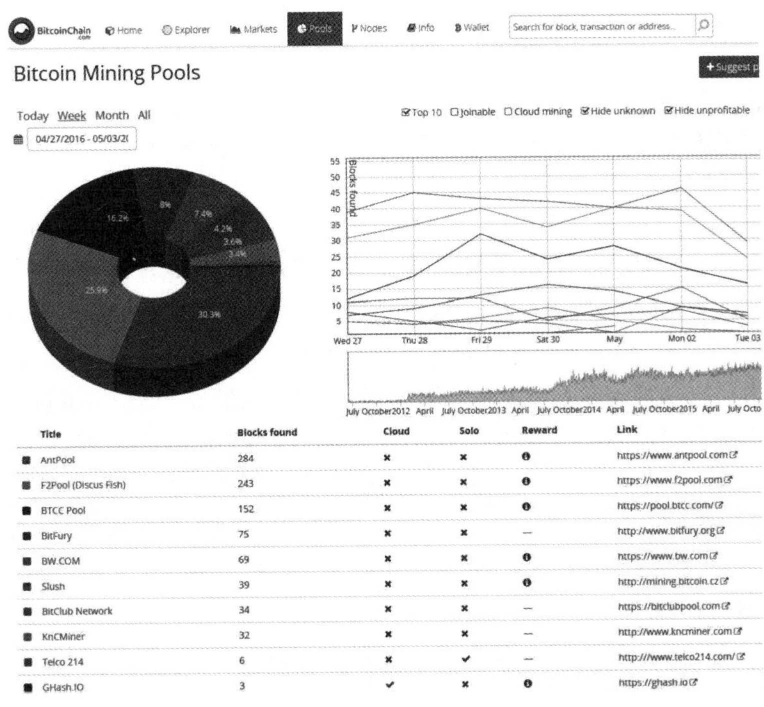

图 7-1 全球十大矿池

Name	Location	Size	Merged Mining	Reward Type	Transaction fees	PPS Fee	Other Fee	Stratum	GBT	Launched	Variance
AntPool	China	Large	No	PPLNS & PPS	kept by pool	2.5%	0%	Yes	No	?	?
BTC.com	China	Medium	Yes	PPS	kept by pool	1.5%	0%	Yes	No	2016-09-13	?
BCMonster.com	USA, Eur,CN	Small	No	PPLNS	shared		0.5%	Yes	No	2016-01-13	Dynamic
BitcoinAffiliateNetwork	USA, Eur,CN NL,AU	?	NMC, DOGE	?	kept by pool	?	?	Yes		2014-07-15	User/Dynamic
Slush's pool (mining.bitcoin.cz)	Global	Medium	No	Score	shared		2%	Yes	No	2010-11-27	User
BitMinter	USA, DE	Small	NMC	PPLNSG	shared		1%	Yes	No	2011-06-26	User/Dynamic
BTCC Pool	China, Japan	Large	NMC	PPS	kept by pool	2.0%	0%	Yes	Yes	2014-10-21	Dynamic
BTC Public Mining Pool	USA, Eur	Small	No	PPLNSG	shared		0.9%	Yes	No	2015-12-31	User/Dynamic 18SPM
BTCDig	USA	Small	No	DGM	kept by pool		0%	Yes		2013-07-04	User/Dynamic 20SPM
btcmp.com	DE	Small	No	PPS	kept by pool	4%		Yes		2011-06-28	Diff 1
BW Mining	China	Medium	?	PPLNS & PPS	?	?	?	Yes		?	?
CKPool	USA,SG,DE JP,FR,NL	Medium	No	PPLNSG	shared		0.9%	Yes	No	2014-09-20	User/Dynamic 18SPM
Eclipse Mining Consortium	Global	Small	No	DGM & PPS	kept by pool	5%	0%	Yes	Yes	2011-06-14	User/Dynamic
Eligius	USA	Small	NMC	CPPSRB	shared		0%	Yes	Yes	2011-04-27	Dynamic: 32 shares/m
F2Pool	CN, USA	Large	NMC, DOGE, HUC	PPS	kept by pool	3%		Yes	No	2013-05-05	Dynamic
GHash.IO	Netherlands	Small	NMC, IXC, Devcoin	PPLNS	shared		0%	Yes	No	2013-07-01	User
Give Me COINS	USA, Eur	Small	NMC	PPLNS	shared		0%	Yes	Yes	2013-08-12	Dynamic
Merge Mining Pool	USA	Small	NMC, IXC, Devcoin	DGM	shared		1.5%	Yes	No	2012-01-08	User
Multipool	USA, Eur	Small	NMC	Score	shared		1.5%	Yes	No	2012-03-15	User
P2Pool	Global (p2p)	Small	Solo	PPLNS	shared		0%	Yes	No	2011-06-17	User
PolMine	Poland	Small	NMC	SMPPS	shared		0%	Yes	Yes	2011-06-13	Dynamic/User

图 7-2 矿池的收益分配

Prop（Proportional）——比例制。当找到 1 block（一轮）后，奖励按照所有矿工提交的工作份数按比例分摊。

PPLNS（Pay Per Last N Shares）——与比例制类似（Share 就是股份的意思），但不以一轮，而以最后 N 个有效提交为单位进行分摊，与轮数完全无关。这意味着，所有的矿工一旦发现了一个区块，大家将根据每个人自己贡献的股份数量占比来分配区块中的收获。在 PPLNS 模式下，运气非常重要，如果矿池一天能够发现很多个区块，那么大家的分红也会非常多，如果矿池一天下来都没有发现区块，那么大家也就没有任何收益。

PPS（Pay Per Share）——将矿工的每个提交换算为一定数值的 BTC。因为找到 1 block 需要“当前难度”份有效提交，0% 手续费的 PPS 矿池的奖励将是“每找到 1 block 奖励 BTC”（现在是 25 BTC）除以“当前难度”。此方法对矿池运营者而言是一个风险，因此手续费是所有方式中最高的。这也就是说，PPS 是为了解决 PPLNS 那种有时收益很高、有时却没有收益的情况，而采用了新的算法。PPS 根据用户的算力在矿池中的占比，并估算矿池每天可以获得的矿产，给用户每天基本固定的收益。实际上，PPS 模式的矿池为了避免亏本风险，往往会收取较高的手续费。

SMPPS（Shared Maximum Pay Per Share）——类似 PPS，但永不会比矿池运营者收入付出的更多。

ESMPPS（Equalized Shared Maximum Pay Per Share）——与 SMPPS 类似，但对所有提交者做均衡化处理。

RSMPPS（Recent Shared Maximum Pay Per Share）——与 SMPPS 类似，但系统优先对最新的提交者付出 BTC。

RBPPS（Round-Based Pay Per Share）——类似 PPS，但付币在真正找到 block 并被网络确认后才会进行。如果找到的 block 是孤立的，矿池不会为这样的区块向矿工付币。

CPPSRB（Capped Pay Per Share with Recent Backpay）——有回报上限的 PPS。

POT（Pay on Target）——PPS 的变种。困难度以矿池收到矿工有效提交的困难度计算，而不是以矿池提供的困难度计算。

Score（Score based system）——分数系统。比例制的奖励，权重在有效提交时间。每份有效提交的权重随着从本轮开始的时间 t 变得越来越大。每份提交的分值以函数：分值 =exp（t/C）计算。之后的提交值比之前的提交值占有更多的权重，矿工一旦停止挖矿，他们的分数便会快速消失。奖励以分数按比例分摊（而非提交数）。

目前国内几大矿池的收益分配方式如下。

鱼池（F2Pool）：老牌大型矿池，长期雄踞世界第一的宝座，只支持 PPS

分配方式，费率为 4%。鱼池已与比特大陆旗下比特币矿机商城 bitmaintech.com 和比特币云挖矿平台 hashnest.com 统一账户，以便更好地为全球用户提供蚂蚁矿机购买、托管、算力交易和矿池一站式优质挖矿服务，以及统一支持系统。

蚁池（AntPool）：比特大陆旗下的大型矿池，目前与鱼池实力相差无几，主要算力为蚂蚁自有算力，支持 PPS 和 PPLNS 两种分配方式，其中 PPLNS 方式免手续费，PPS 方式的费率为 2.5%。

国池（BTCC）：BTCC（原名比特币中国）旗下的大型矿池，目前排名世界第 3，只支持 PPS 分配方式，费率为 2% ～ 3.6% 阶梯式。

BW：Bitbank 旗下的中型矿池，主要算力为 Bitbank 自有算力，支持 PPS 和 PPLNS 分配方式，两种方式全部免费。BW 可以在矿池内方便地调节两种分配方式的占比，据说其人工贴身服务也做得非常好。

矿池除了比特币挖矿外，还可能有莱特币、以太坊 ETH 挖矿等。

比特币矿业已经很专业化了，因此不宜贸然自己去开比特币矿业公司——由于对手都是经历过大风大浪、大起大落的人，技能很多，生命值也都高得离谱。当你还在部署基础矿业时，一个技术或市场的小转折都可能让你英雄扼腕、折戟沙场。

但专业化并非是让人们参与的机会减少了，相反，由于更标准化、更规范化，人们能够获得的包括投资在内的行业机会更多了。譬如，矿机性能的竞争推动了矿机的设计和生产，矿机的设计和生产方面的需求又带动了相关配件设计与生产的繁荣，形成了一个以比特币矿机为核心的制造产业链——但有一点，必须要有相关的专业知识。

个人还可以参与 POS 模式的矿业。比较时髦也比较实用的是在树莓派（raspberry pi）那样的智能小设备上安装钱包，坐等收益——像点点币那种 1% 的年收益肯定无法生存，重点是，毕竟币价是会涨的，可以多部署一些币种。

另外，还可以投资云矿业、云算力等。

7.2 中心化交易所购买

相对而言，到交易所购买就比较轻松了，没那么多技术讲究。

国外的交易所因为完成身份认证比较困难，充值提现都不容易。譬如 bitfinex（bitfinex.com）需要两种全英文的身份证明资料。像笔者这样只有护照是英文的，其他就都是他们不接受的中文版了。如果想认证，可以通过 compliance @ bitfinex.com 发一封邮件说明情况，然后通过 Skype 或者 google hangout 交谈一次。

其实国内的交易所也不错。经过多年的磨砺，优胜劣汰出来的交易所都比较靠谱。但在品种方面并不齐全，比如以太坊ETH爆发前，国内交易所都没上这个品种。等到他们追风似的部署好了以后，却发现ETH则被“腰斩”了。

国内的交易所的几个特色平台后面还有具体介绍，先在此简要介绍一下。

1.OKCoin(okcoin.cn)

OKCoin的比特币交易量应该在全球是首屈一指的了。但由于它针对国内币民的比特币交易不收取手续费，导致数据作弊完全无障碍，所以这部分数据不被认可。在严谨的市场统计网站里，排名屈居第2位。

再提醒一下，买卖比特币不收取手续费。

币种：比特币、莱特币。

2.BTCC(btcc.com)

BTCC最初以“比特币中国”的名字创立于2011年，是中国第一个比特币交易所，也是目前全世界现存运营历史最长的比特币交易所。如今，BTCC引领着比特币生态圈的各个方面，提供数字货币交易所、矿池、支付网关、用户钱包和区块链刻字等服务。譬如，BTCC矿池是全球四大矿池之一。BTCC在一个综合平台提供不同的产品和服务，方便全球用户全方面地参与数字货币领域的所有环节。

币种：比特币、莱特币。

3. 比特时代（btc38.com）

比特时代是一个比较低调的交易所，但是工作一直比较扎实。而且最近有大动作（见图7-3）。

币种：比特币（BTC）、莱特币（LTC）、狗狗币（DOGE）、瑞波币（XRP）、比特股（BTS）、恒星币（XLM）、未来币（NXT）、黑币（BLK）、新经币（XEM）、元宝币、微币（VPN）、地球币（EAC）、比利股（BILS）、增长币（BOST）、点点币（PPC）、苹果币（APC）、招财币、质数币（XPM）、数码币（DGC）、美卡币（MEC）、世界币（WDC）、夸克币（QRK）、比奥币（BEC）、阿侬币（ANC1.23）、联合币（UNC）、黎曼币（RIC）、安全币（SRC）和悬赏币（TAG）。

图 7-3 比特时代数字货币币种

4. 比特儿（bter.com）

比特儿是一家做事比较另类的交易所：很少在圈内做广告，即便是微信广告也没看到过；曾数次被黑客盗走数字货币，损失巨大，但居然还顽强地挺了过来。比特儿曾为外资独资企业，后被聚啊（现在的 Bitbank）收购。

币种：比特币（BTC）、以太坊（ETH）、以太经典（ETC）、莱特币（LTC）、达世币（DASH）、TBCoin（TBC）、狗狗币（DOGE）、门罗币（XMR）、点点币（PPC）、未来币（NXT）、比特股（BTS）、帽子币（TIPS）、域名币（NMC）、合约币（XCP）、黑币（BLK）、质数币（XPM）、羽毛币（FTC）、夸克币（QRK）、无限币（IFC）、绿币（VTC）、彩币（TIX）、最大币（MAX）、物联币（XTC）、开发币（DVC）、中国币（CNC）、NXTTY 资产（NXTTY）、红币（RED）、雅币（YAC）、比特券（BTQ）、烧烤币（BQC）、数码币（DGC）、数据币（DTC）、美卡币（MEC）、薄荷币（MINT）、NuBits（NBT）、小贝壳（SHELL）、安全币（SRC）、SuperNET UNITY、维理币 VRC、世界币（WDC）和泽塔币（ZET）。

7.3 场外交易和 ATM 机

场外交易（OvertheCounter，OTC）是指不在交易所内进行交易而在场外市场进行交易的一直交易模式。

与场外交易相对应的是场内交易，即交易所交易。交易所交易时，事先卖方已经把数字货币交给交易所，而买方也已经把人民币转账到了交易所。

全球已经有多个场外交易（OTC 交易）平台，其中 localbitcoins.com 是比特币的 OTC 场外交易全球最大的平台，日均交易量大于 5000 个比特币。这个网站利用了比特币可在线抵押的特性：当买家建立一个购买比特币的交易时，网站会把卖家的比特币按照所要购买的数量进行抵押托管。这样买家就可以放心地汇款给卖家。卖家确认收到款后，网站就会把比特币转账给买家。网站充当了一个类似淘宝中的支付宝的第三方托管的角色。如果交易中出现了争议，可以通过申诉解决。再加上评价机制的辅助，这样就解决了陌生人之间的交易信用问题。

从近两年的 Localbitcoins 的成交历史记录来看，比特币的场外交易量一直处于攀升状态。和国内场内交易所不同，Localbitcoins 的交易不存在刷量的行为，所以记录是真实可靠的。

一进入这个网站，就会看到国内比特币场外交易的牛人赵东。

近半年的场外交易数据显示，场外交易已经不只是少数人偶尔进行的交易，真实的市场交易量非常可观：每周至少有数万个比特币是以场外交易方式完成的。而且，现在不仅个人与个人之间在进行场外交易，连专业机构也已经参与其中。例如，国外有纽约比特币交易所 itBit 公司进行的场外交易，每周能达到数千个 BTC；国内有号称全球最大的数字货币对冲基金（RichFund）也积极参与到比特币的场外交易（http：//richfund.pe/otc/index.html）。

最近币界有名的“币看比特币”也上线了比特币场外交易功能。

除了比特币，BTC123（比特币导航网）还积极布局了以太坊 ETH 大额场外交易（https：//www.btc123.com/ethtrade）。

ATM 机可以看做场外交易的一种形式，虽然 ATM 机通常是由专业公司和银行合作来为用户提供人民币(在其他国家是其他法定货币)兑换比特币的服务，但它与你在某地找某人交易没多大区别。现在的问题是数量很少。加上大家对于 ATM 机已经很熟悉了，因此不再做过多介绍。

7.4 免费发放

一些币种，譬如前面已经介绍过的恒星币，采用的是透明公开的发行方式：50% 通过直接分发计划分配到全球用户，25% 通过增加覆盖计划分配给非营利组织以给予金融服务匮乏的人群，20% 通过比特币计划分配给比特币用户。这样，95% 都是免费发放出去的。如果符合条件，还可以免费领取恒星币。或者可以创造条件，如在 2016 年 7 月 4 日前购买一定的比特币，7 月 5 日可到恒星币官网免费索取一定量的恒星币。

不同的币种有不同的免费发放方式，有时候甚至还会有第三方（组织或个人）自发地发起短期或长期的免费发放活动。但通常具体到每个人，其实能分到的数量并不多——前面已经说过，有时候免费发放只是为了让大家为其抬抬轿子，因此都是极其分散发放的。由于这个阶段的数字货币市值低，换算成人民币后更值不了几块钱，所以这并非是一种挣钱的方法。纯粹只是数字货币的一种发行机制而已。

7.5　兑换、燃烧（Burn）、染色、众筹

当年以太坊 ETH 的发行实际上就是通过兑换模式完成的。也就是拿比特币去跟以太坊兑换 ETH，以太坊出售比特币获得项目发展所需的美元。人们则藏好 ETH 翘首以盼，结果 2015—2016 年度它最高涨了十几倍。可惜数字货币推陈出新的高速萌芽阶段已过，以后这样的机会将非常稀少。

后面将会给大家介绍的尚持（uphold.com），可以让人们用人民币、美元或英镑等法定货币来零手续费兑换比特币等数字货币。

合约币、未来币和 Dogeparty 等则采用燃烧方式，实质和上面差不多。所谓燃烧，是指将某种数字货币发送到一个永远花不出的地址（很简单，没人知道这个地址的私钥）。通过烧毁所投入的比特币，得到一定量的合约币，然后持币待涨。

彩色币其实不是一个币种，而是一种发行新币种的协议。根据彩色币或者合约币协议开发出的币种，都具有纯正的比特币血统。血统纯正是它们延续比特币信用的一个可靠证据。笔者个人认为，凡 2016 年及以后才出现的通用数字货币（包括在某一领域通用的数字货币，不包括代币或者企业资产币），如果不具备此前已有对数字货币的纯正血统，大家都不应该去投资。把因特网比作一块新开垦的处女地，第一批树苗成活长大了，第二批灌木成活长好了……它们会遮住阳光，而没有了阳光，新的种子哪里还有机会？

但是企业数字资产币却是一个很大的例外，这就是要讲的最后一种获取数字货币的方式——众筹。数字资产币的英文有时使用的不是 coin 而是 token，如 DigixDAO Token（DGD 币），是有道理的。企业资产币可以是股权币，也可以是分红币，可以具备数字货币的支付功能，可以具备股票的所有功能，也可以具备企业决策等功能。资产数字化很快会流行起来。因此，未来如果出现数百万种企业数字资产币，那是再正常不过的事情了，不必大惊小怪。

7.6 交易用辅助网站

数字货币交易市场和股市相比，它的波动性要高得多。要想从历史数据中预测未来走势并拥有高胜算，几乎是所有投资者特别是喜欢短炒者的人必然会有心态。那么对于希望看数据的朋友，推荐下面这些网站（有的可能需要科学上网才能访问）。

1.CoinGecko(http://coingecko.com)

这个网站也提供了数字货币排行榜（每页30种，不清楚收录了多少种），但跟其他排行榜不同，它是根据总市值、资金流动性、开发者的活跃程度、社区活跃度和公众关注度为参考排名的——个人比较喜欢这一点。

最多只能查询到90天的历史数据。

buzz栏目是币圈的一些比较有意思的消息和指南。

响应式支持手机浏览，但并不完美。

2.CoinMarketCap(https://coinmarketcap.com)

这个网站提供数字货币和资产的总市值百强排行榜。

可以查询到各个货币的官网网址、区块链查询网址和公告。

可以查阅百强数字货币的全部历史交易K线图、各币种上架交易所的各种数据(24小时的交易量、价格及各交易所的交易量占比)，以及社交网站的讨论等。

唯一的不足是没有手机版。

3.Coinhills(https://www.coinhills.com/zh)

有中文版，响应式完美支持手机浏览，用户界面非常棒。

提供了数字货币实时价格和价格指数。

其资产组合功能可以方便用户管理所持有的数字货币组合。通过它可以看到每天的总资产变化。

另外，它还有强大的统计功能。

4.Bitcoinity（https：//bitcoinity.org/markets 和 http：//data.bitcoinity.org）

提供简洁的、图形化的比特币价格全景图和市场深度。

支持全球主要的几大交易所的实时数据。

响应式功底不足，在手机上查看比较困难。

5.BitcoinWisdom(https://bitcoinwisdom.com)

BitcoinWisdom 提供了比特币、莱特币和一些竞争币的实时价格图表，还有 EMA、MACD 和其他技术指标。

6.TradeBlock(https://tradeblock.com)

比特币和以太坊 ETH 的数据资源、挖矿难度等。

博客涵盖了整个产业的所有主题，包括交易和法规监管。

7.CryptoCoin(http://www.cryptocoincharts.info)

此网站提供了 1000 多种数字货币的市场数据。

排名规则没有 CoinMarketCap 严谨，但也很有意思。

有金融专栏。

8.CrypTrader(https://cryptrader.com)

这是一个数字货币交易平台，提供数字货币市场的数据。

有聊天功能。

它所提供的 API key 可供交易、可取回余额，还可以下载交易历史和开交易挂单。

第8章　数字货币发展存在的问题

潘国力，马，龙

8.1 交易平台的问题不断，但监管日渐加强

从2010年第一个数字货币交易平台上线开始，如今已经有数百个交易平台，交易着上千种不同类型的数字货币。交易平台的质量信誉参差不齐，交易平台上的币种也参差不齐。投资者稍不留意，就会购买一些没有用的数字货币，造成大的亏损。

8.1.1 门头沟 Mt.Gox 倒闭事件

世界上第一个最大比特币交易平台——Mt.Gox（国内音译为“门头沟”），在2014年2月28日申请破产，声称因黑客入侵，丢失了至少85万枚比特币，按当时比特币价格计算，市值近25亿元。

Mt.Gox 成立于2010年7月。2013年，随着比特币价格的不断攀升，Mt.Gox 却不断出现各种问题。2013年5月美国政府展开了对 Mt.Gox 的调查，各种法定货币充值渠道也陆续宣布停止与 Mt.Gox 的合作关系。8月开始，Mt.Gox 断断续续地禁止提现法定货币，只允许比特币的提现，但是一直到 Mt.Gox 宣布破产，都可以充值法定货币。

当时不少投资者对这样的异常发出警告，称在 Mt.Gox 平台上交易要谨慎而为。但是由于法定货币可以方便地进入 Mt.Gox，而不能方便地提现，导致 Mt.Gox 的比特币价格一直高于其他平台的价格，存在一定的跨平台套利空间，不少投资者还是不断地充值法定货币和比特币进入平台，最后造成很大损失。

Mt.Gox 倒闭后，各种调查不断展开。有不少证据都表明，丢失85万个比特币可能并不是“被黑客盗取”，更加可能的原因是 Mt.Gox 平台在比特币价格低的时候，把本来不存在的比特币（数据库的一堆数字）卖给了充值法定货币进行交易的投资者。相当于 Mt.Gox 交易平台一直都在做空比特币，卖出了数十万个“假比特币”，当比特币价格水涨船高翻了数十倍、数百倍的时候，就再也

没有能力弥补做空的亏损。

8.1.2 国内交易平台的安全状况

2014 年 Mt.Gox 的倒闭，严重打击了数字货币投资者的信心。为了防止此类事情（数字货币交易平台卖“假币”给投资者）再次发生，国内外数字货币圈内的投资者展开了非常多的讨论，也提出了非常多的建议和技术上的具体方案。笔者为推动相关技术能够得以实施，亲自翻译了国外基于 Merkle Tree 技术的《比特币交易所的 100% 准备金方案》。在国内数字货币投资者的强烈要求下，比特币中国、OKcoin 和火币网三大平台均实施了简化版的准备金证明方案，比特时代、云币网交易平台等平台则直接公布数字货币地址供用户查询存币量，以期重建投资者的信心。

国内事故比较多的平台是比特儿（bter.com）。2013 年年底大量用户报告提现困难，并且建立了维权群；2014 年 8 月比特儿宣布被黑客盗取时值 1000 万元人民币的 NXT（未来币）；2015 年比特儿再次宣传平台被黑客盗取时值 1100 万元人民币的比特币。那么多次被盗居然还能坚持到现在还不跑路，还真是有点让人感动。但安全是第一位的，由于多次被盗，导致人气急剧下降。

8.1.3 对交易平台进行监管的呼吁

如果数字货币交易平台得不到监管，投资者的数字货币财产就如砧板上的鲜肉，任人宰割。既会受到交易平台经营者及其员工自身道德的可能监守自盗的损害，还可能会受到平台系统被黑客攻破，损失被转嫁给投资者的损害。

庆幸的是，据传 2016 年 3 月，国家相关机构已经再次召集各个平台的经营者，共同讨论数字货币的法律问题。而国外早已开始颁发比特币牌照，也有越来越多的平台获得了合规经营资质。

虽然比特币本身不需要也无法监管，但是对于使用和运营比特币的币公司一定要好好监管，才能更好地保护数字货币投资者的权益。另外，也呼吁投资者自己做好自己币财富的保护工作，好好选择平台，且不要过于依赖一家平台，也要记得及时将币提入自己的冷钱包，将法定货币现金及时提入银行账户，不进行单币过大的金额操作，也不要大量长期存放在交易平台。

8.2 比特币系统性本身不足，但可升级更新

任何事物都不可能完美无缺，为了实现去中心化的特性，比特币不得不放弃很多正常合理的功能，因此带来了一些不便利的地方。为此，数字货币社区对比特币提出了不少质疑。

比如，安全完成一次收付款交易，需要 6 次重复验证账本才能确认。而每次确认需要花费约 10 分钟，换句话说，需要 60 分钟才能安全确认一笔交易。如把比特币应用于现实生活中，在商家店铺挑选好物品，选择比特币支付结账，要等待一个小时才能确认比特币安全地付给了商家，对于追求简单快捷生活的人们来说，这样的体验是不可忍受的，于是“支付确认时间慢”便被认为是比特币的缺点之一。希望现在正在开发中的据说处理速度为每秒过万笔、超过 Visa 的“闪电网络”技术能够解决这种交易确认较慢的问题。另外，一些场合下的秒速零确认，以及通过币的第三方支付即时链下支付，也可以考虑。

下面列举一些常见的各种对比特币的质疑及分析。

8.2.1 去中心化的特性在削弱

挖矿过程、矿机和算力的集中，使算力去中心化变得渐渐有点中心化。

比特币核心代码的编写维护长期由 Core 团队负责，其他开发团队难参与。

比特币持币渐渐集中，不够分散，比特币交易也基本上集中在了中心化平台，金融大鳄理论上可能暗地存有大量比特币，较中心化地控制币价。

记录所有交易历史的区块链账本，体积变得越来越大。普通用户不会再去保存比特币账本，比特币的 P2P 特性基础的结点去中心化被削弱。

关于比特币去中心化的概念，很多人的理解会有偏差。比特币的去中心化是宏观的、整体的去中心化。并非在任何细分领域都能做到完全地去中心化。

主要是 3 方面：矿业算力、核心代码和交易平台。

可能在某个方面有资金进入，中国控制矿业，国外控制核心代码开发，金融大鳄坐庄控制短线交易价格。但是注意只要不是 3 个方面同时控制，那么比特币就是去中心化的、相互钳制的。

假如矿工乱来频繁发动 51 攻击，那么核心开发出 POS 版且交易平台支持，即可让矿业归零，从而使矿业无法成为比特币的中心。同样假如核心开发乱来，开发出有损币圈的代码，那么矿工算力投票不通过，没有矿工和交易平台支持，开发的任何代码都不会被激活，因此核心开发也不是比特币中心。至于交易平台，

若交易平台乱来，可以做去中心化交易平台，更加不是中心。

其中提到的核心钱包结点变少的问题很重要，解决方法有两个：一是要确保即使区块扩容也不能有过大的区块；二是推广有 POS 模式的侧链，以便运行完整核心结点能有侧链币奖励，以此奖励核心钱包结点。

8.2.2 不方便普通用户使用

交易确认时间慢，比特币不能方便地在现实生活中使用。

比特币的功能太过单一，满足不了各种复杂的金融需求。

比特币的波动太大，不适合厌恶风险的普通商家使用。

比特币价格太高，不适合小额使用。

比特币太透明，只要知道地址，就能知道所有的历史交易记录。

这就涉及比特币的定位，笔者觉得比特币首要的定位是用于财富储蓄，并不是用于隐藏非法财富防止查封，而是保护自己的财富不会被超发所稀释。因此可以交易透明，可以确认速度较慢，可以不适合于小额和复杂金融，或者商家支付。没有东西能把所有方面都做得很完美，为了财富储蓄就需要有所舍弃。而舍弃的那些部分，可以用构架在比特币之上的，各种币应用公司（第三方链下的钱包和闪电网络公司等）、各种币侧链（如狗狗币成为侧链可解决小额使用问题）等来实现快速确认、复杂功能、稳定的锚定价格和部分匿名。

比特币的固定上限为 2100 万 BTC，也就是说假如持有 21 BTC 来储蓄财富，那么将永久拥有全球比特财富的百万分之一，这个比例不会降低。而假设某国的法定货币为 100 万亿，拥有 1 亿也就是占全国财富的百万分之一。但是假如这个国家新超发了 900 万亿，那么拥有的 1 亿没有变，但是财富占有比例却降低为千万分之一了。相当于财富被缩水为之前的 1/10。别说完全没有可能，津巴布韦就是一个很好的例子。而用比特币储存财富，上限固定，不会有类似的超发稀释财富的不公平现象。

笔者认为这是比特币最重要、最基础的应用，也很可能是中本聪发明比特币的最终目的，好好体会中本聪的创世区块中的留言：

“The Times 03/Jan/2009 Chancellor on brink of second bailout for banks”（意为“《泰晤士报》2009 年 1 月 3 日财政大臣正站在第二轮救助银行业的边缘”）。

——Satoshi Nakamoto

8.2.3 一些设定可能不很合理

比特币的挖矿算法只用一种 SHA256 的哈希方式，算法可能被破解，并不安全。

比特币挖矿过程中，矿机要消耗大量的电力能源，不够环保。

比特币的私钥丢失后，就永远失去了用私钥储存的比特币。

比特币的匿名性会让比特币成为非法交易的支付中介。

对于比特币的 2100 万数量的限定，大多数人认同，但也有人也提出了各种质疑，包括数量太多、数量太少，以及数量不应该恒定不变等。

比特币虽然去中心化，但是开源是可以升级的，是活的系统。有漏洞可修复，有改进可更新。只要所有币圈的人集体达成共识，可以更换新的挖矿算法，POW 转 POS，丢失比特币后再找回，对币实名记录相关信息，甚至修改上限等。只要有足够多的人达成共识，都是可以实现的。

具体升级分为下列 3 种模式。

兼容升级，可有可无，并不影响，例如调整默认手续费为普通兼容升级。往往只需要核心开发者同意即可，不需要外部投票，若不喜欢就不更新，影响很小。

软分叉升级，部分兼容，升级隔离验证 SW 是软分叉升级，需要矿工算力投票通过，最好需要 95% 的算力投票通过后，再启动激活。

硬分叉升级，推倒重来，2MB 硬扩容为硬分叉升级，这个需要整个币圈至少 90% 的人达成共识，然后再启动会比较好，即由中国提出的币圈的 92 共识硬分叉原则。

8.3 数字货币容易被非法分子利用，但不断走向光明

作为数字货币的始祖，比特币被创造出来已经 7 年了。经过几年时间的沉淀与发展，数字货币家族已经从比特币衍生出了数千种拥有不同特性的数字货币。这些衍生出来的币，既包括简单修改源代码参数的“山寨币”，如莱特币、狗狗币等，也包括重新编写源代码的“二代币”，如未来币、瑞波币等。

由于比特币系统本身并不可能百分之百完美，于是就有了“被改进”的原因。对于比持币的各种或真或假的“缺陷”，数字货币社区都给出了几种甚至十几种不同的改进方案。而且由于比特币的源代码公开，使得很多对比特币改进的想法，不用直接改动运行中的比特币源代码，取而代之的是以另外一种新的数字货币呈现出来。比如，针对比特币的去中心化被削弱的问题，社区给出了莱特币、万事达币和未来币等解决方案。而针对支付确认时间慢，社区给出了夸克币、狗狗币等。

国外称这些新的数字货币为 Altcoin，直译为“替代币”，但是国内一般称这些币中较好的、较有创新的为“竞争币”，而完全复制，仅换个名称、调一下参数的则其称是“山寨币”。对于一些明显在拉人头圈钱的币，社区内一般直接称它们为“圈钱币”或者“传销币”。

随着比特币价格的攀升，各种直接简单复制、修改比特币代码的币也不断涌现。但是与比特币有着本质上的区别，比特币完全去中心化运营，代码由社区共同管理，挖矿全社会共同竞争。而这些山寨币很多都是由功利性非常强的小团队发布和管理矿。最本质的区别就是这些币通常只能在一两个没有公信力的小平台交易，得不到交易平台以外的认同，只要平台一倒闭，投资者将血本无归。而在一些大的山寨币平台上线交易的币，也不见得就是“好币”，山寨币运营者给平台交纳一定的运营费用（通常是总币数量的 10% 左右），就可以把一个完全没有技术支持、没有半点创新的币上线交易。

据数据统计，2014 年，全球山寨币数量超过 5000 个，2015 年大约有 3000 个山寨币被创造出来。2016 年上半年，国内每天可能有 5 ～ 10 个山寨币产生。投资这些山寨币所导致的本金损失可能是 90% 以上，甚至造成 100% 的本金损失（平台跑路）。

当前，很多民众仍然分不清楚去中心化比特币和中心化运营传销山寨币的区别。一提到比特币，很多民众的主观反应还是“比特币，国家不是禁止了吗？”“比特币不是传销吗？”等，类似的第一印象直接会呈现在他们眼前。按 2013 年 12 月五部委文件的精神，数字货币被归类为“虚拟商品”。但是国家的宣传口径又非常小，管得最严格的时候，几乎不允许公开的媒体发布有关数字货币的文章。中国最大的网络购物平台淘宝网，甚至下架与比特币相关的一切商品。这种或明或暗的严格信息管制，直接阻断了群众对比特币从及其他相关数字货币的正确认识，让传销分子和不法分子有机可乘。为了帮助投资者区别比特币、普通山寨币和传销币，制作了对比表格（见表 8-1）。

表 8-1 比特币、普遍竞争币和传销币的区别

序号	辨别项目	比特币	普通竞争币	传销币
1	支持的交易平台	国内外众多交易平台支持	国内外众多山寨币交易平台支持	少数一两个平台支持
2	媒体资料数量	非常多	比较少	少数几篇明显的软文
3	公众社会认知度	非常广泛	有一定的认知度	基本上没有认知度

续表

序号	辨别项目	比特币	普通竞争币	传销币
4	是否有宣传团队	无宣传团队	某些时刻可能有某个币的炒币团队	有固定的宣传团队
5	宣传团队是否有奖励	无	无	有金字塔形的宣传性奖励
6	代码是否开源	完全开源 社会化管理代码	完全开源 社会化管理代码	少数开源 多数不开源

(1) 支持的交易平台。由于私自发行的山寨币，丝毫没有创新性，也缺乏后期维护，很多山寨币短的一两个月就消失，长的几个月就跑路。即使不跑路，热炒一段时间后，价格就会往下跌。所以，一般大的有信誉的交易平台，都不会轻易上线新币种。因为上线新币种有可能造成平台投资者的直接损失。这样新的山寨币就不得不选择一些小的没有信誉的平台上线交易，或者干脆自己新开一个平台。由于只有非常少的平台可以交易此币种，如果平台跑路，那么投资者的本金将全部损失。

(2) 是否有宣传团队。只需要看这个币有没有固定的宣传团队，以及宣传团队有没有金字塔形的奖励（拉的人头越多，奖励就越多），基本上就可以认定这个币是不是传销币。去中心化的数字货币，完全社会化运营，并没有固定的组织机构为此背书，处于自由发展状态。但是中心化运营的币，团队是逐利的，他们必须想方设法地把创造出的毫无价值的币，以更高的价格卖出去。为此，一般都会设立类似金字塔形的等级制度，越早参与的投资者回报速度和回报率就越快、越高，而最后参与的投资者通常会血本无归。

(3) 代码是否开源。这也是一个重要的衡量标准，数字货币是金融属性很强的产品，例如，某些下载的数字货币钱包软件，其本身就会窃取用户的数字货币。

第 2 篇

投资交易篇

第 1 章　数字货币投资战略

王　博

本书的主题是“如何投资数字货币”，是期望对想参与投资数字货币的币圈内外投资者提供实战参考，不是 2013 年高峰期出版的介绍数字货币这场伟大革命的知识普及性图书，也不是“股票期货赢利大法”类的靠夸大 K 线分析和独门技巧吊足投资者冲动消费欲的书籍，本书最大的特点是只关注“投资”本身，为读者提供健康的投资理念和投资战略，最大限度地提高致赢率。

投资和投机市场数百年来的统计结果一直都在嘲弄那些杜撰靠技巧内幕或培训指导获得暴利的传说，股票市场“一赚二平七赔”、期货市场“90% 以上人巨亏离场”，以及彼得林奇的“大多数基金经理战胜不了黑猩猩”的事实，无时不在告诫人们，大多数投资市场完全符合“投资生态链法则”，即最底层的普通投资者永远都属于提供亏损和补给的群体。

所以，本书的精髓在于：“知己知彼、百战不殆、了知真相、战略制胜”，只有接受现实统计规律反映的客观存在，透过现象看本质，认清投资品种的博弈本质：每个参与者的思想和行为会影响自身的结果和分析，投机市场本质不可测，掌握反射定律和逆向思维智慧，明晰普通投资者“被”控制和误导而陷入群体错误的规律，才会建立起属于自己的、顺势而为的投资大智慧。

本章试图在基础知识篇、投资理念篇深度剖析的基础上，推演出一套科学、理性、稳健的投资战略法则，引导投资者进入把握数字货币投资大机遇、顺势而为、理念制胜的超然境界。

提示：在本书里作为“如何投资”所指向的数字货币，主要是基于区块链技术，符合去中心化、总量恒定或小微增长、总账本数据不可篡改、全球化、工作量证明等本质特性，并以承载交换或储值功能的数字货币（公众币、小众币）；一切中心化方式发行的创新币、纯 POS 方式币、以研究或开拓区块链技术服务的资产币，因其完全偏离数字货币的本质属性，存在一定的欺骗性或不确定因素，均不属于本章研究的投资范畴。

本书在第 1 篇主要币种解析和第 4 篇区块链的发展与投资概况里，采取对新技术新产业完全开放的思想和姿态，尽量力求客观地报道国内外数字货币币种创新与业态发展，但这些内容均以技术层面交流为主，不作为投资参考，谨请读者细心甄别。

1.1　坚定信念，积极参与数字货币投资

这是一场人类历史上首次将货币信用由中心化保障转换为分布式区块链技术的重大革命，让货币体系由主权政府垄断发行转移到属于全球公民所拥有，且已深耕于全球一村的去中心化因特网，数个公众币种将具有充当国际储值货币的功能，未来发展空间无限，在有生之年能参与到数字货币投资中来，是人生财富增值的一次重大机遇。

1.2　用知识和智慧指导一切投资行为

开阔眼界、博览群书，将投资当做一门专业来学习，掌握各种投资品种的本质特点，养成用真相说话、用实践检验和修正投资策略的习惯，要让知识、思想、理性分析、深度调研和合理规划指挥自己的钱袋子，深刻理解博弈市场的本质即不可测，努力创建属于自己的投资法则和系统，提高制胜率。

1.3　比特币、狗狗币等公众币种为主要目标

以投资纯正去中心化分布式区块链 POW 工作量证明机制的公众币种为主，把目光聚焦在已经被时间检验、自信用体系完美的、彻底去中心化的、相对全球化的币种上，以从事区块链产业开发应用的股份或资产币牵涉中心化利益，风险较大，大家不要被中心化操控的某些币种的市值暴涨和强势宣传迷惑，应谨慎对待。

1.4　长期持筹待涨为主，短线逢高减持为辅

成为具有国际储备货币功能的全球公众币种，都有着长期无法触摸的天花板，要认清这类数字货币螺旋上升发展的大趋势，时刻铭记“长期持有筹码”

的原则，以合理的资产比例长期持有主要公众数字货币。只在短期人气极度聚集、涨幅超越 3 ～ 10 倍的情况下，可参照超买技术指标适当减持，淡化对数字货币像对任何其他传统投资品种一样的区间操作理念，但切记必须下跌到关键支撑位后又买回来。

1.5 投资两个以上具有互补性的币种

比特币将长期为王是数字货币发展的大趋势，但比特币与其他币种在人气指标和市场热点与价格波动上，往往不完全同步，呈现此起彼伏的特点，依据“阳盛则衰、阴盛则强”的原则，适度在两个以上币种间“多个篮子”“弃阳怜弱”，既能防止意外的市场风险，又能提高资金利用率和盈利率。

1.6 适度增加小市值币种的持筹率

从前面篇章的分析中可以看出，比特币市值最大，已经有诸多政府与民间投资战略进入，其上涨的空间已基本与全社会对这件革命性事件的认知和接受程度同步增长，巨额战略投资盈利预期也会逐渐与传统投资持平，即暴涨暴跌的概率会越来越小；但小市值的币种如狗狗币等，均以散户投资者为主，在发展过程中，时刻有外围战略大资金虎视眈眈，会在这些币种出现好的发展势头时存在强势抢筹介入的可能，普通投资者资金量小，参与数字货币高风险投资，目的就是高收益，介入这些币种，可以提高享受财富暴涨的概率。

1.7 以“应用为王”和“性价比”理念选择币种

认清公众数字货币必须最终走向跨国支付、交易、应用、结算和价值储存，才会真正具备价值，那么，长期关注各币种的国际应用发展动态，建立“币种性价比 = 综合应用总量 / 币种市值”的理念，以增大性价比最高的币种的持有量。

1.8 永远和“做空”与期货说拜拜

前面章节为投资者深刻剖析了期货（资金）杠杆的本质，金融杠杆本身是一把双刃剑，只有具备严格资金管理和风控机制的大型专业投资机构才会用好这把剑，大多数投资者均将其变成了“自刎之剑”，这才形成了高于 10 倍杠杆投机市场“散户投资者亏损比例超过 99%”的场景。

在开始“做空”的那一刻，已违背了投资数字货币长期螺旋上涨大机遇的原则；若又做了期货，那就更是将一次毕生最幸运的高收益之旅变成了财富归零的赌博游戏，投资者千万要谨慎。

1.9　选择合规诚信交易平台，规避投资提充存币风险

Mt.Gox、丝绸之路和 C 网的倒闭、查封或跑路，给投资者留下了无法弥补的损失，在当下鱼龙混杂、利益至上、众筹圈钱、传销骗钱、平台操控、科技迷信的数字货币野蛮生长的氛围中，保持一份理性和淡定，潜心寻找有价值依托、诚信负责、目标长远、长期运行检验、交易量真实、服务优良、有核心竞争力、有政府层面支持的准合规大平台（如比特时代与狗狗币应用推广综合平台类）至关重要，确保买卖交易挂单成交顺畅，充值、提款、充币及提币任何时候都严谨规范，确保数字货币投资交易的安全性。

1.10　投资数字货币是政府支持的大事业

2016 年 1 月 20 日，我国央行高调对发行央行数字货币表态，已经完全定义了这是一场伟大的产业革命。倒回到 2013 年央行公告，只是强调限制银行系统不能涉入数字货币高风险投资领域，且不能为交易平台开通资金直充与第三方托管，但从来没有限制民间数字货币投资行为，这就形成了国内三大平台和比特时代的风起云涌，竟然真的将主要数字货币的交易量做到全球最大，也第一次彰显了中国民间投资力量的举世宏大。

在对政策和法规的解读上，作为普通投资者，要深刻理解“法无禁止即可为”的自由选择机遇。睿智的中国政府，尽管看到去中心化的国际储值数字货币对现行的中心化法定货币体系的威胁和挑战，也一定会科学理性地推进人民币的数字货币化进程，理解并支持这场革命，因为只有数字货币才具备从根本上瓦解和推翻美元霸权赖以存在的基础。

有幸成为数字货币投资者的伙伴们，在有生之年，还能有什么行业或产业，具有数字货币这样大的革命性与增长空间呢？为自己的选择而欢呼吧！

第2章　数字货币实战技法

王　博

在对数字货币价格趋势的分析上，整个币圈还处在极端蛮荒的阶段，由于数字货币市场资金沉淀和交易量甚至不抵一只大盘股，相比每日数千亿交易量的股票期货市场，全球数字货币交易平台加起来还极为渺小。加之数字货币投资者大多数都是在对区块链分布式理念初步接受后才参与投资的青年技术人群，由股票、期货市场转移过来的投资者和资金并不多，为这些投资者提供投资理财服务的研发咨询类公司还来不及熟悉数字货币，且由于数字货币诞生时间短、K线积累少、缺乏传统技术理论推演的基础，一切还都比较初始与稚嫩，这也就表现出在相关媒体中关于数字货币价格和趋势分析类的文章，全部都有略显单薄和片面的倾向。

20多年笔者曾实战参与股票、期货、现货商品、邮币卡和黄金原油等主要品种的投资，对以上品种行情波动均有深度研究和剖析，发表在相关媒体上的《被黄金欺骗》《被股票绑架》《被期货忽悠》《被收藏疯癫》《被现货商品洗劫》《被房地产奴役》，以及在担任证券培训师和操盘手期间完成的《博股秘籍》和《商品期货投资技法》均获得圈内好评，但在面对数字货币的下列特点时，顿感失去了既往的自信。

(1) 去中心化交易所——谁都可以开办交易所，交易任何品种，还互不联系，既往所有的交易所全部为主权中心化交易所。

(2) 全球化——全世界任何地方的投资者都可以参与买卖，全球各国任何政府或民间投资都会影响到数字货币市场的价格波动。

(3) 365天24个小时连续交易——既往任何市场都有一定的时间段、节律和休息。

(4) 交易连续性与成交量巨幅波动——单笔成交量可能很大，价格巨幅波动，但又随后数小时没有交易。

(5) 主力与庄家的行踪完全公开——主力与庄家持币数量较大，一般会提到私有地址保存，区块链总账本公布一切地址的持币变动情况，完全操纵的难度很大。

（6）世上最虚拟的价值标的——甚至不知道挖矿和买入的那个比特币到底是不是个具体的字节并存放在哪里，钱包、地址和全部身家竟然都是虚拟的——看不见、摸不着，这价格也太玄乎了。

传统投资品种的价格分析，都离不开基本面分析和技术分析，这两个因素永远相互依存、此消彼长，但传统的投资品种都有相对稳定的价值参照系统，譬如黄金原油的开采成本、股份公司的资产与市场规模预期、现货商品在供求关系失衡下的波动区间、收藏用品与通货膨胀和货币贬值的相关性，更重要的是长期来看，大部分品种价格波动都呈现“酝酿诞生—启蒙发展—高速增长—走向衰落”的规律，且许多行情的起落都是中心化力量（主力或庄家）隐匿的资金推动与策划所为。但数字货币区块链分布式总账本每时每刻都在公布最新的所有货币持仓清单，没有了账户隐匿，如何完成行情的酝酿和操控？

以上疑惑是每个参与数字货币的投资者都会面临的问题，而本书就是为了解决这个问题。若第 2 篇第 1 章“数字货币投资战略”对基本面的全面分析给了你把握投资数字货币大机遇的完整理由的话，本章就试图通过主要技术分析方法，提供给读者快速上手、预测价格趋势、确定买卖计划、轻松实战制胜的方法，投资者要认真研磨和把控，并反馈建议和意见（注：有关成熟市场投资 K 线与形态技法分析的书籍非常多，本章篇幅有限，不可能面面俱到，仅把握整体框架，起到抛砖引玉之作用）。

2.1 建立“无庄时代”行情分析新思路

在成熟的欧洲和美国证券期货市场，所有的监管条例都严格限制了上市公司、大型投资机构、主力或庄家内幕操纵和欺诈行为对价格的影响，但大多数时候，投资和投机、监管与实践总演绎着“猫和老鼠”的游戏，即猫的存在依赖于有老鼠，赶尽杀绝了老鼠，猫也会失去生命。不论是纽约交易所还是 NASDAQ 或芝加哥商品期货交易所，没有主力在隐匿可控的条件下对价格的操纵与投机，就无法保障二级市场充分的流行性和投资者的信心；而对全球大宗商品、美元汇率、黄金原油价格的全球操控，更是华尔街和美联储最大的坐庄所为。

国内 A 股和新三板更是人为营造的一个壳资源稀缺市场，大多数股票的价格波动不是对内在价值的真实体现，而是指数周期、经济大环境、人气、社会现金流、主力和庄家与上市公司默契合作、媒体摇旗呐喊、基金推波助澜等决定，许多股票的走势有着明显的与综合指数共振的打压建仓（底部反复震荡吸筹）、强势拉升（不明就里地反复螺旋上涨）、高位出货（释放利好撒出筹码）、长期阴跌（散户层层套牢割肉）的循环周期。只要长期坚持价值投资理念，永远顺势而为，培养耐心等待的毅力，严格管理资金，基本上是有望坐上庄家主力的轿子的。

但数字货币市场，除了中心化操控的创新币、资产币、传销币有庄家主力外，纯正的去中心化公众币只能说有大资金参与，谁也无法逞能说自己是庄家或主力，因投资者的所有持币都是公开的，持币出现明显集中化就会有人惜售或抢筹，而遍布全球的平台、个人的币与现金，随时可以以排山倒海的倾泻砸盘暴跌或瞬间抢筹暴涨，因所有参与者对价格的投机预期会完全影响币价的瞬间走势，想坐庄的人既不能保证在底部区域有吓跑大众的能力获得廉价筹码，也没有在高点刺激人气、欺骗性套现大量获利筹码的能耐，该原因正是数字货币行情大幅波动、暴涨暴跌的内在根源（上涨时抢币踩踏、下跌时抛币踩踏）。

因为缺乏相对稳定的力量起到制衡价格的作用，整个比特币等公众币的走势，终于呈现了人类历史上第一次最完美的、全球资金自由竞争的、最为公平的投机博弈状态，而博弈市场最大的特征就是——不可测（那些所有跌破眼镜的投资分析和测评机构的屡屡报错正缘于此），所以，如果对数字货币走势完全采用既往传统经典的分析方法，就真的陷入了不可知的泥潭，在此，我结合3年来实盘投资的感悟，探索出一套新思路和新体系。

(1) 鉴于公众数字货币最终成为国际储备货币的天花板还遥不可及，只要不失去信用，长期螺旋上涨是必然趋势，那就不要再找行情规律了，用一个“长期投资”战胜一切，这概率已被李笑来等人验证了。

(2) 淡化对基本面消息面的跟风操作，因为全球各国政府和投资者是很难短期在政策与资金面达成一致的。强化对长期经典形态与均线系统的重视，因为博弈市场大众行为本身的轨迹更能代表未来的趋向，用形态与趋势说话。

(3) 在短期走势上，“反射定律”24个小时连续交易引起的追涨杀跌情绪更容易形成大幅跌宕走势，即行情一涨就看好、一看好就买进、一买进就瞬间进一步上涨，再次上涨，更刺激看好，24小时连续亢奋，就会让行情迅速精尽而亡，反之亦然，这就给掌握规律参与的中短期投机者带来快进快出的盈利机会。

(4) “相反理论、羊群效应”具备更高的反向操作概率：血刃相见的投机市场本质上是零和博弈游戏，是残酷地抢钱，所有的举手投足都类似于司机在危险情况出现时下意识的本能操作救了命，若经过“哦，要撞车了，该刹车了，要把脚从油门换到脚刹了，踩下去！”分析判断，已悔之晚矣；而投机市场的真刀实枪拼杀正类似于本能刹车，公开媒体怂恿起的人气一致看好正类似于系统分析。显然，等大家都看好时，该买的早都已经买了，等于买盘已经枯竭了，自然下跌的概率就高了，反之亦然。在坚持长期持币的同时，用一部分机动资金在币圈一致恐慌，谈币色变时偷偷买进，在行情一路高歌猛进、媒体欢呼雀跃时，悄然离场，基本能保证赚得盆满钵满。

以上 4 条虽然看起来简单，要全部做到却非常困难，因为每个人从小就诞生了寻求抱团取暖、追求大同的习惯，只有经过长期历练、饱经沧桑、忍受孤独、淡定从容、意念坚定的投资者，方能略得一二，我与投资者共勉。

2.2　数字货币行情波动周期分析

从直方图、黄金分割到神奇数字，从江恩、艾略特、亚当 · 斯密、约翰 · 墨菲到彼得林奇，均为人们提供了大量的有关价格运行规律的分析方法，但越是渲染得神乎其神的技法，越不见得有实战价值，反观这些发明技术分析方法的人，也基本都没有通过技法取得长期持续的实战辉煌。

我研究发现：大多数投资名家都是后来膜拜他的从业者，为了彰显其身份纯正和功力深厚，有刻意夸大祖师爷的能耐之嫌。在我看来，大道至简，越是具备实战力量的大法，越是简单明了，就如巴菲特仅雪茄烟蒂一招，而索罗斯也仅反射定律一招，本节在对数字货币价格波动周期的剖析上，也只推荐一种方法，即螺旋上升正弦波。

超过任何投资技法的自然大道是：周期性循环演绎酝酿的“拉升→套现→阴跌”的行情投机规律，每一次行情都必须走完整个步骤才算彻底，也就有了大概模糊而又接近的时间韵律。

事实上，世间万物皆有生命，就像巴菲特将股票市场比作“市场先生”，这位先生也是“凡人”，一会儿疯狂地上蹿买多，一会儿抑郁地下跳卖空，从长期来看，构成了一个基本平坦的“股票心电图”，而数字货币天花板太高，很长时间内是上升心电图（见图 2-1）。

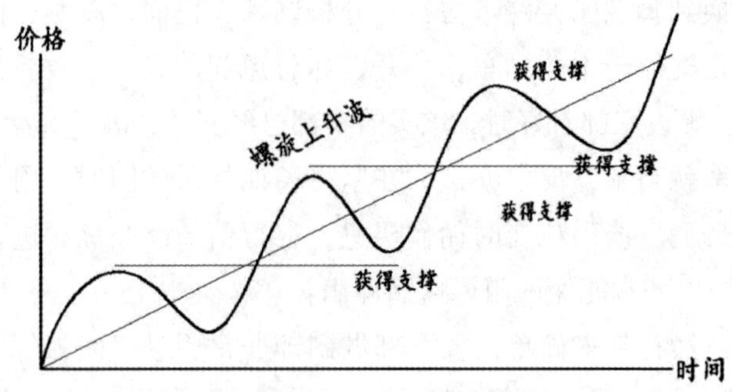

图 2-1“股票心电图”

可以看到，比特币 7 年来的走势大概就是这么一波比一波高，每一波的低点大概都在上一波的那个高点位置得到支撑，形成了这个螺旋上升正弦波，既然比特币能，那么，莱特币、狗狗币甚至世界币也一定能。

读者看到这里会急，我是来买币的，你却用一大堆道理搪塞我，我要点实在的，狗狗币啥时候能涨？“狗狗币”走势周期如图 2-2 所示。

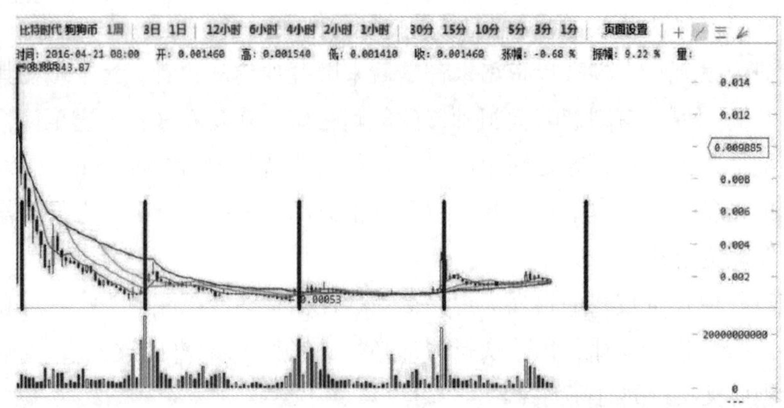

图 2-2 “狗狗币”走势周期

图中的粗竖线就是正弦波脉冲周期节点，平均大概 9 个月，那么到了 2016 年的年底前后，狗狗币就到上涨周期了，而又因为狗狗币理当走螺旋上升波，那么，突破 0.0034，摸过 0.0050 可是高概率事件了，今天该怎么做，是不是有点胸有成竹了呢？

注意：数字货币市场目前还是一个非常小众、充满投机性和不确定性的地方，分析技法只能提高致赢的概率，让投资有规可依，但绝对不会 100% 稳赚不赔，各位投资者务必要擦亮眼睛，以上分析仅供参考。

2.3 数字货币价格形态分析

购买本书的大多数圈外投资者，一定是老股民居多，对于 K 线法则、形态组合和趋势线早就厌烦了，这里就不介绍基本概念了，只强调一下：纯正博弈状态、无主力和庄家做图画线的走势，才是最反映全球币圈投资者真实操作最直接的信号，虽然在股票上已懒得看了，但在数字货币上必须重视了（见图 2-3）。

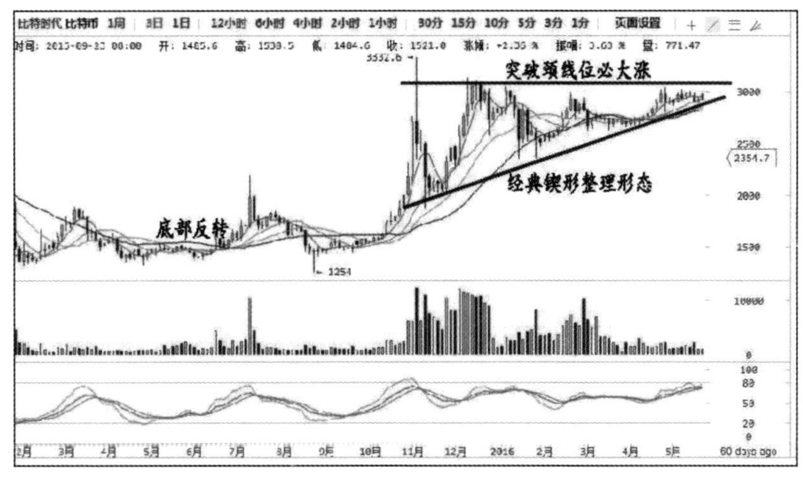

图 2-3 比特币图

大家一眼便可看出，这是比特币在减半前 3000 元的形态。读者可能要说现在涨上来了，我真是大言不惭，不过前事不忘后事之师，这锲形整理形态太牛了，当时一定也是有人这么分析过（见图 2-4）。

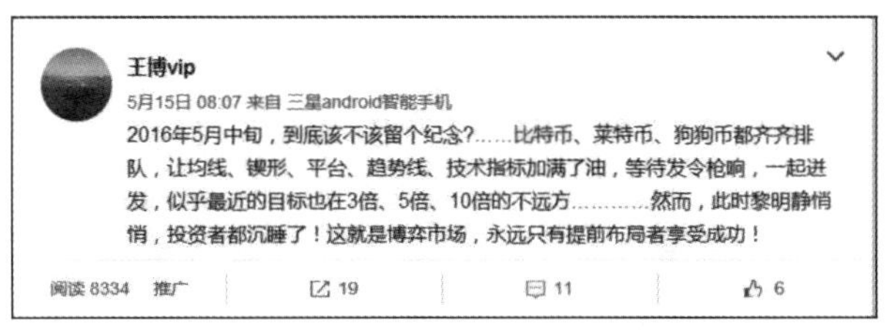
王博vip

5月15日 08:07 来自 三星android智能手机

2016年5月中旬，到底该不该留个纪念?……比特币、莱特币、狗狗币都齐齐排队，让均线、锲形、平台、趋势线、技术指标加满了油，等待发令枪响，一起进发，似乎最近的目标也在3倍、5倍、10倍的不远方…………然而，此时黎明静悄悄，投资者都沉睡了！这就是博弈市场，永远只有提前布局者享受成功！

阅读 8334 推广 19 11 6

图 2-4 “王博 vip”微博

投机市场技术形态分析就是这么熬人，大多时候，价格运行的轨迹完全是随机的，每每试图跟踪一个形态是否完整呈现时，等来的大多是失望，但在你彻底不再相信它会出现时，某个品种却真的走出锲形、箱形、旗形、菱形、三角形、圆弧形，并在趋势线的配合下，总是极高概率地预见随后的趋势。

再来看普通投资者必须时常留意买入点的典型的箱形沉底。

在长期下跌的底部区域，只要出现第三次下挫后走平和调头信号，都是一次在箱体下沿买多的机会，这符合中国的“有再一再二，没有再三再四”的自然法则，若第三次有效突破箱形沉底上沿，一般都会启动一波大涨行情（见图 2-5）。

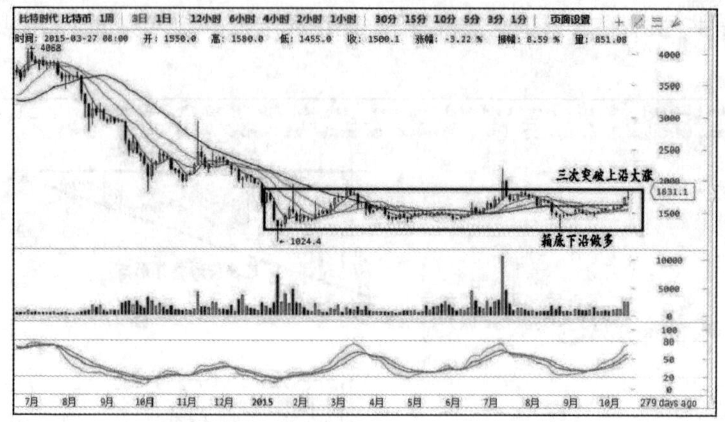

图 2-5 箱形沉底上沿

在投资价格跌宕起伏大、随机性强的数字货币品种时，很难出现长期胶着的状态和黏合在一起的经典形态，但大多数品种，却不乏在价格运行期间形成的符合自然节律的趋势线，只要经过 2 ～ 3 次的验证，趋势线的支撑和压力作用就变得有了灵性，这里不能只演示既往的图形，关键在于预测未来（见图 2-6），世界币 WDC 在底部区域长达一年多形成的支撑线就成了最强烈的价格支撑，而一旦突破压力线就成为上涨的临界点，近些天的下跌回调就成了又一个买入点，随后展开一波上涨行情的概率很大。

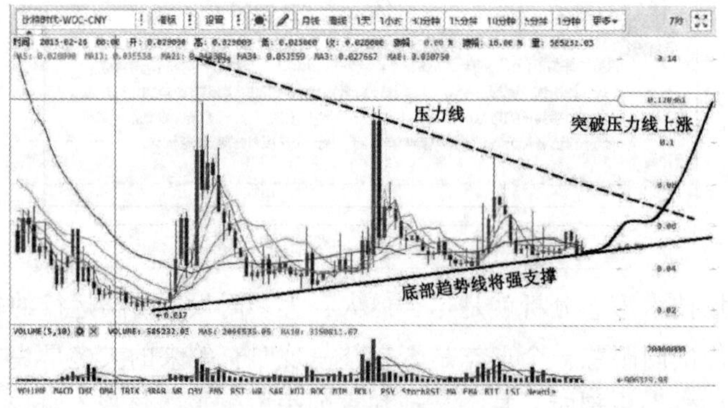

图 2-6 比特币趋势分析

2.4 数字货币技术分析

1. 至高无上的道氏理论与移动平均线 MA

所有技术分析方法在是否有效的问题上都做了 3 个假设：一是市场价格包含一切信息，二是价格以趋势运行，三是历史会重演。道氏理论更为人们明确了平均价格（移动平均价格指标 MA）的重要性，然而，现在所处的是一个信息爆炸的年代和资讯极其发达的社会，在理性上不得不认为所有相关信息会作用于投资品的价格，有形的社会经济、政治、自然和科技等发展动态均会影响人们参与的股票、期货及数字货币市场，人们被网络的海量信息淹没着，也被电视、报纸上郑重其事的新闻包围着，再加上数字货币去中心化、全球化、挑战政府法币体系，却又完全虚拟、无法有偿性保障等特点，简直无所适从。

投资与投机市场到底是理性的、有效性的，还是模糊的、随机的，是基本分析决定价格趋势，还是技术分析更反映价格变化，在传统投资标的上这个问题也是美国等西方发达国家的投机家们从 20 世纪 50 年代就开始争论的话题，现在仍然没有明确的答案。因为整个历史、政治、经济、全球化和网络技术层面的分析总是对长周期价格的趋势起到大的必然性的影响，但某段时间内价格的运行却又是不确定的、偶然的，甚至是非理性和纯技术的，先哲们为了追求完美，总想将价格运行的必然性和偶然性进行综合，然后构成相对固定的投机法则，可长期有序与短期无序的矛盾、基本分析与技术分析的矛盾、理性与非理性的矛盾愈演愈烈，想将宏观的、基本面的信息分析结论和微观的、操作层面的投资技法完全黏合在一起非常困难，随着统计学理论和量子计算机、大型数据库、智能分析技术的发展，投资前辈们利用最先进的资讯技术以理想化的方式对所有有关投机品种的信息进行综合分析得出的观点，总是无法和真实的价格运行趋势相统一，而人们进入投资操作层面上的实战交易根本不可能面对瞬息万变的市场和价格在几分钟或几个小时内处理那么多的信息，为了免于投机实战走入争论不休和无所适从的尴尬，只能寻找简单可行又最贴近市场的分析方法，过于全面和复杂的信息处理并不适合实战。

本节的技术分析是进入实战操作阶段的行动宝典，是操盘手级的行为法则，目的是直击实战赢利，应当避免对理论和基本信息层面的过多研究而进入一种模棱两可的理性化状态。随着比特币等公众数字货币的不断活跃，以及参与交易的群体与资金的不断倍增，交易的多空双方交手的规律越来越接近绝对博弈化状态，在博弈的层次上，参与的多方和空方均构成了两个庞大的力量团体，每个团体都竭尽所能地搜集市场所有的信息，包含政策、技术、资金、人气和国际秩序等信息，一个博弈市场所特有的矛盾就在此产生了：由于多空阵营的统计样本群足够大，那么在搜集全球基本信息甚至是内幕消息的全面性和分析的能力上是十分相近的，从理性的角度来讲，相近的信息和相近的理性分析方法产生的结果应当是十分接近的，然而，事实却是截然相反的，多方认为要涨、空方认为要跌——此即博弈市场的本质特征。

到底哪一方的分析更具有优势呢？在随后的行情走出来之前，多空双方的准确率均接近 50%，胜负成败完全由随后的行情演化来判断，而第二日及随后的行情往哪个方向运行的趋势更强烈呢？这是本篇探讨的重点——唯有当日操作符合当日及前几日形成的运行趋势的那一方更正确。一个历史性的重大发现在此诞生，即在投机市场上赢利的法宝不是对基本信息的搜集与加工处理，不是对前人理论经典的掌握，也不是对宏观面的预测，仅仅是使人们的操作符合当日价格运行的趋势——顺势而为，这个投机市场的最高境界，原来是一个异常简单和轻松的、远离庞杂的信息干扰和复杂的经典理论分析的无为而有为。

本节的重要理念由此推导而出：数字货币价格是不需要复杂的基本分析的。所有从事数字货币行业的人，都认为自己参与开创了一场金融革命、深入到一个伟大的、复杂的投机事业，要想成功，就必须拥有超人的毅力和过人的智慧，并要付出艰辛的劳动，特别是在全球各国对去中心化货币政策、区块链技术发展最新动态等基本信息搜集与预测上都有独到的见解，然而在这里否定了这一切，也许大多数投资者的不成功是因为他们过于看重这些要素，而忽略了确实存在的交易价格本身。

应当说“价格包含一切信息”是一个超越，千万别让发达的资信和网络害苦自己，要追求做一个快乐的、轻松的、大智若愚的简单投资者，也只有这样才能享受到投机成功的乐趣，否则整天昏天黑地、头晕目眩地淹没在信息和技术海洋里，那不是成功的投资投机者的专利。

笔者之所以说这么多，正是因为人们已经捕捉到了如何利用今日和以前的价格 K 线，找到能够预测明日会超过 50% 概率的运行趋势的分析方法，即预测价格运行趋势的最重要环节，就是力求选择一组（一般为 3 ～ 5 根 MA 线）能紧扣价格波动趋向的价格移动平均线，技术焦点是选择 K 线的周期为周线、日线、12 小时、4 小时、1 小时或 30 分钟（以短期、中期和长期不同资金规划确定），以及确定每个 K 线周期的参数 MA（X），X 既不能因为周期太长而无法剔除大的震荡，从而无法使投机者安全持仓，又不能因为太短使投机者频繁止损让噪音干扰无法操作（不同品种反复测试出一种大概率的参数）。可以大胆地说，如果能使投机者清空大脑或格式化一下既往非常繁杂的投资经验和技法迷信，以一个全新的、无知的心境进入到“移动平均 MA”的境界，获得成功应当是一件很轻松的事情。

在所有的技术指标中，除了至高无上的 MA 与 BOLL 轨道线、EMA 瀑布线等指标逃离软件下方横栏与 K 线价格直接纠缠外，其余反向指标、趋向指标甚至量能指标都是与价格本身没有关系的，而投资盈亏本来就是用价格高低来衡量的，两者的权重也就一目了然了。

笔者实战操盘 20 多年，在专职证券技法培训时，研习了几乎所有大师的秘籍，总以为踩在江恩、艾略特、亚当 · 斯密前辈的肩膀，又掌握了指南针、分析家、和讯和新华等交易软件的核心技术，曾利用自己编写代码的优势，创建了数十种分析家图形和波动指标，并将 MACD、KDJ、RSI、BOLL、WR、DMI、BIAS、ASI、VR、ARBR、DPO、OBV、EXPMA 和 EMA 技术指标的研究，以及黄金分割率的波动区间测算、波浪理论的洪湖水浪打浪、神奇数字和直方图等学习当成了战胜市场的法宝，结果，不但让我废寝忘食、筋疲力尽，还陷入似是而非的泥沼，分不清重点，昏天黑地、犹豫彷徨中步入被主力操纵者奴役的群体。

这些年，每次碰到困苦哀怨亏损的投资者，笔者就告诫他们：远离一切投资信息交流、网络媒体探讨、投资技法学习、人脉资源共享，把买股票期货按买白菜、大肉的方式对待，低迷期胆子大一点、疯狂期离得远一点即可。有时候真的感觉自然法则诞生的股票软件、媒体网络和社交群传播，就是为了给普通投资者输送信息和知识，并让这些过量的信息淹死你，假设只是孤独地一个人按价值规律做投资，想赔钱都很难。以上经验也适合数字货币投资者。

言归正传，大多数年轻的老币民，在身经百战的老股民面前简直都还是“青葱”，但都富有概率和注意力优化（享受又偷懒的大智慧）理念，那笔者在此就大胆定义一下：在所有投资品种（包括数字货币）价格趋势分析上，移动平均线与形态分析的作用占到了 90% 的权重。基本分析和所有一切其他技术方法，看似深奥，但基本都是为了让你迷失而来的。为了减轻数字货币投资者的精力负担和压力，本节崇尚“大道至简”的原则，有些许片面的地方，望投资界和币圈大咖们谅解。

然而，移动平均线 MA（X）的周期和参数到底该如何选定？仁者见仁、智者见智，笔者只能说周线、日线周期设为 MA（5、8、13、21、34、55）已足够长，1 小时 K 线就必须看 144、233 了，再长的周期常常成为培训大师们理论演讲的依据，并没有实战价值；而同样的 K 线周期，因为投机行情的“自由落体”特征，在底位反转向上采用的时间参数就要比高位反转向下长很多，详细的分析需要一本书来讲解，这里仅从某只币种三种周期 MA 平均线进行简要解析。

周 K 线分析：周线是用来判断中长期方向的，一波底部反转而后瞬间冲高，随后下调回撤到上一波高点区域，主要均线已出现黏合趋向，大概率事件是本处将获得支撑，将横盘酝酿人气，发动下一波主升行情。参与任何一个品种投资，本质上投资的是概率，不论未来对错，首先要有清晰的方向感、区域感、周期感，这是制定投资战略必备的条件（见图 2-7）。

图 2-7 周 K 线分析

日 K 线分析：一波中短线上攻后，回落探底，在前期的低点区域再次受到支撑后短线反弹，随后回撤横盘寻求支撑，均线有黏合趋向，还上下交错不够同向协力；但考虑周线支持向上趋势，向下空间已很有限，上涨只是时间问题，方法上就以买进持仓为主，买进的节奏和持仓率随时间推后不断提高，紧密观察，均线向上突破，即可重仓（见图 2-8）。

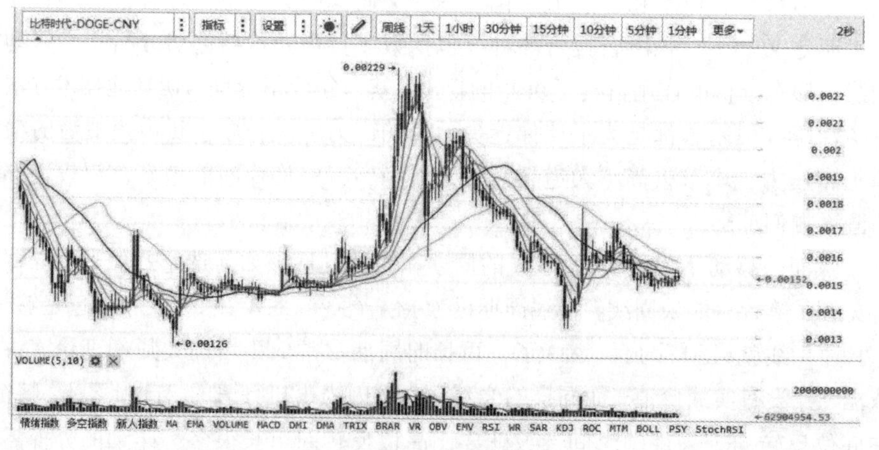

图 2-8 日 K 线分析

1 小时 K 线分析：在行情发展的底部区域，我建议主要以周线和日线分析为主，因为一般底部区域人气比较低迷，成交量稀少，不论做多做空的量能都难以发挥，需要较长的时间黏合选择方向，高位则重点关注 1 小时 K 线，只要量能短线急剧放大，且出现向下大幅回撤就是减仓信号。上图 K 线正试图有效突破 MA（233）参数线且有成交量配合，已说明这个区域主动看涨力量逐渐占据上风，大概不用商量了，只差大胆买进的勇气了（见图 2-9）。

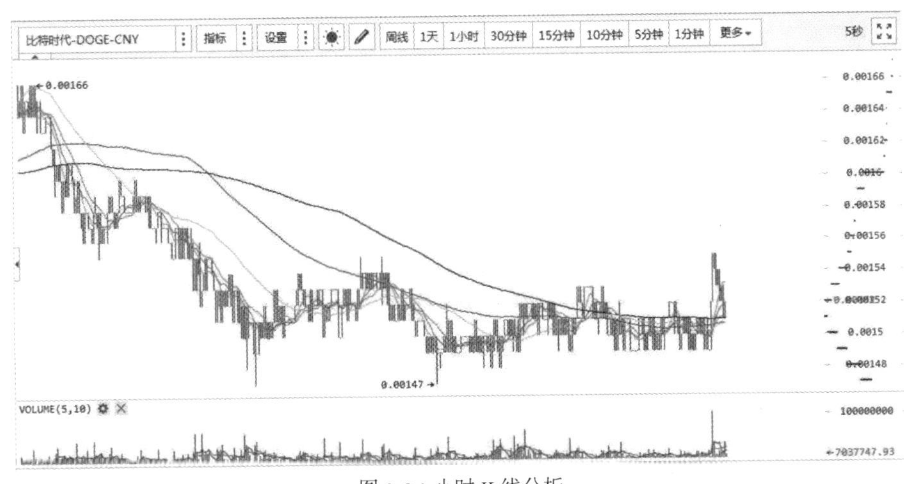

图 2-9 1 小时 K 线分析

以上分析，主要是为读者提供一个从长—中—短周期 MA 分析币价运行趋势的思路，实战过程中，还必须结合时间周期窗、形态趋势线、板块轮动、整个平台热钱成交变化情况确定，老投资者深有体会，本处分析点到为止，仅供参考。

2. 其他分析方法简析

（1）黄金分割率——事后诸葛亮。

（2）波浪理论——一波行情一个人可以数出无数的浪。

（3）江恩 28 条买卖原则是真，其余投资秘法是假。

（4）亚当 · 斯密的顺势而为——被忽略的真理，同道氏理论 MA。

（5）好友指数与反射定律——较高概率的反向指标。

（6）神奇数字——相当于是神仙用的。

（7）MACD 和 KDJ 的共振对阴阳转换有参考价值。

（8）成交量温和放大对价格走势起到同向支持，但大换手又是反向信号。

（9）其余技术指标皆是空，轻装上阵才是真。

（10）专家基本都是“砖家”，一切只能靠自己。

第 3 章　老股民向数字货币投资者的瞬间切换

王博

3.1　直入 K 线画面分析价格运行

如果读者参与过股票或期货投资，首先看下面两张截图（一张是股票 K 线图、另一张是期货 K 线图），请允许我先做个测试（见图 3-1）。

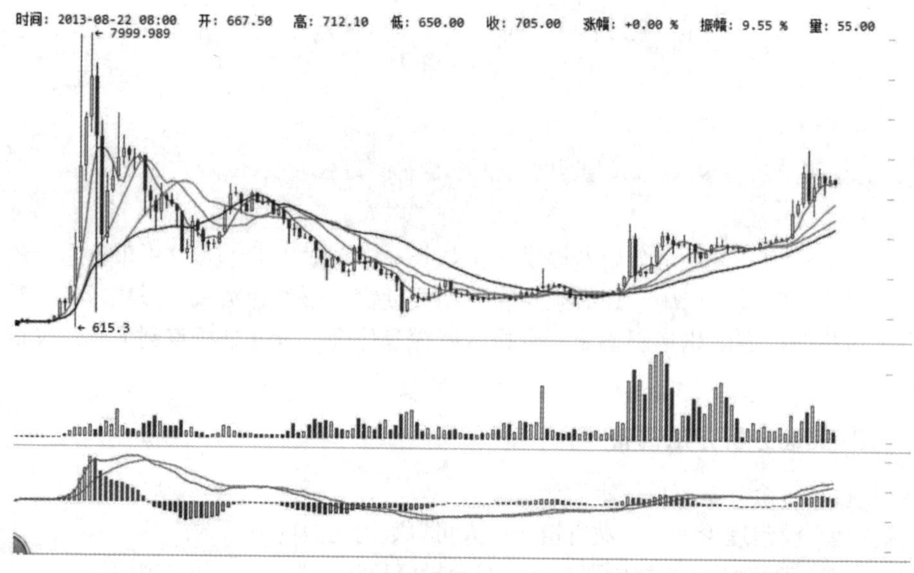

（a）期货 K 线走势

图 3-1 K 线走势

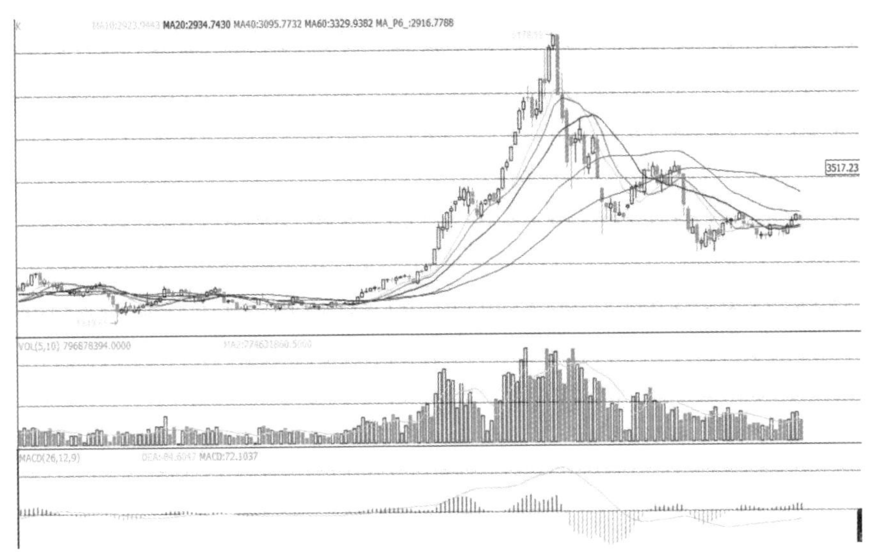

（b）股票 K 线走势

图 3-1 K 线走势（续）

问题 1：请问哪一张是股票 K 线、哪一张是期货 K 线？

回答：非常容易分辨，不过第二张像是上证综合指数的走势，应当是从两年前的 2000 点涨到 5000 点，再跌到 3000 点的走势，如果这样，第一张就是期货 K 线走势。

【评价：正确！】

问题 2：请问哪个品种近期上涨的潜力大？理由是什么？

回答：这问题问的简直就是外行，谁要是能知道哪个一定能近期上涨，不就成了神仙了。不过既然问了，凭我多年的经验还是可以唠叨几句：我认为（b）图近期上涨的潜力更大。

理由：(b) 图中的 K 线经过一轮如火如荼的大涨后，直接 V 形反转，大幅下跌，下探 0.618 的黄金分割位，但已获得支撑，近期成交量有所放大，短期均线系统已经黏合向上，MACD 即将站上 0 轴，不敢说是否中期反转，但短期率先反弹上攻的潜力很大。

(a) 图在前期底部区域 1000 时，均线系统 MA 黏合发散后一路上扬，完成一浪上涨至 3000 点后，二浪横盘整理，近期发动三浪站到 4500 点高度，尽管与左侧上一次牛市高点 7999 还有一段距离，但短期来看，均线系统长期发散向上，出现乏力，支持力度不足，MACD 抵达短期高点，感觉回调或横盘蓄势的可能性很大。

【评价：基本内行，具有一定研判 K 线的经验！】

问题 3：你觉得两个品种的分析方法是否很相似？

回答：所有投资和投机市场有着基本相同的形态与技术分析法则，且从道氏理论来看，多空双方实盘操作战斗的结果反映出的 MA 均线系统（不同周期参数结合），具备更高的对品种价格趋势的预测概率。

除了主力、庄家或上市公司、期货大户的操纵行为外，对于普通投资者，靠基本面、品种不同种类、不同特征和属性分析，是很难把握行情趋势的，因为多空双方完全处于同一个资金面、消息面下，特别是对大宗商品这种全球一体化的投资标的，更具备博弈特征，技术和形态分析起的作用更大，所以，不论是股票还是期货，在价格趋势的分析方法上，基本都是相通的。

【评价：牛！】

问题 4：你了解数字货币吗？有过想投资数字货币的愿望吗？

回答：听说过比特币，好像有些年轻人还赚了不少钱，但咱是普通老百姓，不熟悉密码学、区块链、P2P、钱包、地址和私钥，怕被人骗了，对了，到底那是不是传销啊？听说政府还禁止，想投资，既不懂，也不敢啊！

【评价：悲催！】

问题 5：实际上我让你看的（a）图就是比特币？且坐在计算机前，只需半个小时就可以搞定开户和充值交易，可以完全像股票软件一样分析和买卖，你愿意参与投资数字货币吗？

回答：什么？（a）图是比特币？我的神，这不和股票一模一样吗？我一直以为这东西太神秘了，不是咱这把年纪能搞定的，原来，竟然就这么简单，哈，现在就开户，快快快！

【评价：天啦，让股民变币民这么快啊！】

3.2 瞬间了解数字货币与股票投资的比较优势

数字货币与股票投资的比较优势（见表 3-1）。

表 3-1 数字货币与股票投资的比较优势

种类	股票（A 股）	数字货币
投资对象	上市公司流通股（数量有限、筹码分布不公、易受庄家内幕操纵）	去中心化、纯正区块链公众数字货币（数量恒定或很低的通胀率）
赢利模式	只能单向持股待涨（T+1、易怕踩空和空仓太久而套牢）	以长期持币待涨为主，也可融币卖空，期货杠杆操作（24 小时、T+0）
基本分析	公告及财务报表（易欺骗作假）	一切政策、消息和筹码分布完全公开（无操控可能）

续表

种类	股票（A 股）	数字货币
技术分析	趋势、强弱、随机漫步等（对强庄股无用）	纯博弈状态下的形态、趋势线、均线系统和技术指标分析（无庄操纵）
系统风险	高溢价、不同股同权，有价值回归而大跌的必然性	如果全球网络忽然有一天被全部取缔了（不可能），币价就直接归零
投机风险	100%保证金、价格波动区间小、风险小、收益小（资金大才有投资意义）	可选择性保证金、价格波动大、风险大、收益大（资金大小不限，存在暴利机会）
选择特点	2000 多只股票、很难捕捉到近期主力启动的股票	主要公众币种就 3～5 个，全部持有也不多，哪个品种大涨都不会放过
监管保护	政府保护高溢价圈钱、对弄虚作假无能为力（不公平剥削）	完全去中心化，公开公平透明，无须监管
投资法宝	追求绝对价值低估介入、只做牛市、熊市空仓	螺旋上升波走势，每个相对低点都可以买入长期持有
理念精髓	所有专家、媒体、公告和报表的公开信息都可能是被干预的甚至是错误的	全球化 24 个小时交易，全部持仓透明公开，纯粹博弈状态，无须重视基本分析

3.3　立马上路开户交易

本篇第 4 章“数字货币交易所的开户与交易”给用户提供了能满足所有需求的开户交易方案。

3.4　学习数字货币和区块链系统知识

多年来，笔者对人类大脑的学习力和记忆力为什么会有选择性的问题，一直百思不解，学一门重要的技术理念和方法与听到一件动听迷人的故事时，在大脑的印记与铭刻简直是天壤之别。放在数字货币场景，笔者尝试过无数次想给同学、伙伴、同事、好友传递下比特币的革命理念，但每次都起兴十足，败兴而归，因为讲解的时候不得不提去中心化、区块链、分布式、总账本、钱包、币在哪里……且慢，大多数时候，还没有按部就班说到中间，就可能遭遇善意的传销否定、或是彬彬有礼地岔开话题、或是太复杂了不感兴趣的回答，因为总会把对方带入一种极度抑郁与烦躁的状态，这一点，恐怕是数字货币发展最大的瓶颈了。

但是，如果说起股票，大多数时候，对方会立马来了精神，滔滔不绝，充满激情和聪明智慧。我忽然回想起，1992 年以前与人谈股票时，大多数伙伴也是一脸茫然，这里就产生一个非常奇妙的对比，股票从有纸化到无纸化，由电话委托到交易大厅主机委托，再到今天网络手机软件搞定，股民由上海南京路几百个人的黑市交易，到今天数亿股票账户，这一切从来都不是“股票本身发行流通机制、股票融资能办成大事又不承担破产风险、股份公司管理分红政策、股市是人类社会发展巨大创新、股权投资正在开创新世纪”等体系和概念吸引人，而是“买了好股票就可以赚钱”“打开 K 线图股票的走势一目了然、买卖点直观又简单、立马开户存钱买股票”的传说和计算机或手机交易画面搞定的，我曾举办过两年的股票培训，深知大多数股民对股票知识的学习，对投资技法的进一步研磨，都是首先做了股民后，才慢慢地通过电视网络媒体、购买股票书籍、参加各种沙龙和培训，成为“股市高手”的，而且越是贸然投入股市造成亏损的人，越倍加认真。

今天数字货币也走到了这个结点，若读者是一个极具数字货币股东精神的粉丝，最迫切要做的就一件事，就是如何通过交易画面和股票与数字货币的比较，吸引投资者由“股民”变成“币民”，剩下来的事情就与你无关了，数十天后，必然多出个滔滔不绝、迫切想与你探讨去中心化、区块链、分布式、自信用的人，这样，数字货币事业才算真正走上了快车道。

本章是本书中内容最简短、文字最不规范的章节，但我个人总是有个预感：本章思路对中国数字货币产业传播发展起到的作用，或许抵得过所有其他章节的内容。网络时代、信息社会、快餐经济、共享生活的特征，真的已淘汰了传统学院派式、教科书类的说服与呵护，只需要让对方体验、参与、引入并上手就足够了，学习的事情都是币民自己可以搞定的。

下面，提供两个供大家参考的网站。

（1）国内币圈第一传媒网站——巴比特：www.8btc.com。

（2）全球第一竞争币交易平台——比特时代：www.btc38.com。

第 4 章　数字货币交易所的开户与交易

周朝晖

4.1 竞争币最大交易平台比特时代的开户操作

数字货币还未真正步入日常使用阶段，因此，目前大多数人都以投资模式持有数字货币。迅速获得数字货币的方式是上数字货币交易所购买——数字货币交易的基础规则和股市几乎一样，也就是说买卖数字货币和买卖股票差不多。

比特时代（btc38.com）隶属深圳智维网络有限公司，是一家集资讯和交易为一体的数字货币平台。成立于 2013 年 5 月，经历过比特币第一次急涨狂跌，并且经营状态越来越好，是全球最大的狗狗币交易平台。目前上线的数字货币品种已超过 30 种。

全球所有的数字货币交易所面临的最大问题都是安全问题。因为网络无边界，黑客可以藏身于任何一个遥远的角落，一天到晚想方设法来攻击数字货币交易所——1 个比特币现在的价值约为 4000 元。如此巨大的诱惑导致每家数字货币交易所每天都会受到很多次攻击。

数字货币交易所因此通常在技术上有多层构架，比如，都会同时使用热钱包和冷钱包两种钱包。所谓热钱包，就是能即时转账的在线钱包，方便用户充币和提币。所谓冷钱包，就是离线钱包，是在一台离线的计算机上生成狗狗币或其他数字货币的地址和私钥，并将其妥善保存起来，由这台计算机生成的私钥永远不在其他计算机或者网络上出现（永不触网），这样能保证它不出现泄露的可能。

其他安全措施还包括以下几个：

（1）每个冷钱包地址中的数字货币数量都有合理的上限——不能把鸡蛋全放到一个篮子里。

(2) 每个冷钱包地址仅使用一次。

(3) 每个私钥或地址的使用需要多人多重授权，也就是说多人同时通过授权操作才能实现转账。

(4) 100% 准备金率——用户存 100 万元，平台必须保留 100 万元。

通过与比特时代高层的沟通，认为该交易所具备可靠的安全保障制度，如一直严格执行 100% 准备金率。

自 2013 年 5 月 8 日比特时代上线以来，比特时代已经安全无忧地运营了 1000 多天。

从稳定性方面，比特时代充值和提现都比较快，虽然行情好的时候偶尔也卡，但还是抗压性比较好的交易所。

4.1.1 注册与认证

注册很简单，先通过 QQ 账号登录网站（见图 4-1）。

图 4-1 QQ 账号登录

用手机 QQ 扫描，或者使用 QQ 号码与密码即可登录。

接下来需接受用户协议。

应该马上绑定手机，完成实名认证并设置好交易密码（见图 4-2）。

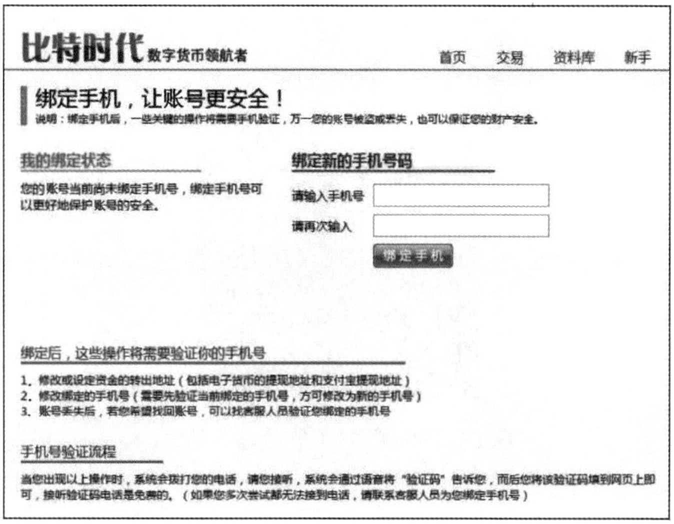

比特时代 数字货币领航者
首页
交易
资料库
新手
绑定手机，让账号更安全！
说明：绑定手机后，一些关键的操作将需要手机验证，万一您的账号被盗或丢失，也可以保证您的财产安全。
我的绑定状态
您的账号当前尚未绑定手机号，绑定手机号可以更好地保护账号的安全。
绑定新的手机号码
请输入手机号
请再次输入
绑定手机
绑定后，这些操作将需要验证你的手机号
1、修改或设定资金的转出地址（包括电子货币的提现地址和支付宝提现地址）
2、修改绑定的手机号（需要先验证当前绑定的手机号，方可修改为新的手机号）
3、账号丢失后，若您希望找回账号，可以找客服人员验证您绑定的手机号
手机号验证流程
当您出现以上操作时，系统会拨打您的电话，请您接听，系统会通过语音将“验证码”告诉您，而后您将该验证码填到网页上即可，接听验证码电话是免费的。（如果您多次尝试都无法接到电话，请联系客服人员为您绑定手机号）

图 4-2 绑定手机号码

输入收到的验证码即可。

然后马上做好实名认证。

仔细看清楚页面上的说明，并提交认证（见图 4-3）。

比特时代 数字货币领航者
首页
交易
资料库
新手
实名认证系统
说明：按国家五部委2013年12月5日《比特币通知》文件，遵循反洗钱精神，用户需要进行实名认证后方能进行人民币充值和提款。
普通用户请进行C1级别实名认证
您实名认证以后，只能使用您名下的银行卡进行充值提款，使用其他姓名的银行卡无法成功充值和提款。
当您填写该实名认证信息后，您的账户每月最多可累计充值15万元人民币。
大额用户请进行C2级别实名认证
请提交您手持身份证的照片，以获得更高级别的资金权限，我们会严格保密您的身份信息，不会向任何第三方透露。
当您通过该项认证后，您的账户可享有无限的充值和提款额度。
请上传手持身份证半身照片，我们客服会在15分钟内为您审核完毕（工作时间9~23点）
点此上传
手持身份证半身照
审核标准：
1、照片可以看见脸部以及身份证
2、身份证字体清晰可见
3、身份信息和C1认证保持一致
4、JPG或PNG格式，2MB以内
确定提交审核

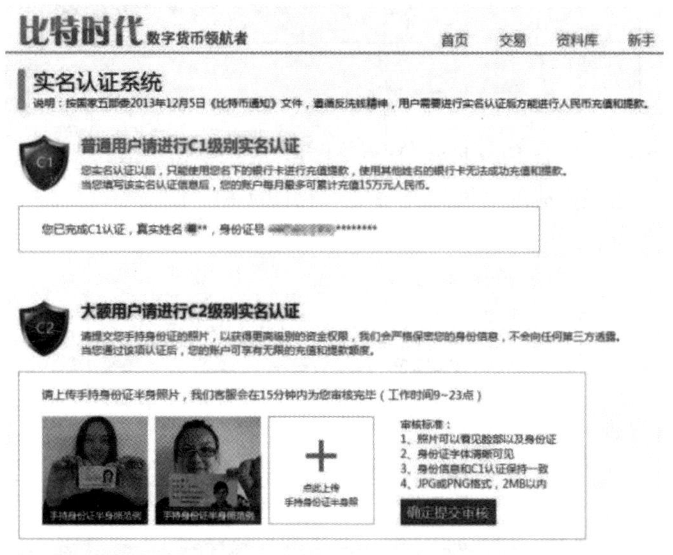

图 4-3 实名认证

继续，设置交易密码。

4.1.2 充值

单击“资金管理 / 充值 / 提款”链接（见图 4-4）。

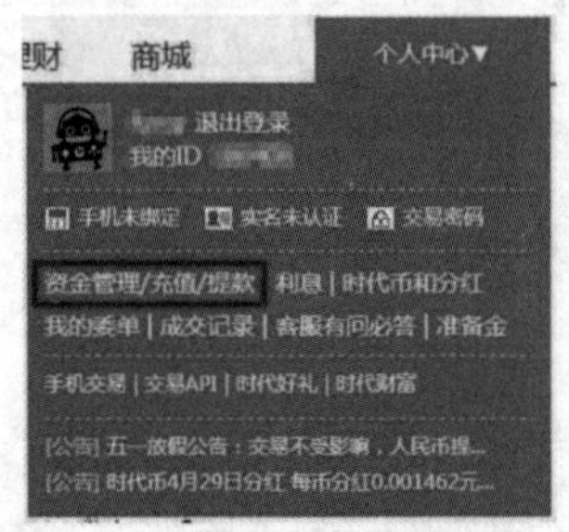

图 4-4 “资金管理 / 充值 / 提款”链接

在打开的窗口中找到“CNY 人民币”选项，然后单击后面的“充值”链接（见图 4-5）。

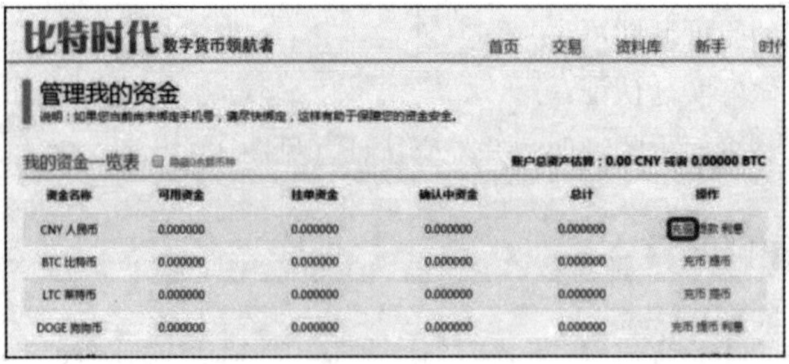

比特时代 数字货币领航者　首页　交易　资料库　新手

管理我的资金

说明：如果您当前尚未绑定手机号，请尽快绑定，这样有助于保障您的资金安全。

我的资金一览表　　账户总资产估算：0.00 CNY 或者 0.00000 BTC

资金名称	可用资金	挂单资金	确认中资金	总计	操作
CNY 人民币	0.000000	0.000000	0.000000	0.000000	充值 提款 利息
BTC 比特币	0.000000	0.000000	0.000000	0.000000	充币 提币
LTC 莱特币	0.000000	0.000000	0.000000	0.000000	充币 提币
DOGE 狗狗币	0.000000	0.000000	0.000000	0.000000	充币 提币 利息

图 4-5 “CNY 人民币”充值链接

建议使用比较快捷的“网银充值”（见图 4-6）。

图 4-6 网银充值

选择所用的银行卡对应的银行，输入充值金额。单击“在线充值”按钮后，使用手机银行扫描一下二维码，即可支付。

或者单击“网银充值”按钮后，在手机银行或其他网银中填写转账信息后再转账（见图 4-7）。

图 4-7 手机银行或其他网银“在线充值”“转账”

4.1.3 提现

单击“资金管理 / 充值 / 提款”链接，并在打开的窗口中找到想提的币种，如“DOGE 狗狗币”。

依次单击“提币”“点此设置一个地址”链接，填写好“地址标签”和“提款地址”，最后单击“确定增加”链接，即可通过短信认证的方式确认提币地址。

输入要提款的金额，单击“确认提款”按钮（见图 4-8）。

图 4-8 “DOGE 狗狗币”提款管理

接下来等待一段时间，比特币通常需要 1 小时才能真正到账，狗狗币则快很多。

4.2 其他平台开户交易简介

有很多交易平台除了可以使用人民币交易外，还可以使用比特币来交易。

交易网站注册流程与支付宝注册流程差不多，都需要手持身份证拍照，需要手机短信验证和银行账户验证（开户姓名要与身份证上的姓名完全一致）。有的交易所甚至还会要求通过视频人工验明正身。

由于政策的干预，充值人民币普遍比较麻烦。有的每次不能超过 5000 元，有的要通过第三方代理充值，而且一般完成充值操作后要等半小时。平台经人工审核后，才可挂单。

经过多年与黑客的斗争，目前交易平台的财产管理能力得到了很大的提升，加上提现时一般需要提现密码和手机短信验证码，基本上钱财还是有保障的——虽然如果经营不善，有些网站要倒闭也不难。

最大的问题可能还是在于币种。有些平台上上线的币种前途未卜。譬如，比特时代和比特儿 2016 年都下线过一些骨灰级数字货币——那些币种已经化为骨灰，不得不下线。

表 4-1 是国内主要的交易所（排名不分先后）。

表 4-1 国内主要交易所

名称	上线币种	其他
BTCC btcc.com	比特币和莱特币	以前称为“比特币中国”
OKCoin okcoin.cn	比特币和莱特币	国际站为 okcoin.com
火币 huobi.com	比特币和莱特币	提现费率和积分有关
比特币交易网 btctrade.com	比特币、ETH、莱特币、狗狗币、元宝币	—
中国比特币 chbtc.com	比特币、莱特币和以太坊 ETH	—
聚币网 jubi.com	至少 30 种	—
比特儿 bter.com	超过 40 种	服务有欠缺
云币网 yunbi.com	比特币、比特股、ETH、ETC、DAO、GDG 和 Siacoin 等 9 个品种	币种不多，但还算是一个肯做调研的平台

续表

元宝网 yuanbao.com	20 多种	良莠不齐
币贝网 bitbays.com	比特币、Lisk 代币等	—
八喜网 8cex.com	莱特币、狗狗币等	没仔细调查，有些币种光看名称就很让人担心
投币网 touzibi.com	ETH、Waves、新经币、Lisk、Siacoin 和 DAO 代币等	币种还不错，一看就是新手

4.3 以钱包为基础的交易

等到数字货币普及之后，人们会越来越多地使用钱包转账。基本上它就相当于人们使用柜员机转账、使用银行软件转账和使用微信转账的一个综合体。

不同的地方在于：狗狗币每笔交易常常几秒钟就能收到到账通知，1 分钟即可等到一次确认。经过 6 次确认亦即 6 分钟后全网即认可该笔交易——至此交易就完成了。后 5 次确认主要是删除孤立区块，因此，对于小额支付，实际上只有一次确认就够了。而对于数额较大的支付，需耐心等待 6 分钟以确保支付的安全。

比特币每次确认需要 10 分钟，因此，一般交易完全确认需要 1 小时——这也就是说，不同的币种交易确认所需的时间迥异。

钱包的另一种交易方式，是一些钱包通过对接数字货币交易所或者数字货币兑换平台，而提供了易币模式的交易功能，例如，Coinomi 对接了无须账户的数字货币兑换平台 ShapeShift。

4.4 尚持——不可小觑的云资产平台

通过一个实例让大家明白：数字货币有各种各样的玩法，多花点时间在学习上、在项目资料研究中，就会比其他人拥有更多的投资机会。

4.4.1 简况

尚持（uphold.com）成立于 2013 年，作为首个运营的完整年份 2015 年，尚持的交易量达到了 2070% 的增长，交易额高达 7.004 亿美元，成为世界上增长最快的金融科技资金平台。业务覆盖全球 174 个国家。尚持预计 2016 年将获得 1530 万美元的收入。截至 2016 年 7 月 25 日，其交易额已接近 10 亿美元。

对于尚持本身，官方自己的说法是：尚持是世界上发展最快的云资产平台，即时、安全及免费地进行转移、兑换、交易和持有货币。尚持希望替代银行，成为大众在网络时代日常所需的金融基础。

以笔者个人的理解，则会说：尚持既是一个兑换、投资、储蓄包括法定货币在内的多种（未来是非常多种）形式的有价物的市场和平台，也是一个多种有价物的兑换、投资和储蓄市场数据的开放平台。

诚然，它其实也是一个以兑换为手段的交易平台，而且是一个发展非常迅速的交易平台。这也是要在这一篇介绍它的原因。

尚持将成为一个兑换有价物的中心枢纽。它能让我们的资产存储在云服务里，并能灵活、即时地在不同的资产和货币之间进行兑换。例如，所有货币转换都免费且自由开放，只需要把它们变成想要的任何价值形式即可。

登录尚持后，会发现尚持是通过借记卡让用户以持有最喜欢货币的形式来保管财产或投资，而且从选择的货币转换到零售商的费用为零——这太惊人了，因为目前唯一实现这个功能的是在国外使用我们的信用卡，但在国外使用借记卡会收取手续费。我们掌握了那么多的科学技术，但却依然为在国外使用银行卡付手续费，为发生大额消费而付出高额的费用，这实在太不科学了。

再举个中国人比较感兴趣的例子：尚持是首家允许会员持有由完全黄金储备支持的黄金，并能即时且免费地将黄金转给世界上的任何一个人的公司。得益于尚持与 Ausecure（提供在线黄金电子商务服务）的合作，通过后者，尚持会员可以简单地使用他们存储在账户中的价值和资产来获得真实的黄金。

尚持业已提供 24 种货币和 4 种贵金属的即时兑换，并且有望在 2016 年 4 ～ 5 月，分别开始支持莱特币和以太坊发行的数字货币 Ether。尚持很快还会支持虚拟现实市场 Voxelus 中使用的瓦氪币。当然，未来还会有越来越多的货币和其他有价物。

尚持的特点是资产多种多样、免费和及时、资产管理完全透明、无地域限制、开发数据，并具有激动人心的技术创新和应用创新。

最后，尚持还承诺将 5% 的年度税前利润投入到慈善事业中。

4.4.2 作为个人

可以在 24 种货币和 4 种贵金属间即时兑换资产。

(1) 充值——目前还无法通过国内的银行账户或者信用卡直接充值人民币，但可以充值比特币、莱特币和 Ether（后两种很快就可以）。

(2) 转账——任何会员在任何地点跨城市或跨境转账、收款，全部即时到账。

(3) 兑换——目前已经可以在 24 种货币和 4 种贵金属间即时兑换资产。

(4) 持有——自由持有任何货币，供长期投资或日常使用。

(5) 安全——你的资产 100% 存储于全球各地，由世界领先的安全措施和系统进行保护。

(6) 担保——尚持公开实时的资产证明，可在任何时候访问自己的账户。

个人费用方面的情况如下。

(1) 开户及持有资产——免费。

(2) 为账户充值——免费充值比特币，或者从另外一个尚持账户转账。以后通过国内的银行账户或者信用卡直接充值人民币会有一点手续费。

(3) 转账及收款——尚持会员之间转账及收款都是完全免费的。

(4) 兑换和购买——尚持会员的货币兑换免费。但会对非认证的用户收费。贵金属转换费用为: 黄金 (2.45%) , 铂金 (3.85%) , 钯金 (2.95%) , 白银 (3.55%) 。

(5) 从尚持提现——免费最高 12000 美元、10500 欧元、8000 英镑或 60 比特币每年（第一笔为 1000 美元、875 欧元、667 英镑或 5 比特币一个月），一笔低至 0.5% 的手续费将用于资金转出尚持平台（注意：在尚持内部转账是完全免费的）。

4.4.3 作为公司

(1) 免费、即时的全球转账——可以即刻免费转账给位于世界各地的员工或供应商。

(2) 货币转换零手续费——免费在 24 种货币之间兑换，或者以非常低的手续费在 4 种贵金属间转换，从而避免承担外汇风险，并更好地为商业发展筹谋规划。

(3) 免费的资金存储——以想要的货币和商品种类，无手续费地持有资金。

(4) 全部资产储备——自己和客户的资产都会 100% 在世界各地全额储备持有。

(5) 行业领先的合规管控——拥有内置的最佳的反洗钱和了解客户的管控措施。

(6) 世界领先的安全系统——尚持先进的安全体系确保了所有资产和数据

始终处于被保护的状态中。

最后，尚持还可以为用户的业务定制解决方案。

关于公司费用方面，请参阅网页：https：//uphold.com/zh/what-we-do/businesses。

4.4.4 作为慈善机构

尚持对注册的慈善机构、非营利及非政府机构免收手续费，并且这些机构从尚持提现也是完全免费的。

其服务特点如下。

（1）免费和即时的全球转账。

（2）货币转换零手续费。

（3）免费的资金存储。

（4）100% 储备保证你的资金安全。

（5）世界领先的安全系统——确保资产和数据始终处于被保护的状态。

4.4.5 作为有开发能力的个人或其他任何组织

无论是 Android、iOS、PHP 开发者，还是 Ruby、Python、近年火遍全球的 Node.js 开发者，都有尚持提供的 API 可用——尚持将自身平台中的数据和功能通过 API 提供给第三方使用。比如，尚持通过 API 提供开源的储备账本审计和可验证的加密数字货币存储证明，让任何人都可以在任何时候验证他们的储备，由此保证第三方能够轻松获取可验证的信任。

除此之外，尚持构建了社区让开发者之间及开发者与尚持的专家直接进行专业交流，还有开发者博客提供更深入的信息分享和专题讨论。

第 5 章　比特币价格的大数据分析

潘国力

比特币的价格从 0.1 美元开始，到现在的 400 多美元，疯狂地涨了几千倍。伴随着价格的暴涨暴跌，比特币的波动性也非常大。2013 年，比特币日均波动约为 10%。2014—2015 年稍微降低了点，但是日均波动也在 5% 以上。换句话说，如果在期货上进行交易，开 20 倍的杠杆，每天赌币价大小，翻一倍的机会和亏光的机会各占 50%。

比特币价格的波动来源有两个方面：一是投机属性；二是比特币系统决定的波动性。

目前来看，比特币是近乎完美的投机品：全球流通、24 小时开盘、开户不需要烦琐的审核、几百元即可投资、可以买多也可以卖空，还有杠杆期货．期权和比特币理财等各种方便投资的金融衍生品。

而比特币系统本身也决定了目前的波动性是必不可少的。目前，比特币系统每天奖励 3600 个比特币给记账的矿工。有了矿工对比特币系统安全的维护，普通用户才可以通过比特币网络在全球进行资产转移。但是矿工趋利，他们也需要吃饭、交电费，每天 3600 个比特币有一大部分会抛到交易平台进行套现。这样普通用户在全球进行资产转移的费用，通过矿工转嫁给了在交易平台交易的投机客或者其他投资者。

5.1 比特币历史价格走势

图 5-1 所示，是将经典的泡沫理论图影射到比特币价格后的情况，两者有高度的相似性。

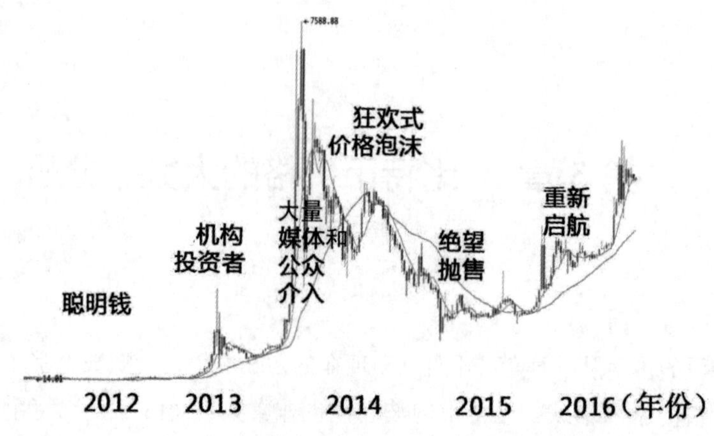

图 5-1 经典的泡沫理论影射到比特币价格后的情况

1. 聪明钱

2013 年以前知道比特币的人并不多，关于比特币的报道也主要集中在一些新兴的科技媒体。笔者是在 2012 年通过一些新兴的科技网站了解到比特币的，我属于对各种新兴科技敏感度高的人，但当时并没有花太多时间去深入研究。

对 BTT 论坛（bitciontalk.org）进行全站扫描后发现，2013 年以前活跃的相对用户数量为 6.5 万人次。2013 年到现在，总活跃的相对用户数量为 40 万人次。也就是说 2013 年以前的比特币投资者可能占到总投资者数量的 12%。这类投资者的消息都相对灵通，容易接受新事物，他们会意识到某一种新兴的投资机会，并且知道这类资产通常有实质性的上涨预期，但是要冒一定的风险。

2. 机构投资者

这一阶段，相对于比特币，发生在 2013 年 4 ～ 5 月。当时比特币数量突破了 1100 万个，恰逢塞浦路斯经济危机事件，大量媒体对比特币进行了报道，吸引了不少投资者跟风投入。这也是比特币价格第一次突破 250 美元。

3. 大量媒体和公众的介入

2013 年 10 月初，丝绸之路网站使用比特币做黑市交易，网站 CEO 被抓捕的新闻出来后，不断吸引各种媒体对这一新鲜事物竞相报道，比特币价格则开始从 700 元缓慢攀升。国内的中央电视台也相继播出了很多关于比特币的采访报道，各种大小媒体也陆续跟进。在比特币价格连续上涨了近一个月后，11 月 18 日，借着美国相关政府机构证人给比特币贴上合法标签的利好，比特币价格一个晚上就翻了 1 倍之多，价格达到 1000 美元（7000 元人民币）以上。

4. 狂欢式价格泡沫

站在巨大泡沫之上的投资者，完全看不到当前的形势。一切消息、一切新闻都是利好。各种比特币要取代法定货币的言论、比特币算力要上 1 万 P 的言论随处可见，甚至还有期望哪个国家发生大动乱，从而把比特币当成法定货币等各种莫名其妙的心理。

但是现实是无情的，2013 年 1000 美元的比特币就是一个巨大的泡沫。

5. 绝望抛售

2014 年狂欢式的价格泡沫结束以后，迎来了 2015 年的绝望抛售。2015 年年初，比特币价格甚至下降到了 900 元。随之而来的是各种绝望的言论，比特币行业逐渐萧条。由于找不到合适的赢利方式，各种创业公司不得不转行或者直接关门倒闭。

6. 重新启航

价格重新站在了 400 美元以上后，比特币在积累了足够的力量后重新起飞。

5.2　新人指数看币价趋势

“新人指数”是针对比特币行业推出的比特币价格趋势判断的指标之一。新入场的投资者，通常都会给比特币市场带来新的资金。

比特币市场是一个非常活跃的新兴投资市场，投资人员的更新换代速度非常快。我们曾经做过数据分析，活跃的比特币投资者基本上每个月更新 10%，也就是说，最快只需要一年时间，比特币就已经换了一批新的投资者。

如果有方法获取整个市场的人员流动趋势图，那么就可以大概判断出整个市场的价格走势。目前通过一定的技术手段统计了相对的入场人数趋势图。大数据讲求的是相关性，所以，先忽略消息面，只看价格和入场人数的相关关系。计算也忽略少数大户的影响，入场人数也按能检测到的数据计算，只是一个相对的数据，并不是真实的人数。

图 5-2 中黑色的线是比特币价格，浅色的柱子是每天入场的相对人数。首先对图 5-2 给出总结性的结论：

（1）价格波动的同时，入场人数也会突然增加。

（2）波动越大，入场人数越多。

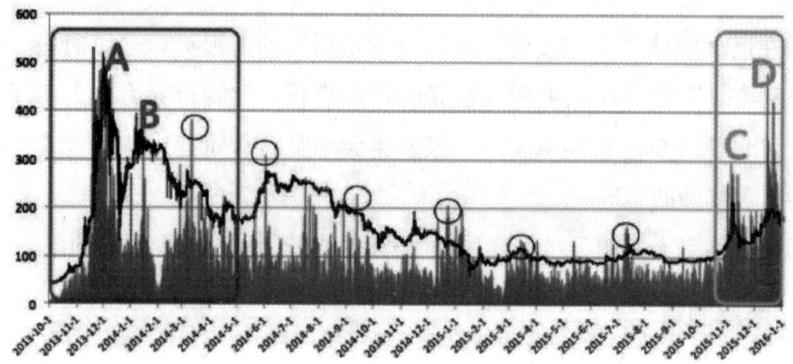

图 5-2 比特币与入场人数波动和价格相关关系

不能轻易下结论说，入场人数影响了币价或者是币价影响了入场人数，更多的可能是两者相互影响。

小圆圈就是比较明显的波动和价格的相关关系，这种相关关系不单单在以天为周期的计算上有效，在以小时为周期的计算也有效。图 5-2 是按每天计算的，通过其他技术手段还获取了按小时计算的入场人数。

图 5-3 是从 2015 年 10 月中旬开始的，以小时计算的新人指数趋势。

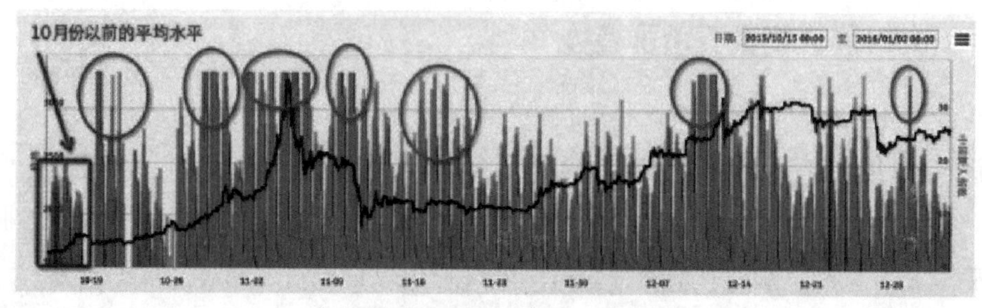

图 5-3 以小时计算的新人指数趋势

左侧色的方框基本上就是 10 月以前的平均水平。浅色的圆圈代表的是新人突变的情形。从图 5-3 中可以明显的看到，10 月中旬以来，入场的新人数量一直都维持在比较高的水平。

1.2013 年 11 月

接下来解读一下 2013 年 10 月入场新人的 A 点和 B 点。

在 A 点之前，有一条比较黑的上影线，那是 2013 年 11 月 18 号，美国政府机构传出比特币合法的消息后带来的价格翻倍上涨。随后价格稍微回落，但是入场人数却不断攀高，再次推动价格上涨制高点。

如果观察 K 线图，可以发现从 E 点到 B 点的价格攀升过程中，成交量是非常小的。图 5-4 中的左方框部分也显示了这时入场的人数也不多。价格上升至 B 点后，即使看 B 点峰值对应的入场人数，也远远没有 A 点的那么多。如果那时有这样的数据，我肯定会选择把手上的比特币全部抛掉。

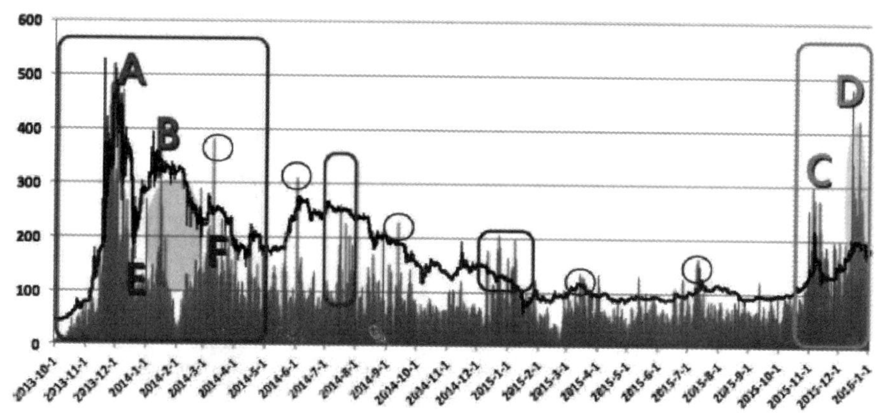

图 5-4 入场新人的 K 线图

2.2014 年 7 月

图 5-4 左二方框处，也就是 2014 年 7 月左右，当时币价为 4200 元左右，通过各种数据分析可以发现当前币价的不可持续性，并提出了“场内资金可能在日益减少，做多动能不足，空间不大”的观点。随后比特币价格一路下滑，直至 1000 元左右。

3.2015 年 1 月

2015 年 1 月，币价下降到 1800 元左右时，吸引了一批人入场抄底。但是数量并不多，整体币价趋势仍然看跌，币价下降至 1600 元时，又吸引了一批新人入场抄底。隔了几天币价直接下跌到 1000 元左右。按正常的数据分析，下跌至 1600 元左右时，入场抄底的新人数量已经足够多，而且也检测到大量老投资者回流比特币市场抄底，币价应当会稳住，继而反弹。但是币价仍然止不住下跌，有传言称某持币大户在 2000 元以上时，大仓位做多了比特币。下跌到 1600 左右时，几近爆仓，连续抛售比特币，导致币价大幅度下跌，并且带起不少恐慌盘跟着抛售，最近币价下跌至1000元以下。

4.2015年11月至现在

分析完历史的情况，再来看一下现在的情况。

C点是2015年11月初的情况，价格第一次攀升至2015年的最高点，入场人数的量级相当于2014年2～3月。而D点的峰值则达到了2013年11月底的峰值。B点和D点同样都是暴涨后价格的第二次探顶，但是要注意到，D点和B点的不同之处，B点探顶时，入场人数较少；而D点探顶时入场人数相对比较多（见图5-5）。

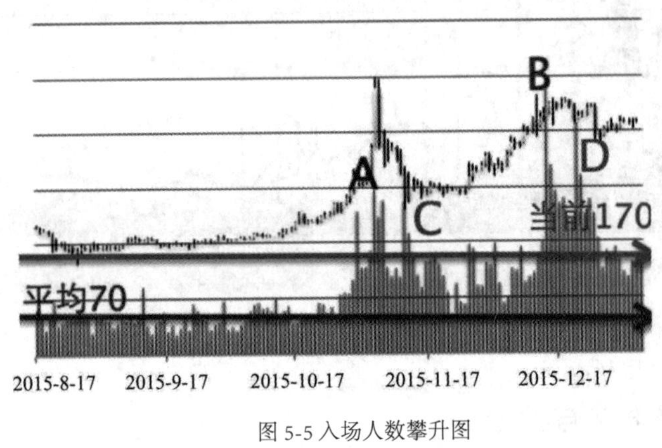

图5-5 入场人数攀升图

数据更新到2016年1月5日。

从图5-5可以清晰地看到，A点和C点的入场人数贬值出来后，价格还继续往上走了一段距离才到达峰值，或许可以认为价格是由这些新入场的人参加而推高的。

而B点和D点都是由于价格突然下跌，然后新人入场数量也突然上涨。紧接着价格便开始回调，同时可以认为价格可能是由这些入场抄底的人买上去的。

而B点和C点中间的方框，对比了10月中旬的数据，发现这时入场的新人仍然维持在比较高的水平。

5.3 多空指数看币价趋势

除了这种纯粹的数字上的分析，我还对所有网络上能够扫描到的文本进行了语意分析，并且制作成了多空指数，以方便趋势投资和短线交易用。

图 5-6 是根据文本分析做的多空指数，该图于 2015 年 11 月中旬完成。

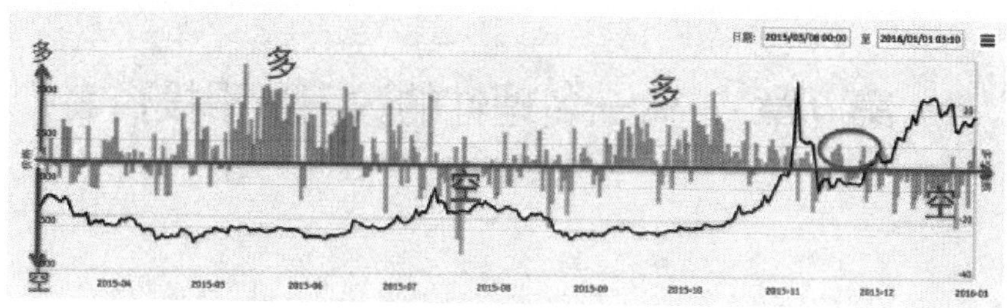

图 5-6 根据文本分析做的多空指数

从数据上很明显看到币价在 1500 元左右时，基本上都是看多。而当前币价在 3000 多元左右时，市场看空的量比较大。

第6章　做一名理性的数字货币投资者

潘国力

6.1 币界生存法则

非绝世高手不得无视。

（1）倾家荡产四大捷径：①追涨杀跌；②期货杠杆；③融资融币；④短线神操作。

（2）人生巅峰四条大道：①踏实工作；②闲钱投资；③长线持有；④按时吃饭睡觉。

6.2 如何查找点位

很多新朋友还是不知道怎样找点位，甚至不惜每个月交几百上千元，只是为了让分析师给个点位。即使别人给了点位，自己心里也没底，一样很难操作。每次下单都要看收益和风险的比率。所谓收益风险比率，就是当前价格离止盈点位和止损点位的距离比，每个价格开仓的收益和风险都不一样。自己画图出来观察，当收益明显大于风险时，才值得开仓。

最简单的方法就是把各个横盘横得时间比较长的位置当做压力位或者支撑位。

6.3 投资比特币的风险

（1）早期屯币大户砸盘，目前比特币的持币仍然比较集中，还远没有完全分散。早期屯币用户的获取成本非常低。一年多以前还曾经出现过直接将20万个币挂在平台上出售的闹剧。而中本聪据估算可能有100万个币，而这些币挖出来后从来没有动过。但是估计他不会抛，就算抛，他也只能抛一次，因为全世界人民都盯着他的比特币地址。

(2) 比特币发生系统性风险，如比特币程序上的漏洞、硬分叉和社区分裂等。程序上的漏洞可能需要由硬分叉来修复，然而，若硬分叉在充分币圈共识下形成，那么就可能造成币圈社区分裂。

(3) 短线交易还会有币价容易受到庄家操控的风险，庄家制造各种多空消息来操控市场价格。

(4) 参与比特币投资或者进行短线交易的朋友务必要清楚上述风险。

6.4　怎样开单能获取更大的利益

(1) 每个人做的波动和差价都不一样，有喜欢做二三十元的，有喜欢做百元以上的。

(2) 期望赚取不同的差价意味着不同的收益和风险，止损止盈设置的位置也不一样。

(3) 每个价格开单，收益和风险也不一样。

(4) 当看到收益比风险大时，才下单建立仓位。

(5) 收益和风险主要参考各个支撑和阻力位置，以及参考斐波那契回调线。

6.5　币社区的不同人群对比特币价格的期望

(1) 矿工、比特币屯币者：大家一起买买买，币价每天涨涨涨。屯币者既是币价上涨的动力之一，也是币价上涨主要的阻力。

(2) 价格投机者：不管具体价格是多少，最主要是有波动，波动越大越好。做价格投机的人，为比特币市场提供了最多的流动性，同时也承担了价格波动的风险。

(3) 接受比特币的商家：波动这么大，怎么收，怕接受了比特币，明天货物的成本都有可能收不回。比特币波动性过大，是目前阻碍商家直接接受比特币的主要原因之一。但是一些币第三方平台可以接口平台，可以由他们来承担波动风险，目前接受比特币的微软、戴尔和 Steam 等大都是这种通过第三方间接接受。

总体来说，大家都喜欢不断向上发展的事物，比特币价格也一样，价格越高，体量越大，能够容纳的资金就越多，就越方便将各种资本兑换成比特币在全球流通。

6.6 比特币交易需要克服的思维

(1) 习惯性思维。一直在某个方向上赚钱，很可能继续做这个方向就会把赚的钱还回给市场。比如，读者一直都是做多赚钱，那么一直做多，很可能就会发生亏损。

(2) 满仓做单，这是新人犯的错误。认为满仓持单或者开大杠杆，就可以获取更多、更大的利润。这是一个误区，满仓持单会错过很多在合适价格继续加仓。喜欢满仓做单，如果又没有形成良好的交易习惯，虽然赚得多，但是亏得也快。

(3) 没空操作也持仓。比特币市场 24 小时交易，瞬息万变，价格通常在几十分钟甚至十几分钟就变了个模样。对于没有空操作的朋友，如果不及时止损，很快就会错过时机。所以，如果炒短线，尽量做到节假日不持单，不持单过夜。

第 7 章 数字货币众筹、现货、期货、期权

马龙、潘国力、周朝晖

2013 年 12 月，我国五部委明确规定类似比特币的数字货币应当按“虚拟物品”处理，但是不管怎样界定“数字货币”，它都天然具有成为一般等价物的特性，具有行使一般等价物的便利性。按中华人民共和国法律的规定，人民币才是唯一合法的货币，其他一切东西在广泛的物品交换中充当“通货”使用均属违法行为。所以有店主商家出售商品时收取客户的数字货币，在一定程度上是违法的。如果不把“数字货币”当做法律意义上的“货币”看待，那么通过数字货币“购买”其他物品的行为，只能当做“物物交换”，而且这种“物物交换”只能是偶尔为之，不能达到一个“广泛的程度”或者当做常规的支付手段使用。

法定货币除了当做支付手段使用外，还有非常多的金融衍生品构建在法币之上。如股票、基金等其他理财产品，包括最近这两年非常火爆的 P2P 理财以及众筹。而具有行使一般等价物便利性的数字货币上也可构建类似的金融衍生品。

7.1 法定货币众筹

按照百度百科上的定义，众筹是指用“团购 + 预购”的形式，向网友募集项目资金的模式。众筹利用因特网和 SNS 传播的特性，让小企业、艺术家或个人对公众展示他们的创意，争取大家的关注和支持，进而获得所需要的资金援助。众筹的主要形式包括“回报众筹”和“股权众筹”。

(1) 回报众筹，是指投资者对项目或公司进行投资，获得产品或服务。

(2) 股权众筹，是指投资者作为股东出资注入公司，投资人成为众筹股东，持有公司股份。

“众筹”难免容易和“非法集资行为”纠结在一起。最高人民法院《关于办理非法集资刑事案件适用法律若干问题的意见》中指出，非法集资行为的四大特征如下：

(1) 未经有关部门依法批准，包括没有批准权限的部门批准的集资；有审批权限的部门超越权限批准集资，即集资者不具备集资的主体资格。

(2) 承诺在一定期限内给出资人还本付息。还本付息的形式除以货币形式为主外，也有实物形式和其他形式。

(3) 向社会不特定的对象筹集资金。这里“不特定的对象”是指社会公众，而不是指特定少数人。

(4) 以合法形式掩盖其非法集资的实质。为掩盖其非法目的，犯罪分子往往与投资人（受害人）签订合同，伪装成正常的生产经营活动，最大限度地实现其骗取资金的最终目的。

“非法集资行为”涉及的罪名主要如下：①非法吸收公众存款罪；②集资诈骗罪；③擅自发行股票、债券罪。

“众筹”很容易会和上述相关罪名沾边。其中前面两款罪名的区别主要如下：“集资诈骗罪”主要是以侵占投资者本金为目的；“非法吸收公众存款罪”承诺以各种形式进行还本付息。

众筹形式的“股权众筹”还对应着“擅自发行股票、债券罪”。2015年8月，中国证监会发布了《关于对通过互联网开展股权融资活动的机构进行专项检查的通知》，其中明确提出“未经国务院证券监管机构批准，任何单位和个人不得开展股权众筹融资”。

我国第一家比较大的众筹平台是天使汇，于2011年成立，2014—2015年进入发展期，国内的众筹平台超过100家以上，各大型互联网公司均设立了自家的众筹平台子网站。

7.2 数字货币众筹

用法定货币进行众筹，在法律上会有一定的风险。特别是股权众筹，2015年8月，证监会明令禁止未经批准的股权众筹融资开展。用数字货币进行众筹，在法律上也会有一定的风险。但是中国对比特币等数字货币的定义是“虚拟物品”，而“非法集资”相关罪名对应的均是“集资”，其中的“资”主要是指“资金”。对虚拟物品（此处指数字货币）的筹集使用，目前在法律上尚属空白。基于李克强总理提出“法无禁止即可为”的精神，此处市场可以去做更多的尝试和探索。而且国内目前盛行“民不告，官不究”的准则，如果没有引起广泛的社会注意，公权力干涉又不能带来什么收益，政府并不会过多地干预此类融资行为。

7.2.1 股权众筹

国内最早也是最出名的数字货币众筹，应当属于烤猫矿机的众筹。创始人“烤猫”于 2012 年 8 月在 Bitcoin Forum 论坛发布 IPO 成立 ASICMiner。

ASICMiner 总发行股本为 40 万股，其中的 236038 股由 ASICMiner 持有，163962 股由参加公开募集的股东持有，每股 0.1 比特币，共筹得比特币数量约为 1.64 万个，时值约 130 万元。靠着这一笔资金，烤猫成功地研发出了第一代 ASIC Miner 比特币，并且其算力曾一度占有全球比特币由矿机算力的 10% 以上。由于烤猫矿机取得的巨大成功，早期参与的投资者靠着分红就拿回了成本。顶峰时，烤猫矿机的股份每份售价曾高达 5 个比特币，再计算上比特币自身的升值，法定货币上的利润高达 100 多倍，为早期投资者带来了巨大回报。

7.2.2 回报众筹

除了股权众筹外，另外一种常见的众筹形式就是回报众筹。

早期比较有名的回报众筹是未来币（NXT）的众筹。投资者投入比特币到未来币系统，未来币系统给投资者按比例分发未来币作为回报。未来币不需要挖矿，被设定为总数量 10 亿枚，由早期 73 名投资者投入 21 个比特币产生 10 亿个未来币，未来币价格经过两年多的沉浮，目前市值仍然可以达到 1.5 万个比特币，是投入的 750 倍。

未来币的成功众筹，让很多山寨币的开发者看到了风口，众多新上线的山寨币开始以众筹的形式发币，即收集投资者的比特币，换取山寨币作者发行的山寨币，其中成功的众筹要数以太坊。2014 年 7 月 22 日，以太坊开始了为期 7 周的众筹，按每周每个比特币可以购买的以太坊少 5% 计算，第一周每个比特币可以购买 2000 个以太币（Ether），第二周每个比特币可以买 1900 个以太币，以此类推。最后共筹集了约 3.16 万个比特币，按市价计算，价值为 1.2 亿元，远远超过很多人的预测。

数字货币众筹和法定货币众筹的区别（见表 7-1）。

表 7-1 数字货币众筹和法定货币众筹的区别

区别	数字货币众筹	法定货币众筹
实名制	可匿名	实名
转让	容易	困难
退出	容易	困难
投资周期	3 个月以上随时退出	数年
地域	无国家边界	一般在本国
监管	监管模糊	证监会严格监管
起投额度	一般无限制	有限制

2016 年 5 月 2 日，美国特拉华州宣传允许用区块链进行股权发行（区块链是脱胎于比特币的一种技术）。

目前数字货币因为尚在发展初期，鱼龙混杂，甚至坑蒙拐骗、狼狈为奸的比例也不小。很多刚入行的朋友，经常会留意到一些 ×× 币众筹上线的消息。某些所谓的众筹山寨币，根本没有一点技术上的创新，仅仅是简单修改一下比特币或者其他币的源代码。快则一两天，慢则三四天，即可复制抄袭完成。随后运营山寨币的团队会去找或大或小的平台上线交易，平台则收取 10% ～ 20% 的上线费用。运营者同时会四处拉人，让投资者投比特币到他自己的比特币地址，认购山寨币，或者直接在平台上认购，认购价格一般从几十元至几百元起步。在认购的过程中，币的开发者可能已经跑路。由于投资者一般通过微信群、QQ 群等渠道联系，只要币的运营者把群解散，投资者的钱或者币就打了水漂。更常见的情况是，投资者认购的币在平台上顺利上线，但是因为没有价值，价格会一直不回头地往下跌。

很坦率地说，在区块链改变这个世界之前，社会的繁荣稳定主要取决于管理阶层。睿智、开明、开放且严谨的管理之下，才会有本国数字货币市场的繁荣昌盛。

7.3 数字货币 + 私募基金

私募基金即私人股权投资（又称私募股权投资，Private Fund）是一个很宽泛的概念，用来指对任何一种不能在股票市场自由交易的股权资产的投资。

2015 年 3 月 27 日，比特币投资信托基金（BIT）已经获得美国证券场外交易集团（OTC Markets Group）的批准，成为全球首个公开交易的比特币基金。

这种基金于 2013 年发起，是私募形式，要求投资者的年收入高于 20 万美元或总资产超过 100 万美元才获准投资，且一次至少投资 2.5 万美元的基金份额，此前一直未向小额投资者放开。

相比直接持有比特币，这种间接投资方式可以避免黑客攻击及监管风险。它同时也开启了数字货币的私募基金的大门。

但是在这个高精尖的高回报领域，注定伴随着高风险。

7.4　鸡蛋类比说明基础金融概念

1. 鸡蛋的归类

商品：假设买来的鸡蛋是为了吃掉，通过花费货币来得到某种满足，把 BTC 看做商品，就是纪念币。

投机品：假设买来的鸡蛋是为了等过几天价格高时再卖掉，BTC 若是投机品，就是筹码币。

投资品：假设买来的鸡蛋是为了用于孵化成小鸡，BTC 若是投资品，就是因特网金融币。

货币：假设得到的鸡蛋是为了和别人交换其他东西，BTC 若是货币，就是加密电子币。

2. 鸡蛋的理财

纸鸡蛋：有蛋有信用的大户发些防伪纸条说持有纸条可以来换鸡蛋。于是纸条价格等于鸡蛋。在纯投机地买卖鸡蛋时，就不用直接交易鸡蛋了，交易纸条即可。其实鸡蛋换成美元，纸条就可以是美元，但美元后来不能定量兑换成为黄金。BTC 中就是币放在平台不提币。即币纯炒作者不提币到自己的冷钱包，币只放在平台上，其实其拥有的只是纸 BTC 而已。

融蛋：买卖蛋不能做空获利，而融蛋做空即借别人的鸡蛋卖掉得到钱币，等价格降低了再用钱币买回鸡蛋归还。因为买回鸡蛋归还时价格低了，买同样多的鸡蛋可剩下一些钱币，即做空收益。股市中是股票融券，BTC 中就是融币。

投资实业：买来鸡蛋的同时买来孵化设备，学习孵化技术，将鸡蛋成功孵化成为小鸡，然后售卖，或者继续养大成为大鸡后再下蛋。这样，蛋生鸡、鸡生蛋循环下去。股市中投资好公司长期持有，等待其公司业绩变得越来越好，BTC 中看几十年后，随着粉忠和应用的增多，BTC 将成为接受度高、拥有众多用途的因特网金融电子币。

3. 鸡蛋的特性分析

稀缺性：全世界的鸡蛋数是有上限的，但是鸡蛋可轻易地由母鸡大量产出新蛋，即鸡蛋并不稀缺。BTC 也有上限，为 2100 万元，且新币的产生有相近的成本，不能轻易产出。

防伪性：新闻中报道过，有人造假鸡蛋。一般人在买时不太好辨别，因此，鸡蛋并不防伪。BTC 可以进入历史区块链的就是真币，有网络能很方便地防伪。

分割性：鸡蛋一般只能按个，煮熟后，可以切成半个鸡蛋，再切 1/4 鸡蛋，再切 1/8，再向下就不太好切了。而 BTC 可以分到小数点后 8 位，为 2100 万亿份。

去中心：若成立蛋鸡场的联盟，或者出现行业垄断企业，那么它们能控制鸡蛋。另外政府监管部门也可以控制鸡蛋，故鸡蛋有中心。而 BTC 去中心化，没有一个中心能完全控制整个币圈。

7.5 现货与期货——鸡蛋时间维度

现货：买个可以立刻吃的实实在在的现有的鸡蛋。BTC 中就是搬砖或币现货交易。

期货：交易未来的概念中的鸡蛋，只有在实物交割时才可能见到蛋。有了买卖做多、融蛋做空，纸鸡蛋交易更方便。但人们还不满足，于是便有了期货。即一个人 A 看涨，另一个人 B 看跌，那干脆不要 A 去看涨买蛋，B 看跌融蛋了，干脆两个人来一次对赌算了。一星期后的某个时间点规定好，假设上涨，A 对 B 错，则 B 将一个鸡蛋输给 A，反之 B 赢得 A 的一个鸡蛋。显然期货实质上已经完全变得与鸡蛋没有关系了，根本就不是鸡蛋交易。但为了做得好看，可解释成这样，一个人需要一个星期后买一些鸡蛋，但是不知道鸡蛋一星期后的价格波动。于是期货做多下鸡蛋，假设涨了，虽然要花更多钱买，但期货会帮他赚一笔钱来补贴买鸡蛋；假设鸡蛋价格跌了，买鸡蛋虽然可以用更少的钱，但因为做多鸡蛋会亏一定的钱。总体效果就是锁定了鸡蛋在一个星期后的价格。这种锁定对于追求平稳的人来说有一定的意义，但多是包装，期货主要的用途是投机，因为是对赌的协约，因此可以加入任意定义的杠杆。股市中有股指期货，BTC 中有币期货。

7.6 期权与期货——鸡蛋权利与义务

期货是现在进行买卖，但是在将来进行交收或交割的标的物，这个标的物可以是某种商品，如黄金、原油和农产品，也可以是金融工具，还可以是金融指标。交收期货的日子可以是一星期之后，一个月之后，三个月之后，甚至一年之后。买卖期货的合同或者协议称为期货合约。买卖期货的场所称为期货市场。

期权又称为选择权，是在期货的基础上产生的一种衍生性金融工具。从其本质上讲，期权实质上是在金融领域中将权利和义务分开进行定价，使得权利的受让人在规定时间内对于是否进行交易，行使其权利，而义务方必须履行。在期权的交易时，购买期权的一方称为买方，而出售期权的一方则称为卖方。买方即是权利的受让人，而卖方则是必须履行买方行使权利的义务人。

7.7 历史上最大的众筹 DAO 被盗事件

德国有个名为 Slock.it 的团队觉得他们的去中心化自治组织（Decentralized Autonomous Organization，DAO）理念和代码不错，并且想推广出去。后来就以该团队来做开发，发起了一个去中心化自治的组织 The DAO（The Mother of all DAOs，意为一切去中心化自治组织之母），其定位是做区块链领域的投资。它的广告语如下：

The DAO 是革命性的（The dao is revolutionary）。

The DAO 是自治的（The dao is autonomous）。

The DAO 是有回报的（The dao is rewarding）。

The DAO 是代码（The dao is code）。

2016 年 5 月 28 日，这个区块链项目 The DAO 超过曾经众筹金额最高的游戏项目星际公民（Star Citizen），成为有史以来最大的众筹项目。因为它是使用数字货币以太币（Ether）进行投资的，而以太币对美元的价格又是浮动的。因此，众筹的总金额没有一个定数。笔者简单的跟踪结果是在 1.66 亿美元之上。图 7-1 是偏者在项目结束之前某天的截屏。

根据其项目白皮书介绍，The DAO 试图打造为一个去中心化的分布式私募基金，该基金专攻各类区块链项目的投资。The DAO 本身没有任何中心化运作的机构，它投资项目时的基本模式非常简单：任何一个投资人看中一个区块链项目后，都可以发起提案。每个投资人都可以根据持有的代币来对各个投资提案进行投票表决。13 日内得到 20% 的人参与投票即视为表决有效。如果裁决为支持投资某项目。那么 The DAO 的智能合约即自动将该项投资所需资金拨付到一个子项目（child DAO）中。28 天后，该项资金即可被使用（转账）。在此之前，资金将会被智能合约锁定，任何人都不可能随意挪用。

图 7-1 历史上最大的众筹

2016 年 5 月刚创造了众筹项目世界纪录的区块链项目 The DAO，6 月 17 日就遭遇了重大事故：一份合约（或者说黑客）利用 DAO 的漏洞，劫持了高达 360 多万以太币（按事发时的价格约合 5 亿元）。这一事件不仅震惊了整个区块链业界，全球软件界和金融界都为之侧目。

好在按照智能合约的技术设定，child DAO 中的资金 28 日之内无法被提走，因此，所发生的损失是可控的，有挽回的时间和余地。以太坊的官方团队第一时间将事件通知了整个社区，并迅速启动拯救计划：尝试以更新以太币协议即软分叉的形式，将所有此期间 The DAO 相关的交易做无效处理，以追回被劫持的以太币。

成功与否主要取决于整个社区能否达成共识——这当然是一次非常严峻的考验。整个区块链业界都聚焦到了这一重大事件。此后的事情可想而知：议论纷纷、冷嘲热讽、坚决抵触……

随后未被黑客染指的 The DAO 的剩余资金被迅速转移。

硬分叉方案也很快就发布出来，而且为 The DAO 编写代码的 Slock.it 和以太坊创始人 Vitalik Buterin 都赞成硬分叉解决方案——它好像在短短几天就得到了社区很多人的支持。

以太坊基金会公开发布了新版 Geth 客户端软件，用以冻结 The DAO 被盗的所有资金，有效地将这些资金变得无法使用，使得黑客无法将这些资金取走。

然而在软分叉快完成之际，Emin Gun Sirer 指出了软分叉的设计缺陷，一旦被实现，攻击者可以瘫痪以太坊网络，软分叉宣告失败。

北京时间 7 月 21 日下午 2 点 30 分左右，以太坊社区达成共识，以太坊开始执行区块链硬分叉，新区块链开始把 The DAO 被盗资金返还到初始投资者的账户。

比特币 2013 年 3 月曾有一次未曾预料到的硬分叉，原因是 Bitcoin Core 0.8 版本使用的数据库与 Bitcoin Core 0.7 版本不同，导致某些 0.8 版本确认的块因过大而不被 0.7 版本认可，最后的解决方案是 0.8 版本的结点退回 0.7 版本。所以，分叉对于数字货币来说有时候就是最后的拯救方案。毋庸置疑的是：比特币的分叉之所以没有导致社区的纷争，很大程度在于当时的问题简单、币民单纯、社区小、交易量低（http：//bitcointalk.org/index.php ？ Topic=152030.0）。

虽然在以太坊社区内大多数人在基础上选择了开发团队的处理方案，但仍有一些人提出了如下观点：

（1）以太坊官方无权利用 Geth 客户端软件执行软分叉；

（2）以太坊违背了去中心化的定位；

（3）以太坊违背了区块链数据总账本不可篡改的基本准则；

（4）The DAO 应该与黑客讨价还价；

（5）应该让 DAO 的投资者自行承担损失。

其后的事件演绎很戏剧化，以太坊官方团队以硬分叉出手相救 The DAO 的投资者，以太坊社区出现分裂，原以太坊 ETH 硬分叉为 ETH 和 ETC。国内区块链业界很多知名人士为 ETC 站台，核心理由是以太坊违背了区块链数据神圣不可篡改的原则。很容易理解的是：ETC 让黑客真正得手了。

The DAO 事件的根源并非以太坊的代币 ETH。这轮 The DAO 风波，问题的起源是程序员写的 The DAO 代码的错误（存在专业界称之为循环递归调用的 bug）造成的。无独有偶的是，由于开发以太坊 ETH 钱包的程序员水平问题，后来 ETH 钱包 bug 一而再再而三地出现，其后导致 ETH 在黑客的攻击下数次狼狈不堪地进行分叉。大大加剧了整个以太坊社区的动荡。

关于程序 bug，其实大家都不陌生：Windows、安卓、Java、QQ、淘宝……一切网站和 APP，都有过 bug。比特币几次有惊无险的分叉也是程序员代码错误造成的。这个问题过去、现在和很长一段时间的将来，都无法避免，那么它就会反复考验开发团队的应对能力和相应社区的群体智慧，特别是创始人和社区群众领袖的智慧。

其次就不得不说说黑客了。从他们染指比特币交易所开始，这个世界让数字货币投资者损失最惨重的就是黑客了。仅仅是门头沟（Mt.Gox）倒闭，投资者的损失就高达数百亿人民币。而且被黑客盗走币之后，迄今尚无一起能够依靠社区或者各国警察的力量打败黑客，索回全部被盗数字货币的案例。

让我们一起来看看黑客的破坏能力。表 7-2 所示为黑客得手的比特币交易所。

表 7-2 黑客得手的比特币交易所

时间	交易所	损失
2016.08	Bitfinex	约合 4 亿 1000 多万元人民币
2016.07	Kraken	不详：一些用户账户被突破并且资金被盗
2016.07	Bitmex	不详
2016.07	ItBit	不详
2016.05	Gatecoin	估计被盗价值约 1330 万元人民币
2016.05	SimpleFX	邮件系统被攻击，给用户发了很多恶意欺骗性邮件
2016.04	ShapeShift	攻击者"取款"153 万元人民币
2016.04	Yaykuy	不详：遭受攻击并且下线，看起来交易所已经阵亡
2016.03	BitQuick	用户姓名、电话号码和邮件信息被盗。无资金被盗
2016.03	Cointrader	阵亡：所有的数据，包括社交媒体账号都被破坏
2016.01	Cryptsy	阵亡：丢失价值近 4000 万元人民币的比特币和莱特币

（资料源：http：//bitcoinx.io/news/articles/the-number-of-exchanges-hacked-this-year-may-surprise-you/）

血淋淋的事实也在告诫我们：面对黑客，我们目前完全是束手无策的弱势，投资数字货币并非像一些人想象的那样简单。

第 8 章　比特币矿业投资

廖翔

比特币挖矿的历史如图 8-1 所示。

图 8-1 比特币挖矿历史

8.1 矿机生产商

主要国内矿机生产商有比特大陆和阿瓦隆。

8.2 国内矿池

（1）鱼池 F2Pool。

（2）蚁池 AntPool。

(3)BTCC Pool.

(4)BW.COM.

8.3 比特币矿业投资

比特币和其他一些数字货币、黄金一样需要挖矿，这是一个让很多刚接触数字货币的人诧异而觉得新奇的事情。简单地说，挖矿就是指通过将计算机联网，完成一定任务并获得加密数字货币回报的过程。这个词在过去的 3 ～ 4 年变得非常火热，这个行业也很火热。

挖矿的实质是在不安全的因特网上取得共识的一种机制。

人类社会有 3 种组织形态：中心化（A）、去中心化（B）和分布式（C），如图 8-2 所示。

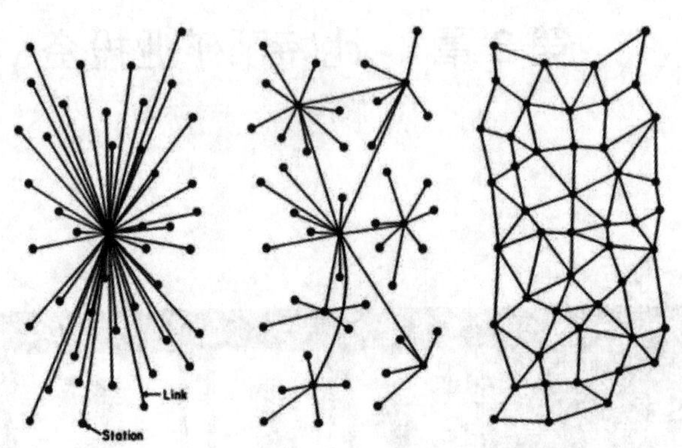

（a）中心化（b）去中心化（c）分布式

图 8-2 人类社会 3 种组织形态

中心化结构关键点位于中央，向四周辐射信息，常用于金融、交通等领域。

由于中心化的结构会因为单点失败带来整个系统瘫痪，在交通系统中心化的结构里，单点失败带来的整个系统瘫痪屡见不鲜。上海高架桥就因超重货车破坏而封闭道路时导致周边道路在施工清理严重拥堵。在北京由于外环某段道路拥堵，导致其他地区交通堵塞的事情同样屡见不鲜。而在去中心化或分布式系统下，即使单点失败，交通或信息也可以自动经由其他路径运营，确保了系统的平稳运行。

去中心化，或分布式系统，通过多中心体系，可以预防因单点失败而导致的系统瘫痪。在系统稳定性高于其他要求的前提下，去中心化和分布式系统有其独到的优势。

在金融系统过去的几千年历史里，一直是以中心化的架构运行的。从人类开始借助贝壳、羽毛、皮毛到黄金、白银、纸币，以部落或者国家货币为交易媒介的过程中，一直都是以银行为中介方进行交易。当通过银行向他人付款时，首先，需要向你的开户行发出指令，然后你的开户行会检查你的银行账号是否有足够存款，如果有，你的银行将从你的账号扣除该款项，并经过中央银行，将该款项转移到目标银行，目标银行对收款账号进行审核，最终将该款项计入收款账号。

每一个环节都意味着摩擦与时间成本。摩擦也就是每个环节都将会为此服务收费。

而一个去中心化的金融系统，由于中间方的消失，意味着低成本，甚至免费，同时系统的安全性也将极大地提高。

为了解决在不安全的因特网上安全地传递信息，特别是价值信息，比特币通过引入一个重要的概念——工作量证明机制，解决了拜占庭将军难题。

拜占庭将军难题在 1982 年由计算机科学家提出：多支军队需要从多个方向，同时进攻山谷中的一座戒备森严的城市，这样才能攻陷城市。而每支军队都由一个将军率领，他们彼此之间只能通过信使联络，如何才能实施一个共同计划？

必须保证以下几点：

（1）所有诚实的将军都会根据行动计划共同行动。

（2）少数的叛徒不会让诚实的将军们被错误的信息（伪计划）误导。

拜占庭将军的难点在于需要派出信使穿过戒备森严的山谷。信使可能在穿越山谷的过程中被抓获，从而叛变，向将军传递错误的信息。同时，将军们也可能叛变。这一难题也不能通过派出尽量多的信使来解决。

同因特网世界进行比较，将军对应着因特网结点，而山谷就是连接每个结点的网络，信使就是在每个结点间传递的信息。

比较币通过引入工作量证明机制，以去中心化系统的方式完美地解决了拜占庭将军难题。

具体措施如下：比特币软件通过加密算法对信息进行加密，降低了信息发送的数量，提供了对虚假信息的检测方法。

在一个信息产生后，比特币软件使用 sha256 加密把信息压缩到 60 字节。一旦信息向全网发出，它只能通过复杂的数学算法进行解码。

比特币软件需要确保比特币挖矿设备（矿计算机）平均每 10 分钟解出一个数学方程式。计算该数学方程式花费的算力和能源，就是发送虚假信息的成本。通过比特币协议，如果有人想发送虚假信息，他必须支付产生大量算力和消耗大量电力所需的成本。

第一个计算出数学方程式答案的人可以创建交易区块并向全网广播，他同时获得一份奖励（现在是 12.5 个比特币）。

从数学统计角度，经过 6 次记账模式的保障下记录的信息可以视为无法被伪造，而通过比特币区块链技术记录的信息也无法再被篡改。

由此，挖矿就是通过联网计算机，完成一定的计算任务，为去中心化的网络系统提供安全保障，从而获得数字货币奖励的同时又帮助发行比特币的一种经济行为。

因此，挖矿是计算能力和能耗效率的竞争。计算能力越多，意味着获得比特币奖励的机会越多，同时如果单位速度矿机的功耗越低，单位比特币奖励的电费越低，边际成本就越低，矿机工作的经济寿命时间就越长。挖矿已经成为运用最新半导体技术、部署最快、最省电专用计算机的军备竞赛。比特币挖矿难度的增长曲线自 2013 年以来非常陡峭（见图 8-3）。

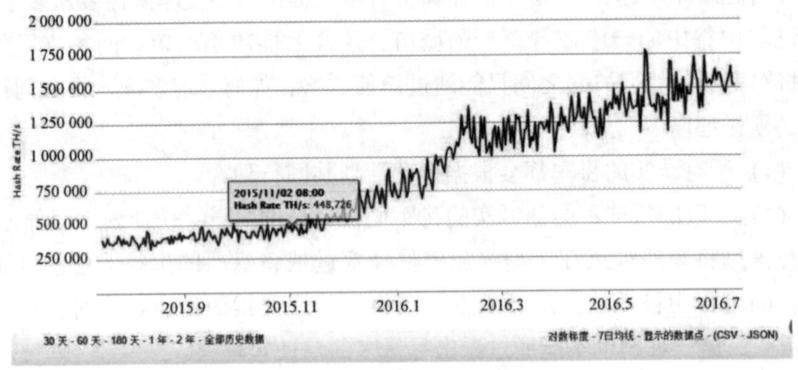

（a）比特币算力增长

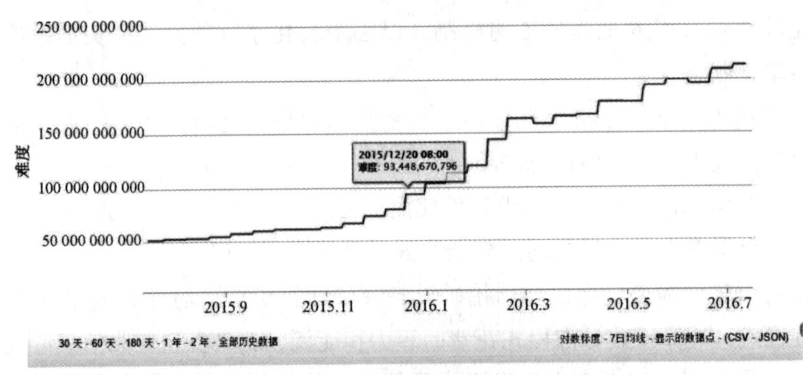

（b）比特币难度增长

图 8-3 比特币挖矿难度增长曲线

因此，挖矿的实质是与计算难度增长的赛跑。如果要在全球挖矿竞赛中保持领先，一定要有足够快的矿机，以保证难度的增长不会把机器的算力淹没，矿机的成本要够低，消耗的电力要够低——足够低的电费可以加快成本回收。

由于一般矿工没有自己生产专业矿机的能力，只能选择从矿机厂商那里购买。而大家对于矿机厂商未来数月内将要生产出来的矿机数量未知，加上对于未来难度增长的曲线也未知，导致部分矿工在挖矿业务中因矿机的大量上市，挖矿难度暴涨而损失惨重。

一般来说，在币价低迷时部署矿机挖矿，会是一个相对较优的选择。因为币价低迷，因此，没有新的矿机会被投入网络从而确保未来的难度增长相对平缓，矿机的经济使用寿命会大大延长，从而获取更多的利润。

现在从全球角度来看，比特币矿业主要集中于能源价格低廉的地区。美国的华盛顿州，中国的四川、内蒙古，东欧地区，以及欧洲的冰岛，这些地区因为能源价格在全球比较有优势，所以，成为比特币矿业的集中地。

超过 70% 的比特币算力集中于中国，特别是四川、内蒙古地区——所以，投资中国矿业还是比较有优势的。

通过对以上信息的了解，大家应该对挖矿有了初步了解。那么如何投资，参与挖矿以获取利润呢？

如图 8-4 所示，影响挖矿收益的参数有当前难度、未来难度增长预期、比特币对人民币汇率（价格）、设备成本、电费价格，以及机器功耗。

图 8-4 比特币挖矿收益计算器

设备成本意味着固定投资，电力价格与机器功耗意味着维持机器运行的边际成本。当前计算难度与难度增加意味着未来比特币的收入。而比特币收入乘以比特币的汇率就得到了人民币收入。将每天的总收入减去设备成本与电力成本支出就是所获得的比特币利润，或是人民币利润。

难度与价格参数属于不可控因素，它是将来才会发生的，如图 8-5，图 8-6 所示。

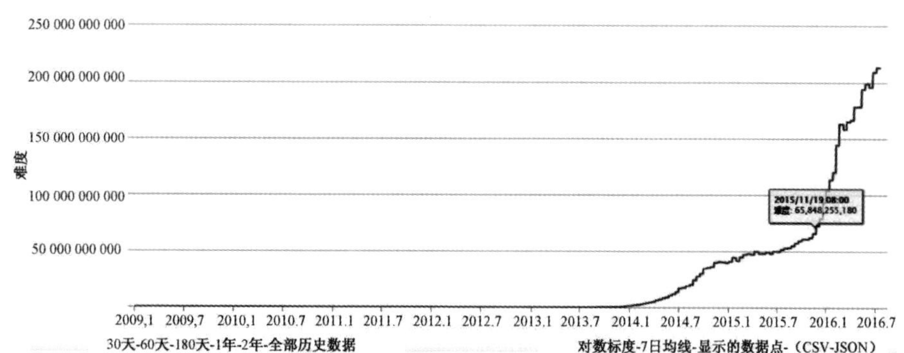

图 8-5 比特币所有难度增长记录

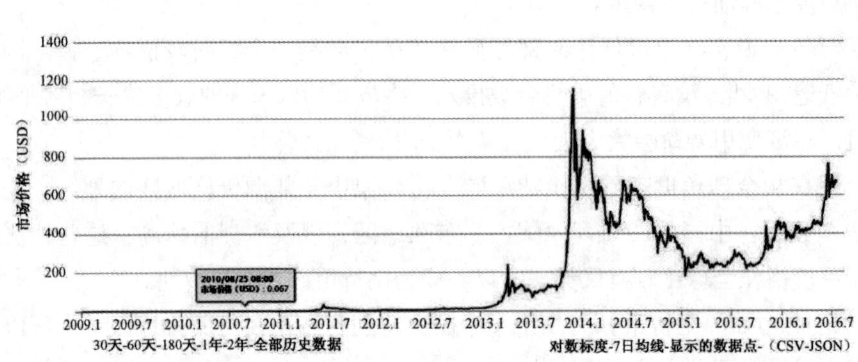

图 8-6 比特币所有价格记录

从历史数据中可以看到，难度持续增加，同时在 2014 年年底到 2015 年年底难度增长曲线没有那么陡峭。这意味着在单台机器的比特币收入持续降低的前提下，在特定的时间段，因为难度增长相对平缓，加上比特币价格是暴涨过来的，单台机器的比特币收入较暴涨前仍然显著增加。

如图所示，比特币的价格在 2013 年 12 月之前总体保持上涨，而 2014 年到 2015 年年初，持续下跌。2015 年年初价格再次稳定，并从 2015 年年底开始，价格再次开始上涨。

总结上述历史数据，价格的上涨，会带来难度的显著上涨。由于人性的贪婪，难度的上涨会超出理性，导致矿工从整体上陷于亏损状态。而在价格下跌的预期下，难度增长放缓，这时挖矿的比特币收益会明显增加。在比特币挖矿投资中有个经验：价格涨时，持币赚人民币；价格跌时，投矿机赚取比特币。

因此，如果有人要想通过挖矿赚取利润，最好的办法是：判断比特币的价格走势。如果是在价格的上升周期，最安全、高收益的办法就是持有比特币。而在价格下跌周期，则投资到比特币挖矿中去。

基本的思路清晰后，矿业如何做就相对简单了。

（1）到四川、内蒙古找到大量弃置能源，这样可以保障电费成本的优势。

（2）需要专业的机房建设，控制机房的建设成本，保障机房的迅速交付与稳定运行。

（3）采购高速、省电同时低成本的机器。现在供应比特币矿机的企业有：比特大陆、阿瓦隆、闪电智能和币网。购买到高效率的矿机后，将机器部署到数据中心，然后接入矿池企业的服务。中国现在的矿池服务企业有：鱼池 F2Pool、AntPool、BTCC Pool 和 BW.COM。这样就可以通过挖矿获得比特币投资收益了。

通过以上决策方式，可以保证比特币挖矿投资的成功。

针对比特币消耗大量能源、大量生产矿机、部署矿机成本的弱点，另外有一种挖矿算法也在数字社区存在——权益证明机制（POS）。权益证明机制将矿工从系统中去除。通过持币者对交易信息进行验证，并确认交易，从而保障系统的安全运行。系统根据持币者持有币的数量和时间，产生交易的确认者，并对该确认者进行数字货币奖励。权益证明机制相对于工作量证明机制可以节省大量的能源，节省大量制造硬件的成本，但由于交易的确认需要依赖于持币数量和时间，就会导致持币者成为系统的食物链阶层，不利于系统的活跃性和扩张。

随着比特币挖矿难度的上升，算力的集中度上升，算力集中到少数大矿工或是矿场手中，同时大多数的矿机厂商在竞争中被淘汰：国外的公司有 KNC、BUTTERFLY、HASHFAST 和 Spondoolies-Tech，中国企业有烤猫、花园、小强矿机，以及众多无牌矿机厂商。现在全球只剩几家矿机企业。比特币的算力中心化趋势越来越明显，现在社区开始出现了担心比特币去中心化色彩渐渐消失的声音。因此，社区有人员提出，改变比特币的工作量证明机制，采用同样实现解决拜占庭将军问题的其他算法，如权益证明机制（POS）。

比特币作为去中心化系统的试验，而挖矿又作为比特币体系的核心支柱，都具有非常重要的示范效果。它们可以说是整个区块链产业的基石。因此，参与比特币等数字货币的挖矿仍然有着很重要的积极意义。另外，对过去几年矿业发展的反思，将会对未来数字货币的成功发展和生产系统的繁荣提供更好的机会。

第 9 章　银行、企业、风投战略投资解析

马龙

9.1 从数字货币币种上投资分析

流通市值可以在 coinmarketcap.com 上查询，本节将根据市值讲解几个重要的币。此网站的排名实时变化，除了下面介绍的四大币种一直位列前 10，剩余的币钟排名都不太靠谱。

9.1.1 比特币 BTC

图 9-1 所示为从 2013 年年初开始的比特币周 K 线走势，更早期的 2013 年之前多是很低，没太大的展示必要。历史上已有多次剧烈波动（2013 年年底冲高超盘司黄金金价，2015 年年初回落到低点 900 元），但总体趋势是波动向上。

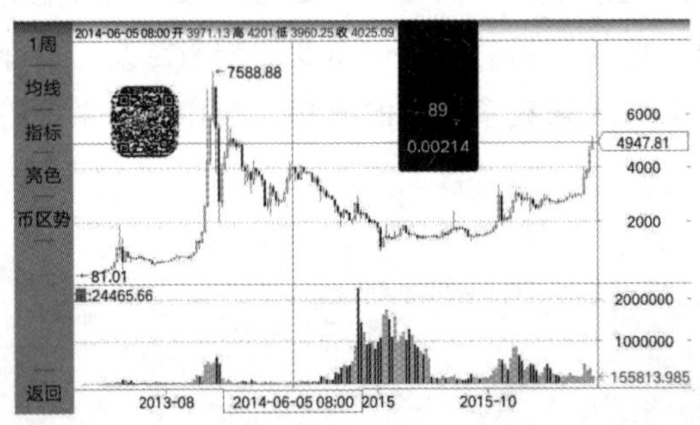

图 9-1 比特币周 K 线走势

9.1.2 狗狗币 DOGE

图 9-2 所示是 2013 年年底诞生的狗狗币，在其上线比特时代后的周 K 线走势。整个 2014 年跟随比特币下跌，而 2014 年同时也是狗狗币快速发行新币的阶段，即使没有币圈下跌的大环境预计也会跌。而之后每年才 50 多亿新币，只占 5%，便一直较平稳。平稳是狗狗币的重要特性，可能是因为狗狗币量大且分散，

庄家较难进入控盘，偶尔的拉升会很快回来，平平稳稳稳中有升。狗狗币的价格平稳使其较适合用于币应用，加上一分钟确认和仅 1 Doge 的低手续费，使狗狗币在打赏和小额零花领域作为比特币的重要补充，甚至将来可能通过侧链技术成为比特币的重要侧链币，成为比特币生态的一部分。

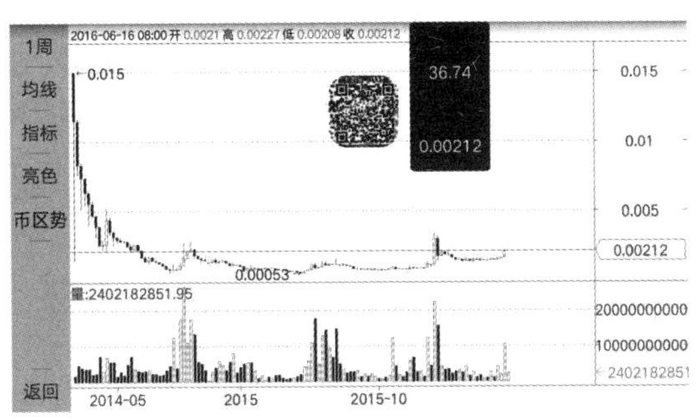

图 9-2 狗狗币周 K 线走势

9.1.3 莱特币 LTC

图 9-3 所示为莱特币周 K 线走势，其早期就在“比特金，莱特银”的宣传口号下，跟随比特币变化，而在比特币创下历史新高时，莱特币也达到了 380 元的峰值。而之后就是一路下跌到最低，只有几元。幸好有 2015 年年中的产量减半引发了一波行情，总算救活了它，维持了一定的人气。但近期的大涨却没明显地跟涨。

图 9-3 莱特币周 K 线走势

距离 380 元更是遥不可及。可能因现今已不同于 2013 年了，当前有大量的竞争币存在。而缺乏实际应用，又缺乏创新和维护的莱特币，有可能较难再凭借先发优势来跟随比特币大涨。但其投机优势明显，国内主流平台均有上线。

9.1.4 以太坊 ETH

图 9-4 所示为 2016 年年初至今的以太坊以太币日 K 线走势，因为其是新币没有太多历史，就换用日 K 线图。其诞生的时机不错，在币圈区块链技术被渐渐广泛认同和大量风投的大好环境下。其本身是由 BTC 众筹发行的初始 ETH，又用 ETH 众筹了 DAO，号称是历史上最大金额的一次众筹。其过于走技术路线，过于复杂，很多人都不懂，国内主流的交易平台和竞争币平台也大多没有上线。随着比特币的上涨突破 5000 元，ETH 也创下了 145 元的历史新高。然而，乐极生悲，越复杂的东西便越可能会有漏洞，就在昨天，DAO 中众筹的 ETH 被黑客盗了。以太团队正在考虑通过软分叉来冻结，以及通过硬分叉来找回这些被盗的币。因为盗窃而对其技术实力的质疑，以及对被盗币万一冻结失败进入流通的抛压风险，对硬分叉可能造成分裂的担忧，使其价格目前回落到了百元以下。

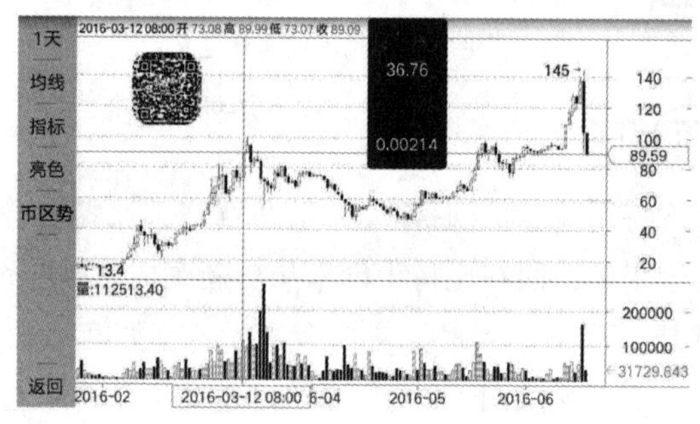

图 9-4 以太币日 K 线走势

不要用太多时间盯着短线的价格，要看自诞生以来的长线，在长线中分析看出背后的价值特点。建议做价值投资，不要做价格投机。比特币和狗狗币笔者认为是比较有价值的。比特币用于储值财富的价值可大额投资，而狗狗币用于小额流通可适度投入零花使用，就像是古代的黄金和铜钱。而莱特币目前主要是作为投机品的属性，较难看到长线价值，只适合短线博弈。以太坊本质上更像是一个币应用公司团队的股份或代币，假设以太团队完全解散，无人再维护，很可能归零。其并非通用货币层面，以太币是否有价值、能成功的关键是看这个处于中心的以太团队能否开发出越来越好的产品，而最大的“产品”DAO 的被盗事件，给其带来了较大的负面影响。

9.2 各大银行金融机构的投资

2015 年以来，越来越多的创业者与机构开始重视区块链技术本身。摩根大通、高盛、巴克莱和纳斯达克等都在投资区块链项目（见图 9-5）。

1. 高盛、IBM 追投，区块链公司 DAH 融资 6000 万美元

时间：2016 年 2 月 3 日轮次：A 轮

投资方：高盛、IBM、荷兰银行、埃森哲、澳洲证券交易所、法国巴黎银行、Broadridge 的金融解决方案、花旗银行、CME Ventures、德意志交易所集团、ICAP、桑坦德风投、证券托管清算公司（DTCC）和 PNC 金融服务集团。

纽约区块链创业公司数字资产控股公司（Digital Asset Holdings）宣布，投行界巨无霸高盛和蓝色巨人 IBM 也加入了其最近的一轮融资，这使得这轮融资的总金额上升到了 6000 万美元。

在本周早些时候的报道中，该公司正在和摩根大通合作开展区块链试验项目，现在它已经获得了 14 家金融机构的支持。

这轮融资也标志着高盛参与比特币和区块链领域的第二笔公开投资，上一笔发生在 2015 年，高盛领投了比特币服务提供商 Circle 的 5000 万美元融资。

2.R3 CEV 区块链联盟不断添加新成员，成员几乎遍布全球

R3 区块链联盟于 2015 年 9 月成立，主要致力于为银行提供探索区块链技术的渠道，以及建立区块链概念性产品。该联盟成立之后，召开了一系列的研讨会。

自最初的 9 家银行，2015 年 12 月扩大到目前的 42 家银行，且之后这一联盟还在继续扩大。

R3 公司对于自己正在做的事情非常肯定，它说，区块链技术受到了世界各地银行的欢迎，已经有一些银行不仅在与 R3 合作探索区块链技术，还自己开展区块链技术的调查研究。

R3 首席执行官大卫鲁特说，这些解决方案的可能应用将“跨越资产类别、地域和市场参与者”。

2016 年 5 月，中国平安成为国内首家加入 R3 分布式分类账联盟机构。

9.3　各大企业的投资

自 2012 年以来，比特币创业领域共发生 188 起融资 / 并购事件，融资额共

118325.02万美元，其中，交易所领域41起，区块链领域37起，矿业领域18起，钱包领域19起，其他领域73起。

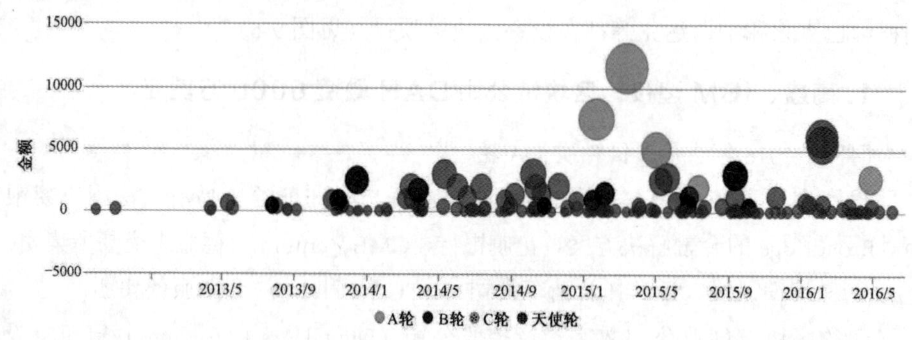

图9-5 比特币创业投资

1.Coinbase正式完成7500万美元C轮融资

时间：2015年1月20日轮次：C轮

投资方：领投方包括DFJ Growth、Andreessen Horowitz、Union Square Ventures，以及Ribbit Capital，此外，还有纽约证券交易所（NYSE）、财富500强金融服务集团USAA、西班牙外换银行BBVA，以及日本电信巨头DoCoMo也参与了融资。

2.超越Coinbase初创比特币公司21 Inc获得1.16亿美元巨额融资

时间：2015年3月11日轮次：C轮

投资方：领投者包括美国风险投资巨头Andreessen Horowitz、RRE Ventures、来自中国的私募股权公司Yuan Capital和芯片制造商高通公司（Qualcomm），其他投资者包括Khosla Ventures、Data Collective、PayPal联合创始人彼得·泰尔（Peter Thiel）、马克斯·列夫琴（Max Levchin）、eBay公司联合创始人杰夫·斯科尔（Jeff Skoll）、Dropbox公司首席执行官德鲁·休斯顿（Drew Houston）、Expedia首席执行官达拉霍斯劳沙希（Dara Khosrowshahi），以及Zynga公司联合创始人马克·平卡斯（Mark Pincus）。

9.4 各民间战略资金的进入

除了上面的大银行机构和大公司的投资，还有众多民间小私募、小公司的战略资金的投入。虽然单个公司的投入少，但是一方面其数量众多，另一方面其较难参与大的币公司投资，因此，直接投资比特币，这些民间资金进入币圈反而成为比特币价格提升的主要直接动力。

一些民间资本，直接转型为币圈的公司，参与到整个币生态的各个环节中，成为重要组成部分。民间资本主要有以下 3 种方式来进入。

1. 直接投资数字货币（大多数隐身进行，有些资本直接公开拍卖币）

美国政府从丝绸之路站长罗斯乌布利希（Ross Ulbricht）那缴获而来的 173997 BTC 已悉数拍卖完毕。4 次拍卖都有大量民间资本参与竞拍。

2014 年 6 月 27 日，拍卖的比特币数量为 29656 BTC，中标人为 Tim Draper。

2014 年 12 月 5 日，拍卖的比特币数量为 50000 BTC，中标人为由比特币投资信托基金及 SecondMarket 组成的招标集团（共 104 位竞标合伙人，48000 BTC）和 Tim Draper（2000 BTC）。

2015 年 3 月 6 日，拍卖的比特币数量为 50000 BTC，中标人为 itBit（3000）、坎伯兰矿业公司（Cumberland Mining）（27000 BTC）和未知组织 A（20 000 BTC）。

2015 年 11 月 6 日，拍卖的比特币数量为 44341 BTC，中标人为 itBit（10000 BTC）、未知组织 B（26000 BTC）和未知组织 C（8341 BTC）。

2. 投资数字货币创业公司（以李嘉诚旗下公司投资 Bitpay 公司为代表）

李嘉诚通过旗下的创投基金维港投资投资了美国比特币支付企业 Bitpay。Bitpay 创立于 2011 年，作为币圈的第三方支付，功能类似于比特币币圈的“支付宝”。该公司网站称，其目标是“让比特币成为每个商家最喜欢的支付方式”。目前已经有微软、Steam 等知名企业通过其支持比特币支付。

3. 投资挖矿企业（南瓜张的矿机公司预计被上市公司收购事件）

鲁亿通公告拟 30.6 亿元收购比特币“矿机”芯片公司，交易预案显示，公司拟以现金支付 10.61 亿元、发行股份支付 19.99 亿元的方式，从张楠赓等 14 名对象手中收购“嘉楠耘智”的全部股权，合计交易价格为 30.6 亿元。

嘉楠耘智成立于 2013 年 4 月，成立至今刚满 3 年，旗下拥有的主要商标为“阿瓦隆矿机”，法定代表人为张楠赓。

如果这起收购顺利达成，绰号“南瓜张”的嘉楠耘智创始人张楠赓将成为亿万富翁。

第 3 篇

投资理念篇

第 1 章 坚信数字货币的诞生与发展有其必然性

王博

从 2009 年比特币诞生起，至今已有 7 个年头，中本聪的理想一直在召唤着比特币信仰者前仆后继，但除了每隔一段时间比特币价格暴涨而后又长期大幅阴跌或震荡的走势外，在真正作为货币的属性呈现在实际应用层面还非常式微，尽管各国政府、银行、风投和创新公司持续不断地加大对数字货币的投资和研究，但却一直少有普众的、鲜明的、权威的、革命性的真实应用场景出现，倒是 2015 年区块链技术本身的研究发展和炒作，甚至盖过比特币曾经的风光。

本书的主题在于引导全社会如何理性投资数字货币，已不仅仅是把数字货币作为一种新生事物来考量和解析，读者自然要问：连比特币核心开发团队里都有人如 Mike Heam 等在 2016 年 1 月说他不再看好数字货币，而去中心化的机制在如何提升比特币区块扩容这样一件瓶颈事件上都长期无法达成共识，一些小额转账甚至需要排队数个小时才能完成确认，而黑客盗币、传销圈钱与各种眼花缭乱的对区块链技术的过度喧嚷，着实让长期处在传统社会形态下的普通投资者产生扑朔迷离的印象，这事儿到底靠谱吗？前景乐观吗？这也是每个圈外投资者在把投资视觉拉向数字货币时最先想到的问题。

本章旨在从历史的、客观的、理性的、探寻的角度，经过对人类数千年货币发展史的推研和拷问，得出一种定性化的结论：数字货币的诞生和发展有其必然性！任何一场改变人类历史进程的革命都需要经历漫长而痛苦的考验，一切数字货币发展过程中存在的缺陷和问题，以及技术瓶颈，都只是暂时的，这正是本篇要给读者传递的最重要理念，只要在内心坚信这场货币革命具有一定能成功的必然性，才会珍惜和把握这场类似于工业文明、电子革命的重大机遇，并最终享受成功投资的乐趣。

1.1 货币简史与纸币的泯灭

1. 货币的起源与本质属性

最新的货币研究成果发现，世界上第一次有货币体系记录的文字出现在公元前 3000 年的美索不达米亚，巴比伦人开始使用银和大麦作为普遍的交换媒介和价值单位。汉谟拉比法典是现存最古老的文字，也是统治者制定法律的首个案例，该法典中规定了一套债务支付规则，要求通过这些具有明显稳定交换价值或使用价值的银与大麦进行结算，这只能算是有文字记载证实的货币体系，那些没有被考古学解密的更多的人类文明发祥地，也一定有着自己民族特色的货币计量和交换体系。但从现代社会在对全球价值度量基准的研究中，以及从曾经尝试过以满足人类基本生存需求为主的可以换算成以小麦或大米数量、或电力度为单位计量价值总量的探索来看，具备全球稳定的交换价值和真实的使用价值一直就是货币的根本。

在对货币演进的理解上，人们都认同，当人类走出自给自足的原始生活状态后，为了改善生存和生活品质，就有了以物易物的交换需求。当拥有一只羊与拥有一斗米的人虽然都有易物交易的愿望，但各自都不需要对方的物品时，就无法达成交易，而这种交易需求不匹配又是普遍现象，这就促发了原始社会的集市交易和城市的出现，并且经过长期发展后人们开始尝试寻找一种能间接完成交易的中间交换物——货币，这种物品必须具备以下特点。

（1）普遍可接受性。

（2）具备公认的稳定价值。

（3）具备可分割性。

（4）轻便和易携带。

以上特性即实物货币最原始的本质属性，太平洋上雅浦岛居民使用的巨大的石币——需要开采雕琢才能成为圆形漂亮的大家普遍认同的价值附属物，但因不可分割和不便携带，就仅限于很小的区域交易。聪明的中国人使用的贝币——虽然无须锻造，但由于中国古代的政治文化中心在黄河上游区域，离海岸线较远，在海边拣到的贝壳需要经过艰苦的长途跋涉才能抵达中心城市被主流社会认同，需要承担路途劳顿与漫无目标的风险而赋予贝壳以价值，贝币还存在着当人们认同其价值后，即可以轻易大量发现和繁殖，从而破坏其价值稳定的缺陷，于是贝币也很快淡出货币应用。而古巴比伦人使用的银和大麦，都是需要通过挖掘或劳动才能获取，就具备了先天更为公允的劳动价值、使用价值和交换价值。

以上实物货币随着冶炼技术的发展，不断通过优胜劣汰走向金属货币的高级阶段，由于大多数贵金属恰好具备了以上四大本质特征，因此，以金、银、铜币为主导的金属货币体系，就一直支撑了人类农业文明几千年的持续发展。

随着科技和工业化的进程，由于铜矿储量相对较大，开采和提炼更为便利，其逐渐丧失了稀有性保障的价值储存，从而也失去了其作为货币度量与交换的属性。而金矿储量小，开采难度大，单位重量赋予的储存价值更高，在近代乃至工业革命发起，直到 1973 年以前，都充当了金本位的价值基准作用。在所有贵金属中，银仅次于金，也有一定的储存价值，成为许多国家储备价值的手段。2015 年起坊间流传一种猜测：认为全球范围内，金的现实储量比预想中的大，而银的真实储量更小，美国华尔街的大佬们已经发起了屯集银的一股暗流。

根据经验，任何由人类社会自发的朴素自然演进而诞生的事物更具有生命力，如文字、饮食、公德和宗教等，而原始货币和金属货币也属于这样的范畴，尽管各国政府都强制收取铸币税，不让民间开采和拥有的同质金属变为流通货币，但大多数情况下，只要拥有某块原物金属，所拥有的价值都会被交易方认同，就如持有任何与金币纯度相同的金，虽然不是金币，但基本与金币具备相近的价值，也相当于拥有了货币。这表示原始的货币，是通过劳动创造和获取的，并不是政府中心化发行和保证的。

这里有几个让数字货币信仰者兴奋的发现。

(1) 人类历史上大多数时期的货币，原本就是民间交易需求自发诞生的（去中心化）。

(2) 货币必须是挖掘、加工和劳动赋予其价值后诞生（挖矿）。

(3) 货币交换价值依赖其诞生的资源储量、开采难度和劳动价值，具备稳定性和有限性（数量恒定或适度通胀）。

(4) 货币应具备可分割性，如将一斤金子分割成两、克后依然可以进行价值交换（可分割性）。

以上特点，哪一条都不是现在的主权纸币、信用货币和债务货币可以实现的，但比特币全部都实现了，而所有其他目的纯正的数字货币都包含以上特征，于是就不得不思考：数字货币不仅仅是一种“互联网 + 金融”的创新，而是一次对人类货币本质功能的恢复和重建？

2. 纸币的诞生

随着人类社会不断向高级阶段发展，城市建设与贸易需求、维护主权统治对税收和交易的需要，以及国民生产总值等不断增长，对货币流通额的需求激增，由于金属货币占用资源较多，铸币成本显高，又不便于携带和满足大额交易，实物货币为突破瓶颈，就产生了“代用货币”的需求。从本质上讲，纸币的原始动机就起源于代用——即在主权信用保护下，让某种面值的纸币能代表固定份额的实物货币。

世界上最早发行的纸币诞生于我国北宋时期的四川省，北宋太宗时，需年铸币 80 万贯，并每年递增，由于铸钱的铜料紧缺，政府为弥补铜钱的不足，在一些地区甚至大量铸造铁钱，当时铸造的铁钱一贯就重达 25 斤 8 两，在四川一代买一匹丝绸，要付 130 斤重的铁钱，如此笨重不便，已经严重阻碍了商品交易与市场繁荣。

此间中国造纸术和印刷术技术进一步发展，人们在平常的交易活动中，由于金属货币交割不便时常出现纸质契约和收付凭证，而这些凭证只要有信用保障，就能起到与铜币、铁币相同的价值，人们就诞生了一种愿望，能否将这种能达成交易的纸质“交子”作为媒介？最终，用标准定制印刷的“交子”（纸币）作为铜币、铁币的替代货币应运而生，但起初，由于纸币的发行以各地区、各行业私自印刷为主，曾经有一段时期出现发行混乱（极度通货膨胀）而丧失信用，这也是北宋纸币印发的第一次金融危机。

1023 年，宋仁宗元年，纸币改由地方政府垄断发行，并禁止民间私造，设置了“交子务”，发行“官交子”等管理机构，类似于地方债券与局部区域流通发行货币的管理体系；1105 年，宋代朝廷将“交子”改称为“钱引”（主权纸币），并在全国大部分地区通用，类似于让人民币流通到全国，用信用纸币代替以往的金属货币。

到了元代，中国皇帝忽必烈针对中国当时划分为多个地区，每个区域都有自己的纸币，很不利于全国贸易往来的问题，做了次大胆尝试，颁布法令，从此全国使用统一的纸币，由政府中心化发行，类似于现今中国人民银行与各商业银行，负责人民币的印刷发行与流通。在元朝之前，纸币具备强烈的替代货币的性质，但从忽必烈开始，纸币在政府信用的保证下，成为了货币的一种主要形式。

意大利旅行家马可 · 波罗来到中国后，惊讶地发现，中国人竟然可以用几片纸来做交易，其价值就好像凭空创造的（笔者猜想：每个使用人民币的人，也都曾对这张 100 元面额的纸到底值多少钱产生过类似的困惑？），这太神奇了。他在 1298 年撰写的《马可 · 波罗游记》中，详细介绍了我国纸币印制工艺和发行流通的情况，从此，发行纸币的方法传播到了欧洲，1661 年，瑞典率先在欧洲发行了纸币。

由此可见，纸币的历史仅有 1000 年，但它的诞生，极大地促进了人类社会商品交换与贸易的繁荣，使得英国工业革命的诞生，以及美国新大陆奇迹般的崛起成为可能，造就了近300多年来人类社会的高速发展。从这段历史来看，纸币的本意作为替代货币，其优势是毋庸置疑的。

（1）印刷纸币的成本较之铸造金属货币要低。

（2）克服了运送货币的成本和风险。

（3）较容易实现大额交易。

（4）避免贵金属货币在流通过程中的损耗。

纸币的发行让流动货币的属性第一次脱离了作为货币自身所赋予的价值储存（创造货币的劳动价值、货币本身的使用价值），它只变成了一个货币价值的标记或符号，而且也第一次让货币的发行实现了垄断和绝对中心化，这就为主权管理者透支信用和在非常时期滥发货币埋下了伏笔。

3. 纸币的失信与泯灭

在纸币诞生的初期，主要作为克服金属货币流通过程中运输交割缺陷的代用货币，极大地促进了全社会商品的流通和贸易，但当纸币逐渐脱离了替代性，成为一种独立货币形式存在后，它的价值就完全依赖主权信用和人们对它的信心，当下的政府保证和民众信任的现代货币体系就是以此为基础的。

但纸币印制成本低、交易便利、适合大额贸易，乃至收藏储存的特点，特别是完全中心化发行，缺乏社会和公众监督，完全靠主权政府自律控制发行量，这就为政府在税收财政出现困难，或自认为理性调节与均衡社会财富时透支信用创造了条件。事实上，美联储的量化宽松政策与中国央行印发货币拉动经济的举措，无不是对纸币价值的稀释和透支。

中国北宋年代的“交子”和“引钱”纸币、元代的中统钞和元钞、明朝的大明宝钞，以及清朝的户部管票和大清宝钞，在每个朝代都是财富的象征，但如今均已灰飞烟灭，纸币与王朝均化为乌有。很难说清楚，有没有因为发行纸币带来的便利因素，让主权政府对征收苛捐杂税、超越社会基本需求大兴土木、发动战争充满贪欲，而透支了全社会劳动者对主权的信任，滥发纸币引起高通货膨胀，从而走向民不聊生与揭竿而起的反抗。

元朝极其重视纸币的统一和应用，它的历史就很短暂，而明朝、清朝中期都出现过对纸币的信任危机，适度重启了对银元和铜钱的使用，就部分地遏制通货膨胀，也延长了王朝统治的时间。

对纸币最深的视觉印象莫过于民国后期老百姓将纸币像废纸一样捆起来挂在自行车上去购物的景象了。1935年，民国政府为了掠夺百姓财产，强制既往流通的银元（袁大头）必须兑换成法定纸币——法币，用法币取代银本位，将银元收为国有，随后向美国出售白银，以换取美元作为外汇储备。由于抗日战争爆发，军事开支剧增，只能依赖发行货币筹集经费，滥发的纸币造成了严重的通货膨胀，以致贬值到十万分之一的价值。

解放战争后期，民国政府财政无以为继，政府就干脆废弃此前的法币，再次发行纸币金圆券，并承诺 300 万法币可以兑换 1 元金圆券。但至 1949 年 6 月，金圆券的发行总额超过原来计划发行的 65000 倍，票面也从初期最大的 100 元，变成后来的 100 万、500 万，这就相当于通货膨胀了 100 万倍啊，当然这一切也最终随着政权的颠覆而归零。

撇开当下收藏市场对历史沉淀的货币的价格交换和记忆，随着朝代和政权的变迁，所有既往的纸币价值都最终归零，并退出流通交易，但如果持有的是金币、银币或铜币，那这些金属货币自身的储存价值依然存在，甚至真的起到了保值、储值、增值的作用，北洋政府的 1 元袁大头在铸币时就明确要含纯银 26.86 克，这就难怪在收藏市场上，1 元袁大头因兼具价值储存、稀缺性而值 500 ～ 1000 元了。

在人类漫长的历史长河中，起到价值储存和中枢作用的一直都是金属货币，而并不是当下的纸钞，这也就会让人想通：1980 年时的 50 元工资与 2016 年的 5000 元相比，虽然上涨了 100 倍，但除去工业用品和电子产品，实际购买力和生存压力依然很接近，这不表示劳动收入的价值增长了 100 倍，仅仅是纸币的数量增加了这么多，也相当于纸币的含金量贬值了近百倍。

纸币的失信与泯灭 1000 年来反复上演，全球各国，概莫能外。朝代更替，看似长过一个人的生命，却无法淹没生命和财富的世袭传承与繁衍，如果将资产和财富的储存与继承仅仅局限在纸币上，那一切拥有终将会化为一股青烟。所以民间就有了对金、银、珠宝、风水宝地、家具和玩物收藏储值的习惯，这绝不是俗风陋习，这是生命与财富传承的底蕴，这些年，金、银、铜价暴涨，地皮、房产、红木家具与玉石、翡翠、字画收藏暴富的炒作，时不时地吸引人们的眼球，但这一切不是财富真正的增长，仅是纸币在飞速贬值而已。

美元和人民币造成的急剧通货膨胀，让全世界、全中国人都处在一种收入不断增长的喜悦与亢奋的状态中，但同时又对不确定的未来充满担忧和焦虑，因为现实的收入永远都在贬值，永远无法满足未来的需要，特别是缺乏社会保障的弱势群体和有一定储蓄的退休人群，他们赖以生存的货币资产在不断被通货膨胀吞噬。

4. 金本位的诞生与垮塌

纸币的滥发和失信对全世界的价值储存和交易带来了无尽的灾难，也引起全球各国的反思，在封建社会的农耕经济时代，百姓基本是效忠于皇室和郡主，对商品和交易流通的需求，以及财富储值的概念还相对较少，但进入 17 世纪工业革命后，商品生产的富足与流通需求越来越大，没有相对稳定的货币价值体系，就很难满足全球贸易和流通的需求。

如何克服金属货币具有价值储存优势但不便于流通和交易、而纸币易于发行和流通但缺乏价值储存和保障的矛盾，就成为全世界金融家的最大难题。

《国富论》的作者亚当 · 斯密开创了自由经济理论，崇尚让民众先富起来而后国富，可惜的是，最终对如何保障创造者的财富却无能为力，因为劳动者拥有的纸币信用无法受到政府的保护。

倒是伟大的物理学家牛顿，他不但发现了万有引力，且竟然曾经为整个人类世界金融体系的健康发展做过一次定义，那就是“金本位”。

(1) 用黄金来规定货币所代表的价值，每一货币单位都有法定的含金量，各国货币按其所含黄金重量而有一定的比价（具备替代货币的属性）。

(2) 金币可以自由铸造，任何人都可按本位币的含金量将金块交给国家造币厂铸成金币（去中心化诞生货币）。

(3) 金币是无限法偿的货币，具有无限制的支付手段的权利。

(4) 各国的货币储备是黄金，国际的结算也使用黄金，黄金可以自由输出与输入。

(5) 由于黄金可在各国之间自由转移，这就保证了外汇行市的相对稳定与国际金融市场的统一。

1696 年，牛顿担任了英国皇家铸币局局长一直到终老，1717 年金本位制度被议会正式通过，从此，英镑与黄金挂钩，确定每盎司黄金为 3 英镑 17 先令 10 便士，这是一个划时代的定价决策，终于科学地解决了纸币与金属货币的矛盾，让纸币具备了真正意义上的价值储存和法偿性。

金本位制是一种稳定的货币制度，黄金自由地发挥世界货币的职能，促进了各国商品生产的发展和国际贸易，促进了资本主义信用事业的发展，也促进了资本输出。金本位制还自动调节国际收支，促进了资本主义上升阶段世界经济的繁荣和发展。

金本位制下，汇率固定，消除了汇率波动的不确定性，有利于世界贸易稳定进行。各国央行有固定的黄金价格，从而使货币的实际价值稳定，没有一个国家拥有特权地位。

从 1700—1900 年，英国工业革命取得了举世瞩目的发展，强大的国力支撑其成为超级军事大国，让蓝色海洋文明横贯全球，成就了史上殖民领土最大的日不落大不列颠帝国，很难想象，这一切如果离开了金本位制度，在 200 多年漫长时间里，英国政府和皇室如何能靠自律维持英镑的价值稳定，满足这个经济总量超过全球 60% 国家的货币流通贸易需求而不出现信任危机。

英国经济的一国独大，让金本位制度成为整个西方资本主义国家效仿的国际准则，也促进了整个欧洲和美国率先进入工业革命，并引领世界经济高速发展。在金本位的全盛时期，各国的国际储备资产就完全以黄金和英镑为主要清算手段，两者具备同等重要的地位，伦敦也成为全球最大的国际金融中心，那时，美元和华尔街还非常渺小。

随着主要资本主义国家之间发展的不平衡、相互竞争，以及频发战争，国际金本位货币体系的稳定性也数次受到动摇，英国在拿破仑战争期间、美国在南北战争期间就曾经停止黄金和纸币的兑换。到 1913 年年底，英国、法国、美国、德国、俄罗斯五国占有世界黄金存量的 2/3，绝大部分黄金为少数强国所占有，这就削弱了其他国家货币制度的基础。第一次世界大战前，全世界约有 60% 的货币用黄金集中于各国中央银行，各国多用纸币在市面流通，由于大面积赎回事件并不多见，一些国家为了准备战争，政府支出急剧增加，就于是大量发行纸币，最终让纸币兑换黄金越来越困难，这就破坏了自由兑换的法偿性原则。

世界上很难寻找到一种完美的货币价值体系，金本位也一样。一是由于黄金生产量的增长速度远远低于工业革命后经济增长的幅度，黄金不能满足日益扩大的商品流通需要，这就极大地限制了必要的货币流通量，引起通货紧缩；二是黄金矿产储量和存量在各国间的分配不平衡，限制了黄金拥有量少的国家的货币发行和流通，以及参与国际贸易和竞争（起始不公平）；三是，一旦出现战争和重大政治事件，特别是第一次世界大战期间，黄金被各国用于集中购买军火，停止对法定货币的自由兑换，从而让本币失去货币信用。这些因素都极大地动摇了金本位的根基，并最终在第一次世界大战后，随着英国经济和英镑走向衰落而崩溃。

第一次世界大战到第二次世界大战期间，远离战火的美国经济毅然崛起，而陷入战乱的欧洲经济和货币信用体系遭到重创，世界上最大的债权国美国指点江山，把握住主导世界金融秩序的最佳时机。在 1944 年 7 月，将 45 个国家的 700 多名代表被邀请到美国新罕布什尔州的布雷顿森林的华盛顿山国家宾馆，在最大债务国英国率先承认美国金融领导地位的情况下，促成了布雷顿森林条约达成。

布雷顿森林体系最大的创新在于第一次让某一个国家的货币（美元纸钞）

成为国际储备货币，这多少存在与会各国在美国的强势淫威下不得不屈服的原因。牛顿的金本位强调了储备黄金的神圣地位所在，英镑只有在按规定可足额兑现黄金的情况下，才具有价值信用。但布雷顿体系却让美元凌驾于黄金和各国货币之上，这就为后来美元霸权的不可一世与剥削全球奠定了基础。

布雷顿体系以黄金为基础，以美元作为最主要的国际储备货币，美元直接和黄金挂钩，各国货币则与美元挂钩，对持有的美元储备可按 35 美元一盎司的官价向美国政府兑换黄金，各国货币对美元实行可调节的汇率制。同时，成立国际货币基金组织来维持这一体系的正常运转，它有监督国际汇率、提供国际信贷的职能。这一体系在战后相当一段时间内，确实带来了国际贸易空前发展和全球经济愈加越来越相互依存的新局面。但其以一国货币（美元）作为主要储备资产，具有内在的不公平，因为只有美国的长期贸易逆差，才能使美元流散到世界各地，让其他国家获得美元储备与国际贸易资本。

这就出现类似于改革开放 30 年来中国与美国的贸易场景一样，中国百姓消耗资源和血汗劳动，在太平洋架起一条万吨巨轮海运专线，夜以继日地将中国商品送往美国，而美国仅仅给你一点纸钞或只是给你记笔美元债务的欠条。而美国如果保持国际收支平衡，就会断绝对国际储备货币的供应，引起国际贸易和清偿能力的不足。美国政府和美联储俨然成为全世界人民的中央银行。

从 20 世纪 50 年代后期起，欧洲与战后各国的经济都取得高速增长，美国经济竞争力逐渐削弱，其国际收支开始趋向恶化，美元信用不断削弱，各国法定货币趋于强势，货币独立意识开始重建。法国经济复苏后，率先要求抛出美元兑换黄金，美国黄金开始大量外流，到了 1971 年，美国的黄金储备再也支撑不住滥发的美元赎回，最终，在美联储和幕后财阀的高压下，尼克松政府被迫于 8 月宣布放弃按 35 美元兑换一盎司黄金的承诺，实行了黄金与美元比价的自由浮动，金本位出现瓦解。随后，欧洲经济共同体和日本、加拿大等国也宣布实行了浮动汇率制，不再承担维持美元固定汇率的义务，美元也不再成为各国货币围绕的中心，金本位彻底垮塌。

可悲的是，美元与黄金固定汇率制的信用保障，已经随着金本位的垮塌彻底丧失，美元从此也成为失去金属货币储存价值保障的可以滥发的纸币，布雷顿森林条约规定对全球各国货币必须与美元挂钩的契约也已自动解除。但 40 年过去了，美联储这个被 13 个私人金融财阀操控的美钞发行团队，不但不收敛，却更为肆无忌惮地把美元包装成国际货币，剥削全球各国人民。

站在历史的角度看，布雷顿森林条约的开启带给了美国人半个多世纪的用印刷纸币收割全球劳动成果的红利，据查截至 2015 年，美国政府已欠债高达

17.5 万亿美元，这相当于美国一年的 GDP 总额。从本质上来说，经济衰退的美国根本无法偿还这些债务，只能借新债还旧债，债台高筑。但就这样一个本质上濒临破产的国家，却依然靠着发行国债维持着它的庞氏骗局安然度日，因为持有美元储备最多的债权人中国，只能让这个烫手的山芋拿在手中，只要出现抛售和抵兑，美元就会大幅贬值，我们当年用辛勤劳动换来的价值储备就会化为乌有，等于单向被美国奴役 30 年。

最新的研究成果显示，美国人抵赖全球债务的最好方法就是让美元大幅贬值，但美国政府发行的债务不仅有外债还有内债，如果美元通货膨胀率过高，损伤到美国国内大多数持有国债的投资者利益，国会就无法通过大量发行美钞的议案，美联储与美国政府也正是在这种对国内投资者利益和选票的权衡中，适度控制美钞的发行和价值信用。

这场要么美国破产、要么债权国利益受到伤害的货币战争，最终一定是会爆发，只是时间还未到而已（笔者时常突发异想，最害怕的就是“数字货币是美国政府的阴谋！”，只要美国政府暗自发行自己的新的主权数字货币，并让美国国内投资者率先将原来的美元投资转移到央行币或比特币上去，忽然有一天宣布美元大幅贬值，那持有美元债权的国家将欲哭无泪）。

1.2　追寻理想的货币体系

1. 当代货币体系的缺陷与顽疾

1）继续维护美元霸权的国际货币体系

1974 年 7 月，国际货币基金组织 IMF 成立了一个新的国际货币制度委员会，并于 1976 年 1 月在牙买加首都金斯顿举行会议，就汇率制度、黄金处理和储备资产等问题达成一致，该决定 1978 年 4 月 1 日开始生效。

（1）汇率安排多样化，有管理的浮动汇率成为各国的主要选择。

（2）黄金非货币化，黄金与货币脱钩，既不再是各国货币的评价基础，也不用于官方之间的国际清算。

（3）国际储备多元化，特别提款权成为国际主要的储备手段。

（4）国际收支调节机制多样化。

遗憾的是，因布雷顿森林体系建立的 IMF 组织仍在发挥重要作用，虽然美元的地位有所下降，但依然是主要的国际储备，新的国际货币体系依然以代表主权政府的意志为主，且以约束国际货币储备和清算秩序为主要目的，同时，削弱几千年以来作为实物货币价值储存的黄金的基准度量衡作用，实在是一种偏袒拿不出黄金而逃避责任的美联储的幼稚表现，整个体系含糊的描述和定义只有一个目的：就是继续维护美元国际霸权，而这也是中国投资者最痛心疾首的事情，凭什么我全球最大债权国，我的强势人民币，要向你最大债务国美元屈服？1944 年，不就是你作为最大债权国，强迫英国将国际货币领导权交给美国的吗？

为了挑战美元的国际霸权，新一代领导人充满自信，纵横捭阖，先与周边数个国家达成双边贸易，以两国货币直接兑换和买卖结算，直接抛弃对美元的依从；成立亚投行，扩大人民币参与国际货币结算中的权重地位，削弱美元结算的国际市场份额；策划“一带一路”经济战略蓝图，排挤美国对亚欧大陆的经济影响和干预，积极推进以人民币为贸易结算和储存货币的远大理想，直接挑战美元的国际霸权，这场货币战争正硝烟弥漫。

2）滥发主权货币依然是全球各国政府无法自律的顽疾

美联储在美元估值可控的范围内，一方面持续不断地印发新钞，满足全球经济增长对储备美元的需求；同时，操控“量化宽松”与“适度紧缩”、提高或降低利率等手段，时不时滥发美元来增加货币供应和降息，让全球投资与外汇市场，以及他国经济出现流通过剩而估值偏高的泡沫，而后又适度从紧和加息，让泡沫破裂，在全球经济和商品价格大幅上涨与下跌的非理性波动中，配合嗅觉灵敏的华尔街投资银行，利用这种人为的操纵通过买多或卖空，不断地洗劫全球各国的财富。

每个主权国家内部，中心化的低成本纸币或电子货币的发行机制，完全让滥发货币和通货膨胀成为主权政府补贴财政亏空、刺激国内投资拉动经济、平衡社会各阶层财富分配、支撑国家开创性重点建设工程的手段（似乎也理由充分），这种高通胀、高贬值率的货币政策，有利于刺激民间货币资本进入投资和消费，形成经济持续增长的局面，但也同时增加了全社会公众的不安全感和对政府的不信任，当然，这种无休止的对货币信用的透支，也最终会引发公众对主权统治的不信任，所以说，不论是为了政权的稳定，还是普通百姓的安居乐业，都需要建立一个更为科学公正的全球货币框架体系。

2. 理想的货币框架体系

从索罗斯引导国际投资基金狙击英镑的故事开始，到东南亚经济危机，到俄罗斯、巴西、墨西哥金融危机，再到希腊、塞浦路斯银行危机，以及 2016 年 7 月的英国退欧汇率市场的跌宕起伏，这一切都是全球缺乏一个可靠的货币框架体系和储备货币基准造成的。不可能再回到 1717 年开启的英镑金本位和 1973 年结束的美元金本位，但也绝不能让一个私人控股的美联储用印发的纸币美钞，作为全世界人民的价值基准和储备。历史召唤人们必须创建一个全新的货币框架体系。

(1) 创建一种超越任何国家主权的国际货币代替美元，全球各国都以此为储备货币，完成跨国汇兑与清算，彻底杜绝某一个国家主权货币作为国际货币奴役和剥削他国的现状（必须去国家中心、全球认同、不需要主权保护、在交易过程中诞生价值共识）。

(2) 让货币自身具备价值储存，只有经过劳动如挖矿、付出交易成本等才能获得货币，依次克服类似于低成本发行纸币的缺陷，杜绝任何国家或团体试图操控货币发行权的动机（类似于开挖金矿、用劳动付出认证或付出交易成本）。

(3) 采用去中心化的、全球公民共同参与的民间自发技术验证的途径确认货币拥有权，防止主权政府或团体以保护货币信用名义滥用权力，变相收税或收取主权背书运营费（分布式验证、民间记录和保存总账确保信用背书）。

(4) 靠既定规则和协议控制货币流通数量，全民监督抑制通货膨胀对原有储备资产的不公平掠夺和稀释（杜绝无序滥发货币引发严重的通货膨胀）。

(5) 货币供应在数量上具有弹性，既可以满足全球经济增长对货币流通量的合适需求不止于通货紧缩，又不会因为经济波动出现过剩，可伸缩性地满足人类社会经济发展和商品繁荣对货币交易总量的需求（类似于黄金具有无限可分与合成性，但又便于储存携带和交易）。

(6) 杜绝银行利用重复贷款、开空头支票打白条、利用信用贷款杠杆放大经济总量剪羊毛的寄生盘剥，甚至取缔银行统一储存货币功能（取缔重复支付与交易，努力实现个人对货币的储存）。

(7) 保护通过劳动或交易获取和拥有货币的隐私权，防止主权政府对公民财富的侵吞或刑事勒索敲诈等犯罪行为（实现匿名性）。

(8) 据说部分国家的女性一生都没有资格开立属于个人的银行账户，难以想象她们的个人财富和权利如何得以保障，那么，未来货币体系必须实现只要有网络的地方，谁都可以自发地拥有自己的财产账户（无须主权认证，自发开设账户）。

1.3 数字货币是人类历史发展的必然产物

1. 中本聪与比特币横空出世

2008 年 11 月 1 日，一个署名“Satoshi Nakamoto”（中本聪）的人在因特网一个讨论信息加密的邮件组中发表论文《比特币，一种点对点电子现金系统》，勾画了比特币系统的基本框架。

2009 年 1 月 3 日，中本聪在位于芬兰赫尔辛基的一个小型服务器上挖出第一批 50 个比特币，比特币创世区块（Genesis block）的生成宣告比特币系统的诞生。从此，比特币在计算机加密技术极客中开始繁衍传播。

2010 年 5 月 21 日，佛罗里达程序员拉斯勒 · 豪涅兹用 1 万个比特币购买了价值 25 美元的比萨优惠券，这项交易开创了全球第一笔数字货币走向现实交易的记录。

2010 年 5 月底，比特币在《福布斯》报道的《加密货币》刺激下，出现第一次价格暴涨，从此前的 14 美分上涨到 8.89 美元。

2010 年 12 月 5 日，在比特币使用者开始要求维基解密接受比特币捐赠后，原本言简意赅只聊业务的中本聪说："不，不要这样做，这个项目还是一个萌芽阶段的实验，需要逐步成长，如果过早与价格关联，会因为投机而毁掉比特币！"，就在这个帖子发出后的 12 日，他在论坛里谈到软件最新版本几个无关紧要的细节后，从此就销声匿迹了。

2012 年 11 月 28 日，比特币每个区块的产量按照协议减半，原来每个区块产出 50 个比特币下降为 25 个，比特币挖矿与交易已经构成一条完整的产业链，减半成为币圈的重大事件。

2013 年 4 月 20 日，四川芦山地震当天，李笑来在 bitcoin 官网发起比特币捐赠，中国壹基金事后宣布共收到捐赠 233 个比特币，市值 22 万元。

2013 年 5 月 3 日，中央电视台《经济半小时》节目向中国观众第一次介绍了比特币，从此比特币进入中国公众的视线。

2013 年 11 月 29 日，比特币价格暴涨到 8000 元，市值高达 1000 亿元，已经成为全球经济和货币界不可小觑的一场挑战。

2014 年 1 月 14 日，比特币价格暴跌到 1000 元。

2013 年 10 月—2014 年 3 月，国内《比特币》《加密货币》《无主货币》和《疯狂比特币》等书集中出版，为国内普及数字货币知识做出了贡献。

2015 年 11 月 3 日，比特币再次突破 3000 元，显示出其顽强的生命力。

2016 年 6 月 16 日，比特币在二次减半前夕再次创下 5000 元的高点，"比特币是传销、没有前途"的观点不攻自破。

2016 年 1 月，启动了这本《如何投资数字货币》，并预感比特币已成为继国内债券、基金、股票、期货、众筹、股权投资、现货商品和收藏市场后，最为耀眼的新星。目前全国参与投资和研究数字货币的人群不到百万，并以低收入年轻人群为主，而数字货币本身又将是关乎每个人未来财富的大问题，撇开全球 60 亿人口基数，只要国内的参与者上升到千万、亿，且有一定积累的中产阶层投入，其发展空间就可不限量。非常期待与广大投资者一起成为数字货币先行者，享受这场百年不遇的人生重大投资机会带来的成功的喜悦。

2. 数字货币的诞生皆因历史必然性

本书第 1 篇中完整地讲述了数字货币对人类货币体系的重大突破，惊奇的是，它的六大革命性突破完全与本章第 2 节中朴素的对理想货币框架体系的愿望不谋而合：去中心化、P2P 交易、加密区块链技术确保信用和总量恒定、无限可分、匿名性，原来世间的一切皆因历史的召唤而演绎和造化。

但本书有个理念，就是去除对中本聪个人的迷信和神话。按美国媒体和记者强烈的职业习惯和“扒粪”精神，任何个人隐私只要不触及国家机密，绝对逃不过他们的眼睛。一个活跃在论坛一年多的计算机与密码学技术结晶的创始人，完成了如此重大的一项人类货币体系实验，不可能一下子就在这个世界上销声匿迹，并且这样复杂和严谨的比特币协议体系，很难想象仅出自一个人的实验和策划。

更大的可能，这是由一个大型团队的集体智慧完成的一场改变人类历史进程的实验。为什么这个团队不愿意暴露身份？难道有更为重大的目的或阴谋存在？这些都是有待人们进一步思考和探索的事。

当下数字货币在自身发展过程中，不断暴露出一系列问题和瓶颈，如区块链确认需要较长时间难以满足快速交易支付需求，单位区块记录数据容量无法满足未来海量交易，总账本数据占用硬盘资源过大浪费资源，挖矿是否为不人道的浪费，先入为主的人是否因为分配不公而存在对后来进入的人的剥削，匿名性是否会引发更多的非法交易和安全隐患，特别是整个行业缺乏中心化约束让鱼龙混杂的传销币盛行，可能污染整个数字货币生态环境等。

但以上存在的问题，仅仅是任何事物在发展过程中都会遇到的偏于技术层面的因素，在整个货币体系思想上，数字货币具备历史上任何阶段实物金属货币、纸币和金本位都无法比拟的优势。几千年来，无数先辈对趋于完美的货币体系的追求，终于在去中心化的网络信息时代寻得突破。近来听说前美联储主席艾伦 · 格林斯潘面对美元的无底线通胀终于良心发现，再次呼唤金本位制，真想给潘老敬言：赶快去读读比特币的书吧！

1974 年诺贝尔经济学奖获得者弗里德里奇 · 哈耶克，在《货币的非国家化》中大胆提出：“既然在一般商品、服务市场上自由竞争最有效率，那么为什么不能在货币领域引入自由竞争？废除中央银行制度，允许私人发行货币并自由竞争，在这个竞争过程中发现最好的货币”。那时还没有网络，很难想象一个人发行的货币如何能推广到全世界，并真的具备信用保证而被公众认同和接受。由此看来，中本聪只是无数货币体系创新与革命的继承者，如果没有一系列前辈思想理念的沉淀，根本不会诞生从出世开始就那么严谨而完美的协议机制。

我们终于找到了自人类文明诞生以来，最能代表全球公民利益和愿望的货币体系，并且我们已经是数字货币爱好者或投资者了，我们备感幸运和充满使命感，让我们一起迎接美好灿烂的明天吧！

1.4 数字货币需要启蒙运动思想

1. 重温《国际歌》

130 年过去了，巴黎公社精神诞生了全球新的各国主权独立的新世界，众多的国家实现了民主平等、自由管理的国家政体，但仔细观察就会发现，虽然赤裸的殖民掠夺和奴役已被完全消灭，但经济、金融及货币体系的不完整，使全球大多数国家依然受到少数国家特别是美国更为残酷和隐匿地财富掠夺，被储备货币美元绑架；而全球百姓依然被主权货币体系无休止地剥削，人类社会的发展并没有让“英特纳雄耐尔——公平正义民主”更进一步，货币战争真的是一场属于全世界人民奋起反抗和争取的运动了。

2. 数字货币的启蒙运动

1700 年以前，欧洲人都觉得国家、土地、资产都是国王、贵族或教主的，自己生来就应该屈从他们；非洲、亚洲和美洲这些被殖民地的国家，觉得就该给宗主国上税和提供服务，殖民主国家都是上等人，就应该过上不劳而获的幸福生活；闭关锁国的中国老百姓则认为，天下万物，包括百姓的头颅皆应皇帝说了算，整个世界处在君主、贵族、教会和皇帝对普通老百姓的奴役和剥削中。

21 世纪，全世界所有国家的老百姓都觉得自己国家的货币就应该由本国政府发行，尽管滥发货币引起的通货膨胀无情地吞噬掉自己的货币资产，让所有人都缺乏财富安全和幸福安宁，但这一切是天经地义的；只要出现国际贸易，各国就应该用国际货币——“公正”的美元进行结算，甚至为了保障本国汇率的稳定还必须囤积一定数量的美钞来维持贸易平衡，全世界人民处在被本国政府通胀和美元债务货币的剥削与掠夺中。

1780 年后，美国 13 个殖民地组成联邦政府发起了抵抗宗主国英国的独立战争，法国爆发大革命，美国人和欧洲人率先从启蒙运动的发起人伏尔泰、孟德斯鸠那里受到思想启发，坚信“天赋人权，人生来平等，有追求自由、民主、幸福的权利”，并通过卢梭的《论人类不平等起源》和《社会契约论》找到推翻旧世界的理论指导和思想体系。美国人用《独立宣言》，法国人用《人权宣言》为受压迫的平民描述了理想的未来社会，革命取得成功，美国独立、法国国王路易十六被送上断头台。200 年后，全球所有国家在启蒙运动思想的推动下，均实现了民族独立。旧王朝、皇帝、奴隶主和贵族被赶下台，人类历史向人格平等与自由跨越了一大步。

2009 年比特币诞生，谜一般的中本聪为人们发起新世纪货币发行的启蒙运动，倡导天赋人权，公民与政府对物质社会与财富享有平等的权利，政府只能通过合理的税收和财政来保障国家管理和建设需要，不能把无节制地印发货币作为剥削和掠夺公民资产的工具；美国人更不能用不平等的 1944 年布雷顿森林条约强制的国际货币——美元骗取全世界各国人民的劳动成果，特别是 1973 年消除金本位后，美联储滥发债务货币美钞，用负债和长期逆差购买商品来维持美国的霸权和掠夺。货币发行应顺应网络时代扁平化、无国界、无集权的社会特征，完全去中心化、P2P，全球公平流通和交换，计算机区块链密码技术与网络分布式记录确保去中心化货币交易的信用。由此而诞生的数字货币比特币，以及为满足不同货币应用需求而诞生的一系列数字货币应运而生，人类进入到一个更为平等、公正的新世纪。

可惜的是，上面这段话只是笔者理想化的愿望，在现实社会中，尽管比特币已经诞生了 7 年时间，但由于人们思想深处根深蒂固的对政府法定货币和美元的信任与依赖，对政权和国家机器的畏怯，还无法想象数字货币有这么大的震撼，对它的未来还充满疑惑。这才是比特币走到今天，难以在全世界范围内以更快的速度被各国政府和民间投资接纳并付诸实践的最大根源。

启蒙运动促发了美国的独立战争和法国大革命，推进了全世界民族国家的独立，消灭了殖民主义与全球霸权，对全世界民众而言，本以为从此获得了平等和自由，过上了更为幸福的生活。却不曾想，统治者或强权帝国再次将剥削与奴役以更为残酷而垄断的形式出现：如各国政府无节操地印发纸币，用通货膨胀不断地洗劫和无偿回收国民金融资产；美国通过国际货币——美元殖民全世界，让全世界人民供养它的富裕；银行利用空头支票和重复贷款持续盘剥弱势平民群体。全球国家间的不平衡、每个国家内部政府与普通平民的不平等更为加剧。

原来法定货币和美元的剥削与掠夺，比 1492 年哥伦布发现新大陆起，欧洲列强利用坚船利炮对东方殖民国的领土与赤裸裸的战争掠夺，更具残酷性和欺骗性；比旧封建君主与贵族对平民的剥削更垄断。明明美国侵略他国就是强盗，和平国家还得感谢它的国际宪兵；明明滥发法定货币是奴隶主在掠夺劳动成果所有权，老百姓还要感恩政府的强权与统治。

现行的法定货币制度和国际货币美元，已经成为当代人类最大不平等的起源，这与人类社会走向普世、幸福的终极目标完全背离。在人类面对法币陷入绝望之际，数字货币诞生了，这就绝不是一次简单的计算机技术或密码学层次的创新，这完全是一次最伟大的革命。

这场革命是历史上从未有过的最复杂的革命，此前的所有革命都有鲜明的对抗性，都可以靠反抗或战争推翻旧体制来实现，敌人是谁，一目了然。但这场货币战争太隐秘，没有人格化的敌人，因为人们需要依赖政府治理国家、需要国际货币保证全球贸易。原来，我们的敌人就是纸币和现行法定货币体系，就是我们的思维惯性。

哪里有压迫，哪里就有反抗：黑人，作为利润最高的活物商品奴隶被贩卖到美洲，他的后代因南北战争的革命胜利，奥巴马还做了美国的总统。在面对法定货币剥削和压迫的人们，为什么不能反抗？比特币第一次投机风潮冷静后，整个行业陷入步履蹒跚的阶段，其中一个最大因素，就是人们对法定货币体系的敬畏、迷信和依赖。

在人们意识深处，对政权和法定货币垄断的与生俱来的服从，让法定货币剥削和美元掠夺持续肆虐，只要对法定货币上帝般的信仰不倒，数字货币就只能是一场毫无结果的笑话。试想，有谁会对一个注定没有未来的事业奉献终身？所以说，当下数字货币发展的最大桎梏不是技术、代码及应用层面的研发拓展，而是关于生死存亡的“信念”。

如果你没有“人类社会发展趋势一定是走向不断平等、公正、和谐、幸福”的终极目标，或没有“数字货币必然摧毁法币垄断体系”的强烈信念，那你现在的参与只能算是一个投机过客，仅是赌博的境界。2015—2016年，我们呼唤“数字货币的启蒙运动”，让我们坚定地拥有对未来的信念吧。

有了对历史必然性的解读，才有了目标，才有了对胜利的期许，才会为了光明的未来不惜踏尽千难万险的勇气，才会有人积极地升级软件、完善钱包、研发应用、接受支付、积极推广、投机屯币、巨额风投豪赌、跨国汇兑摧毁美元。而你所持有的比特币、狗狗币才真的有了生命。

从本质上来说，去中心化的数字货币也是“互联网＋货币”时代的召唤，在传统的农业、工业和电子革命时期，人类几乎一切重大活动都离不开政府和国家机器的“中心化”干预——中心化社会，但网络将人类带入了只有技术协议、没有中心、没有霸权的去中心化社会，数字货币就是为这个时代服务的，自然而然。

从今天起，就树立完整的货币体系启蒙运动理念：天赋人权，每个人在人格上都有追求平等、自由、幸福的权利；在劳动成果与个人资产上享有神圣不可侵犯、不被人为通货膨胀贬值、不受法定货币和美元剥削的权利，如此才符合人类更加公平、普世、幸福的终极愿景。我们已经在黑暗中看到曙光，数字货币投资者们，勇敢地前进吧！

第 2 章　认清比特币与竞争币的互补共存性

王博

在《坚信数字货币的诞生与发展有其必然性》一章中，解决了要不要和为什么要投资数字货币的问题，在第 1 篇和第 2 篇中介绍了数字货币的基本知识和诸多投资交易方法，但到底该投资哪个币呢？是认定比特币老大地位一定会抢占先机、获得永生，其他币注定走向归零？还是低市值的潜力竞争币暴涨概率更高？这不仅仅是数字货币新人会遇到的问题，更是每个老玩家经常讨论的话题。本章就为解决投资者这个纠结而来。

2014 年以前，除了计算机极客，大多数投资者基本都是因为听说了比特币，抱着对比特币 10000 倍的暴利传奇、计算机挖矿、24 个小时投机交易的惊奇而来，且只是模糊地觉得“比特币 = 数字货币”。而一旦深入进来，才发现还有这么多东西要琢磨，光区块链、分布式、钱包、地址、公钥、私钥、充币、提币、“钱到哪儿去了？”都搞不清楚，怎么还有三大平台、山寨平台？比特币、莱特币、狗狗币、比特股？再深入到对每个币种的基本协议，什么是工作量证明的 POW？什么又是 POS 啊？还有什么不同加密算法、二代创新，乃至以秒的速度处理天底下任何法定货币和数字货币的无缝交易（瑞波币）、用区块链创造人类智慧极限完成想都不敢想的去中心化社群参与未知发起人投资的事情（以太坊）。

2015 年以来，由于数字货币整体处于缓慢的萌芽发展期，主动进入币圈的战略投资者并不多，但全球却爆发了造币风潮，每周甚至可以诞生数百种新币，可谓百花齐放、百家争鸣。币圈本来就小，原本那点资金家底，哪里够漫天飞舞的新币稀释，于是众筹、传销、MMM 互助，竟然成为拉人头的重头戏。比特币在两年时间里一跌到底，涨个 1 ～ 3 倍都步履蹒跚，新币中却每月都有 10 倍、20 倍乃至 100 倍的神话书写。这一切虽然从来没有撼动比特币大哥稳坐第一把交椅的地位，但比特币的投资宣传、QQ 群、论坛及微博里理性与冷静的探讨却略显冷清。反倒是其他数字货币社交群、线上线下互动更热闹非凡、人气旺盛，搅得币圈众生热血沸腾。真是有时候把比特币的忠粉难过地想给自己的耳朵和眼睛装上防火墙，要么心堵得慌，你们这些“低小下”凭什么在我“高大上”眼前晃？

要是在 2013 年以前，读者读了本书，下决心要投资数字货币，那还真简单，没什么可选的，数字货币就等于比特币，选个信誉好点的大平台，买进即可。但到 2016 年的今天就困难了，一会儿“比特金、莱特银”，一会儿狗狗币文化，一会儿瑞波币已经与全球诸多银行深度合作，一会儿又暗黑币能匿名到底，一会儿又以太坊成功众筹。但更多时候，总会碰到严肃的比特忠，痛切地提醒你：只有比特币才会被华尔街、投行、风险基金、大佬公司、多国政府看好并真金白银地投入，其他币都是山寨，没有未来，都是要归零的，一定要小心。但又经常看到中国狗狗币协会江恩与他那一帮狗狗粉，动不动就惊艳一场活动，亮瞎一次币粉眼睛，2015 年还郑重其事地搞了一次“中国首届数字货币应用创意大赛”？

言归正传，着急也好，困惑也罢，今日做了投资者，把钱放进去就是为了逐利的目标不能忘。那么，到底该不该在比特币一棵大树上吊死？（万一它的涨幅都赶不上股票呢？）还是也积极参与些靠谱的竞争币？（万一不被认同归零了呢？）真是太难了，谁人知道咱数字货币粉的苦啊？本章就来探讨这些问题。

2.1 数字货币发行不设限才能抵御垄断和霸权

数千年人类货币的演进史暗示人们，只有货币发行不设限的、去中心化的、多样性的、原发自社会交易活动本身诞生和赋予价值储存的货币，才更有生命力和价值保障。如用生活必需品的大米做交换媒介、难以开采的贵金属金和银、需要锻铸的铜币和铁币，其本身都具备在当时的年代比较稳定的价值度量衡的作用，但其交易和携带成本过大，最终制约了它的发展和延续。

自从人类进入中心化发行的货币体系后，货币走向集权和垄断，货币的价值被主权信用绑架，变成完全被动地服从，所有帝国的强大与掠夺都离不开对货币控制权的滥用，这种滥发滥用也加速了政权的失信与颠覆，特别是眼下存在的国际货币美元对全球各国的掠夺与奴役，以及各国主权货币的持续高通胀对公民个人货币资产的稀释和没收，最大的根源就是货币发行权的唯一性和排他性。这种垄断和霸权红利限制了发展和创新，诞生了人类越来越多的不平衡，已经成为阻碍社会进步的最大桎梏。

垄断与反垄断，掠夺财富、奴役他人与反抗剥削，一直是人类 5000 年历史中帝国崛起、风云变化的内在成因。近代，英国工业革命的全球强势和垄断，让它变得故步自封，最终走向衰落；美国因 20 世纪 10 年代，钢铁、石油、银行大王的垄断差点摧毁整个国家赖以存在的根本，后来罗斯福分拆垄断集团才得救；2005 年微软操作系统的垄断也让美国的信息革命差点落后于东方，布什强压微软得救；同样，国际货币美元的垄断已让美国自身变得懒惰，缺乏经济、金融自立和自救能力，在全球国家抵制与对抗美元霸权后，只能走向衰败，垄断成为一切不平等的根源，也成为上帝用自我毁灭对垄断的惩罚。

在投资与投机层面，垄断的罪恶在于它拥有唯一或极权后，就会肆无忌惮地通过操控资源、制定规则、限制竞争、获得价格霸权、榨取更高额利润，让世界变得不稳定。对这个挑战人类极限思维的区块链分布式记录的密码货币，还无法从现实中找到垄断的痹证，但一定会联想到已经发生在黄金、石油这些准货币、大宗能源商品上美国人黑暗的操纵行径。

黄金从 2002 年的 300 美元上涨到 2011 年的 1922 美元，10 年 6 倍的涨幅，而后又在牛市顶峰一步跌倒 1200 元，这个曾充当货币职能的价格稳定或缓慢上涨的贵金属，竟然成为华尔街投行靠衍生杠杆交易割全球投资者韭菜的工具？石油也一样，从 1998 年一桶 10 美元上涨到 2008 年 147 美元，而后几个月跌到 2009 年的 33 美元，这个储量固定、开采成本平稳的最大能源商品，竟然也成了投机资金案板上的肉酱。一切都是垄断或唯一性惹的祸，在这场被霸权国家和财阀策划的价格战中，全世界的财富源源不断地流入华尔街。

假设人类最终只接受比特币一种作为数字货币，那就别看现在风平浪静，失去美元垄断的美国政府首先不答应，它一定会在比特币协议改进、软件升级维护、钱包更新管理和交易规则制定等一切技术层面追求垄断，只要别的国家不服，它可以动用一切政治、军事、黑客武装和舆情诱导，胁迫全世界服从，最终把比特币变成美国人的金融强权工具。

华尔街更不会消停，一定会在美国政府和美联储的纵容下，在境外债权国对美元足够硬通的信任支撑下，狂印美钞大量购买和囤积比特币，再次把比特币变成类似于黄金、石油一样投机操控的工具，让美国人持续割全世界人民的韭菜，人们对去中心化的追求将化为泡影。

只有数字货币的发行不唯一、不设限、不排他，才会在万一某一个或某几个货币将被垄断和操纵的情况下，人们就冷静地抛弃它，并选择另一个更为公平、更有信用的新币置换它，从而杜绝一种或固定几种货币可能存在的因唯一性和垄断性而滋生的操纵、霸权、特权、集权、剥削和腐败。

所以，在数字货币起点上，必须设置不被集权和垄断自毁的机制，才能保证数字货币的稳妥发展。那么，比特币将与别的竞争币共存亡，是大势所趋，那种因为比特币先入为主将长期称王，而藐视一切竞争币的思想是狭隘的。作为普通投资者，在关注比特币价格将长期稳健缓慢向上的大背景下，适当关注协议纯正、已被全球认同、市值尚小的竞争币，或许还真的有享受短期暴利的机会。

2.2 多币种互补竞争才能满足人类社会不断进步的需求

人类社会是以次方级加速度发展的，各种新的需求会不断产生，就像人们由“短信—博客—微博—微信—？？”不断升级一样。处在上一个层级时，根本无法想象下一个社会变革的现实，那么，何以怎能现在就只用一种固化的货币终极体系应对整个未来？

数字货币的最大特点是：按既定的规则办事。每个数字货币算法、协议与基础代码，都是在诞生的那一天就基本确定此币与彼币的不同，就如同马和羊都是动物但属性截然不同一样，一旦谁想挑战原有的规则和既往记录，这个币就丧失了信用，一日内归零。所以，每种数字货币都有其特定的适应性，变通性很小，面对万象的世界和持续不断的变化与发展需求，只能用新的改进后的规则发行一种新的数字货币来适应。

譬如：比特币区块链确认时间长已极大地制约它为频繁的小额交易服务，且发行量小、单价高，影响平民阶层在拥有货币以“个”为整体单位时心理上的财富厚重度，也影响小费、捐赠、打赏等新新人类活动的娱乐和社交消费愿望。这时，狗狗币发行总量大，区块确认时间短，在平民娱乐消费和使用上更接地气，动不动就可以给自己喜欢的文章打赏个 8888、给灾区捐赠 18888、给好友发个红包 1666，十分神气。但若用比特币就成了 0.01 个，好心境立刻锐减。网络时代，接地气就是人气和未来，就促发了这场革命的普及和蔓延，必须倡导这种互补和开放的精神，才能保证货币交易与生活多姿多彩。

唯一性和垄断性的另一个恶疾是：消灭竞争、放弃进步、限制创新、杜绝发展。假设只有比特币一枝独秀，那中本聪就真的成为万能而永恒的上帝，他在 2009 年就为人们书写了世界末日。这在逻辑上是行不通的，人们需要在社会不断创新和变革中，不断有新兴的货币体系和技术诞生，以适应发展的需要，绝不能再像欧洲人迷信了神学的耶稣后进入漫长而阴霾的中世纪。

哈伊克之所以成为数字货币膜拜者，就是因为他提倡的“货币非国家化、谁都可以发行货币、人类可以通过自由竞争选择好币种”的思想理念，冲破了货币只能由主权政府垄断发行的牢笼，且让货币体系变成物竞天择的大众事件，没有这种理论体系 40 多年的渗透和蔓延，中本聪团队的比特币事件也一定不会来得这么早。

作为普通投资者，似乎总能见到正规媒体对各国央行、投行、风投、名人、大佬、名校与科研机构对比特币的关注，总能看到全球比特币每天交易量数十亿，去除莱特币，其他所有竞争币加起来不过数千万的窘境，这简直不是一个量级？市值太小了，看来比特币将永远称王是铁板钉钉。有时候，我猜，记者和作家们多少也都有追求安全、攀附高贵、惯性思维的原因，才形成了对比特币拥簇的马太效应，强者恒强。

但 2016 年，我终于被震撼了一次，并彻底改变了此前的认为比特币永远将是领袖的理念，那就是，比特时代的《2015，狗狗币未称王》，仔细琢磨这名字，是什么意思呢？2015 年，狗狗币未称王，那分明是说，2016—2017 年还想称王的意思啊！老天，简直是要造反啊，可放在此章的语境下，比特币不就是造了法定货币的反吗？如果有个比比特币更优秀的强龙币，为何不可以压过比特币这个地头蛇？（哪位读者有兴趣，想找点被黑的刺激，不妨做个测试，很简单，只给数字货币老粉说：×× 币将胜过比特币，哈，一定 100% 成功！）

本节结论很简单：比特币、好的竞争币，都要留意。

2.3 保证货币多样性才能减少不理性投机与操纵

在数千年人类文明的发展长河中，每一次重大的社会变革和帝国更替或是国家政权的颠覆，无不与掠夺财富、剥削弱者、苛捐杂税有关，其中争夺货币发行权和操控货币流通就成为国家机器得以延续的根本。看似和平亲民的全人类都拥有和使用的货币，却原来比军队战争的杀伤力还大。而强权国家或垄断财阀在对汇率和大宗商品的价格隐匿的操纵中，也屡屡得手，让货币战争成为制造全球财富不公平的帮凶。索罗斯就曾率领他的基金团队，在摧毁英国、泰国固定汇率机制中赚取了数十亿的血腥财富。数字货币能够在发行的起点上杜绝价格操纵，就成为其必然的自我保护需求。

假设哪一天某个货币被某个国家操控了，某个小币成为几个大户的韭菜园，一旦货币的价格出现极端异常的波动，还没等坐庄的大佬反应过来，货币的多样性和发行的敞口性就让一个更为普众、更公平、更人性化的新币取代它。没有这样的机制，那必然会出现操纵、圈钱、主力洗劫普通投资者的情况，数字货币就走向不平衡，所以说，绝不能让比特币与固定的几个币独秀，数字货币体系的大蛋糕永远需要向全社会开放。

在谈到竞争和永生、提高服务质量和价格透明度时，人们总喜好列举肯德基和麦当劳，可口可乐和百事可乐，如家和七天，iPhone、三星和华为。实际上，宝马、奔驰、奥迪及所有奢侈消费无不是在对高端客户的竞争中，献上无微不至的殷勤才得以生存？天猫、团购、私家网站的竞争，手机银行、支付宝、微信支付的全方位渗透，几乎所有商品琳琅满目的呈现和竞争，才让人们在多品牌、多样化、新品辈出的服务中，最终享受到公平、公正、透明、上帝般的待遇。

所以说，真正完美的数字货币体系一定是多个数字货币并存，且呼唤不断创新的开明时代，只有这样，才能在充分竞争与融合中，保持数字货币的价值均衡，杜绝价格操纵与财富掠夺，才能更接近人类追求公平、和谐、幸福的终极愿望。

本章理念：对资金量较大的战略投资者，因为比特币的市值和体量足够大，竞争币还难以容下大资金的频繁进出，就以关注和投资比特币为主；对大多数普通投资者，特别是比特币的铁杆信徒，还真是要多个心眼，不能一直藐视竞争币，也别再总是强压住对竞争币价格波动的好奇，因为除去一部分对密码货币本身的好奇以外，想赚点快钱的想法办法还是有的。比特币市值已达 700 亿元，已走过初期龙出升天的暴利阶段，许多竞争币市值却不到几亿元，一旦被全球接纳，更具有短期市值暴涨的机会，能带来意外惊喜的概率更高。从今天开始，敞开心扉，将比特币与部分纯正的数字货币币种都作为选择对象，拥抱宽阔的数字货币世界，才能最终享受投资成功的乐趣。

第3章 “无庄不欢”的数字货币投机时代

赤道

本书考虑了一下现象：2015年以来全球币圈对区块链技术、智能合约有炒作之嫌，大量改良币种、资产币的推出和众筹有显泛滥，在这种氛围下，许多从心不良的以欺骗性圈钱为目的科技迷信与谎言、传销等正在威胁到币圈的健康成长，为此，采取完全开放和包容的心态，直接采纳作者原文。文中许多观点提法不够严谨，带有主观臆断的成分，个别语言有显粗暴，但鉴于只有如此刚烈的文风，才会对许多懵懂盲从的投资者起到警示的作用，故此。——若本文的部分观点不幸言中某些币圈活动的内幕，或对个别团队与组织造成影响，敬请大家采取包容的姿态，有则改之、无则加勉，让我们一起为数字货币的健康发展营造良好的生态环境。

编者注：本文为邀请作者赤道个人观点，仅供参考。

2009年比特币的诞生拉开了数字货币时代的大幕。如同许多新鲜事物一样，数字货币野蛮疯狂地生长。比特币背后的区块链技术革命性地降低了金融自由化的门槛，提升了交易的效率，但是天使和恶魔总是相伴出现，区块链技术提高屌丝金融自由度的同时，也降低了投机欺诈的门槛。有幸作为数字货币的早期投资者，我同样经历了各种各样光怪陆离的投机骗局。

3.1 分享经济币的财富“神话”

“互联网+”时代，分享经济俨然已经成为新潮流，一个打着分享经济旗号的山寨复制币应运而生，相对于那些下三滥的复制币，Sharecoin有理想、有概念。Sharecoin的所有币都免费和公平地分发给每一个Bitcointalk的注册用户，很慷慨，每人65359枚。为了配合顺利出货Sharecoin，分享币团队还开发了一个很具有现代感的数字货币交易所，流畅的K线系统、友好的用户界面，以及完备的安全验证机制，使参与的所有人都相信了分享经济的远期理想。平行的社区，自由分享的货币，一个分享经济财富神话即将出现。可惜好景不长，随着分享币交易平台上充值的用户越来越多，网站突然跑路，作者从此人间蒸发，留下一群还在憧憬分享经济财富神话的币民。

由于 Sharecoin 身上的几个第一，第一个在 Bitcointalk 论坛的免费分发币，第一个直接跑路的山寨复制币交易所，第一个利用分享经济概念操纵价格诱骗币民接盘的山寨复制币。Sharecoin 在早期的数字货币圈影响恶劣，以至于 Bitcointalk 论坛全面禁止利用论坛账号分发送币的行为。后来随着比特币造富效应的扩散，币圈逐渐出现越来越多的骗局，复制、跑路、科技迷信及坐庄炒作的骗子戏法，几乎天天都在币圈上演。

3.2 山寨复制币泛滥成灾背后的“慈溪帮”

比特币及其背后的区块链技术，技术上降低了私人发行数字货币的门槛。在区块链上，转账、支付、清算和现金管理一链呵成。货币发行和流通已经不需要银行的存在，每个人只要有一台计算机，都可以通过复制比特币源代码发行和流通自己的货币。据传，有一个批量生产复制币的“慈溪帮”，买家只需要付款 2000 元，就可以享受到包括 Logo 设计、钱包程序、源代码、配置文件，对接程序的全套服务和免费的长期维护指导。如果再加些钱，还可以为客户定制欺诈性的钱包程序，如出币抽水和藏块等。所以现在市场上成千上万的复制币实质上都是私人发行的数字货币，只不过背后的发行人是骗子，那么他发行的币就是骗子币。由于我国信用约束机制不完善，所以国产的骗子币、圈钱币就特别多，名声不是太好。

既然没有法律可以惩罚骗子，会不会出现劣币驱逐良币的情形呢？我个人认为，自由市场竞争是有效率的，只要不出现垄断，骗子币迟早被市场淘汰，自由市场竞争机制能自动筛选出良币。不过这需要时间和金钱，有限的时段内骗子确实可以利用资金优势，通过坐庄操纵市场价格获利。但是，如果产生不了持续的正收益，价格垄断也是暂时的，路遥知马力。自由市场筛选骗子的代价就是早期投资者损失的时间和金钱。因此，投资者应尽量少参与市场上发行人匿名和钱包代码未开源的山寨复制币项目。

3.3 数字货币社区正成为传销的重灾区

传销产生于第二次世界大战后期的美国，成型于战后日本，发展于中国的老套骗局，也搭上了数字货币的快车。过去利用卖实物产品发展下线拉人头的传销组织嗅到了商机，现在已经改头换面利用数字货币拉人头发展下线了。由于数字货币可实现因特网上无摩擦转账，传销币表现出极强的隐秘性，加大了投资者甄别的难度。这类传销币通常打着数字货币升值的幌子，不仅极富煽动性和欺骗性，而且利用云挖矿、数字原始股等新概念忽悠人们，极易诱人上当受骗。

传销币的营销手段通常为虚假宣传和高额返利。以维卡币为例，“维卡币的创始人是鲁娅 - 伊格纳托娃 Ruja Ignatova 教授，出生于索菲亚，系保加利亚首都康斯坦茨大学经济学硕士，美国牛津大学和康斯坦茨大学法律系双博士。此外鲁娅教授还上过 2015 年 5 月的福布斯封面”。只要动手搜一下就知道，康斯坦茨大学是德国名校，不是保加利亚的。2015 年 5 月福布斯真版封面是 minecraft 的创始人，鲁娅在内页，付费广告性质的。另外，之前崩盘的俄罗斯 MMM 资金互助盘吹嘘的是一周 30% 的收益率，维卡币吹嘘的预期收益率为到 2020 年价格达到 1000 欧元。

已经被公诉机关指控的“暗黑币”传销组织达康公司及其网络平台无任何实体经营活动，以高额返利为诱饵，通过宣传、上课和介绍等方式不断发展下线，以投资虚拟“暗黑币”为名，要求参与者缴纳不同级别的“暗黑币”矿机租赁费用即门槛费的方式获得加入资格，并按照每名会员下线分为 3 条线（3 个区）的顺序组成固定的层级，以发展人员的数量作为返利依据并引诱参加者继续发展他人参加，骗取财物，并通过出售虚拟“暗黑币”的方式直接获利。截至 2015 年 3 月 19 日，“暗黑币”传销组织在全国各地累计已注册会员账号 34365 个，涉案金额近 15 亿元。

有了数字货币的掩护，传销窝点已经从出租屋搬到了数字货币社区的 QQ 群和微信群，这些新型的传销币混迹期间，很不容易被广大投资者察觉。对于那些通过卖币发展会员，并要求被发展会员发展其他会员加入的虚拟币模式，要提高警惕，谨防落入传销币的陷阱。

3.4 股权众筹币引来的“吸血鬼”

Cryptostocks、快贝等这些股权众筹概念的虚拟币，通常打着众筹、OTC 股权平台的旗号，喊着改变金融市场的口号，来建立以其代币为计价货币的股权交易市场。但是其代币无一例外地自上市以后基本都是一路下跌。以比特儿虚拟币交易所上的小贝壳币为例，认购时 1 块钱，目前的报价仅为 8 分钱。投资人亏损惨重，究竟是什么原因造成这种窘境呢？至少有以下几种原因。

股权众筹币是引“吸血鬼”入币圈，需要出卖股权的初创公司，都是当下不能创造现金流的公司，基本都是处在“吸血鬼”阶段。比特币的市值都比不上一家创业板公司的股票，区区几百亿的市值，如何能承受这些“吸血鬼”对资金的需求量，所以现在已经上市的几个股权众筹币 DVC 和小贝壳币都是上交易平台就狂泻。模式基本上为：初创公司在快贝平台融资获得小贝壳币，由于公司发展需要人民币，就会不断地抛售小贝壳币，直到吸干为止。

股权众筹本来就不靠谱。很简单，一个将来能挣大钱的公司，创始人怎么可能把股权轻易让给你。币圈可能挣钱的几个公司已经被风险投资给包了，okcoin、火币和币看等，这些公司获得的 A 轮投资别看都是千万级别，但是对于资金的使用是有限制条件的，比如：用户数达到多少，产品研发进度等。只要资方发现你偷懒或者项目走进死胡同，资方可能立马撤资。很多靠谱的创业公司，初期的天使资金都是来自亲戚朋友，都是对创业团队比较熟悉的。股权众筹参与的散户，你怎么监督创业团队？如果创业团队跳完大神，宣布创业失败，你的资金就得打水漂。

国内的欺骗成本太低，很多骗子都是骗一次换个马甲又骗一次。国内股票市场注册制迟迟推不出，就是因为中国申请上市的初创公司一半以上可能都是准备上市骗钱，如果推出注册制，可能产出很多垃圾股，只吸血不造血。连中国股票市场都承受不起骗子公司上市吸血，一个区区的比特币圈能受得了多少这样的吸血鬼？比特币只有区区几百亿的市值，能受得了这么多“吸血鬼”公司吗？

3.5　区块链技术应用的“赚钱悖论”

区块链技术是一种去中心化的分布式数据库，去中心，顾名思义，无中心，没有利润中心也就谈不上财富集中，没有财富集中就不存在少数人赚钱的商业模式。

以太坊就是一个典型的不可行的商业模式，在以太坊上执行智能合约和储存数据都需要消耗以太币，随着以太币价格高涨，gas 的价格水涨船高，目前已经达到 0.03 美元，已经有一些 dapp 测试程序员抱怨说，为测试一个 dapp 就需要花费几千美元，是不是很荒谬？以太币的高价格已经扼杀了一些 dapp 应用的可能。不只是以太坊的公链，对于大多数的去中心应用币而言都没有意义。随着交易费用的提高，去中心应用币就不存在什么可行的商业模式。因为去中心化应用币存在一个价格天花板，例如，几个去中心化云储存的币 stoj、maidsafe 和 siacoin，就可能存在价格天花板，在其去中心网络上储存数据需要付出代币，代币的价格如果高涨，就没有人在上面花钱去储存数据。再如去中心化微博

talkcoin，用户每发一条说说就需要付出一些代币，如果这个代币很贵，那也就没人上去发微博。与中心化应用相比，去中心化应用的缺点是效率低、成本高，优点是不可更改、匿名、安全。这就引出一个问题，到底怎么分享因特网去中心化革命的盛宴？金融应用最需要的是安全，区块链技术应用现阶段恐怕只有在金融应用上有商业价值。

区块链技术就是为比特币量身定制专门针对金融数据设计出的一款去中心化应用，突出了金融数据的安全性。而且金融投机应用不存在价格天花板，投机炒作的人关心的只是买进比特币会不会挣钱，只要交易费不要高过预期价格，就会有人买。现在大多数的去中心应用币，包括以太币都是利用了区块链的金融投机应用，忽悠韭菜接盘。因此，去中心化金融应用的盈利模式就是尽可能多地在早期持有代币，在价格炒高后卖出。

那么，其他去中心化应用到底是谁受益？现在落地的几个去中心化应用，bitmessage、twister 和 openbazaar 都是没有代币模式的，也许作者设计之初就已经考虑到，如果加入代币模式可能被投机资金把应用扼杀在摇篮中。没有代币的优点显而易见，在 twister 上发微博是不需要交易费的，在 bitmessage 上发邮件是不需要交易费的，openbazaar 上买卖东西也是不需要交易费的。没有代币的缺点是，没人能利用信息优势投机炒作。但是，这些去中心应用更加有利于各行各业的手艺人，你发微博不会被审查，而且你微博获得的广告收入没有门户网站来分成。所以区块链技术的应用是中介机构的噩梦，是手艺人的福音。

3.6 警惕区块链技术 + 智能合约的科技迷信

“区块链场景应用不太好找！”“难以置信的区块链场景——人类还有必要存在于这个世界上吗？”截然相反的两种声音，到底谁是科学，谁是迷信？先来看看下面这两个传闻。

（1）智能门锁 +Airbnb。“一个基于区块链的智能门锁，把任何一个门锁连上因特网，任何一个控制锁的人可以发放一把或者多把密钥，因为上面有个智能合约，可以对这把密钥做非常复杂的定制，可以设定它什么时候能开能用，这样就可以和 Airbnb 场景完美地结合在一起，通过 Airbnb 就可以把自己的密钥传给租借房屋的人，并可以设定什么时候到期，到期后租户再也不能打开这个门锁。而如果用传统锁钥的方式，就面临需要不停换锁的问题，但是使用区块链技术就能让事情变得非常方便。”难道用了区块链密钥 + 智能合约，就可以免去签订租赁合同、公证租赁合同这些事，直接点对点交易，区块链上的复杂智能合约可以解决纠纷？那么智能门锁坏了，房子着火了，下水道堵了，洗衣机不动了，这些怎么解决？或者租户把密钥故意泄露给另外的租客，或者密钥被黑客盗取，那么这种智能门锁怎么分辨到底谁是真的租客？持有相同密钥的租客发生纠纷怎么处理？区块链上的密钥和实物无法挂钩，难道在区块链上运行的智能合约可以像法院一样，能判断出现实中的各种情况？

（2）去中心化 Uber。“车子在生产出来之后，通过无人驾驶就可以上路，然后接入到去中心化的优步系统开始接客。客人如果获得了这台车子的使用权，就可以获得一把密钥打开车门。当车到达目的地，客人下车该把密钥将不再有效。而每辆车自己都有一个数字钱包，用户直接将费用支付给这辆车子，于是车子本身就有了自己的资金。那么，这辆无人驾驶的汽车可以自动到加油站自己加油，加了油再继续营运。直到有一天年限到了，它还可以把自己卖掉，把钱给公司。看到这个案例，是不是感觉人类似乎没必要存在于这个世界上了？”看到这里是不是觉得似曾相识？很像前几年人工智能的科技迷信，只不过是加了几个关键词：密钥、数字钱包，就往区块链上靠，这到底在说人工智能还是在说区块链？

“区块链场景不太好找”，申屠博士这句话说的比较中肯，区块链的创新在于完美地解决了虚拟物品的权属问题，但是区块链无法解决虚拟物品和实物之间的权属问题，那些鼓吹智能合约科技迷信的人，大都有这样一个模型：区块链 + 智能合约，区块链解决点对点交易，智能合约可以通过图灵测试，解决点对点交易间的所有纠纷，智能合约可以代替人工的第三方公证。

爱因斯坦说过：“如果你不能简单地解释一个事物，你就没有很好地理解它。”代码只是一种计算机语言而已，如果无法用人类的语言简单明了地描述逻辑，代码实现就无从谈起。智能合约在翻译上就存在误导。智能合约（Smart Contract）这一概念最早由尼克 · 萨博在 1994 年提出，维基百科是这么解释的：Smart contracts are computer protocols that facilitate，verify，or enforce the negotiation or performance of a contract，or thatobviate the need for a contractual clause. 注意英文里的用词 Smart（聪明的）、Facilitate（促进）、Enfoce（加强），完全和人工智能不搭边，人们熟知的人工智能（Artificial Intelligence），Intelligence 才是真正智力的意思，而智能合约所用的 Smart 显然没有智力这层意思。只不过是一个促进合约履行的计算机协议，并没有防止人与人之间欺诈的功能。下面看几个利用智能合约的例子。

（1）小蚁的智能合约。“用户可以将实体世界的资产和权益进行数字化，通过点对点网络进行登记发行、转让交易、清算交割”。怎么解决实物和虚拟资产的点对点所有权登记？注意是点对点，没有第三方公证人（工商局等）。

一旦出现实物和虚拟资产之间的纠纷谁来仲裁？并没有明确说明。

（2）以太坊宣称只是智能合约的搬运工。“以太坊具备开放通用特性，网络的每一个结点都可以运行以太坊虚拟机来发布分布式智能合约程序。作为与底层区块链和协议无关的通用分布式运用开发平台，具备了成为一个平台级产品的条件。”以太坊压根也没说怎么实现智能合约，显然技高一筹，以太平台上智能合约搞不了，不是以太坊的责任，是智能合约设计得不好。

（3）黑币社区的 BlackHalo 建立了一个双重保证金模型。“如果双方确认交易有效，那么钱从第三方支付给卖家，同时保证金退还给用户。如果双方同意取消交易，那么钱返还给买家，也返回双方的保证金。但是，如果当事人无法就交易有效与否达成一致，买家的钱被返回，买卖双方同时失去他们的保证金。”但是设想一种情况，买家拿到货后欺诈，买家只失去了保证金，而卖家却失去了货和保证金。如果市场中充满了到货欺诈，这个幼稚模型根本没人敢卖东西。

（4）OpenBazaar 是比较接地气的智能合约实现方案。但是在纠纷发生时仍然需要第三方公证人来仲裁，因为对于人与人之间的纠纷仲裁，目前人工智能根本无法胜任，第三方公证人是必需的。OpenBazaa 在一定程度上推动了电子商务的去中心化，确实不需要中心化的网站，商品不会被审查，不会被下架。如果市场接受第三方公证人加信用积分的方法，实现点对点交易，也许 OpenBazaar 是一次电子商务的飞跃。

3.7 一个将区块链科技迷信和操纵市场完美结合的投机骗局

不断刷新的价格新高，模模糊糊的利好，天外飞仙的概念，一幕幕似曾相识的场景，一些值得怀疑的情形，都指向一个结局：投机骗局？

如果你准备入场做以太币的接盘侠，请先问自己一个问题：你知道以太坊的供应量是无上限的吗？最简单的道理，数量无上限，无法维持高价格。以太币采取了 IPO 的发行模式，上市大约 7000 多万币集中在少数人手里，而且以太坊前几年的通货膨胀率都在 20% 左右。

初期筹码集中，较高的通货膨胀率，特别适合急速拉高慢慢出货、快牛慢熊的走势。

挖矿门槛高，初期挖矿分配不均。炒山寨币的人都应该记得狗狗币的快速挖矿模式，其造成的初期挖矿分配不均，矿庄在初期拉高割完韭菜后，步入漫漫熊市，让狗狗粉们伤透了心。

存在与交易所合谋虚刷市值的可能。以太坊在一个月的时间内达到了比特币市值的 15%，大概 7 亿美元。购买以太币的资金流有两种情况：①美元购买比特币，再用比特币到 poloniex 购买以太坊；②比特币直接购买以太坊。比特币是一座桥梁，如果是情况①，就有 7 亿美元的增量资金进入虚拟币圈，那么比特币的市值一定会相应增加；如果是情况②，存量资金之间互相变动，持有比特币的投资者换成以太坊，那么比特币的市值会相应减少。可是比特币的市值没有明显增加和减少，就可能存在以太黑庄对倒拉高价格的虚刷市值的可能。

Poloniex 是一个名不见经传的二流的山寨币交易所，日内高峰在线人数不足 5000 人，却能日均刷出 50000 币的交易量。按照 P 网的交易手续费 0.02%，每天刷量 100 币的手续费是否都真实兑付？而且在以太坊上 Poloniex 前夕，P 网还拓展了融资融币业务。如果交易所与黑庄联合坐庄，那么普通散户就算是做空也可能被爆仓，黑庄筹码集中度高，与交易所联合，先吃空再吃多。

以太坊的各种抽象概念，图灵完备、智能合约等，就连很多币圈老鸟都搞不清，更不要说其他的圈外小白。在我看来，以太坊的这些概念基本不可能实现，而其他一些已经落地去中心化的应用（前面文章中提到过），都因为当前因特网的局限性，止步不前。也许黑庄要的就是科技迷信的效果，让无知小白做接盘侠。想想 BTS 吧，还是熟悉的配方，还是熟悉的味道。

在以太坊狂飙的一个月时间里，主力交易所 Poloniex 的在线用户数居然没什么增加，一直在 4000 ～ 5000 人之间波动，也就是说根本没什么接盘侠。国内几大比特币交易所也明确表示不上以太坊。然而以太坊在国内春节期间偷偷摸摸开始拉升，目的恐怕是为了让国内的小白做接盘侠。黑庄以太筹码集中度高，出不了货，一边拉升，一边制造利好消息。最近国内各种新闻，如微软、IBM 等拟采用以太坊协议，这类新闻翻译的时候断章取义，生拉硬拽地往大企业上靠。这类将以太坊和微软、IBM 扯在一起的新闻，本身就有欺诈性，如果以太坊真的很牛，需要拉上微软、IBM 吗？

以太币价格高位横盘寻找接盘侠之际，又搞出一个基于以太区块链的二代币——THE DAO，号称去中心化自治基金，是用投票方式来管理众筹的自治组织，专门用来进行投资和支持以太坊区块链上的开发项目的。连我都觉得一头雾水，THE DAO 连谁掌握私钥、谁是发起人、谁来做投资决策都不清楚。然而在以太坊管理团队的各种公式、各种代码及各种概念（智能门锁 slock.it）的技术包装下，短短 15 天里众筹了 1 亿美元等值的以太币，占以太币总量的 10% 左右。然而这一招从投机的角度来看并不新鲜，以太坊拉升了 20 倍以后高位没有放量，黑庄出货不顺利，反而给了部分大户偷溜的机会，出现了一波缩量的下跌。为了稳住价格、锁定筹码并吸引买盘，THE DAO 这个去中心的投机基金众筹应运而生，既可以锁定以太币筹码，减低抛压，又可以在新的代币 DAO 上大做文章，吸引新韭菜。果然，THE DAO 众筹期间以太币止跌企稳，并出现缩量反弹。这就好比过去国民党为了稳住法定货币的价值，发行金圆卷兑换法定货币一样，只是暂时稳住了法定货币贬值，但随后还是一泻千里。其实不管以太坊区块链上搞多少代币、多少概念，黑庄最终的目的还是你手里的比特币和人民币，不轻易相信科技迷信、不轻易接盘最重要。

3.8 疑云重重的 THE DAO“盗窃”案

2016 年 5 月 28 日，THE DAO 众筹结束，融得超过 1150 万个以太币，相当于超过 1.5 亿美元价值，成为全球历史上最大金额众筹项目。同日，The DAO 开始在各大数字货币交易所进行开放交易。然而，仅仅在 20 天之后，黑客发起针对 The DAO 智能合约多个漏洞的攻击，其中也包含了递归调用漏洞，并向一个匿名地址转移了 3600 万个以太币，几乎占据了 The DAO 众筹总量 1150 个的 1/3。同时以太币币价大跌，一举从 145 元跌落至 68 元。

THE DAO 被盗的狗血剧恐怕不仅仅是黑客盗币事件，种种迹象表明可能是以太黑庄为了护盘以太币断臂自救而自导自演的闹剧。事件存在以下几个疑点。

疑点一：以太坊团队为什么不向交易所提出冻结交易申请？ THE DAO 被盗的消息是最先由 Vitalik 通过微信群散布出来并造成价格大幅波动。山寨币如果发生重大事件第一步基本都是联系交易所先冻结交易和提现，然后再由作者团队讨论处理漏洞。这样可以最大限度的保护投资者利益。例如：暗黑币中心节点分叉和 NXT 被盗，作者团队都是第一时间通知主力交易所冻结交易，然后再才讨论解决办法的。

以太坊团队无论是在营销和操盘上都表现的很专业，把一个科技迷信的投机泡沫运营到这个程度，以太坊团队没有规范的内部控制和风险管理是做不到的。如此专业的团队怎么可能允许作者如此随意的散布利空谣言？而且 Vitalik 的用词非常的模棱两可“looks like，likely will be”，后来更是由长侠爆出以太币区块链停止，造成 ETH 和 DAO 的价格大幅波动，致使很多投资者在低位割肉。事后以太坊官方发布澄清也在强调“这个漏洞只影响 DAO，以太坊本身是完全安全的”，“交易所可以照常交易以太币”。漏洞是 DAO 的，可是被盗几百万的以太币一定会对价格有影响，为什么以太团队不冻结以太币交易，甚至也不冻结 DAO 的交易，为什么不为不知情的投资者考虑，还强调交易所可以照常交易以太币？这个过程亏损的只有不知情的散户投资者！！！

疑点二：DAO 到底是被盗还是恶意使用？黑客可以通过一个递归调用把以太币就转向一个 child DAO。黑客也不知道私钥，而是利用智能合约的漏洞转移币，既然私钥没有被盗，那么黑客的行为算盗窃么？是不是以太坊团队也可以利用漏洞把币转回来？ DAO 众筹地址的私钥由谁掌控？如果私钥的权属不确定，那么这到底该算偷币还是恶意使用？说不定是一个程序员无意编写的循环递归函数出错呢？黑客并没有盗窃私钥的行为，而是调试 DAO 的行为。更关键的是，这个漏洞已经在两周前被 Gavin 曝光，以太团队为什么没有及时采取措施补救？为什么以太团队要如此刻意的表示被黑客攻击，并且可能被盗呢？

疑点三：为什么以太团队、DAO 组织的关系如此密切？巴比特我曾今看到一篇文章《THE DAO IS CODE》意思是找不到控制人。DAO 全称是 Decentralized Autonomous Organization，即“去中心化的自治组织”，可理解为完全由计算机代码控制运作的类似公司的实体，在人类历史上还是首次。很明确 THE DAO 是完全由计算机代码控制的实体公司，可是这次被盗事件，完全否定了这个定义。以太团队宣称，DAO 漏洞可以紧急软分叉、硬分叉来补救，也就是说以太坊团队可以完全控制 DAO，这是中心化的表现。如此，众筹时所打的去中心化自治组织的旗号就是欺骗行为。今天黑客利用漏洞以太团队可以分叉来补救，明天以太团队也可以利用漏洞来搞有利于自己的行为。以太团队完全可以独裁以太链上的所有代币和资产，来为自己牟利。

如果从投机骗局的角度理解以太和 DAO，或许这是监守自盗的投机骗局。比特币目前已经突破 5000 元，以太狗庄低位卖比特币买的以太币是亏的（持有比特币的收益更可观），另外在比特币 5000 元护盘以太，此时的成本是比特币 1000 时的 5 倍。因此，以太团队启动了 DAO 众筹项目来锁定以太的部分流通筹码，减轻护盘的压力，按照 DAO 智能合约的规则，这些以太币至少会被锁定 27 天不流向市场。但是比特币依然没有在 27 天内见顶的迹象，DAO 的负面效应开始显现，双线护盘，成倍的增加了护盘的成本。

要防止资金链断裂，摆在以太狗庄的面前的选择并不多？放弃 ETH 还是放弃 DAO，理性的选择应该是放弃 DAO。因为 DAO 只是以太链上的一个代币，只要以太币的链上不出事，一个 DAO 倒下去，千千万万个“DAO”可以站起来，甚至还可以搞出 QIANG（枪）来，让以太链做割韭菜的军火库。

如何放弃 DAO，最好的选择当然是在导演一场黑客盗币的“门头沟”事件，这样责任可以推给匿名的黑客，散户也愿意接受黑客盗币的伪真相。但是，笔者认为黑客真的没这么神，虚拟币的非对称加密是很安全的，特别对于有技术的程序员来说，完全可以做到杜绝黑客盗币。所以大部分的丢币事后都被证实是监守自盗，其中就包括著名的“门头沟”事件。

在 Vitalik 散布谣言后，ETH 和 DAO 均出现了大幅波动，ETH 成交量 9W 币以上，DAO 成交量几乎达 1 亿 D 的量，而后出现了反弹。请问谁有胆量这个时候买？只有庄，而且是做空的平仓单。庄可以在高位卖出巨量空单，放出利空消息，让散户盲目杀跌后再买回平仓。跌幅超过 70% 做空就有两倍多的收益，以太狗庄此役不仅筹码集中度没减，还换回了同样价值的比特币。亏本的只有不明真相的杀跌散户！

2016 年 7 月 21 日，为了拯救被黑客盗走的 1000 多万以太币，超过 85% 的算力支持硬分叉，以太坊硬分叉结束。然而出乎所有人预料的是，反对硬分叉的那一条链，并没有如期变成死链，反而活了下来，自称以太坊经典版（Ethereum Classic，ETC），币友戏称为二姨太。Poloniex 交易所随即上线 ETC 交易，一天之内从 0 元被爆炒至 13 元，随后一泄千里，目前价格在 6 元左右。许多投资者不明真相追高买入 ETC，造成了惨重的损失。以太坊一分为二，所有 ETH 的持有者，都有相同数量的 ETC。也就是说 ETH 黑庄拥有 7000 万 ETH 的同时也拥有 7000 万 ETC，ETC 同样可以成为黑庄操盘的标的。ETC 在 Poloniex 上线后暴涨暴跌，很显然是黑庄操盘的行为，在大家还没有反应过来的时候，迅速上线交易所后快速拉升。这样拉升的成本最低，可以在一个较高的价格上慢慢出货。

一生二、二生三、三生万物。以太狗庄在二姨太身上尝到了甜头，必然想着后面的三姨太四姨太甚至是五姨太。截至笔者出稿前，以太坊团队声称：“针对 ETH 网络的拒绝服务（DenialofService）攻击的数量和强度正在逐渐加大，已经在不断影响网络的正常运行，导致支持 ETH 存取服务的交易所和钱包平台出现延迟”。这个问题的直接结果就是，Vitalik Buterin 最近已经确认将会执行 EIP150 硬分叉。三个月不到以太坊团队又在准备迎三姨太进门了。

毫无疑问，数字货币圈现在是一个“无庄不欢”的狂野时代。在以太坊事件中，能隐隐感觉到“新疆德隆”的魅影。老股民都知道，德隆就是强庄的代名词，因为有钱任性，配合坐庄鼓吹，让很多不合理的事情看上去很合理。在目前没有监管的币圈，就成了“德隆”施展金融欺诈的平台。所以，对于早期参与投资数字货币的投资者们，学习好数字货币的基础知识，非常重要。

第 4 章 厘清数字货币乱象，理性选择投资币种

王博

有道：“混沌初开、天地始奠，乱象丛生、传销撞骗，蒙昧众生、难戒贪念，邪恶之徒，污我币圈，谁当横刀立马，斩妖魔鬼怪，还公正纯净币世界！老骥伏枥，志在苍穹，尽匹夫之责，口诛笔伐，愿天下君子英豪，肝胆相照，同仇敌忾，呵护我数字货币生存大道！”近来，眼看着比特币的发展举步维艰，全社会对未来去中心化的自信用货币体系正逐渐抛开迟疑，敞开胸怀，但新币种的滥发和众筹与传销的盛行，却愣生生搅乱了数字货币单薄的生态圈，一想起来笔者就万分激动，内心滋生以上拨乱反正之战士情怀，定当酣畅淋漓以抒发。

在第 2 篇“投资交易篇”中，对全民造币、银行风投、企业战略投资、挖矿、数字货币众筹等现状解析，已倍感整个数字货币圈存在明显的泡沫和乱象，2015 年以来全球对区块链技术研究与探索的激进表现、传销理念向数字货币圈的渗透，又诞生无数“资产代币”和“庞氏骗局与传销币种”，各种投资创意和概念炒作层出不穷，令人眼花缭乱，尽管大多数投资者因看不懂持有谨慎或怀疑的态度，但还是有不少投资者有迫切了解和参与数字货币投资的愿望，就被这些以中心化推广宣传的方式引入歧途，而参与一些没有任何安全保障的资产币众筹或被高度控盘操控币种的纯粹价格赌博，甚至直接陷入传销互助误区，这已严重威胁到数字货币去中心化的本质，特别是威胁到人类理想货币体系必须崇尚普世、公平、公正并受惠于全球公众的原则。

具有长期投资经验的成熟投资者，一般都经历过投资挫折或骗局的洗礼，不相信天上会掉馅儿饼，对各种高收益承诺具有一定免疫力，面对这种纷繁乱象，基本能把持定力，保持冷静，理性选择比较经典和纯正的投资币种；但对缺乏既往投资经验，刚开始接触和进入币圈的普通投资者，因为有比特币曾经暴涨数十万倍的故事在先，就容易被追求暴利和投机贪婪的思想驱使，而遭遇币圈乱象和有害币种所伤，招致重大损失。

随着比特币减半让挖矿成本一日内翻番的预期，比特币的价格突破 3000 元直接摸高 5100 元后，再次大幅回落进入震荡加固的盘整走势；坚守去中心化原则、币种纯正、市值较大、人气旺盛的莱特币和狗狗币初期稍有跟随，此后再次陷入低迷。反倒是竞争币里，所有有中心化干预和操控的币种再次活跃，许多币种再次演绎了 10 倍以上的短期大涨行情，这再次验证了币圈的小众与不成熟。任何新生事物经过 3 年的沉寂后都会走向物竞天择的优胜劣汰的规律，良币劣币会出现适当的两极分化和二八法则，但眼下，投机操控的浮躁几乎要淹没理性与科学的预判。

比特币尚处在全球渐进的拷问与接纳中，这种业态的混乱与投机盲动，夹杂着操控性、贪婪性、欺骗性浊流的冲击，定会对整个数字货币生态圈的正常培育和发展造成严重打击。为此，本章成为本书的重点，目的只有一个：希望通过文中的剖析和呐喊，让普通投资者有效鉴别各币种的本质属性与分类，提高投资风险意识，理性而冷静地选择适合自身特点的投资币种，并重点把握公众币种的投资机遇，控制对资产代币的迷信与投资份额，防范陷入传销币陷阱，共同净化数字货币生态环境，做个清醒睿智的数字货币投资者。

4.1 乱象丛生的主要根源解析

1. 去中心化自信用体系对全民习惯思维冲击太大

数千年的人类社会进化史，一直演绎着一场由个体和分散到群体和集中的过程，从石器时代以前的人类生命自然繁衍、以家庭为基础，到氏族、部落、民族国家，再到现代意义上的民主国家，整个过程就是不断趋于更为中心化的过程，在人们内心深处，归属于国家主权并接受主权信用保障的货币体系，或依托某个看似强大的组织，由其作为某种体系的保障，才会感到安全。

正是这种传统的中心化思维惯性，让大多数对计算机密码技术、区块链概念理解有难度的普通投资者，很难接受这种既没有主权保障，又没有第三方信任支撑的自信用货币体系，反倒是，有朋友推荐、有团队宣传和推动、有各种投机保障承诺，甚至有金字塔上下线辅导渲染的币种，在本能上认为更安全。这种现象阻挠了纯正公平去中心化数字货币的健康发展，成为诞生不良和传销币种、投机圈钱的温床。

许多人听说过比特币，在电视、报纸或手机上看到过比特币，并因此有了要参与数字货币投资的愿望，但却很少有人主动积极推荐比特币，因为比特币先天的去中心化、公众持有的分散性、不可操控性、拥有它必须付出挖矿或购买成本的属性，注定了没有任何人或机构产生向投资者推介的强烈动机。只有中心化的币种才具有对筹码的垄断和操控性，才会在价格的涨升中单边收割投资者的本金，所以，才会有竭尽所能宣传推广的团队，以及它的口号、教程、攻势和金字塔链条，总有人会喧嚷某某币如何地将与当年比特币一样，会从现在几分、几角暴涨到未来 1000 元，获得暴利，这样还真的调动了不少圈外投资者的激情。

2. 监管滞后造成币圈野蛮生长与诈骗盛行

因特网的去中心化体系，带给数字货币繁衍生长的土壤，让比特币的区块链分布式总账本自信用体系，在全社会的眼皮底下、在政府监管的隔离过滤中，竟然长成了属于全人类的具备有机生命体特征的去中心化的货币体系，现在已经不是任何哪个国家和政府想不想接受它的问题，而是不得不接受，且必须举国响应的大事件，谁在这场货币革命中没有紧密跟随，谁就可能在未来的国际储备货币体系中丧失发言权，但怎么跟、怎么监管，又都是所有国家的难题。

不监管，整个行业就会野蛮生长，各种金融诈骗盛行，搅乱整个国家的金融秩序；监管太严，又限制了自己国家对这场货币革命特别是区块链技术发展的探索与抢占先机。这就造成了现在这种模棱两可的局面，一方面政府发布《关于防范比特币风险的通知》限制金融机构不能参与数字货币业务，禁止银行与平台托管转账，适度限制数字货币投机风潮；另一方面不得不含糊数字货币的商品或货币属性，暗示普通投资者完全可以自主参与；当然更主要的一方面，是除了明显的以骗钱为目的的数字货币外，谁也说不清楚什么样的数字货币才更代表未来？币种的分类与定性一直处于真空状态，这就给存心不良者提供了扰乱视听、浑水摸鱼、打擦边球的“大好”机遇，各种 P2P、众筹及创新理念层出不穷，各种网上社交传播与咨询推广活动、各种交易平台与大资金操纵的推波助澜，让普通投资者很难分辨真假而上当受骗。

3. 混淆数字货币与区块链技术炒作的界限

数字货币作为区块链技术应用的成功案例，已经被比特币 7 年的历史所验证，尽管币价不是非常稳定，但相比于个别国家政府诚信丧失后，主权货币的高通胀、高贬值率，反而是数字货币具备更大的储值功能和安全性。在跨国交易支付应用、国际汇兑与清算，比特币已经有不可替代的便利性和低费率优势；近期英国的退欧与土耳其的政变，都瞬间对两个国家汇率产生了重大影响，而比特币的价格也同时做出上涨的反应，这说明它已经成为全球投资者价值储存的重要选择，本书的及时推出，正是基于满足普通投资者对参与数字货币的迫切需求。

但2015年以来，支撑数字货币分布式总账本自信用体系的区块链技术，忽然间成为整个业界极其热炒的话题，这种炒作与比特币和数字货币不同，比特币7年之后如此彰显其价值和生命力，且在它诞生的初期比特币协议与机制就将一切描述和定义得十分清晰，它就是将来很值钱的货币，但中本聪和那些电子货币先驱们，只低调地将它作为一场小范围的游戏和试验，它也基本从来没有烧过钱，甚至中本聪一直在评论区规劝大家将步子迈得小一点。

回想起来，比特币顽强的生命力从它诞生的第一天开始就有了，它的价值伴随着那个比萨饼直接显示在交换和应用场景中，并在全球投资者普遍的交易和参与中产生了价格狂飙，比特币一直都是真实存在，从没有人根据预期和想象炒作过。再联想起来，当年李彦宏是因为帮新浪做搜索引擎，新浪没按时支付费用而成就了百度；马云喊电子商务的时候，根本就没几个人看好；而马化腾当年一门心思地想将毫无价值的QQ卖掉……世上最有价值的产业奇迹都是历史发展成就的，绝不是人们一开始就可以预见的。

但对区块链技术的炒作，都基本是基于预期和想象，实在是有空中楼阁之嫌，吵吵了一年多，依然没有多少看得见的实际应用诞生，倒是乱七八糟亮瞎普通投资者眼睛的智能合约、去中心化自治组织等UFO式的概念（虽然这是区块链技术里面很重要的专业名词），让人们进入一种迷幻的精神亢奋状态。我在此呼吁全社会一定要对区块链技术的发展采取一种冷静理智的态度，这项技术既然已经造就比特币，它的价值一定会有更多的应用场景，但这必须伴随着社会的不断进步、技术的不断成熟、看得见的社会需求诞生，绝不会是当下万事皆可区块链的疯狂状态。

即便是从基础技术核心的角度来看，笔者也一直有些困惑。

除了比特币“完全去中心化、经典纯正POW工作量证明机制的公有链是用全球足够强大的挖矿算力确保比特币的全球信用”，其余所有联盟链、私有链和侧链都离不开适度中心化干预。作为一个主权国家的公民，对主权政府中心化信用、光速确认记账的效率都不信任，为何要相信金融财阀联盟区块链（难道要让全世界人民再次遭遇90个国际银行联盟的奴役？）、某个私人团队操控的私有区块链（难道要让一家以太坊公司成为整个币圈的母公司？）或寄生在比特币区块链上的侧链（没有任何实体劳动储值确保的价值信用根本就是0）。信任部分中心化机制、部分主节点操控、没有挖矿者维护的总账本不但会失去主权政府完全中心化的光速效率，还失去了比特币建立的无需第三方的信用，简直就没有任何理由啊？

比特币的完全去中心化POW工作量机制的区块链的主要目的，就是让全世界分布式总账本和验证体系解决全人类最大的“超主权信任问题”，即别的国家不再受美国和美元奴役，我不能被我的政府无端剥削，当我不信任我的国家的时候，我的财富还能由全球公众的信用来保障！——这是比特币多么宏大的理想和愿景啊，都被对区块链技术的中心化滥用和随意炒作玷污了。

从区块链分布式总账本自信用体系一定是需要挖矿确认环节的重要性来看，比特币最伟大绝妙之处在于它的奖励矿工机制（2140 年后用交易费奖励），让矿工通过交易卖出挖矿获得的币价值，而维持了去中心化分布式总账本数据的连续记录和验证，这简直是类似于有机细胞体具备的自我维护生命的伟大机制。其他任何区块链应用要解决的第一个问题就是：谁来为总账本数据打时间戳？记账的人太少，就相当于由完全去中心化又回到可操控的中心化有限节点，总账本就可能被篡改而失去信用，没有了存在的意义，记账人太多，谁来为他们的付出买单？

这是目前所有区块链项目必须面对的第一个问题，不能总奇思妙想地琢磨这区块链数据有多大用途，先考虑哪里来的分布式算力保证区块链数据的信用才是基础。笔者常产生一种遐想，现实社会中，只要所有那些既往中心化管控的机构，建立一种面向全网即时公开信息数据、任由分布式计算机复制下载共享数据的机制，一天之内，覆盖全国的一桩大型区块链项目就成立了，既不需要运行挖矿软件、还有分布式节点记录的数据对总账本的验证，这种效率和信用哪里是当下所有几个已发起众筹的项目所能企及的？所以，劝告所有区块链技术的创新研发团队，一定要保持冷静客观的发展理念。

每次看到币圈信仰者对区块链的激情张扬，笔者就总是满脑子的“无需求、无场景、泡沫化”的唏嘘，“去中心化自治社区”明摆着在二八法则的作用下，让大多数人的错误决策（失败概率大于为 80%）白白烧钱吗？而迷信“智能合约”的人，稍懂点自动化流水线和自控系统，知道代码几十年前就可以造飞机、装汽车、探索外太空了，但它永远也无法取代人，特别是坏人拿着合约明知故犯，就永远离不开公检法的强制鉴别与执行？可悲的是，币圈如今就充斥着大量以区块链技术发展和应用为噱头的炒作，以及为了某个玄妙幻想而发行“资产或股份代币”的无底线圈钱。

笔者大胆猜想出现这种乱象的另一种理由：比特币协议机制太完美，自我维护的生命力太强大，未来一定会凌驾于全球各国法定货币之上，但它与银行、华尔街及风投没直接关系，谁都别想操控它，但一些贪婪的家伙奴役百姓成为习惯，才不会安分于持有比特币待涨盈利，它从来都奢望通过制造泡沫圈钱、骗钱和洗钱，于是，在不良目的的驱使与策划下，全球区块链热骤然刮起，看似是国内外民间大咖的民主和技术创新，实则有很大一部分因素是幕后大佬拉开吞噬投资者金钱的游戏。

对于普通投资者而言，比特币等数个公众数字货币已经能够看得见摸得着，大多数参与过股票期货投资的老鸟，只需要打开交易软件瞅一眼 K 线，就立马找到感觉，对自己的投资风险有个大体把握。但对于区块链，只要不是极尽烧脑的码农或技术大咖，很难理解一项区块链技术到底能干什么？有没有未来？那就还是不要太科技范儿了，就安心投资数字货币即可了。

4. 自主发行“传销币”并快速上平台交易敛财的贪婪

监管缺失、区块链技术炒作、众筹模式与 P2P 的大行其道、交易平台的遍地开花，以及执法难度大等特点，最终造成不良目的、传销币、认购币、MMM 互助泛滥，和“平台 + 资产币”的漫天飞舞，随便一个创意加上高超的营销策划，就可以诞生一个“传销币”，就可以上市交易，就可以有价格大幅波动，就可以实现圈钱、洗钱、骗钱的目的。

谁让我们进入了信息时代，让网络、让 4G 手机、安卓系统淹没了我们的生命呢！你不是爱猎奇又充满拜金与冒险精神吗？骗子们就是专打你的软肋，用“股票行销学 + 金融复利学 + 哈佛市场倍增学 + 二元期权”“国际大盘、拆分内排、重磅来袭、2 个月静态收益 6 ～ 25 倍”和“智能合约、图灵完备、烧币、侧链、编程、分发、担保、交易任何事物”这种无所不及的“高大上”创新理念，亮瞎你的眼睛，而许多圈外投资者还真的就是因为这样的宣传才铁了心进入数字货币圈的，给他苦口婆心地唠叨去中心化、区块链、无须信用还惹他烦，而传销却立马调动起他的激情，可惜，这种现象正无情地吞噬着普通投资者的本金，也同时摧毁着他好不容易建立起来的对数字货币建立起的信任。

在目前这个区块链发展的萌芽阶段，要投资一个区块链项目，不得不具备以下两点特征。

（1）兼具想象力、足够的商业头脑和丰富的工作经验。

（2）项目能够落地，可以解决市场的刚性需求。

5. 资本在通货膨胀与各种投机高风险挤压下的投资骚动

在全世界成熟的股票和投资市场，上市企业都有着良好的诚信记录和比较公正的以价值投资理念为主的价格波动，但中国的 A 股市场，以及目前的创业板甚至新三板，都有人为因素造成的资源稀缺性，而让股票价值保持相对高估状态，长期来看，民间普通投资者的资本要想在 A 股市场得到公允的回报是很难的；在货币资产将高通胀、高贬值率预期下，流动的钱已经将一线城市房地产推到全球“房价 / 收益比”最高值，投资风险聚集，许多具有一定投资实力的中产阶层感慨：把钱存进银行不投资就等于亏蚀，而投资又缺乏渠道。这种潜在的投资欲望在国内投资选择品种稀少的现实面前，自然而然让数字货币和区块链产业成为下一个资本蜂拥的高点。

资本投资的饥不择食的骚动，是产生冲动投机和羊群效应的根源，2015 年以来，币圈的数宗众筹大戏就是在这种氛围下圆满提前完成的，而以太坊竟然是无上限发行、THE DAO 创造的去中心化自治组织众筹，都不是一般的超出正常的思考极限，可以说，参与众筹的绝大多数人完全是懵懂地看好区块链和数字货币这个时代，并未能理解这种本质上中心化发行而又打着去中心化旗号的运行机制、明显违背二八法则的自由竞争市场规律的决策模式有多么的不靠谱，但就因为先期冒险参与资金在有预谋的操纵下获得的高回报似乎验证投资成功，而让整个数字货币圈出现只要画套就有人钻的热闹场景。

4.2　理清各类数字货币的主要原则和理念

1. 自信用体系的可靠度（去中心化、区块链）

只有完全去中心化严格执行分布式区块链总账本验证的自信用体系，且在算力均衡的状态下，达到一定规模可抵御 51% 攻击性的数字货币，才是纯正公平的，任何企图发起人预挖、影响产币节奏、操控某些主节点验证的中心化因素，都会影响其协议与系统的可信度，从而变得没有价值保障。

2. 价值储存与防止垄断操控性（POW 与 POS 的差异）

只有纯粹的 100% 工作量证明机制 POW（Proof of Work）情况下诞生的币种，才具备价值储存（类似于淘金的人必须付出挖矿的劳动和提炼成本才能获得金的价值储存），挖矿的综合成本单价（也可以看成是劳动与商品的第一次交易）就为币种的定价提供了基础参照。正因为几千年来金币、银币本身附有的价值信用，才得以成为最基本的流通货币，纯 POW 方式发行的币种才有望成为世界通用数字货币。

任何通过权益或股份证明方式 POS（Proof of Stake）发行币的方式，一是缺乏工作量证明对币种价值的赋予，二是存在部分中心化的干预，三是让新币的诞生和分发丧失公正性，这种一定程度的中心化、可操控性、不确定性、参与权益分配者有影响价值的动机，都会最终难保信用。短期来看，POS 的机制或许有利于某个币种的迅速分发和崛起，但长期来看，最终会随着潜在的被垄断或操控而失信。

所有采取众筹方式发行的币都是中心化币，都会形成垄断操控，从而没有前途；介乎于 POW 与 POS 中间的，传统意义上理解为半中心化，但出于对去中心化才会有真正信用保证的神圣原则来看，半中心化依然存在最终被强权操控的嫌疑，走向失信，因此只有真正去中心化的币才会有前途。

3. 初始价值预期与发起人动机纯正性

每个新生事物在诞生的初期，都需要进行一场艰苦卓绝的挣扎和拼搏，一将成名万古枯，才会最终获得大众认同，被赋予价值预期。数字货币更是这样，比特币 2010—2013 年的暴涨带来的财富，就是对所有那些前辈的牺牲及创始人承担风险忍受煎熬为社会贡献出一项专利的回馈，在比特币漫长的从无到有的酝酿诞生过程中，中本聪和许多先行者们都付出了无穷的智慧和艰辛。

更重要的是，他们是在看不到希望、没有价值支撑和预期的情况下，保持高度廉洁和公正性、自信用体系及锲而不舍的坚持，才逐渐被全球接纳，这种币的价值实现也基本体现的是参与者群体利益的共同拥有，没有任何中心化倾斜和操控。

当数字货币的理念逐渐被全社会接受，有了价值预期后，并因为比特币技术的开源思想和协议公开透明，后来的模仿者和追随者创建新币的成本很小，对起始操控的诱惑就激发许多人产生发新币的趋利行为，这也是 2014 年以后，全球新币像雨后春笋般遍地开挖的原因。

但是，再创造一个纯正的币，想靠缓慢的渗透让世人接受，显然已经不可能，如果靠积极推广和宣传刺激发行，又没有成本支撑，于是，众多的币就只好通过对起始协议的修改、各种奇幻无比的创意，极力辩解和推销自己的去中心化，而骨子里又极力呵护自身的中心化利益，这就从起点上产生一种悖论：不推广就死亡，主动推广必然有利益动机而失信。笔者认为，长期来看，2014 年以后发行的绝大多数币种都需多做调研。

4. 对数字货币、区块链技术的不同侧重性

本书将明确澄清一个概念，将区块链技术作为分布式自信用体系验证的网络技术与产业对待，将数字货币作为区块链技术在创造“公平信用数字交换媒介—数字货币”的应用看待，只有后者才是我本书探讨的重点，前者归类为研究区块链技术开发和应用的企业行为。

整个币圈存在一种将从事区块链相关的创业公司的股份定义为“币”的现象，我认为这种现象有创新的成分在其中，但从投资与风险的本质来看是一种金融

投机行为在驱动：目前全球对有限公司、股份公司的创建和营运管理都有明确的法律、法规、税务、监督管理机制，且想实现二级市场交易和股权转让，让原来的内部股、原始股直接面向公司外投资者套现，必须符合诸多股份转让规定，特别是若期望实现 IPO 上市公开交易，更是要经历艰难的财务审查和上市考核议程，这一切严格的监管制度为的就是严禁虚假和欺骗性行为存在，显然这不符合大多数区块链应用类的创新公司。

数字货币交易平台的地位处在走擦边球的境界，中国政府和金融管理机构也都处在尴尬状态，出台对交易平台的监管政策——就是承认了平台的合法化与合规化；一刀切地禁止——可能让中国投资者错失全球最大的一次货币革命，将来被他国奴役和剥削；于是就只能一方面发布《关于防范比特币风险的通知》告诫全社会“防范比特币风险”并斩断银行与平台直接资金对接，同时又默认各种交易平台曲线转账和交易，成就全球最大数字货币交易平台（不愧为英明决策——投资者大可不必顾忌交易平台的政策风险，家长也一定希望他的孩子不被他人奴役）。

这种不得已而为之的放任，为数字货币交易平台的创建大开方便之门，关键是对各种平台上市交易币种完全放弃监管，这就形成了一种滥发新币（不论是币不是币，股份、资产、众筹份额都可以称为“币”）、操控新币、疯狂炒作新币的局面，一大批以“我想在区块链技术应用领域做一件事”的币应运而生。以非法集资罪被判无期徒刑的浙江吴英还在狱中服刑，按她的聪明智慧，连续发行几十个数字货币并全球操纵，还不立马圈回来几十亿的现金？可惜当年还没有数字货币。忠告所有无底线发币者，“到了秋后算账时节，一定要提前洗干净自己的屁股”！

所有以股份权益概念中心化众筹方式发行的“资产币”，它的价值只与发起人能否在区块链和数字货币产业搞出点名堂有关，与比特币将来真的成为国际储备货币上涨到 8 万 10 万没有任何关系，它的价格只能由这个团队运行的前景来决定。“资产币”的探索和演绎，或许是对未来公司股票、资产、基金、分红或 P2P 股权转让的更好形式。

5. 全球认同度

通过解读英国财政部《对数字货币征集信息的回应》与中国央行 2016 年 1 月 20 日公告《央行：争取早日推出数字货币》，以及周小川与财新记者对话预期，各个国家将本国法定货币体系过渡到央行数字货币体系必将是大势所趋，未来每个主权国家辖内的数字货币交易支付大概将以主权央行币为主（央行中心化主机系统对总账本的光速交易背书，会超越任何最快捷的区块链分布式信用验证需要的时间，普通投资者只需要想一想支付宝、手机银行、微信支付的速度就够了，当然，在理解最近热炒的闪电网络时，也别忘记部分中心化节点与央行中心化确认在本质上多大的区别？哪个信用更高？）；比特币等公众数字货币将演化为超主权国际储值货币（主要完成跨国交易、国际储备、汇兑和清算），以替代既往黄金和美元国际货币的职能为主，凌驾于各主权货币之上。

若此，任何想在未来数字货币领域占有一席之地的币种，需要跨越的第一道坎就是“全球化”，眼下全球认同度最高的主要是比特币、莱特币和狗狗币，到了2014年以后，谁想再策划发行一个新币种，还想让全球一下子都认同和信任，难度实在太大，除非它包含进去许多人为操控的因素。

6. 关于投资机遇与投机价值的区别

从数字货币本身的发展角度而言，本书侧重推荐投资者以长期投资公众类全球性数字货币大币种为宜，这是一件改变人类历史进程的大机遇，这些币种因市值相对较大，且已经走过初识被认同的价格暴涨期，同时，这场货币革命是无法预期的，或许在投资者认为的有限的时间区间，不见得就一定能获得很大的投资收益。

反倒某些小众币、改良币、资产币乃至传销币，从长期来看，具备很大的投资风险，甚至直接就是个坑；但从短期看，或许存在更大的投机价值，这就为投资者留出一个自由选择的空间，当下，各种平台和社交理财群遍地开花、气象万千，各种新币闪亮登场、价格狂舞，天天有神话，时时被亢奋，真的是华山论剑、各显神通啊！

央行币就等于现在拥有的纸币的电子版本，是受主权信用保护的，是基本没有投机价值的，且长期来看，注定是贬值的，但持有它的风险也是最小的，积极拥抱它吧，这也是我们作为主权国家公民的高尚义务。

本节最后，忠告普通投资者：以长期投资公众币的数字货币机遇为主，以投机炒作其他币种为辅，时刻注意控制投资风险。

4.3 数字货币的六大分类

4.3.1 公众币

公众币是指面向全球公众、公民、大众以公平、公开、公正方式发行的公众货币，特指完全符合数字货币（以中本聪协议体系为蓝本）的所有特性，具备最强自信用功能，且已被全球公众认同的具备充当国际储备货币职能的币种。

（1）发币动机：完全去中心化、替代既往法定货币体系和纸币系统。

（2）应用方向：价值储存、投资与投机、国际硬通、跨国商品交易支付、跨境汇兑与结算、全球价值交流的一切应用。

（3）产币方式：各种加密方法 +POW 工作量证明机制。

（4）去中心程度：完全去中心化、纯正区块链、分布式总账本、自信用保证、没有价值预期、没有操纵嫌疑、分散程度高。

（5）价值储存性：挖矿算力强大，币价具有对应挖矿成本的价值储存。

（6）全球认同度：全球认同度高，全球各国银行风投民间普遍接受。

（7）交易特点：全球交易量大，具备博弈市场特征，被操纵的可能性小。

（8）存在的缺陷：

①完全去中心，虽然公平纯正，但缺乏中心化的宣传推广，可能成长缓慢，或遭遇中心化货币对其发展的干扰。

②在发展过程中，存在起始协议缺陷或技术瓶颈时，因为完全开源和去中心化，缺乏统一达成共识的组织基础，往往改进的难度和成本很大，限制其升级和进化。

（9）投资策略：长期来看，这场去中心化数字货币革命取得成功具有历史必然性，那么已经晋升前三甲的币种就已经具备成为将来主流数字货币的基础，一旦未来的国际储备货币以公众币为主，那它们的市值必须满足数十万亿的规模要求。眼下，三大币种的总市值才区区 800 多亿元，它们的成长空间简直无法估量，所以本书一直强烈建议：一定要“树立长期投资数字货币大机遇”的理念，以短期炒作为辅，绝不能让自己失去公众币筹码，将是很长时间里，必须刻骨铭心的大事件。

（10）主要币种：比特币、狗狗币和莱特币等。

将狗狗币排在莱特币前，一是因为狗狗币总量 1000 亿并永久持续挖矿、特殊的文化氛围、满足小微支付的优势与比特币形成了互补的关系，在真实人气上超过了莱特币，而更为重要的是，比特币和狗狗币是两个创始人都离开核心团队的币种，没有主人的币，难道不更具备纯正的去中心化特征吗？二是将莱特币排在狗狗币之后，是从价格 K 线形态看，莱特币价格波动的过于陡峭和跌宕似有强势控盘主力长期藏匿其中的嫌疑，这也是毁掉某个货币公正性的重要因素。

4.3.2 小众币

小众币是指具备一切与公众币相同的协议机制与体系，在加密算法、发行总量和区块时间上有所更改，但接纳和认同的区域及参与人数都小，一直在有限的范围内缓慢渗透甚至停滞，没有特殊重大事件发生，很难有突破的小微币种，最终的生存概率较低。

（1）发币动机：比特币成功了，也学大哥的方法跑马圈地占个位。

（2）产币方式：各种加密技术与规则 +POW 工作量证明机制。

（3）应用方向：价值储存、投资与投机、替补失信的公众币。

（4）去中心程度：同公众币。

（5）价值储存性：算力小，币价基本对应挖矿成本，但岌岌可危。

（6）全球认同度：认同度低、小币种、信任者少。

（7）交易特点：大多数以山寨币的方式随民间投资冷热度波动，博弈性质不连续，投机风险较大。

（8）存在的缺陷：

①币值小，容易被主力或大户投机操纵，价格波动大，有成为死币可能。

②会因投机炒作过程中的筹码过于集中而失去公平性，从而最终失信。

（9）投资策略：就像金、银、铜作为曾经的铸币一样，作为具备信用的流通货币，太少可能会出现垄断，太多又会丧失价值计量参照，反倒不方便达成交易，未来理想货币体系状态或许仅限具备互补性质的 3 ～ 5 个公众币种，那么，大多数小众币都很难再有龙出升天的机会，但小众币的存在逼迫公众币必须守信，并随时具有利用前者的失误而晋级的可能。

（10）主要币种排行：世界币、地球币和夸克币等。

4.3.3 创新币

创新币是指以中本聪数字货币体系为基础，但在发币方式上适当引入 POS 权益等证明机制，有一定程度的中心化干预和对持币者的激励，有助于币种的推广和发展，但也失去最基本的纯正区块链保障的自信用价值，长期来看很难上升到充当超主权国际储备货币职能的高度。

（1）发币动机：借助区块链产业西部拓荒、跑马圈地。

（2）产币方式：POW+POS 相结合机制。

（3）应用方向：价值储存、投资与投机、挑战主权货币。

（4）去中心程度：半中心化，有偏向激励创始人的嫌疑。

（5）价值储存性：靠一定算力与权益分配保证价值，很难计量，价值储存低。

(6) 全球认同度：中心化推广为主，全球信任度波动性较大。

(7) 交易特点：以山寨币概念交易为主，存在中心化操控下的暴涨暴跌行情倾向。

(8) 存在的缺陷：

①半中心化难以胜任充当国际公众储备货币的职能。

②透明度不高，一些品种存在操纵欺骗嫌疑因素多，最终走向失信的概率较高。

(9) 投资策略：长期来看，一定是投资公众币种更为妥当；但中短期来看，一些半中心化的创新币种，因为有团队呵护，有新颖概念，价格波动更大，更具备投机价值，但同时也放大了风险，对 K 线形态和技术分析有绝佳的功夫的投资者可适当参与。

(10) 主要币种排行：达世币、点点币、合约币、未来币、域名币、黑币和新经币等。

4.3.4 资产币

资产币是指非经典数字货币，是欲从事有关数字货币、区块链技术开发应用的公司或团队，为了避开公司类股权背书、股份发行准许资格申请、IPO 上市交易的高门槛，以及各项法律与金融法规的严格监管，将自己的研发和经营风险通过以发行数字货币对应所属股份的性质，转嫁给投资者，对“币”字的借用完全是一种对“去中心化数字货币 + 区块链技术”概念的窃取，本质上是彻头彻尾的中心化，大多数资产币还都只是诞生于项目白皮书，投资风险很高，还有一些基本用“创建理念噱头”的预期性组织众筹、认购和分发，币价的高低和市值的大小主要与“策划书 + 包装 + 无奇不有的推广模式 + 监管混乱状态下的交易平台的见钱眼开 + 刻意利用先期圈到手的资金制造辉煌投机行情”相关，干成干不成先拿钱再说，等成功了如何分红一般都不说。

(1) 发币动机：想要在未来的数字货币、区块链技术应用与开发领域占有一席之地，领跑全球去中心化区块链产业。

(2) 产币方式：众筹、认购、分发、权益分配，看似有“区块链 + 去中心 + 数字货币”，本质上就是自己说了算的“股份”，说有 POW 一定也是假的，POS 才是真的。

(3) 应用方向：一切区块链技术、数字货币研究、开发与应用。

(4) 去中心程度：完全中心化策划推广宣传和运营。

(5) 价值储存性：由投资者的本金、烧钱的速度和创意实现的可能性保证。

(6) 全球认同度：随公司业务发展确定，可持续性较差。

(7) 交易特点：完全由发起人操控，行情缺乏博弈特征，投机风险较大。

(8) 存在的缺陷：

①难以禁止“烧钱 + 欺骗 + 跑路 + 长期忽悠没商量”的犯罪动机。

②不具备项目所在领域的起码认知、工作经验少、缺乏投资理财经验者，一律慎入！

(9) 投资策略：对普通圈外投资者，实在找不到把钱押在“对未来可能性大猜想”的事件上的理由，只有区块链或数字货币业内高手，为了自己的理想稍微在心底有谱的项目上，投资点小钱赌一把还差不多。

(10) 主要币种排行：瑞波币、比特股、恒星币、以太坊、DAO 基金、微币和 Lisk 代币等。

4.3.5 央行币

央行币是指完全中心化发行、中心化主机确认交易并记录总账本（光速处理速度），数量由央行控制，币值受主权保护（长期处于增发与贬值状态），增加实名认证与可追溯性功能（彻底杜绝现金腐败），减少纸币印刷发行成本及商业银行传统背书成本，集权与垄断程度更高，主权辖内的商品交易更为一统。

对央行币的理解上，不能因为去中心化概念深入人心而产生一种泛自由和极端无政府主义状态。事实上，当下繁荣的工业社会与信息文明，也都是在国家主权发挥有效运行功能情况下取得的，如果没有国家、银行和近代法币体系这些强大的中心化国家主权及中心化金融中枢，就不可能有大工业、大生产、大城市、大信息时代，现在所有的网络系统、GPS 导航和航天探索曾经都是中心化的美国军事研发成果，都是集一国之力为人们创造未来，甚至阿里巴巴、淘宝、腾讯、京东和小米也都是在竞争过程中，因为对中心化利益的追求，而让整个社会精彩纷呈。

数字货币的去中心化，在于克服中心化主权政府在货币发行机制上的因为垄断而形成的通胀和分配不公与失信的问题，并不是完全的无政府主义，在一个主权稳定、政治经济和国际影响力与日俱增的国家，央行有能力稳定自己的币值和保护法偿性，它就有意愿跟上科技发展步伐，不断提升自己的货币体系职能，保持中心化货币体系集中高效的竞争优势而维护垄断，发行央行币就是大势所趋。

(1) 发币动机：适应网络时代将主权纸币与信贷货币向数字货币提升和发

展的大趋势，减少纸币发行流通成本与传统金融信用背书和交易对劳动资源的浪费，克服纸币的匿名性，增加流通数字货币的可追溯性，在技术上杜绝主权辖内的现金腐败现象。

（2）产币方式：绝对的中心化发行、实名认证、中心化主机确认、所有交易可追溯、数量完全由政府调控、适度通货膨胀、与旧有货币体系无缝链接、币值受主权保护、具备法偿性，替代目前主权纸钞与电子货币的数字法币。猜想：中国依然是“数字人民币”，特殊的区块链体系（实现可追溯性又不需要分布式总账本验证），主权信用保障，如 1 元数字人民币 =1 元纸币。

（3）应用方向：

①主权辖内的所有支付交易活动。

②杜绝现金腐败的主要工具。

（4）去中心程度：完全中心化。

（5）价值储存性：主权政府在适度通货膨胀基础上保证其法偿性，货币自身无价值储存，只是代用记账纸钞。

（6）全球认同度：较低，只有很少一部分与他国周边接壤地带，为了支付交易方便而用。

（7）交易特点：没有稀缺性，估值稳定并受政府调控，无投机价值。

（8）存在的缺陷：

①与既往法定货币体系一样，存在长期通过通货膨胀对大众的剥削。

②因经济危机或政权动荡与更替，出现大幅贬值或归零。

（9）投资策略：没有投资价值和投机价值，只有商品交易用途或短期储蓄备用价值，也不属于本书研究的币种。

（10）主要币种排行：数字人民币、美元、日元、英镑和马克等。

4.3.6 传销币

传销币是指一切借用数字货币概念，以传销、众筹、直销、认购，或赠送、权益分配模式等作为旗号，实际却是以庞氏骗局、跑路骗钱为最终目的，采取完全中心化机制发行的“伪数字货币”“骗子币”“洗钱币”，统称为传销币（不专指多层次传销），本身只是名字称为币而已，实际上只是一种以骗钱为目的的金融犯罪行为。

（1）发币动机：圈钱、骗钱、洗钱、跑路。

（2）产币方式：完全中心化发行与推广 +POS 分发 + 免费赠送。

(3) 应用方向：无。

(4) 去中心程度：无。

(5) 价值储存性：无。

(6) 全球认同度：无。

(7) 交易特点：中心化操控骗盘交易、虚假交易。

(8) 存在缺陷：跑路没商量。

(9) 投资策略：如果对当下的生活倍感无趣，对所有赌牌兴致盎然，又抽不出时间去拉斯维加斯或澳门小赌怡情，那么，这个完全与传销、MMM 互助本质相同的游戏，一定会吸引你，但做这种投资是要承担很大的道德风险和法律风险，归零的机会是99%，对普通投资者来说，就两个字建议：远离。

(10) 主要币种排行：暗黑币、维卡币、百川币、摩根币、贝塔币、BBT金币和波特币等，数不胜数。

4.4 未来币世界预测

1. 央行币——主权数字货币、不得不接纳的交易货币

当身边许多的超市、便利店和小吃店都逐渐开通了微信支付、手机银行、支付宝，除了卖菜的大妈、卖肉的大叔是因为不方便擦干净手无法查询你是否真的转账成功，不得不收取现金时，你就知道中心化的结算效率有多高了，基本都是秒杀，这种交易速度和海量交易需求，根本不是区块链、分布式和工作量证明机制支撑的数字货币体系可以比拟的。

数字货币投资者，不要再被泛自由、无政府主义思想和数字货币神奇的概念蒙蔽了，只要在一个政权、经济基本稳定的国家主权辖内，为了满足平常交易和支付，那就还是乖乖地尊重法币，只有它才能让你以最高效的速度完成一切交易。

所以，从央行数字货币发行的那一天起，想在主权国家内以满足商品交易和支付为目的的数字货币，它的生存就变得异常艰难；但若在一个小圈子里，行使超越央行币功能外的娱乐、情感交流、打赏、慈善和共享快乐的文化功能，或是以保护隐私的目的出发，应该还是会有一定空间的，因为走向过剩经济时代的未来公民，对精神层面的需要会逐渐超过对物质的拥有，这一点上，狗狗币已经走得很远，这也是本书将狗狗币列为仅次于比特币的原因之一。

央行币的价值具有法偿性，受中心化主权保护，未来银行体系和信贷对宏观经济的支持与调控依然会起到重要作用；但公众币的存在，一定会倒逼现行各国银行金融服务体系，升级和改善对投资者的服务态度。

但在政权出现动荡，或政府自身缺乏自律出现信任危机的情况下，主权辖内的公民会自发抛售央行币增持公众币，而加剧经济和金融动荡。

2. 公众币——国际储备货币、畅行世界的跨境汇兑清算货币

央行数字货币在主权辖内再强，但出了国门，在网络那端其信用度就锐减，央行币的发行可能会对应实名认证，这会影响它在有竞争关系的其他国家内的流通，不像现在的东南亚和毗邻国家对匿名的人民币纸钞更有感情，到数字货币阶段，持有他国主权央行币或不利于方便达成交易。

更重要的是，因为有了具备国际储备货币、跨国交易、汇兑和结算的公众币，为什么还需要别的国家的央行币？

公众币充当了金本位时期的金的价值储备和兑付功能，本身就可以直接取缔当下人们对美元的依赖，以及超越历史上一切至高无上的国际储备货币的功能和机制。

本章内容的最大愿望就是：让投资者擦亮眼睛，理性选择投资币种，从长期战略投资和交易应用而言，普通投资者仅参与公众币和央行币两种币就足够了。部分投资者处于投机的目的，也可以关注和参与其他币种，但一定要明确别的币基本很难具备未来国际准备货币职能，仅具有短线投机炒作价值，或是个别资产代币公司取得在区块链产业应用方面的突破而具备中期持有价值。

3. 小众币——为缥缈的理想而坚守

理论上，全球 60 亿人，每个人都可以按自己的喜好找一家专门提供造币服务的软件公司，修改一下比特币协议与代码，发行一种属于自己的货币——小众币。但绝大多数的小众币将随着长期不具备价值储备和交易而走向归零，但依然会有少量的小众币在狭小的空间里顽强生长，并虎视眈眈地窥探公众币的运行，任何一次公众币技术瓶颈爆发或信用受损，都会给它们带来蜕变的机会，这也是它赖以生存的信心支撑。

4. 创新币——为投机而生也将为投机而死

由于大多数创新币在发行机制上存在先天不具备完全信任的特点，既不能作为诚信的货币体系，又不是完全的区块链应用开发，基本都会在垄断或操控爆发的时间节点，随着投机本质的凸显而走向价值归零，但或许由于社会的发展诞生了许多特殊的新的需求，而让个别的币种延长其寿命甚至疯狂投机很长时间，但最终，都逃不脱被公众抛弃的命运。

5. 资产币——将彻底依赖其对区块链技术应用开发的能力而存在

这些“币”本身就不是币，只代表它想从事区块链技术应用和开发的业务而诞生的公司股份，有点类似于众筹股权或基金份额，它的价值将随着这个团队业务的发展体现其价值，它永远都不可能成为真正的数字货币，也永远只有与公司真正效益挂钩的投资或投机行情。

投资者需要提防的是，不能总是被资产币神乎其神的谎言牵着鼻子走，要一开始就思考所投的公司是不是仅在一边烧钱一边寻找假突破，这样的资产币大多数将随着募集资金的烧光而化为乌有。

6. 传销币——骗局终将被揭穿而成为过街老鼠

传销币的谎言将越来越难以自圆其说，即使披着数字货币的外衣，也不能改变其中心化骗局的本质，假的就是假的，靠传销、直销或价格波动诱惑投资者参与的骗局会逐渐曝光于天下，随着普通投资者对去中心化货币体系的进一步了解并逐渐变得成熟而理性，交易平台为追求短期效益而助纣为虐带来的失信结局的不断觉悟和抬高上币门槛，传销币将彻底失去存在的土壤，并成为过街老鼠，人人喊打。

有趣的是，由于“去中心化+区块链”的概念太挠人，你非常虔诚而又理性地、充满风险意识地想说服一个普通投资者去买比特币或狗狗币，那还真是天底下最难的事情，但创新币、资产币和传销币那些高手们，用高收益、民间互助、智能合约、图灵完备、众筹分发、世界大变局等理念一忽悠，还真的就有人信。关键是，目前这种处于不良用心的企图，竟然成为嫁接普通投资者与数字货币的桥梁，没有他们，就很少有投资者愿意亲近数字货币。

从自然发展角度来看，这些人，竟然成为当下推动数字货币产业发展的纽带。

结论：如果通过本章的阅读和体悟，能让普通投资者走出迷津，养成对各种数字货币对号入座，按其特征进行归类和甄别，结合自身特点选择合适币种与投资策略的习惯，从而规避风险，把握机遇，成功致赢，那就是笔者最大的欣慰。

若还能够让诸多借监管缺位、普通投资者整体迷茫而行乱发新币圈钱、传销炒作骗钱的不法分子良心发现，收敛其行为，让真正的公众币得到健康发展，那书中义愤填膺的呐喊也就有了价值。

但愿数字货币的生态圈越来越美好，投资者越来越成熟，能够把握住这场人类历史上数百年不遇的一次重大投资机会。

第 5 章　先入为主——比特币将长期为王

王博

本篇向投资者传递数字货币的诞生和发展具有历史必然性，且建议大家认清比特币与竞争币的互补共存性，并提出了公众币、央行币与其他币种的概念，这难免给投资者一个印象，比特币也仅是一种比较好的投资选择，原来有那么多币种值得投资。这多少有点亵渎比特币的老大地位，于是遂成本章内容，提醒投资者一定要在心底里大旗不倒，唯比特币马首是瞻。

在笔者完成本章初稿 20 天后，比特币价格选择向上突破，并一举创下 2014 年以来的 3969 元新高，稍作回调，在减半前夕更是摸高 5180 元，币圈立马沸腾起来，忙不迭地寻找比特币上涨的各种理由，岂知，一切都在预料中，不树立比特币“先入为主、长期为王”的理念，提前布局，等涨上去了再艳羡，已为时晚矣。

5.1　在去中心化机制下通过交易本身诞生价值的环境已经不存在

数字货币最大的创新，就在于去中心化分布式总账本验证的无须第三方认证的信用机制。去中心化特征的本质就是有人设计了它，但却没有人负责它的推广和宣传，存在过多的推动就必然有出于中心化利益的目的，正因为没有推广的动机和原因存在，比特币创造了人类历史上绝无仅有的价值真空与纯净理想状态。

比特币在诞生的初期没有价值，很少有人带着价值预期目的参与，也自然就没有人为的操纵或垄断行为，它的成长彰显了它自身原本的生命力——在计算机密码极客的爱好与交换中，向社会繁衍，并逐渐诞生了作为交换媒介的价值，最终一发不可收拾，成为真的具备承载公众价值储存的货币。

比特币在 2009 年诞生时知道的人很少、交易需求是空白，一直到了一年后才出现了第一笔 10000 个比特币换 25 美元比萨优惠券的应用，在那之前，它就一直是任何懂得区块链技术的人通过挖矿唾手可得的数字玩具，这种没有门槛设置的东西，是最理想的创建公正交换媒介的最佳状态。

但在 2010 年后，因为全社会对数字货币有了价值预期，在没有更多对技术和信用成本要求的情况下，创建和发行一个新币，它的动机就有了价值私欲在其中，贪婪、操控、预挖，以及设立对发起人有利的机制等，都会影响到币种本身的公正性、分散性和普世性，在信任度上永远都低于比特币。

随着数字货币概念根植于社会，特别是比特币的价格稳定在 3000 元以上，市值抵达 600 亿元后，全社会对数字货币价值的预期不断抬高，再发行一枚新币，想价格从 0 开始缓慢被社会接受，保持筹码分布的公正性和不被操控就失去了条件，自信用体系再也无从树立，也就永远无法具备公众货币的功能。由此来看，比特币先入为主的优势永远成为它长期称王的基础。

5.2 比特币的区块链协议机制至今依然是最严密和最优秀的

比特币诞生已有 7 年的历史，一直处在公众视线的焦点，总有疑问和瓶颈出现，但从来都未曾失信，它对总量恒定、去中心化的完美尊崇，通过纯正 POW 工作量证明机制的挖矿奖励维持区块链总账本记录的自我闭环体系，这一切都展现了它无比顽强的类似于有机物自我营养链的生命力，世界上很难找到这种在开创起初，一蹴而就的如此完美的协议机制。

正是由于比特币严密而简单的协议机制，确保了无须第三方验证的自信用体系，才使得它真正具备了价值储存功能，尽管在区块链确认时间较长、处理数据容量较小及挖矿对社会资源浪费较大等方面存在诟病，但或许也正是这些价值依附，才使得它更具国际储值货币的功能。

更为关键的是，新币的发行如雨后春笋，但真正在协议机制的严密性、开创性和先进性上，突破力度很小，只有狗狗币发行总量由 2100 万元提到 1000 亿元，让币价很低，确认时间较短，适应小微支付和打赏、慈善、社区文化的诞生，而与比特币形成一定的互补关系；总量不设限，挖够 1000 亿元后每年保持 50 亿元的适度通胀，解决了区块链永久连续记录总账本的技术瓶颈，以及人类物质财富不断增长过程中对交易货币总量同步增长的要求。除此之外，有明显优势的竞争币很少，这就铸就了比特币不可撼动的王者地位。

5.3 比特币自发构建的货币发行运行机构已经是最庞大的金融帝国

在对比特币价值的理解上，人们总习惯打开交易平台软件，看它的 K 线和价格运行趋势，且基本都比较狭隘地理解它目前价格 4000 元，市值 700 多亿，这就是它的价值。

事实上，自从人类诞生货币体系开始，发行、运营和交易货币本身就是一项庞大的社会工程，乃至成为政府财政的最大支柱，就像人民币运行体系，必须包含纸币印刷流通成本、整个银行运行体系、整个广义货币的拥有数量、所有的营业网点和所有的银行职员的劳动总和一样。若将比特币自信用体系的整体看做一个运营、发行和交换货币的机构，那所有比特币挖矿者的硬件资产、政府和民间研究与投资、全社会战略或风险投资、参与投资运营者的劳动、所有的私人投资者和投机者就都变成了“比特币运行机构”的资产，这是不敢想象的，早已超越数千亿，已经是一家巨无霸的金融帝国了。

撇开在交易量上作假、以中心化众筹模式测试梦想或骗钱的币种，特别是本质上非数字货币的以太坊等资产币种，公众币里的莱特币、狗狗币加上所有的小众币，它们的市值和社会资产总和都无法与比特币的体量相比，这就难怪比特币每天都有数十亿的交易量，而其他币低迷的时候，仅有数十万的交易。作为以国际储值货币为目标的基准货币体系，需要有竞争，但不需要太多品种，这就更会出现抢占先机、强者恒强的马太效应，看来，比特币注定只可遥望，难以超越。

5.4 自然法则对数字货币专利权人的奖赏

不论比特币区块链自信用体系，是某个个人还是团队开发，它在区块链、分布式账本验证信用、用时间戳确保原有数据不可更改，以及激励矿工保障持续记录总账本形成自循环系统的这项专利，都是非常划时代的创新，且已经通过 7 年的时间证明它是改变人类历史进程的一场重大金融发明。

自然法则从来都是公平的，它呼唤全社会用一种默认的秩序保障对原始发明人的奖励，因为比特币协议体系的几近完美，大多数后来的数字货币，都是在比特币思想体系的基础上进行的模仿和适度更改，均谈不上重大突破和创新，比特币将自己的专利影响和权威已经发挥到极致，若此，让先入为主的比特币长期称王，也就完全是自然法则的召唤了。

5.5 比特币已经成为整个数字货币生态圈赖以存在的信用基础

不论是瑞波币“世界上第一个开放的支付网络，可以转账任意一种货币，快捷方便费用低”如何理想？比特股“基于区块链技术的金融服务平台和开发平台，任何个人和机构都可以在此平台上自由地进行转账、借贷、交易、发行资产和发行自己的智能货币、期货品种等”（怎么看以太坊和 THE DAO 都是比特股孙公司模式）达世币实现无政府主义精神的匿名性如何理性而彻底，到了真金白银具备风险意识的投资者那里，持有比特币任何时候都相对安心，因为它 7 年不衰的历史和纯正去中心化分布式总账本体系从未出现纰漏，而买入别的任何改良币、资产币都难免忐忑不安，这一切根源就源于“信任”二字。

笔者一直想不通，在人类 5000 年的文明史上，比特币第一次用“彻底的、数学的、加密的、分布式、区块链技术实现了以去中心化方式解决信任的问题”，将既往由中心化集体、主权国家解决的货币信用交给全世界公众的信任，这种理念已经诞生了几近完美的国际储备货币——比特币，可为什么还没有等比特币走向成熟和普世，“去中心化”这条神圣的原则就遭遇瑞波币、比特股、以太坊所有具有“中心化倾向”的创新货币的践踏？“以太系”更是反复策划众筹圈钱，THE DAO 的荒唐逻辑彻底违背二八法则，将一场改变人类历史进程的“去中心化革命”，变成了个别中心化组织或团队利用“区块链技术将改变人类社会生存方式”“去中心化自治组织和决策机构才代表未来发展趋势”及“智能合约掌控未来世界”等噱头洗劫全球数字货币参与者的阴谋。近期以太坊选择回滚区块链数据（这完全违背区块链数据神圣不可篡改的原则）的硬分叉竟然让其变成了 ETH、ETC 两种币，真不知道是一场策划的一币卖二次的阴谋？还是本来就把参与众筹的钱做儿戏烧？可叹的是，这种本质上“圈钱 + 烧钱 + 妄想 + 贪婪”正在被币圈奉为英雄。

欣慰的是，在全球政府、金融、风投快要吹起区块链泡沫之际，比特币随着全球投资者的自发博弈和挖矿奖励减半对整个产业圈的重大影响，其价格选择向上突破。王者归来，整个币圈终于开始滋生对所有“中心化”组织发起的一切圈钱事件的再思考，也出现一种趋势：就是将自身的开发采取侧链应用、智能合约绑定等任何形式，尽量与比特币区块链建立联系。因为只有比特币的挖矿算力已经非主权政府力量轻易可敌，且已深深地扎根到全世界各个角落，譬如中国西南和内蒙古偏僻的山沟沟里无数廉价小型电站已经成为比特币生态链的组成细胞。从人道的角度看，主权政府只能逐渐普惠到这些区域，但不能禁止落后地区已经获得的电价利益，比特币的信用已经由全世界人民潜心来呵护，它已经成为整个数字货币生态圈赖以生存的基础。

比特币“先入为主、长期称王”的理由还有很多，限于篇幅笔者只侧重以上 5 点，但这已经足够了，在很长的时间里，在社会发展对货币体系需求没有再一次实质性转变之前，笔者将一直坚信此观点。

第6章　鸡蛋不能放在一个篮子里 ——狗狗币VS比特币

王博

按前面章节的分析，本书倾向于推荐大家主要关注公众币，但公众币里一直将比特币与狗狗币放在一起进行介绍，且基本认同比特币将长期称王的思想，但具体到投资和投机操作层面，由于两种币存在数量、价格、市值、波动周期和不同文化氛围的特点，在一定的时间区间，其投机价值又存在很大的此起彼伏的特性，本节就以“不能把鸡蛋放在一个篮子里”的投资思想，全面地比较一下比特币和狗狗币，给投资者提供一种在把握投资大方向的前提下，如何选择更为适合自己的优势币种的思路。

6.1　货币持有的分散性和公正性：比特币>狗狗币，权重10%

既然是去中心化的、点对点交易的全球公民共同拥有的货币，在货币诞生的初期，缓慢地、微弱地被不相信它的公众逐渐接受，才能达到理想化的足够分散的程度，而随着革命性的不断体现，让全球参与者享受货币带来被认可后的增值也相对公平，这一方面，比特币的公正性、均衡性和全民接受度要高于所有其他货币。

从比特币上涨到1元后的所有电子货币的诞生，不得不认定它们：基本都是复制模仿和剽窃比特币的思想，它或许比比特币有更多创新和改进，或更适应未来社会发展的需要，但在它的出发点上，不得不怀疑“利用自己掌握的先进的计算机算法和加密技术，开创一个货币，自己率先屯够足额的币，等炒作起来后变现致富，拟或在区块链技术上留出有利于自己多挖矿的缺口”，这个阴影永远会笼罩在2014年以后诞生的所有新币上。

而已经有了比特币，以及在飙涨狂澜来临之前 2013 年内诞生的诸多数字货币，币种足够多了，之后的竞争币就：一是多余，二是目的绝不纯正，永远都没有比特币更值得信任。真希望笔者的看法是正确的，那选择就轻松了，只把注意力给比特币、莱特币和狗狗币等公众币就够了。

在去中心化的公平、公正、完美离散、全民参与、血统纯正、原始创新、高大上及先入为主上，比特币就相当于上帝，后来者永远都应尊敬和仰望其背，那么，狗狗币就该庆幸自己：赶上不被人怀疑和摈弃的末班车了。

6.2　真实应用与社会接受信任度：比特币 >狗狗币，权重 10%

从 10000 个比特币换回 25 美元披萨优惠券的 2010 年开始，比特币就开启了交换功能的数字货币之旅，而当时，理解中本聪区块链技术密码学的人还仅限于计算机网络极客类，普通大众则认为：什么比特币啊？不是脑袋出了问题，就是一场“庞氏”骗局！

随着 2013—2016 年比特币应用研究的进一步普及和拓展，各国银行政府、华尔街与风投的研发投入从数亿到百亿；在微软、惠普和 DELL 这些大佬级公司的适度接受比特币示范作用下，所有那些与金融投资、网络经济、信息产业、高新科技和全球化相关的开创性公司，在策划如何激活经营和销售环节与扩大对未来社会影响度方面，都纳入了接受和支付比特币的规划与尝试；币众筹和部分交易平台更是提供了用比特币买卖交易的模式；而一些出现政治和经济动荡的国家，已经有投资者为了资产安全选择了比特币为避险工具。

狗狗币起步较晚，目前除打赏、小费、慈善和捐赠等小额活动外，在应用拓展上，总是有点借助狗狗币价格很低微而“雷声大、雨点小”的风格，每次声势浩大的捐赠都是数千万、数亿币级别的，惹得社会上的目光聚焦，但真实的金额总羞于见人，以致被有实力的大佬读懂后，总会有“小孩过家家”的感觉而倍感不爽。

所以在货真价实的真实应用程度上、在对数字货币最终充当接受和支付的信任度上，比特币捷足先登地抢占了人们心理关注的制高点，狗狗币要赶上比特币目前的社会影响，还需要一段漫长的奔跑。

6.3　投机资金关注度：比特币 >狗狗币，权重 10%

今天人们沉浸的网络时代，就得益于 2000 年前后全世界上万亿投机资金的蜂拥投入。没有当年为了看不到盈利模式的眼球经济而砸钱烧钱的无数投资英雄的牺牲，没有许多网络公司一夜间化为乌有的血的洗礼，没有纳斯达克指数从5000点跌到1000点的噩梦记忆，就没有今天的海底光缆和宽带，以及无所不及的信息时代，所以，投机资金的关注成为了今天所有新兴产业能否取得最终成功的先决条件。

目前的数字货币正像2000年前后的网络创世纪，它还是一个新生事物的原发细胞，尚处于孕育、张大嘴向世界呐喊自己存在的阶段，这个时候别想着有多少成熟的应用会诞生，最需要的依然是细胞裂变、体量膨胀、吸引更多的社会资金参与和沉淀，只要资金沉淀到千亿、万亿元，谁都无法轻易放弃它或撼动它的价格，才会有“较为固定的法币与数字货币兑换率”，企业才可以从容地将实体经营的支付和交易与数字货币挂上钩。

比特币800亿元的体量相比未来应用需求还有很大的增长空间，但相比狗狗币不到2亿元的市值，显然在资金关注度上就高了无数个层级，倘若这个新生事物存在马太效应——强者恒强的法则，甚至就是领先者生、后来者死的区别了，在这一点上，显然比特币抢占了先机，遥遥领先于狗狗币。

6.4 存在暴利的概率：狗狗币>比特币，权重10%

回到3年前，要投资数字货币，大致不用思考投哪一个？因为大众知道的仅有比特币，而比特币的理念带给人们的冲击和极限思考，尚让人云里雾里且惊愕不已，但2010—2014年，它竟然就从人民币7分上涨到了8000元，这可是100000倍的涨幅啊！假设所有的新生事物或是一项专利，必须给开创者带来原始回馈的话，那么中本聪在比特币上的实验算是已经走完了对创始人贡献巨额回报的阶段。

正是因为比特币当初的暴涨，让先期介入的人获得暴利，才成就了国内诸多精英率先垂范，才激发了公众对数字货币这场革命的无限遐想，才有了后来的莱特币、狗狗币等一切其他币，甚至这个创世纪的举措依然发扬光大，每个时刻都在诞生新的加密货币。

但如前面章节分析，2014年以后的所有的币永远都无法剔除出发点上“屯币套现”的原罪动机，最终充当国际储备货币或权威数字货币的不一定是一个，但也绝对不会太多，合适的数量应最多为3～6个（类比于全球每个行业里最终留下的主流品牌的数量）。狗狗币诞生于2013年12月，也该庆幸自己是刚跨过门槛的被勉强信任的币种了。

比特币已率先进入“龙出升天”的阶段，而狗狗币目前的境遇还相当于

2010 年初的比特币 7 分时的阶段，对这个“理想很丰满、现实看不见”的虚拟的金融投资，要这么真金白银地付出，且面临着一下跌就有人吆喝归零的恐吓，那确实不是一般的勇气。

这种情况下，从理性的“风险和收益成正比”角度讲，冒同样的风险，在比特币上，只能取得正常的试验成功后逐渐普及应用的收益；但在狗狗币上，只要成功了，却可以享受开创者 10 ～ 100 倍的社会贡献利润，自然，选择投入狗狗币也是明智的了。

6.5　绝对市值对价格空间的支持：狗狗币 >比特币，权重 10%

既然狗狗币和比特币都有货币的本质，那么它们的价值最终必须体现在实际的商品交换应用中，目前两种货币的应用走了两个极端，比特币走“高大上”路线，甚至被富裕阶层囤积收藏，狗狗币走平民路线，从打赏、小费、募捐的小额使用起程，但目前从真实应用来看，由于币值波动较大，前者高大上的真实应用并不多，而后者的使用反有欲盖弥彰、活灵活现的特点。

如在国外见过“许多实体经济计划接受比特币的支付”的报道，但到底谁家执行了，接受了多少比特币却羞于报道，好的是，对好文、好人的打赏文化也逐渐蔓延到了比特币上；相比而言，狗狗币是真的捐赠了赛车，救助了落后地区的学校设施，开展了将狗狗币送上月球的资助活动，总有发红包、打赏活动在发生，为一个莫须有的节日发红包、为找到个志同道合的哥们儿高兴打赏、为谁看了自己喜欢的文章也打赏，这似乎已经变成数字货币草根们的幸福生活了。

笔者还是暂定为比特币虽然先入为主将长期称王，但未来在真实应用层面与狗狗币相差不一定太大。若按现在比特币总量 2100 万个，价格 4000 元，市值 800 亿元；狗狗币总量 1000 亿个，价格 0.0016 元，市值不到 2 亿元来看，两者市值相差 400 倍，在增长潜力的性价比上看，当然是狗狗币高了，倒不一定非 100 ～ 400 倍，几十倍的上涨空间优势还是有的了。

这里不用搞清楚 M0、M1、M2 货币流通量的精确关系与数字，仅中国政府大概持有的美元外汇 4 万亿元，国内流通纸币 4 万亿元，那敢想象吗？全球货币需求量加起来该是多大的数字？哪怕数字货币 10 年间只争取 10% 的流通量，且比特币占了绝对优势，给狗狗币留下的空间仅 1000 亿（当然，这只是一个笼统的概念）那就预示着狗狗币的理论涨幅为 500 倍了。

6.6 绝对价格对公众参与度的影响：狗狗币 >比特币，权重 20%

买一个比特币 4000 元，1 万元可以买 2.5 个比特币，但却可以买 500 万个狗狗币，同样都是要么风险很大，要么土豪，为什么不享受一下拥有超大数字方面的成就呢？

从 30 年前的市场经济开始，营销学就教给人们 1 元的东西绝对没有 0.99 元的东西好卖，后者多卖的数量形成的利润要远高于前者多卖的差价的收益无数倍，在人们脑海深处，就是有个整体“个”字印象，“个”才是一个完整的计量单位，再穷的屌丝，哪怕 5 元钱，也可以体会一下拥有 2500 个狗狗币的成就，但 0.0012 个比特币则会让他太受伤。

同样一个新手投资数字货币还有个“单位”的心理学概念，就像人们对 100 元、10 元、5 元、1 元、1 角、1 分的感受一样，一定是前者大、后者小。地上有 100 元钱，不论它有多脏，你一定会捡起来；地上有 1 角，你要思量一下；地上有 1 分，还脏兮兮的，你一定是舍弃的概率大，一是它挫伤了你的身价，二是它已经不具备消费功能了，卖家都会毫不吝惜地舍掉你的几角钱，别嫌烦，考验你的时候来了。

那么当一个物品只有 0.0016 元的时候，计量单位就用到极限了——0 元 0 角 0 分 1 厘 6 毫，太渺小了。这时，它就成了“便宜”的极限，千万别小瞧这种感受，这正是勾起许多正常人特别是拮据的人下定决心做狗狗粉的根源。

一个比特币贵到 4000 元，一个狗狗币便宜到 0.0016 元，对一个需要唤醒民间草根投资和应用才算革命真正成功，而大多数初次接触数字货币的草根对比特币、狗狗币就认为都是数字货币，没什么大的区别，这个时候比特币可是他月薪的百分之几十，要他买一枚比特币就要就连“月光族”都无以为继了，但狗狗币却可以从容地拥有数千、数万、数百万，他会选择投资谁来体验下新新人类成就感就不言而喻了。而网络时代的魅力就是积少成多，在小微处做大市场，若此，狗狗币的潜力要远远大于比特币。

6.7 支付确认时间的快捷性：狗狗币 >比特币，权重 10%

中本聪为什么当初要设置 2100 万个比特币总量？而且挖完后不再增加？一个区块确认需要约 10 分钟，每笔交易需要 6 个区段，共约 1 个小时。难道买瓶可乐需要等 1 个小时吗？特别是若借给朋友比特币，让他等 60 分钟，那朋友不早都急了吗？更为奇葩的是，笔者某次转账，竟然因为支付的费用不够多，等到 9 个小时。数字货币的应用和交易，本身挑战的就是已经成熟的现有银行货币支付体系，后者的便利性就是前者的最低门槛，但显然，在这一点上，比特币还没有普及应用，就注定落伍了。

狗狗币的总量为 1000 个亿，每个区块完成的时间约 60 秒，每笔交易的确认时间约 6 分钟，笔者的体验就好多了，尽管比网银慢，但毕竟自己的财富得到遍布全球的第三方的 6 个区块链的记录和保存，就算是把自己的财富放进全球云保险柜，也值！这才能满足走遍全球仅带个手机闲逛的目标。

从确认交易的快捷性上，狗狗币将比特币远远地抛在后面，但这是不是真的威胁到比特币的生存？那倒不是，因为比特币或许因为最好的信用，将直接晋升为国际储值货币，以满足跨境汇兑、清算和收藏储值的目标。

6.8　持续挖矿保障了区块链分布式记录总账本的连续性、适度通胀保障人类社会合理发展的需要：狗狗币 >比特币，10%

比特币将在 2140 年挖完所有的币，从此延续了 100 多年可持续性、可计划性的挖矿奖励制度将终止，全球分布的庞大的挖矿算力就只能依赖不确定性的转账费用，到时候会不会出现区块链总账本记录权限混乱，以及收取交易费的垄断？这虽然遥远，但已经是一个现实存在的问题和瓶颈。

而狗狗币总量 1000 亿，挖完后，每年增长 50 个亿，保持逐年下降的通胀率，这个做法从根本上保障了狗狗币矿主与矿场的持续运营，永远都有矿机值守运行区块链，任何时候的交易都会第一时间得到记录和确认，保障了对总账本数据的连续记录与打时间戳。

人类社会一直是处于发展阶段的，经济与商品总量将持续增长，固定货币总量在理论上一定会出现通货紧缩的局面，即使无限可分的数字货币不出现紧缩，但因为币自身的稀缺性会不会衍生出囤积居奇的收藏性，而出现人为的流通匮乏？表现在投资投机倾向性上，会助涨投资者先入为主、坐享其成的惰性。保持适度的通胀，才能满足现实社会发展的需要，保持币价绝对值的相对稳定。这也是人类社会几千年总结出来的经济规律，在这一点上，狗狗币又决定性地超越了比特币。

关于通胀率的建议：至于狗狗币的每年通胀率设为多高为宜，这本来就是一个很复杂的问题，但笔者觉得在工业革命高速发展席卷全球 300 年之后，全球实体经济平均增长率将远远低于 5%，更接近于 1%，狗狗币若能经过公投修改年增长 50 亿狗狗币为年增长率为 0.5% ~ 1% 或更为妥当，否则，狗狗币就真的成为当下数字货币中唯一一个通胀率超过大多数主权法定货币的品种。

6.9 创造娱乐和浓厚人文色彩的新生事物才更有生命力：狗狗币>比特币，权重 10%

在生产过剩、物质富足的当下，什么事情要想提起人们参与的兴趣，那还真不是一件容易的事情，不让他有快乐的、消遣的、潇洒的甚至赌博的乐趣，他才不会理你的茬，谁要在比特币上要阔找乐子，那还真难，但在 0.0016 元的狗狗币上，找打赏啊、小费啊、赞助啊、募捐啊的任性，还真有那么点味道。

人类的历史，是以爱作为主线的，没有爱，也就没有人类；人世间，最伟大、最无法逾越的，就是爱和忠诚；而忠诚则是做人之根本，没有了忠诚，这个世界将变得异常可怕，尔虞我诈，防不胜防，最终自取灭亡。而狗狗是动物界对人类最忠诚的朋友，只有第一，没有之一！如果你不信，Google 一下吧，看看狗狗是怎么对它的主人的，太多的事例带给人们的只有感动和沉思。

在人类社会走向和谐幸福的终极期许过程中，“人文关怀、爱与忠诚”才是一件新生事物最大的生命力，才具备更大的黏性，“比特”bitcion 会让人联想到冷冰冰的计算机芯片和存储字节的硬盘，而鲜活可爱的“狗狗”却能给人带来更多的精神愉悦和迷恋。

通过以上 9 点分析，得出如下结论。

（1）大型金融机构和风投资金：只能选择比特币才能够从容地进入和退出，狗狗币还无法容纳下它的巨量资金；反正大型投资机构那些钱也是赚老百姓的钱积累起来的，就让它借助理性和分散投资策略，在比特币这个领头羊进入攻坚阶段，向挑战美元霸权和法定货币垄断的深水区跋涉去吧！

（2）普通投资者：你还不够富足或财务自由，放弃股市、期货、收藏市场的投资机会，就是冲着数字货币能获得暴利而来的，那就别只瞅着资金需求大、升值空间可能会小的比特币，还需积极投身狗狗币，只要像马云当年的那些跟随者，尽量地坚定信念，说不准真的就能享受一次财富暴增的机会。

（3）普通私募或大户资金：比（1）弱小、比（2）强大，到比特币里可能做韭菜，在狗狗币里可能割韭菜，那也就别总惦记着比特币的“高大上”了，也适当参与狗狗币的投资和投机，在这里一是胜算概率高，二是万一被另一个大哥“截胡”了，还可以做个死忠，只要死忠们哪天把狗狗币从 0.002 元的 2 亿元市值垫高到 0.1 元的 100 亿元市值以上，自然就有（1）中的大腕开始关照并接庄拯救你，进退自如。

总之，对普通投资者来说，不要把鸡蛋放在一个篮子里，在参与比特币同时，也适度参与狗狗币的投资才是更为科学的选择。

第 7 章 知己知彼、百战不殆——数字货币投资各方战略分析

王博

7.1 中国政府：需主动拥抱数字货币

数字货币是一场类似于工业文明之于农业文明的革命，1840 年前中国的夜郎自大与闭关锁国，酿成此后 100 多年的屈辱和被掠夺、被殖民、被奴役的黑暗，进入网络时代的今天，如果再次仅站在传统经济的惯性思维下，试图以“一带一路”、高铁、亚投行称雄世界，藐视和禁止新兴的数字货币革命，那或许真的举全国之力，不仅为以美国为首的西方金融垄断财阀再造一个类似于珠三角“世界工厂”的打工作坊，依然处在被奴役和剥削的境地。

“中国梦”要与时俱进，我们要争取制定世界规则的主动权，既要高举实体经济大旗，也要高科技、网络技术、金融立国并举，要自信数千年汉历史文明的连续和基因传承，注定了华夏民族的深厚底蕴，我们有主导未来世界的能力和智慧，更有在数字货币上用中国人的投机和应用智慧超越美国技术精英的信心。

这本书虽然出自币圈草根群体之手，但期待其中的观点能被政府相关部门了解，且呼吁那些中国深化改革领导小组、中国社科院、人民银行的青年才俊们，你们必须树立起中国人傲然称雄的信心，要勇敢地把“复杂”的区块链技术、去中心化理念和分布式自信用体系，传递给决策层，要率先抢占国际话语权。

在数字货币这块阵地上，扩疆掠土的中国民间交易平台和投资者已经让中国的比特币和主要竞争币成交量居世界之最，交易平台的广告已置入华尔街，只要这件事情最终能成，比特币等主要数字货币获得世界储值货币的功能，那么今天中国无疑已经是全球新的金融大国，中国政府要做的仅仅是适度放宽准入，让平台、风投、矿工、应用开发商和普通投资者走到阳光下而已。

2016 年 1 月 20 日，央行高调宣布中国将尽快发行央行数字货币，就是对数字货币这项技术的认同和接纳，也是不甘落伍、勇于进取的一次大国自信，虽然明确央行币仍然是中心化发行且以替换旧的传统货币体系为主，但也一定认同:

比特币这种像原发细胞一样具备自我繁衍功能的自信用货币已经势不可当，具备挑战和摧毁美元霸权、影响主权法定货币体系的一切条件。

按本篇分析的结论：未来很长时间内，只要国界和主权存在，央行币仍然必须担当起法定货币的职责，起到完成税收财政、宏观调控、财富均衡、领导国家的作用，央行币依然是主权辖内负责交换流通的主要货币；比特币等完全去中心化的已实现全球信任的数个公众币种，将充当国际储值货币功能，实现跨国交易、汇兑和结算的作用。要想逞强世界，必须在完善央行币体系的基础上，积极倡导和主动争取国际数字货币框架体系与标准制定权利，以下事项必须纳入竞争规划。

(1) 成立中国数字货币监督管理领导小组或人民银行下属分部，尽快出台央行数字货币发行、交易、应用和税收等实施细则，并依据与 2013 年《通知》相近的精神，制定全国数字货币市场监督管理办法，引导和普及数字货币知识、加强对交易平台和新币发行及币圈众筹投资等监察，为投资者选择与投资数字货币创造良好的环境。

(2) 积极参与发起组建“国际数字货币联合会或管理中心”等超主权国际货币组织，防止数字货币成为个别强权国家金融垄断的可能性，保障全球数字货币发展在公平、公开、公正的前提下自由竞争且不被投机操控，不存在明显乱发新币和圈钱的行为。

(3) 尽快规范和扶持交易平台的管理和发展，保持已经取得的全球交易优势，尽快开通银联账户与交易平台保证金即时转存兑接，要有像美国政府支持华尔街那样地支持合规交易平台的全球称霸。

(4) 支持民间数字货币与区块链投资和应用开发，引导风险投资积极参与数字货币生态圈建设，争取在跨境支付交易服务上取得国际优先权，从高端策划与草根崛起两头抓，让中国真实钱包转账和交易平台投机量均保持全球老大地位。

(5) 允许公众基金进入数字货币投资领域，放宽数字货币私募基金试点范围和交易额度限制，鼓励银行保险证券部门业务与数字货币产业有机衔接。

(6) 数字货币的开放性决定了在持有某个数字货币方面没有类似于持有某上市公司股权的回避机制或腐败股权红利嫌疑，应倡导所有公民包括领导干部在不影响本职工作的前提下，均可开设数字货币投资账户，不限量持有数字货币。

7.2　矿工的艰辛和智慧

（1）矿场的暴利时代已经结束，开始走向显卡、处理器和资本密集时代，矿主的艰辛成了与廉价地段、优惠电价的博弈，千万别再试图垄断挖矿或追求 51% 攻击的主动权利益，安身立命地为伟大的数字货币事业的维持运营做支撑吧。

（2）挖矿币种的选择：在新币发行充满贪婪和欺骗、区块链创新发展存在明显泡沫的情况下，矿主可是要真金白银地投入，特别是进入和退出都需要一定的时间成本和资产折损，选择合适的币种进行长期永久性挖矿投资非常关键。本书只推荐参与那些已经被全球认同的公众币种，如比特币、莱特币和狗狗币等，大多数新币可能存在短期投机炒作性，长期来看都有归零或崩溃的风险。

（3）矿主的智慧：你挖出的币相当于已经上市了的原始股，虽然会有一定的价格与成本波动，但只要选择币种得当，长期来看币价一定是螺旋上升的，所以，千万不能仅仅满足做一个被自己奴役的矿工，你注定要一边挖矿，一边抵御成本压力尽最大努力在低迷期屯币，在高潮期适当套现并持有足够的币，才最终会获得意外的惊喜。

7.3　交易平台的前世、今生与未来

（1）数字货币不同于股票、期货合约和退出流通领域的收藏货币，它的价值是需要全社会应用落地来实现的，不是靠投机炒作来维持生存的，当下缺乏应用的对纯概念的炒作风气一定会退潮。数字货币最终会走向交易、流通并作为储藏价值的货币的前提，是价格基本稳定，以及法定货币或央行数字货币的汇率指数微小波动，这最终会削弱货币价格的波动和投机性，交易量会逐渐向实体交易转移，目前交易平台以收取充提费或佣金收益为主的模式将面临挑战。

（2）所谓盛极一时的三大仅支持投机交易的平台，最终均将出现困境，交易平台必须寻求新的盈利模式，积极创新和引导应用，培育创世纪的股东精神，譬如：类似于比特时代那样的“时代好礼、时代圈、对接商家与投资者收付交易中枢”的理念，才是平台的未来，不支持转型到应用拓展上去，只为眼下的交易量的辉煌而沾沾自喜的平台，最终都会出现危机。

（3）未来的交易平台一定是虔诚地为客户负责，认真接受政府行业监管，严格自律，并将公正交易、推广宣传、投资客户培育、风投引入、实体应用开发和电商时代理念融为一体的大平台，谁眼下超前耕耘，谁才会享受未来的蛋糕。

目前的数字货币交易平台还有一个最大的法律困境，就是你买卖的币在不发生提币转存时，本质上不是属于你的，币种所属权是平台的，你本质上只与交易平台有资金借贷关系，所以对平台的实力和资信的考核简直就是生死存亡的大事，交易平台一定要积极寻求政府考核，取得诚信资格证明，否则超大资金的进入一定犹豫不决。

(4) 做个身体力行的数字货币投资者：树立适当的“屯币”理念，如果数个主流数字货币真的重建全球新的国际储值货币体系，那它们市值的规模将是万亿的体量，当下就还处在细胞裂变的高峰期，存在很大的价格涨升空间，适当屯币就可能享受到起始阶段的爆裂收益，但若只做个平台赚点流水，估计就仅给别人做了嫁衣裳，但也不能参与价格波动买涨又卖跌的投机，那会最终迷失大方向。

(5) 禁戒：所谓“期货”和衍生杠杆配资交易，在全球都属于严加监管的金融投机行为，在成熟的商品期货、外汇汇率和原油黄金期货市场，可以任意厮杀，但在投资者群体以平民为主的脆弱的数字货币市场，资金杠杆就成了绞杀普通投资者的断头铡，是把正确投资引入赌博深渊的阎王星，最终结果只有一个：被查封关闭和禁入，这绝不是危言耸听。

7.4 风投的盛宴与风险

1. 史上最为简单的创投——已经 IPO 了的原始股

在传统经济领域，手握重金的那些风投大佬小心翼翼，依然杜绝不了将多半的钱砸到了根本没有未来的创意上，或是无法实现 IPO 上市套现，并因为某一次的重大失误大伤元气，但数字货币市场随着监管体系的不断完善，大多数主流数字货币将随着应用的不断推广和国际储值货币职能的体现而保持长期稳健增长。

现在的几个主要公众币种就相当于是已完成首轮融资的原始股，并且已经上市交易了数个年头，价格透明，资金沉淀深厚，具备完全博弈的自由竞争特征，具备长期螺旋涨升的大趋势，可以选择波段低点随时买入待涨，这种事是百年不遇的。

2. 认清数字货币发展大势，摈弃坐庄操纵和短线投机

“数字货币这个公司 (比喻) ”，它的业务可是全世界货币发行、流通、交易，特别是跨国储备汇兑的大需求，是朝阳行业，巨无霸体量，增值的空间无法想象，除过短期非理性大幅飙涨的行情，大多时候只需要持币在手即可。

每一次个性膨胀后的操纵和看似聪明的洗钱，最终可能都是把自己甩下车，

因为它不是天花板很低的股票或纯投机品，稍不留意，筹码就可能被虎视眈眈的场外战略投资者抢走，再要高价抢回来就悔之晚矣。

3. 理性对待数字货币以外的区块链应用发展等投资

数字货币无疑是区块链技术在货币体系上的一次成功的应用，但区块链技术在其他实体经济应用的潜力有多大，还在探索中，显然那些因为对比特币技术的推崇而执迷区块链技术的创新者有点夸大区块链技术本身的无所不能，就目前业界动态来看，区块链向非数字货币以外的法律、保密、合同背书及遗嘱方面的延伸可能会有增长点，但对过于炫幻的连创始人都说不明白的应用开发，却一定要有足够的警惕，别被滥发的资产币或众筹骗子盯上而血本无归。

7.5　侥幸贪婪、野心勃勃的发新币者

（1）比特币初期价值发现后 10000 倍以上的暴涨行情，让全球无数数字货币爱好者偶然会产生发一枚新币坐上火箭暴富的幻觉。但大多数真正理性、公正、诚实、客观的中本聪信徒，都会真心叹服祖师爷的伟大，恭敬比特币经历的磨炼而认同它的龙出升天，不再抱有发新币的念想。理论上讲，全球 60 亿个人每人都可以发行一枚或数枚自己的数字货币，但最终得被全球认同才具备货币的意义。

总有一些贪婪和侥幸者，念念不忘靠自己发新币非要分一杯数字货币的残羹，当然也不乏一些奇葩的譬如狗狗币那样出于好玩的两个发起人，于是，数字货币就开始爆发了，高峰期，几乎每周都会出现数百种数字货币新币。这些新币发行者多少都有点码农的基础，否则根本就看不懂中本聪，总不至于太低级、太无趣地照搬中本聪的一切开源代码和协议吧？于是各种加密算法、创新机制、协议和互补特征等就出现了，可谓百花齐放。每发行一个币种，既劳神又费力，总得有人响应才行啊，于是各种极近烧脑的理念冲击而来，就差用一本巨著来描述了。

（2）别把哈伊克的自由货币思想当做尚方宝剑。大凡想发新币的人，都有一把理论体系的尚方宝剑，就是哈伊克的让民间私人或公司发行货币的自由竞争理念，事实上，哈伊克不是一个很成功的经济学家，20 世纪 70 年代获得诺贝尔经济奖，也是走向没落的西方资本主义国家需要丑化社会主义而搬出了一直诋毁计划经济与垄断体系的阴谋，他此前的论文曾被凯恩斯与许多权威机构诟病，起码笔者就质疑他：自由竞争货币理念再正确，也不能嫌既往货币体系的

中心化组织者“主权政府”不够信用，就认为“企业或个人”更值得信赖吧（后者的自私和垄断与操控一定是大于前者的）？这实在是一种破绽百出、站不住脚的论断。所以说，比特币实在是对哈伊克的无限超越，它利用区块链分布式总账本无须验证的自信用体系，第一次以去中心化方式解决了人类历史上最重要的关于信任的问题。

奉劝那些2015年以后还企图靠发行新币获得暴利的投机分子，在目前社会需求层面基础上，比特币和主要几种公众币已经基本满足了人类对国际储值货币的各种要求，在人类社会不发生翻天覆地的变革之前，你的那些想法都是空想，是永远无法产生类似于比特币那样的公正公平和信用的，最终不可能被全球化认同，并终将走向归零，你非要靠短期运作发动投机炒作行情，获得高额回报，这都是不道德的，是要遭到历史审判的，并最终会搬起石头砸自己的脚。

7.6 借用区块链技术发展和应用圈钱的老千们

1. 理性对待区块链技术的应用和发展

中本聪利用区块链技术成功创造了具备自信用体系的比特币，这确实是一场伟大的划时代的去中心化货币革命，他值得人们崇敬和缅怀，这项区块链技术发明专利也将永远属于他，他应当长期享受全球公众对他的仰慕。

但目前，比特币还没有克服已经不断显现的瓶颈，真正走向普适和应用，更没有真正体现出国际储值货币的作用，区块链技术却竟然一下子在2015年内被炒作起来，且身边的许多技术大咖都被这股洪流冲刷得持续亢奋、跃跃欲试。

人类的许多发明创造专利，一旦公布了，就会觉得忽然开窍，啊，原来这么简单！区块链技术也一样，中本聪竟然不惜浪费资源，非要让全世界众多的计算机都打开运行挖矿软件（分布式），为人们每天的交易和买卖记流水账（区块链与时间戳），还用“斗地主”的方法给抢到记账权的赢家奖励，不然就没有人记账了（激励挖矿～这一点非常关键，请永远铭记，它成为区块链自信用体系构成自我循环的基础），再用加密的方法将你的数字货币加密（私钥秘钥），只有你能调用你的币，这样谁都没有能力修改和抹杀你的权利。

任何产业或事业要取得成功，必须要与人类不断诞生的需求联系起来，譬如全球老百姓都发愁自己的货币资产，如果不投资，就一定会被通货膨胀贬值，于是就诞生了中本聪和比特币；笔者经历了1983年想用计算器批量处理数据，就有了苹果II和Basic语言；1993年头疼DOS操作系统很难上手，就有了微软的Win 32；1996年想远程传输电子数据，就有了网络邮件邮箱；1999年对网上与陌生人聊天充满好奇，就出现了 QQ；想边旅游边走路还不影响办公，就有了 WiFi 和 iPhone；这一切发明创造都是先有了需求，才有了产业。

2. 傻钱太多、骗子不够用的奇葩现状

任何事物的发展都有其两面性，包括网络，它的优势毋庸置疑，但它的完全去中心化和缺乏权威，却也带给人烦恼，或许再过 30 年，当这一代手机党被高发的眼病、颈椎病和情感缺失懊悔的时候，才醒悟我们曾经被无用的浮躁的信息时代绑架很多年，眼下，就因为网线的另一端是否是一条狗？就因它把数字货币投资的理念、思想、创意和公司实力包装得很高大上，而正张开血盆大口，吞噬投资者的钱。

当下，许多投资者处在投资意识稍有觉醒，但基本投资理念和风险意识缺乏，投机与贪婪心切，对一切暴利、高息和新概念充满好奇的蒙昧状态，这就提供了居心不良的骗子通过网络炒作、众筹模式、营造概念圈钱骗钱的土壤。傻钱太多，就诞生了对金融骗子的需求。比特币已经够烧脑了，但它竟然成功了，这就给用区块链技术创造神奇概念与玄妙做幌子的人提供了机遇。

笔者曾用“烧钱时代”理念，想通政府为什么放任股票投机和新三板滥发、在缺乏信用保障体系的中国纵容众筹圈钱骗钱跑路洗钱？原来既往沉淀在百姓手中的纸币已经是洪水猛兽，不让大多数人的现金货币消失在上市公司、金融诈骗者手里，他就会消费商品和增加购买力，物价就会上涨产生高通胀，而每个人的刚性需求是有限的，金融骗子钱再多购买力基本是稳定的，于是，就产生“消灭普通投资者的钱”的需求，这大概是政策的无奈之举，不然众筹这种“没有任何项目考察审核就可以公开募集资金的行为、没有任何投资人权利背书和第三方对权限的确认、投资人没有任何知情权且不具备法律追溯资格”的模式，就不会继续存在。

还是通过本书多少建立些投资理念和风险意识吧，没有任何人或政府会保护你的资产，所有人都是想掠夺你，从我这里开始，学会捂紧自己的钱袋子吧。

3. 去中心化信用机制将让骗子们没有好下场

一介匹夫，没有自上而下整治骗子的能耐，只能在这里善意地提醒一下，中国的信用社会体系已经来临：中心化时代的个人诚信背书是可以抹杀或更改的，即使惯犯都存在洗白的可能（有钱后可以收买抹掉不良记录），也即你曾经做过诈骗和洗钱，改头换面后还可以重新做人；但去中心化时代，你每天的行为被中心化的网络大结点腾讯、新浪背书，但同时也被每个曾经交往过、跟

踪过、研究过你的人的手机或计算机分布式记录在全国或全球（分布式总账本，这个账本是无法篡改的），你的信用已经被这个大社会区块链随时在打时间戳，你的诈骗圈钱的偷窃行径将永远无法洗刷。

所以，本书奉劝每个想通过发新币、创造区块链噱头圈钱骗人的不良分子，在去中心化社会，你只要犯罪了，你的罪行将永远被分布式总账本记录和保存，只要你再次重现江湖，当天你的罪恶记录就会被翻出并公布，你一生再无洗白的机会。告诫所有那些有犯罪动机和行径的人，悬崖勒马，改邪归正，否则，你犯法的同时，就等于已下了地狱，结束此生，千万不要为了一时对钱的贪念而毁了一生。

7.7 呼唤锲而不舍的应用开发者

(1) 银行和大型金融投资公司或支付公司，赶快放下自己想发行私家货币的愿望，尽快投入比特币与几种主要的具备全球信用的国际储值数字货币的怀抱吧。你发行的那个东西，只能是你内部的股份、QQ 币或虚拟记账单位，永远都不可能成为全球通用数字货币，因为最终没有人相信你是公正的。

(2) 那些先进理念与科技进步代表的前卫的大佬公司们，也赶快拥抱数字货币，接受它们对你带来新的支付交换体验吧，不要因为比特币的价格与汇率波动，给你今天的记账和结算带来麻烦就拒绝它，你难道没看到欧元对美元也在大幅波动吗？早早地寻求一种动态支付处理方案，才不会被这个时代抛弃。

(3) 还是别做参与或挑战主权辖内央行币地位的梦了，好好地将眼光放在如何理解和参与对国际储值货币的应用、支付、汇兑及结算的拓展上面来，未来的数字货币应用只能是全球化、跨国界、储值收藏应用、方便兑换才是目标；主权辖内的支付交易大戏有央行币做主场。

(4) 对网络应用、软件交流、游戏支付、旅游消费、协同项目、小圈子里的打赏慈善，以及情感交流等虚拟产品的服务上，即使在主权辖内，主流数字货币依然将有很大的拓展空间。

7.8 礼赞创建媒体宣传数字货币的传教者

(1) 所有公正的媒体，在人们眼里都是一群为了理想不懈努力和富有牺牲精神的人，很赞巴比特和他的创始人：为国内的数字货币普及做出了卓越贡献，它应当还没有乐观的利润来源和收入，那就坚信巴菲特“收费桥梁”的理念吧，总有那么一天，在数字货币取得举世成功时刻，你现在建立的口碑和影响，会让你的“信息收费桥梁”赚得盆满钵满。

（2）赞美那些为了理想默默耕耘的创作者和传播者，是你们的思想光辉照亮了投资者前行的道路，历史会铭记你们，上天也会给你们反馈无比快乐和幸福的人生与生活。

7.9　做一个清醒的投资者

（1）开阔眼界，博览群书，将投资当做一门专业来学习，而不是随机的小赌怡情或大赌伤身，要让知识、思想、理性分析、深度调研和合理规划指挥自己的钱袋子；深刻理解：天上不会掉馅饼、天下没有免费的午餐、越是包装完美和热烈推荐越存心不良、投资市场最信任的人永远只有你自己。

（2）数字货币诞生和发展有其必然性，这件事一定得参与；数字货币发展的天花板还很遥远，具备长期螺旋上升趋势；投资数字货币发展大机遇为主，短线投机波动行情为辅；在发展初期，时刻注意不能丢失筹码。

（3）把目光聚焦在已经被时间检验，自信用体系完美的、彻底去中心化的、相对全球化的公众币种上，不要幻想中心化众筹、权益分配、二次开发的新币会带来长期收益。

（4）绝不牺牲在“期货”配资杠杆的双刃剑下，即使有实力偶尔参与期货模式，那也仅限于偶尔，否则定当血本无归。

（5）积极拥护政府对交易平台与账户实名认证与监管，即使是对钱包地址的核查；熟练操作钱包软件和掌握公钥私钥密码技术，确保数字资产安全。

第 8 章　树立投资数字货币的股东精神

王博

8.1 每个公众数字货币类同一家国际储备货币运营公司

数字货币挑战人们思维极限的最大因素就是去中心化，中本聪创造了一个区块链协议机制与开源软件系统后，就飘然离去，比特币这东西就没有人管了，它竟然成了自我循环的生命体。此前，人类的任何发明创造，总得属于某个组织或某个人，但现在的比特币和狗狗币就属于全人类了，也真够奇葩的。尽管后来的一些跟随者主动挑起维护比特币和狗狗币开源系统的重担，但这一切只与参与者的主人翁精神有关，与发起人或发起组织的利益没有任何关系，这就是去中心化的精髓，没有个体的主人，没有固化的受益人，但又谁都是主人，也才构成了真正的去中心化信用。

说比特币没有人管？显然错了，在它有了价值预期和储存后，所有与比特币相关的人都自发地为它的运行和信用担当责任，才让它在 7 年时间漫长的风浪里保持前行，从这个角度看，它又极其像是一个属于全部比特币相关者的公众公司，但这个公司没有董事长和总经理，却又有组织者、维护者、应用者和投资者等，它的生命就来自全部公众整体思想和信念的结晶，持有再多的股份也没有特殊的发言权。什么是去中心化的民主、公平、公正和信用？比特币就是，它的每个细节都在彰显这些特征。相比而言，那些所有具备中心化干预的币种将一定会因为有主要受益者而出现不公，从而失去信用；绝大多数采取中心化众筹方式发起的任何对区块链技术和应用研究的创新公司的代币，都仅是股份币或资产币，它的信用永远都无法与公众数字货币相比。

有史以来，这种属于全球公民所有，不被任何国家、集体、个人操控或干预的，最为理想的、公平、公正、诚信的“公司”，竟然就在中本聪思想的引导下诞生了。人生来都有理想和正义感，当你终于发现世界上还存在这样一种几乎超现实的完美体系时，能不为之心动吗？只想一想，你持有比特币，就是持有了全球最伟大的、所有人都希冀它健康成长的公司的股份，它的生命力无可估量，它的信用和价值与日俱增，就会油然而生成为它股东的愿望，圈外人总觉得比特币粉忠中魔了、痴迷了、脑残了、忘乎所以了，大概正因为此吧。

8.2　每个公众数字货币体量都有很大的增长可能

在考察和研究一个公众公司时，首先会想到它的技术先进性、未来发展趋势，以及能够努力争取的市场份额，而后才是它现有的财务指标。对于一个预期发展空间狭小的公司，当下的财务数字再好，也无法改变它将走向衰落的命运，“天花板”概念就一直成为衡量一个公司的最重要的指标，国内许多 A 股实现 IPO 上市初期炒作后，大多数会走入长期阴跌行情，原因就是上市前后的包装和估值预期已经让它触及自己的天花板，自然只有维持经营或直接走向衰败了。

我们现在所参与的每个公众数字货币大币种，虽然在主权辖内不具备绝对的交易支付优势，并受到央行币的挤压，但它应对的却是全球商品贸易和储备货币的大市场，按全球目前每天外汇交易上万亿元，每年国际贸易结算千万亿元的规模，主要数字货币的市值超过万亿元才能够满足作为交换媒介的要求。但眼下，比特币市值仅 800 亿元，狗狗币仅 2 亿元，莱特币为 20 亿元，显然，它们的增长空间无法想象，要触及成长的天花板，甚至会经历几代人的螺旋增长。

人类社会的发展是无止境的，商品繁荣和经济总量必定是长期增长的，那么对交换货币的数量的需求只能持续增长。任何实体产业都会受到行业景气度、更新换代、边际利润趋近于零的自由竞争机制的影响，但公众数字货币只要维护好它的信用和全球化，它的市场份额虽然可能相对稳定，但它的价值却在不断递增，这就给人们提供了人类历史上一次绝无仅有的优质股份资源。

8.3　每个公众数字货币相当于已实现 IPO 的上市公司

所有的实体经济创新，都会经历一个传播理念、吸引投资者、获得资金、取得发展、再进入资本市场、成为公众公司、为全社会谋福利的过程，但大多数创新公司都很难完整地走完全部历程，往往因为各种因素半途而废，而让投资者深陷其中，无法套现和退出，贻误更好的投资机遇。

但已经被全球认同的且有诸多交易所上市交易的公众数字货币，本身诞生时就是 P2P 模式，可以点对点转让交易。上市后，更可以在二级市场随时套现退出，网络时代信息共享和全球化的优势，让人们在任何国家开户、充币、买卖、交易和提现都变得可能。实现 IPO 上市交易，就保障了投资进入和退出的闭环操作，让资产变得安全与可控。

一旦参与数字货币投资，个人资产的价值就会被国际储备货币锚定，即使所处的国度出现重大的金融、经济或政治危机，自己钱包地址里的数字货币资产都受全球信用保证而安然无忧，自己的财富可以全球无缝流通。而随着大众对它的不断认同和接纳，需求和应用就不断增长，数字货币一般设置为总量恒定或有低微通胀率，那单位价值储存也就会不断增长。如果长期持有数字货币，它相比主权央行币的汇率也就一定上涨，这就相当于所持有的股份在不断增值。

8.4 所有股东的推动和宣传保障了良币先入为主的优势

去中心化数字货币的诞生得益于前辈们货币自由竞争思想的不断传播和延伸，已被全球认同的公众数字货币除了比特币有先入为主的优势外，其余也是在数千种币的激烈竞争中，因为协议机制的公正和完美体现、与比特币适当的互补，才获得了更多信任而成为公众币种。但所有的公众币从诞生的那一天起，就处在一种完全平等开放的自由竞争机制下，再强大的币种都可能会因为其无法突破发展过程中出现的技术瓶颈、垄断与操控性引起的信用丢失、应用场景无法普及实现、缺乏适应发展需要民间投资支持的规模，甚至某些负面事件的集中爆发，而丧失自身的储备货币优势，沦落为淘汰币种而被大众抛弃。

公众数字货币面临的最大挑战就是，任何其他竞争币或顺应社会发展需求诞生的一枚新币，随时都试图挑战原有币种的市场份额，这就倒逼原有公众币的拥有人形成一种先天的危机感和自我保护意识，从而产生一种普遍意义上的自发自觉呵护自己公司利益的股东精神，即一方面在信念上向全社会推广传递扩大本币种的影响，另一方面积极开拓应用和市场份额让本币种具备更大的储存价值，更重要的是通过持续投资和长期持有，形成本币种价格的螺旋上升，增加它的市值体量，构建其他竞争币无法逾越的规模屏障，从而保障自身币种持续增值的良性循环。

由此看来，数字货币投资形成了一种完全去中心化的所有股东都是主人并竭尽全力推进公司发展的完美机制，一旦买进持有某个币种，就成了东家，就得去为自己吆喝，去宣传、劝说和吸引更多的人成为你的同盟，只有更多的人和更多的机构带更多的钱进来、更多的商家和更多的用户觉得用它方便、更多的跨国交流和贸易用它，才不担心吃汇率波动的亏，你的投资也才有意义，并保值长期增长，是不是有点“庞氏骗局”的味道？不过别担心，这里让更多的人参与带来的福祉不是给某个团队或个人的，是回馈给全球数字货币股东和全人类的，那就勇敢地去做一名数字货币股东吧！

8.5 全球股东的信仰支持公众数字货币长盛不衰

耶稣、摩西、穆罕默德都是普通平民，甚至他们年轻的时候受尽磨难，但他们竟然成功地给自然科学的人类社会创造了神，并第一次将通过中心化国家法律制裁对人的管理，延伸到了去中心化的每个信仰者对自己灵魂的自律。中国当下个人信用机制和诚信理念的缺乏，正是因为缺乏宗教信仰让每个人心灵匮乏自我约束和管控。只要你信，不可触摸的神都可以存在，并带给人类社会祥和、安宁、公正的积极因素；只要你信，数字货币就是黄金，就有储存价值，就可以充当全球商品的等价交换物，有时候，信仰的本身也是价值。

1929 年的经济大萧条和 2008 年的金融危机，反复给全球经济发展注入一种新理念，那就是“信心”，传统经典的经济学说根本无法用供求关系和成本价值剖析，解释股市、汇率、大宗商品的巨幅波动，但有没有“信心”却圆满地解释了所有的投资行为，只要有信心，投资者抛空的意愿就减少，看多者的氛围就增长，市场就选择向上，缺乏信心时恰好相反。罗斯福 20 世纪 30 年代的“我们走出恐惧的最大障碍就是恐惧本身”拯救了差点倒下的美国，我们当下要做的就是驱走对看不见、摸不着的数字货币的任何恐惧和怀疑。

今天，比特币等多个公众数字货币，竟然真的取得了多少世纪以来人类对去中心化的公平理想货币体系愿景的实现，且已经向国际储备货币美元与黄金发起挑战，起码比特粉忠包括我的跨国汇兑支付交易与储存价值，已将 4000 元的比特币放在重要的首选位置，这是 3 年前人们根本无法想象的场景。数字货币的神奇和魔力正在不断蔓延，并逐渐在接纳者内心变成一种信心和信仰，一旦这种信仰变得普世，它或许真的会横扫一切旧观念，很快就让数字货币的新世界辉煌呈现，伙伴们，敞开胸怀，拥抱这充满惊奇的多彩的世界吧！

第 4 篇

区块链技术和数字货币的应用与发展篇

第 1 章 区块链的发展和投资概况

周朝晖

1968 年，美国国防部高级研究计划局组建了一个计算机网，名为 ARPANET（Advanced Research Projects Agency Network，又称“阿帕网”）。到 20 世纪 90 年代，因特网真正以革命的姿态，在短短 10 年间即暴风骤雨般席卷了人类社会的各个层面——这个故事给我们的启迪是，人类社会的任何重大革新都是有很长时间的鲜为人知的前期准备的，绝非一蹴而就。只不过，准备工作往往是在小众群体里，经过长时间的讨论、开发、使用、修正和宣传等一直到核心如火山岩浆般炽热并不可抑制之后，才山崩地裂、喷涌而出！

经过数十载的日积月累之后，因特网才闯入大众生活，而短短 10 年后，因特网又闯入移动端，这一次，因特网技术才以摧枯拉朽之势完全颠覆了人们的生活方式。

区块链也经历过很长时间的技术探讨，经历过多年的开发、使用、修正和宣传，甚至经历过各种失败的洗礼。例如，区块链里面的关键技术之一的时间戳（Timestamp）是在 1969 年发布 UNIX 的雏形后不久就产生的概念。有意思的是，即使是在专业界，也是大家在目睹了比特币价格过山车似的暴涨暴跌背后的政府打压、很多交易所被黑客洗劫一空之后，才从比特币本身毫发无损这一“奇怪”的事实里，突然明白时间戳原来是秤砣虽小坠千斤啊！

今天看到有人讨论数字货币或区块链的加密算法、智能合约、零知识证明和时间轴数据库等的时候，千万不要以为区块链就只是昨天因特网的翻版：2009 年以前的因特网以传输和共享信息为主，人们天天在做的动作是复制；我们正在奔赴的以区块链技术为主要核心之一的因特网、物联网和物联链（Blockchain of Things），将会是以传输信用与数字资产为主，它最重要的工作将是根据智能合约而转移资产。因此，区块链不仅已经通过比特币等数字货币的崛起崭露头角，更重要的是，我绝对相信区块链能够证明它将会是改变这个世界的新兴技术。

然而，这个世界的绝大多数人还根本不知道什么是区块链——这就是我们的大好机会。

区块链（Blockchain）是比特币的一个重要概念，区块链概念的出现，首先是在中本聪的比特币白皮书中提到的。以下是中本聪对区块链概念的描述。

“时间戳服务器通过对以区块（block）形式存在的一组数据，实施随机散列而加上时间戳，并将该随机散列进行广播，就像在新闻或世界性新闻组网络（Usenet）的发帖一样。显然，该时间戳能够证实特定数据必然于某特定时间是的确存在的，因为只有在该时刻存在了才能获取相应的随机散列值。每个时间戳应当将前一个时间戳纳入其随机散列值中，每一个随后的时间戳都对之前的一个时间戳进行证实，这样就形成了一条链（Chain）。”

随着时间的推移，比特币区块链的外延得到巨大的拓展，但目前区块链本身还是没有一个非常明确的定义。粗略地说：区块链是使用密码学方法紧密关联而产生的数据块，每个数据块中包含了一批量的网络交易（如比特币交易）或其他不可被篡改的数据。本质上区块链是一种去中心化的时间轴数据库，同时也是比特币等数字加密货币的底层技术。

在区块链的理解上，德勤的观点是比较精准的：区块链是比特币背后的技术；区块链是一种基础的技术架构，通过一个特定的数据结构和共时算法，设计实现了一个多方参与的自治系统。它的核心是“自治系统”。

1.1　区块链的发展基础及概况

因为区块链是构成比特币的一个关键概念，前面所讨论的比特币去中心化、去信任化、可扩展（可进化）和安全可靠等特点，实际上就是区块链的特点。

（1）去中心化——区块链基于分布式存储数据，而不是依赖于某个中心或某个中心结点进行集中管理，因此，某一个结点受到攻击和数据篡改，不会影响整个网络的正常运作。

有意思的是，前面刚刚提到的移动互联网恰恰是一个很坏的反面例子。因为在全球范围内，它是完全由垄断机构控制的，这些垄断机构收取昂贵的“流量费”，其价格的合理性远远比不上早于它十几年就开始普及的有线互联网。如果有线互联网不是按带宽而是一开始就按流量来计算费用，那么互联网今天就根本不会发展得这么好。

这个例子也完美、深刻地证明了一个人类社会固有的模式：任何行当都会越来越成熟，但它并一定会越来越好！只要有利可图特别是有大利可图，那垄断和腐败就只是时间问题。其核心问题就3个字——中心化。人类社会只有走出中心化的魔爪，才会发生本质的变化。这个重任现在就落在了区块链的身上。

(2) 去信任化暨安全可靠——任意两个结点之间不需要信任彼此的身份，双方之间建立连接，进行数据交换都无须互相信任的基础。网络中的所有结点都有非常可靠的机制来监管，因此，完全不用担心欺诈问题的发生。同时，由于任意结点之间的活动均受到全网监督，并且数据采用分布式存储，没有哪个结点可以凌驾于其他结点之上。因此，无法伪装和进行欺诈活动，也无法仅靠控制某个结点进而控制整个区块链网络。加上时间戳技术可以保证数据的不可篡改和伪造，数据的可靠程度有了质的变化。正是区块链技术让比特币在过去7年多的时间里，在某些政府的打压和全球无数黑客的尝试之下毫发无损。比特币区块链用最令人信服的案例，完美证明了区块链技术的可靠性。

(3) 可扩展及可智能化——区块链是可编程操作的技术，可以实现其自身的功能扩展及以区块链为基础的去中心化、去信任化的应用，也可以实现跨链交易、跨链协同和跨链证明等让投资者心跳加速的功能，还可以随着技术的发展，随着项目的深入发展，而得到拓展。可编程意味着区块链也是可智能化的。虽然现在有一些人觉得智能合约（Smart Contract）大部分的误解都是因为这个名称的用词不得当，但既然智能合约就是区块链上使用的程序，可以对这些程序进行编码同时应用于任何区块链项目，我反而觉得真相恰恰是外行人不知道程序就是人类的终结者。现在的程序还只能说Smart，或者是一点小聪明，是因为仅有大数据模型，但数据量还不够，且受限于计算机的硬件能力，编程语言也还不够强大。虽然程序已经在国际象棋和围棋界打败了人类，很多人抓住以上三个方面的弱势，顽固地认为人定胜天。不急，等到软硬件条件成熟、数据量足够大的那一天，它就会是Intelligent（国人对智能的理解）的了。如包括币区势（biqushi.cn）在内的几个比特币行情分析服务，5分钟分析是很准的，但精准的中长线分析需要依赖于人的经验，其原因就是比特币的圈子太小，从信息量本身来说，数据总量远远不够大，又太过于“中心化”。等比特币真正走入寻常百姓家后，再利用大数据模型把角角落落的数据都搜罗出来分析，那个结果就可以冠之以智能了。也就是说智能合约这个词总有一天会名副其实。而即使就目前而言，从数字资产到自治管理，智能合约已经可以应对一些应用，也都有了一些成功的案例。

(4) 匿名化——如果需要，数据交换的双方可以是匿名的，网络中的结点无须知道彼此的身份即可进行数据交换或各种各样的协作。

(5) 完全的开放性和永续性——这是缺乏国际开源软件协作的国人不太能

够想得到的。比特币区块链是完全开放透明的，它里面现有的 70GB 数据，任何人都可以随心所欲地使用。想想这是多么激动人心的变化：未来这个世界上，将有无穷无尽的数据可供人们任意分析研究和使用。如果比特币区块链可以滋养出 1 万个项目，这个世界即使只有 1 万个像比特币区块链这样的公有链，相互交叉之后，将能养活多少个项目？而所有这些数据，都将是永续开放、永续存在、永续增长的。

数据的永不删除是区块链的基础规则，这个规则对于人类的影响将会令人们刮目相看。

当然，区块链不是必须完全开放，如私有链为了保护用户的个人隐私，就会加密一些信息。

2015 年 5 月 25 日，“平安宣布加入全球区块链联盟 R3，成为首个来自中国的成员”的消息不胫而走，某些区块链概念个股当天开盘一字涨停。

2016 年 6 月 9 日，一则新闻吸引了更多人的目光：《九十家央行在美联储会议上探索区块链答案》（http：//www.bitecoin.com/online/2016/06/19107.html）。

实际上，过去两年区块链技术公司已经成为各风投基金竞相追捧的热门。2015 年全球范围内投资在比特币和区块链相关的初创公司的风投资金规模就达到了 4.8 亿美元；2016 年第一季度已达到 1.6 亿美元，由此可见其增长趋势之猛。

前不久，高盛在一份名为《区块链：将理论应用于实践》的报告中写出了他们首肯的区块链五大应用。

（1）在 Airbnb 等平台上建立信用体系。

（2）家庭发电与供电。

（3）降低房地产市场交易成本。

（4）在股票交易中大显身手。

（5）有助于反洗钱及金融企业客户的身份核验。

除了投资布局，全球各领先的 IT 机构和金融机构在具体推动区块链技术应用方面也有很大动作。下面挑选几个较大的项目予以介绍。

1.2　区块链项目的分类

区块链带来的投资项目，主要有 5 类。

1. 与数字货币交易直接相关的项目

前面已经介绍了很多，这里不再赘述。

2. 底层协议和数据层的开发

这是技术性比较强的一块。

区块链底层的通用协议主要是智能合约协议和隐私保护协议等，开发底层协议需要有深厚的技术功底，因此，要成功是比较有难度的，而一旦拔得头筹，那么接下来就是一马平川，春风得意马蹄疾了。

数据层主要是非对称加密技术、分布式数据库等内容，包括数据登记、存储、公正、安保和认证等业务，目前国内已经开始有很多企业抢滩于这一领域。

3. 区块链框架和开发平台

1)IBM

因特网巨头之一的IBM早就开始布局区块链（https：//www.ibm.com/blockchain/）。其华生（Watson）物联网平台（http：//www.ibm.com/smarterplanet/us/en/ibmwatson/）和分布式物联网架构开源平台Adept（http：//www.slideshare.net/_hd/ibm-adept）都是经典案例。为了推动Adept的关键技术blockchain的商用，IBM不但开放了blockchain的源代码，还推出了面向开发者的blockchain as a service服务，通过IBM云计算平台的Bluemxi和API基础架构来支持外部数据的对接。例如，可以将物联网信息通过沃森人工智能平台接入区块链系统。托管在其Bluemix云上的开发者服务，开发者可以在IBM云上利用DevOps工具建立、部署和监视区块链应用。

从物联网（Internet of Things，IoT）到物联链（BlockChain of Things，BoT），IBM也是蛮拼的，而且这里还没有列举它在区块链领域的其他投资项目。

2）微软

在所有的区块链项目中，微软的Azure区块链服务项目（MSFT）较为出众。这个项目也吸引了众多公司加盟。除了合伙人ConsenSys和Ripple外，Azure的合作伙伴还有Eris Industries、CoinPrism、公正通（Factom）、BitPay、Manifold Technology、LibraTax、Emercoin、Multichain和Netki等。

微软最近发起的Bletchley项目（https：//azure.microsoft.com/en-us/blog/bletchley-blockchain/）提供了一些能扩展区块链用途的工具。Bletchley是微软构建企业财团区块链生态系统所用的体系结构，而非一套全新的区块链堆栈。微软希望借此将分布式分类账（区块链）平台纳入企业环境，在确保平台开放性的同时构建能解决实际业务问题的解决方案。

Project Bletchley包含区块链中间件（Blockchain middleware）和Cryptlets这

两个主要概念。

区块链中间件将提供下列核心功能。

（1）身份和证书服务：借助 Azure Active Directory 和密钥保管库（Key Vault）提供身份验证、授权、密钥颁发、存储访问和生命周期管理能力。

（2）加密服务：可为区块链事务的处理提供载荷片段（Partial payload）或字段级别的加密。借此确保仅面向特定交易者的数据只能被交易的参与方查看。

（3）区块链网关服务：使用类似 Interledger 的服务为相互关联的分布式分类账提供相互通信的能力。

（4）数据服务：为链下数据（Off-chain data）提供数据服务，可通过分布式文件系统（IPFS、Storj）的公钥引用，并可供当事人和监管人员在机器学习和报表等分析服务中使用。

（5）管理和运维工具：可用于跨越不同企业供应和管理分布式分类账。

Cryptlets 则提供了与客户、开源服务或 Azure 服务以安全的方式实现互操作的能力。

3)R3CEV

包括花旗银行、西班牙对外银行、摩根大通、摩根士丹利和瑞银等在内的 40 余家领先金融机构共同建立了圈内已经非常知名的 R3CEV 联盟，旨在推动制定适合金融机构使用的区块链技术标准，推动技术落地。国内的平安银行也加盟其中。

理论上，以太坊（ethereum.org）和 Lisk（lisk.io）这样的去中心化应用（Dapp）开发平台也属于此类。

4）替代现有管理体系的应用项目或其他创新项目

典型的案例是国内声名鹊起的基于区块链技术的资产数字化系统小蚁 Antshares。小蚁的这一系统是很有前途的，因为它一旦与房地产交易所或者房管局合作，就是一个巨大的市场。何况它还不只局限在房地产这一领域。

还有就是刚刚提到的以太坊和 Lisk 这样的去中心化应用开发平台上，很多第三方开发的应用。

提醒大家一下，不要期望一个革命性的工具或者技术一定要通过砸碎旧世界来获得成功的。区块链更多的是通过年轻的一代或两代人慢慢构建平行项目，逐渐成为这个世界的主流，而使得现有的主流退居二线，甚至被淘汰出局。

所以，对宣传要彻底改造现有企业或者组织的项目，一定要多请教相关行业的专业人士。

4. 去中心化自治组织的发展

The DAO 可以简单地理解为世界上第一个去中心化的投资基金，一个以智能合约为基础的投资俱乐部。很多人遵照它的规则，用以太坊的 Ether 代币兑换 DAO 代币，再用后者来投资相关提案。也就是说，如果某个成员觉得有个项目 X 很有投资价值，他可以提交一个投资提案到 The DAO。DAO 代币持有者们通过投票决定是否投资这个项目。简单地说，The DAO 的任何股东都可以发起投资提案，然后所有股东一起讨论表决，但它没有决策层，也没有管理层，最后的决策结果由智能合约根据投票情况而公布。

就像 Augur（以太坊的第一个拳头产品，第一个去中心化的预测市场：http：//www.8btc.com/what-is-augur）和 Colony（去中心化招聘公司）项目一样，DAO 制定一个决策的能力就像《群体的智慧》所断言的那样有效，这本书称，充分多样化的一个群里中的个体能够独立做决定，这样的群体所做的决策比他们中最聪明的个体所做的决策要可靠。

第 1 篇介绍达世币的时候也提到过，达世币很可能就是第一个成功的 DAO。我不是历史学家也非社会学家，但我相信，实际上 DAO 这样的模式一直就存在于人类社会中。它不是个异类，只是朝花夕拾，要开始大规模地让人类世界返璞归真了而已。

1.3 区块链项目投资典型案例

现在一起来看看 2016 年上半年影响较大的区块链领域投融资项目，就更能感受到区块链扑面而来的冲击波，并且很快就能明白为什么很多人要把现在的区块链投资和因特网第一波投资热潮相提并论了。

1.The DAO

The DAO 史上第一大众筹，前面已经仔细分析过它的价值和已经出现的重大问题，这里不再赘述。

2.Lisk

Lisk 是一个用 JavaScript 语言编写的去中心化应用和侧链平台。在 2016 年 1 月 30 日成立之后，其持续 4 个星期的初始代币预售（ICO）活动最终为项目募集了约 580 万美元的资金，这是一个令人印象深刻的数额。这次的 Lisk 代币预售使 Lisk 平台进入全球 20 个最高融资额众筹项目行列，其众筹所得金额在数字货币和区块链项目领域排名第 3 位，仅次于 The DAO 和以太坊。

当看到以太坊的 Solidity 0.2.0 documentation 的时候，作为一个在软件界混了十几年的手下网站数次被黑的人，我自然知道以太坊不可能一帆风顺。所以，如果让我选择，我会选择使用成熟很多的 JavaScript 作为开发语言的 Lisk。不过并非是说 Lisk 以后就会超过以太坊——因为它们自身都是中心化运作的项目，发展得好不好很大程度上不是由它们自身的优劣决定的，而是与几个头头休戚相关。

JavaScript 和 Solidity 的区别是一目了然的，相信 Lisk 有很强的爆发能力。

3.Circle Internet Financial

公司成立于 2013 年，总部位于波士顿，是美国一家消费金融创业公司，主要提供虚拟货币比特币的存储及国家货币兑换服务。目前 Circle 已经支持美元、英镑和欧元的即时兑换。2016 年 6 月 22 日，Circle 宣布获得 6000 万美元 D 轮融资。本轮融资由 IDG 牵头，百度、Breyer Capital、General Catalyst Partners、中金甲子（CICC ALPHA）、光大投资管理公司、万向和宜信也参与了跟投。

看到没有，百度和光大作为中国因特网领域和金融领域的代表，已然投入区块链的怀抱。

4.Mediachain Labs

Mediachain 实验室（Mediachain Labs）是用区块链追踪媒体所有权的开源平台，2016 年 6 月 1 日的种子轮融资获得纽约风投公司 Union Square Ventures 和 Andreessen Horowitz 的 150 万美元投资，这两家公司是区块链和数字货币领域的最大风投企业。参与这轮融资的企业还有 RRE Ventures、Alexis Ohanian、William Mougayar 和 Digital Currency Group 等。

5.Stem

全球最大 PC 游戏数字分发平台 Steam 已经正式宣布支持比特币支付购买游戏产品。Stem 是一家使用区块链技术为内容创作者提供收入平台的创业公司，有趣的是，前一个月它刚和支付宝分道扬镳。Stem 允许内容创作者上传材料、创建合同、管理分销渠道，并最终以简单的收入方式来获得营收。2016 年 5 月 25 日，Stem 宣布获得 1500 万美元 C 轮融资，由 Mithril Capital Management 领投，Mitsui&Co 及 RWE Supply&Trading 也参与其中。

6.Tierion

Tierion 是基于区块链的数据存储解决方案初创企业，与最近很火的 Sia 属于竞争对手关系，但业务侧重点有所不同。全球最大的医疗公司之一——飞利浦医疗，目前正在使用 Tierion 技术来记录其产业医疗设备的维护和使用历史。还有一家合法大麻药房也在使用 Tierion 技术为它们的库存和交易创建不可更改记录。

2016 年 4 月 30 日，Tierion 宣布获得来自 Fenbushi Capital 和 Blockchain Capital 的 100 万美元种子轮融资。

7.bitFlyer

2016 年 4 月，日本比特币交易所 bitFlyer 获得 2700 万美元 C 轮融资。

8.RSK Labs

2016 年 3 月 22 日，区块链创业公司 RSK Labs 宣布获得了 100 万美元种子资金，用来支持 Rootstock（通过侧链的形式依附于比特币区块链的智能合约平台）的智能合约平台的发展。国内专注于比特币专用挖矿芯片和矿机的研发和销售的比特大陆（Bitmain Technology）领投了这轮融资，其他参与方还有比特币和区块链投资公司 Coinsilium，以及数字货币集团（DCG）。

9.Elliptic

Elliptic 是一家基地在英国的比特币监控平台，该公司的主要业务包含 3 点：首先，该公司为用户提供最高级别的数字货币安全存储；其次，为公司管理下的比特币购买保险，购买了保险意味着如果比特币被黑客盗窃了，用户不会因此造成损失；最后，Elliptic 的软件实现了基于人工智能的技术，可以探索到比特币区域模块网络中可疑的交易和活动，并且追踪到异常的源头。

2016 年 3 月 20 日 Elliptic 宣布获得 500 万美元 A 轮融资，领投方是 Paladin Capital Group。

10.Chronicled

Chronicled 成立于 2014 年，致力于保障消费者产品的真实性。通过鞋子内的“智能标签”连接消费者的苹果或安卓应用，然后用区块链技术将鞋子信息录入分布式账本内。这样形成的“开放式注册表”可以支持收藏类运动鞋买卖。

2016 年 3 月 9 日，Chronicled 宣布获得 342 万美元种子轮融资。领投方是风投公司 Mandra Capita。

11.Chainalysis

Chainalysis 的作用就是通过追踪区块链上的数字货币来打击网络犯罪。Chainalysy 已经和欧洲因特网犯罪中心签订了相关的合作协议。

2016 年 2 月 19 日，Chainalysis 宣布获得 160 万美元的种子轮融资，领投方是 Point Nine Capital。

12.Blockstream

Blockstream 已经是区块链业界赫赫有名的公司，它是业内第一家旨在扩大比特币协议层功能的公司，致力于通过区块链及其侧链来扩展比特币协议的能力。

2016 年 2 月 3 日，Blockstream 宣布获得 5500 万美元 B 轮融资。

13.Digital Asset Holdings

数字资产控股（Digital Asset Holdings，DAH）作风之犀利，它先后收购多家区块链初创公司：Hyperledger（私有链技术公司，利用区块链的技术解决交易的结算、清算问题）、Bits of Proof（用区块链的不可篡改的特性做存在性证明）、Blockstack（刚刚提到过）和 Elevence（已开发出一个能够对任何义务和权利进行诠释的模型语言，包括资金、证券和衍生品。其中的代码定义了双方的注意事项，也确定了合同关系可随时间而变化。这使得相关方能够根据所要了解的基础统一当前和未来的权利和义务的视图，而不再需要通过智能合约系统获取其私密信息）等。。

2016 年 2 月 2 日，DAH 宣布获得 6000 万美元 A 轮融资。融资参与方多达 14 位，包括高盛、IBM、荷兰银行、埃森哲、澳洲证券交易所、法国巴黎银行、花旗银行和德意志交易所集团等。

14.Civic

2016 年 1 月 27 日，Civic 宣布完成了 275 万美元种子轮融资。这家数字身份安全创业公司侧重点在于美国社保号的在线安全解决方案。

15.Gem

区块链应用程序接口（API）提供商 Gem 于 2016 年 1 月 6 日宣布，公司在 A 轮融资中筹集到 710 万美元。这家公司也在和飞利浦医疗合作区块链医疗网络的开发。

1.4 两点建议

（1）数字货币是基于区块链技术而发展繁荣起来的，如果不先搞清楚某个区块链项目到底要做什么，怎么做，就贸然去购买它发行的数字货币，风险将很大。

（2）如果想搞清楚智能合约到底是什么，推荐阅读少平的《一个简单的智能合约模型》：http：//www.8btc.com/model-smart-contracts。如果你是程序员但还不懂什么是智能合约，赶快翻墙去谷歌搜搜“solidity 编写智能合约”。

第 2 章　“比特时代”对数字货币应用的实践与理想

黄天威

当年，以比特币为代表的数字货币在国内刚刚兴起的时候，它们还只是大多数人眼中的投机工具。在很多人看来，既不懂数字货币，更不懂数字货币后面的区块链技术理念，无非只是邮币卡外的一个投机市场，最初，我也一度这样认为。直到今天，大量资本进入数字货币及区块链行业，大众才逐渐接受这一既定的事实。然而即便如此，我认为真正读懂这一行业的人依然是凤毛麟角。

近期，有不少投资机构到我司拜访交流，一方面寻求优质项目的投资机会，另一方面也希望通过交流和沟通来拓展视野，并加深对行业的解读。在交流中我发现，随着过去一年里国外区块链行业成为资本投资热门方向，国内资本界也在逐渐开始重视数字货币的社会影响力及其背后的区块链技术的发展潜力，同时也顺理成章地积极寻求投资机会。尽管大部分机构对数字货币和区块链的了解依然停留在较为表面的程度，但这种现象仍然十分振奋人心。

我认为，数字货币及区块链的出现和发展是有其历史必然性的。事物总会随着人们需求的不断提升而发展，而且会越来越快。金、银、铜币被人们使用了数千年，而最终在近代被纸币所取代，在纸币用了上百年后的今天，随着刷卡支付、手机扫码支付等技术手段的普及，社会去纸币化的趋势已经越来越明显，纸币已经全面向电子货币转变。可以预见的是，在不久的未来，货币全面信息化已经是铁定的结果。而我们需要思考的则是：货币信息化的方式有哪些，信息化的程度有多深，信息化的技术靠什么来支撑，信息化又是靠什么来保证其公平和安全的。

在这样的背景下，基于区块链技术的数字货币凭借其大量节点共识的模式，创造了公开透明、无法篡改、（在现有技术环境下）十分安全的技术体系，并水到渠成地成为了一场货币体系改革的先驱者。而比特币、莱特币、狗狗币、瑞波币和比特股等一大批数字货币代表，又成为了先驱中的领头羊，并在各自的圈子和领域中取得了不菲的成就。

我并不想重新阐述数字货币的基本初衷和原理，本文探索的焦点在于数字货币的社会政治地位及它在社会经济活动中所能够扮演的角色。我曾无数次思考过这些问题，数字货币没有任何人、任何组织和任何政府的背书，仅靠技术代码进行总量约束，即便能够假定它的技术安全性是牢不可破的，其又是否具有流通保障及交换价值？如果有，其价值的载体又是什么？使用它们的人又能从中得到哪些增值服务或价值？它在未来社会中又能够以怎样的方式来服务社会？

对此，比特时代进行了早期的数字货币应用探索和建设，譬如：在线上支付环节，时代好礼支持超过 10 种数字货币和货品供应商家进行结算；在线上结算环节，时代稳赚理财采用狗狗币结息；在实体环节，时代微厨实体店内也尝试进行接受比特币扫码支付。这些项目为人们积累了宝贵的经验，也引起了更多的思考。

货币是在一个多元化场景下流通着的，通俗地讲，人们日常生活中使用的交易媒介，除了常见的法定货币外，还有许许多多其他的货币媒介（或代币），比如游戏道具定价 5 金币、购物卡可选购 500 元商品等。在这些场景中，金币是以游戏公司为背书发行的货币，购物卡是以超市为背书发行的代币。在比特时代进行数字货币应用探索的过程中，首先发现，无论是消费者、商家还是交易服务商，对货币媒介的选择并不在意，大家共同在意的是在一次完整的交易环节中，各方是否能够共赢，获取各自的需求，消费者希望更实惠，商家要保障自己的利润空间及销量，而交易服务商则获取人气、流量及服务费用。我认为，在未来社会中，去中心化的数字货币将与中心化法定货币形成互补，形成多元化的支付和结算环境。

数字货币不是万能的，数字货币有其适用的场合，也有其不适用的场合。经过几个项目的先行尝试，可以发现，数字货币用于日常生活小额结算并无明显优势。首先，用户对小额结算要求的实时性较高；其次，小额支付双方对渠道费用并不敏感；最后，小额支付对安全系数的要求较低。这使得数字货币的本身优势无法得到充分体现。不过，数字货币在另一些常见的应用领域则能够为用户提供最大化的使用价值，如微利行业、跨境结算行业，以及虚拟娱乐行业等。

国内用户在进行海淘购物时，使用 paypal 进行美元支付的费率通常为 2% ～ 4%，用户需要额外承担汇率转换成本及 paypal 等支付工具的渠道费用，并且有较多额度限制，而使用基于区块链技术和全球化通用的数字货币支付则费率几乎为零，数字货币跨境购物成本优势在这种场景下就凸显出来了。再用手机充值话费这一简单案例来说，利润是非常微薄的，在传统的网银支付渠道中，话费充值中间商还需要承担 3‰左右的第三方支付手续费，在利润本身只有 1% 的情况下，如果使用数字货币进行话费充值，话费充值中间商则能够产生更多的利润空间。

数字货币的魅力绝不仅于此，人们逐渐发现数字货币让全球化跨境众筹成为现实，从早期的未来币到当下热门的以太坊，无一不在绽放着数字货币的光芒。

数字货币进行众筹投资，是未来的方向之一；人们逐渐发现数字货币让社会投融变得更加简单，基于比特股、新经币等去中心化资产发布系统，人们看到了全球实体资产数字证券化的趋势；人们也发现数字货币本身产生了一个又一个的新时代文化，以狗狗币为代表的小费打赏文化，影响着一大批用户的行为习惯，比特时代尚未发布的新版本也已将狗狗币打赏作为核心社交元素之一。

数字货币的发展当前仍属早期阶段，不过，这并不妨碍比特时代和诸多区块链创业项目的探索和前行。在经过多个项目的尝试和探索后，人们认为数字货币未来会形成以交易平台、清算支付平台、应用平台、资产数字化和技术研发探讨社区等项目为核心的多元化生态圈。比特时代除了保障自身交易业务平稳发展外，一方面将加大对区块链项目的科研支持，另一方面会重点建设一个数字货币应用枢纽平台，致力于衔接消费者和各类型商户，提供支付清算服务，并借此推进数字货币的发展。

毫无疑问的是，数字货币应用平台将在未来社会扮演重要角色。无论是降低某些支付渠道的门槛和成本，还是提升支付的安全性，又或者是在生活中充当多元化的价值衡量方式，数字货币都有其得天独厚的基因，我们相信，数字货币将会迎来美好的未来。

备注：本文所描述的数字货币，指的是基于区块链技术，并采用去中心化发行和运行的数字货币，由公司或个人背书而发行，非区块链技术的中心化虚拟货币不在此列（如 Q 币、时代币等），而部分数字货币虽然采用区块链技术，但其发行具有明显中心化的特征甚至具有不良市场行为的，亦不在本文阐述的范围，请读者仔细甄别。

第 3 章 区块链技术应用案例分析

马，龙、潘国力

3.1 区块链的数字货币应用

区块链技术诞生于比特币，而比特币本身就可以看做区块链的一种应用，且目前来看，数字货币是区块链最重要、最成功的应用。

作为创始的比特币，以及后来的狗狗币、莱特币等，都是区块链的最直接应用。一般来说，一个区块链对应一种数字货币，但不排除有几种数字货币共用一个区块链的情况。

一般可以简单地将区块链理解成一个公开的大账本，而比特币等数字货币就是这个账本记录的账目内容。即区块链的天然应用是数字货币。

建立在数字货币之上，就是更具体的财富的储值，以及财富流通和继承等应用。

1. 财富的储值

数字货币往往是有上限的，或者像狗狗币每年 50 多亿那样有一个固定的低速超发速度，因此，可以有一定的抗超发通胀特性，能较好地用于长时间存储财富。

2. 财富的流通

区块链一般是基于因特网全球去中心化的，因此，任何一个地点只要能上网，就可以有财富。另外，从币地址到人之间有一定的匿名性，因此，能在全球无阻碍地进行财富流通转移。这是人类财富自由的进步。虽然有可能被某些洗钱黑暗应用使用，但是比起现有的洗钱方式，通过区块链上的数字货币洗钱并不简单，且区块链会永久地记录下币洗钱的痕迹——这就好比如果明知一定会永久留下自己的 DNA，绝大多数歹徒必定会心生畏惧。

3. 财富的继承

财富的传承交接问题一直是困扰一些人的难题，尤其是一些意外死亡或失意情况下的财富继承，而通过区块链的数字货币，能通过多重签名或锁定时间的交易可以很好地解决一些财富继承的问题。且一方面可以在某些情况下避免遗产税，另一方面又可以在区块链的充分公开下减少偷漏税。看起来矛盾，但就是区块链的特点——既匿名又公开，它只是个工具，就看双方怎么使用。

3.2　区块链留言证明应用

区块链本身是公开的数据，从而有了最基础的应用，作为全球留言交流的工具，也就是说作为全球的留言墙。写入区块链数据主要有两种方式，一种是在每个区块头的 coinbase 中写入，另一种是在交易中用 OP_RETURN 留言。两种留言都会有收录的时间戳来证明留言的时间。

1. 区块头 coinbase 写入（千年之链 forever.btcc.com）

每个区块只有一个留言机会，每天只有约 144 个留言，且只有有能力打包区块的矿池才有能力写入。每次打包到区块才能写入，就是说现在比特币有 40 多万个区块了，那么就只有 40 多万句留言。这些留言中最出名的就是中本聪在创世区块中的留言：

The Times 03/Jan/2009 Chancellor on brink of second bailout for banks

矿池是有这个权限的，比特币中国的矿池将这个权限开放，只要大家付费，是可以让其帮忙写入想说的话的。这个就是“千年之链”服务，英文需在 60 个字母以内，中文需在 20 个字以内。费用有点高。

2. 交易中用 OP_RETURN 留言（永恒之墙 btcew.com）

在构造交易时，可以对每笔交易留言，就像用支付包转账时的备注内容。其长度限制在 80 字节，就是说和“千年之链”的字量接近。

为了从大量各种各样的 OP_RETURN 留言中找出有含义的留言，大家以字母 EW 开头。即 Eternity-Wall（永恒之墙）的缩写。

仅仅需要一点技术，能自己构造交易的人都能轻易进行 EW 留言。除了时间之外，还有留言对应的地址。

永恒之墙 btcew.com 里面有来自全球各国的人在比特币区块链的上留言，有点类似于一个小型的微博系统，并且有翻译系统，可以对不同国家的语言进行翻译，可以全球交流。

3.3 区块链真实投票应用

区块链的记录特点是公开透明、不可更改，同时还具有匿名性。除了数字货币和留言外，还有一个领域需要此种模式特点的重要应用，即投票评选。

1. 开放式的人气投票

公开的区块链投票，可以极大程度地限制刷票作弊的出现，所有投票过程透明，任何人都可以查，从而保证结果的公平、公正、公开，更好的地方是还能容许有一定的投票隐私空间。具体区块链投票应用实例见BTCdv.com的《“2015数字货币风云粉忠人物”区块链评选活动》。这样会提高投票成本，一定程度上体现投票的真实性。

2. 严格而准确的投票

经常在一些娱乐综艺选秀节目如《快乐女生》《我是歌手》或《欢乐喜剧人》等看到现场多少名观众进行投票。但是投票是否真实呢，是否在统计或其他环节作弊或改动呢？通过区块链可以很简单地解决这个问题，还一个真实的投票给大家。

其实很简单，如给每个现场观众的手机APP下载一个狗狗币手机钱包，每个人打赏6个狗狗币。若1000人，算上1 Doge，那么才7000 Doge，才十几元的投入。然后每组被投票候选人都给出其对应的币地址的二维码，支持哪个，只要向其打赏狗狗币即可。而投票结果立刻就能统计出来，且那7000 Doge是从一个地址打赏出来的，从其他地址过来的狗狗币是不算的。可以防止作弊，且可以面向全球公开，大家也可以实时看到真实的投票情况。尤其是现场的观众可以明确地看到自己的投票。

别认为只是娱乐，这种模式可以实用于公司优秀员工的民主选举，甚至国家总统大选都可以考虑采用这种区块链投票的形式。

3.4 区块链的资产管理应用

可以采用区块链的形式来进行众筹股票的流通。简单来说就是1单位的币对应1股，将股票的中心化服务器记录转移搬到区块链上进行公开记录。

另外，还可以管理分红。

1. 含股数量的币的地址

假设众筹股数正好为 10 万股，那么弄个存有 10 万狗狗币的地址，规定 1 股对应 1 狗狗币。

2. 让众筹成功的人提交认证币地址

要众筹成功的人提交完全自己控制私钥的币地址：比特币地址或狗狗币地址。可以两个地址间转化，只要提交一个即可。最好是没有币历史交易记录的新地址，当然有历史交易也可以，但务必要自己掌握私钥，不能用平台充币地址。

3. 股数币的地址向各地址发股数币

例如，众筹成功 2588 股，那么就 10 万的币地址向提交的币地址打赏 2588 Doge。

4. 币量代表股数发出此币相当于转让

有新人想买 1000 股，且假设恰好我正想卖出 1000 股，那么新人先注册平台提交币地址。在一定的信用担保下向我发 2000 元法定货币或者价值 2000 元的比特币。我在收到后就将 2588 Doge 中的 1000 Doge 发到新人提交认证的狗狗币地址上即可。即相当于 1000 股转到新人了。

整个模式见下图，中心节点即 10 万狗狗币的那地址，每笔股交易及股转移量都很清晰地记录在区块链上。区块链记录股权，公开透明，且无法伪造，更重要的是实现成本、交易成本及管理成本都几乎为零。分红时官方通过查询区块链能很方便地确认谁有多少股，该发多少分红。成本仅需买 10 万狗狗币中心节点地址币即可。

3.5　区块链的脑洞应用

区块链的应用远不限于上面的那些，还有很多神奇的区块链应用和构思，尤其是在智能合约配合下。有很多都很有创意但也比较耗脑，这里简单介绍几种区块链应用。

1. 区块链去中心化的域名系统

用区块链来记录和搭建域名系统。有一个竞争币域名币做过这方面的

尝试。2. 区块链架构去中心化的公司 DAC 应用

这个就是主要由比特股进行宣传的概念，用区块链技术来形成各种去中心化的公司。任何人根据自己持有的币进行投票，参与 DAC 公司的管理。

3. 区块链架构去中心化的组织 DAO 应用

这个就是主要由以太坊进行宣传的概念（源于比特股的 DAC 即去中心化企业的概念。本质上 DAO 的概念更大，也更“区块链化”），用区块链加智能合约形成一个去中心化的风投组织，其众筹项目 The DAO 获得价值 1.6 亿美元的众筹。

4. 区块链架构去中心化智能交通

将车量信息记录于区块链上进行智能管理和产权认证，另外将路况信息在区块链中记录，从而智能地管理交通，对于车辆的违章扣分会在区块链上永久记录，且必要时结合数字货币自动扣罚款，或者自动缴纳过路费。

5. 区块链架构去中心化自治社区

比智能交通和公司组织，还要更进一步民主自治的社区。

6. 区块链进行数字身份验证和版权验证

用区块链可以证明某个时间下已经有某文，从而证明版权。具体是先将文章通过电脑口令工具压缩成一个币地址，然后在区块链上向其发送任意币形成交易，进入区块链。通过发送的时间证明时间，再同发送币的私钥来证明身份。通过时间和身份，证明你早在某个时间点就已经有某文，从而形成版权。

第 4 章　第一届数字货币应用方案策划大赛纪实

江恩，周朝晖

4.1　发起者中国狗狗币协会简介

4.1.1 协会简介

中国狗狗币协会于 2014 年 1 月 25 日正式成立。

成立目标是：让更多的人，来正面了解狗狗币，支助公益活动，支助灾区，支助突发事件。

加入条件：有爱心人士，支持狗狗币者。

会员义务：推广狗狗币，推广狗狗币应用，帮助新手了解狗狗币及中国狗狗币协会。

会员权益：拥有参与协会活动的优先权，拥有协会内部情报的知情权，以及参与协会活动的提案。

协会官方网站：www.chinadoge.cn

协会成员人数：204 人

4.1.2 中国狗狗币协会公益大事记

（1）2014 年 2 月 14 日，中国狗狗币协会第一次组织，敬老爱幼送元宵贡献爱心活动，香港慈善艺人金虹汝说，“勿以善小而不为，众人拾柴火焰高”。我们用实际行动“敬老爱幼”，做到“人人慈善，慈善人人”的金虹汝微公益理念。参与“敬老爱幼”公益活动的志愿者人均 20 元为连云港市爱吉瑞丽儿童潜能开发中心及老来福老年公寓购买元宵及米面油等。我们将公布活动及财务明细，心手相连，奉献爱心。凝聚爱的力量，感动我们身边的每个人，因为我们都有一颗感恩的心。点燃爱心之火，传递公益力量！中国狗狗币协会，以捐助狗狗币的形式支持金虹汝爱心团，广大狗狗币爱好者，尽自己的一份心意支助。

（2）2014 年 3 月，由中国狗狗币协会支助的 Dogecoin 队桥牌锦标赛，由孙国庆带队的 Dogecoin（原金山南翼队）是去年桥牌锦标赛第一名，今年希望也可以拿到好名次，我们协会现在公开支助，给 Dogecoin 的朋友们一些活动经费。算是捐一些喝水的资金，也是我们协会的心意。最终 Dogecoin 队桥牌拿到 2014 年桥牌锦标赛第一名。

(3) 2014 年 4 月，赞助青风 IT 沙龙 2014 年第四期活动，会议室场地使用费通过狗狗币赞助成功！“青风沙龙”邀请比特币资深玩家吕国宁、张航菘详细讲解比特币的前世今生。现场还会有矿机操作展示、交易所搭建演示！

(4) 2014 年中国狗狗币协会协助“温暖四季”组织发起的慈善捐助行动。中国狗狗币协会全力协助，由“温暖四季”组织发起的一次数字货币慈善捐助行动，BtcTrade 作为主要参与支持单位特在比特币交易网上线活动专题页面，希望广大数字货币用户能实现数字货币的真正价值、贡献自己的一份力量，挽救王思培同学生命并助她实现护士梦。

(5) 2014 年 5 月，中国狗狗币协会第一届征文大赛顺利进行，并产生一系列优秀的作品，如第一名作品：《正在前往大神的路上》。

(6) 2015 年 5 月，中国狗狗币协会第二届征文大赛顺利进行，并在活动中，产生了许多优秀作品。

(7) 2015 年 7 月，中国狗狗币协会第一届狗狗币 PS 大赛圆满结束，一等奖《是时候 踏上新的征程》获得网友和评委一致好评（见图 4-1）。

图 4-1 第一届狗狗币 PS 大赛一等奖《是时候 踏上新的征程》

(8) 2015 年 12 月，“第一届数字货币应用方案策划大赛”如期举行，由中国狗狗币协会发起的数字货币应用方案策划大赛圆满结束。本次大赛参赛作品众多，项目质量普遍较高，反响强烈。共有 31 个参赛项目，经过评委精心评选，

10 个优秀项目获奖。第一名打赏 150 万狗狗币，第二名打赏 80 万狗狗币，第三名打赏 50 万狗狗币（见图 4-2）。

图 4-2 第一届数字货币应用方案策划大赛

（9）2015 年 12 月“第一届区块链创意大赛——句话一生情比特币”本次活动 2015 年 12 月 30 日至 2016 年 1 月 25 日截止收录作品，活动共收录国内社区 60 个作品，以及国外社区 47 个作品，国外作品质量也是非常高，由于最终投票设在国内社区进行，所以造成国外社区作品没有进入前三名。大赛奖励：第一名打赏 888888 狗狗币，第二名打赏 588888 狗狗币，第三名打赏 288888 狗狗币。

4.2　第一届数字货币应用创意大赛纪实

2015 年 11 月 19 日，在数字货币貌似低迷的阶段，中国狗狗币协会深谋远虑，与比特时代（www.btc38.com）及巴比特（www.8btc.com）共同发起了“第一届数字货币应用创意大赛”（因比特时代做事低调，整个活动名义上由中国狗狗币协会独家发起，比特时代作为狗狗币奖金主要赞助方参与）。

大赛的基本规则如下：

（1）数字货币应用方案必须和狗狗币或比特币等数字货币有关。

（2）大赛支持原创，杜绝抄袭。

(3) 计划方案要求翔实，可定位于应用背景、可行性论证、开发方案和推广方案等。方案可以是数字货币的推广方法或建议，也可以是关于数字货币项目的创业计划或者数字货币的技术研究论文。

大赛从可行性、方案详细程度、应用背景和人气等几个方面对参赛作品进行综合评估，每个作品满分为100分，由评审团分别对每个作品进行打分，再综合所有评委得分，即为参赛作品的总得分。

数字货币应用方案策划大赛的主要评委如下：

(1) 黄天威——比特时代CEO。

(2) @江恩-狗狗币——中国狗狗币协会会长。

(3) 长铗——巴比特创始人。

(4) @巴比特-Miner——巴比特。

(5) @ Dogecoin 雪饼——中国狗狗币协会国际部部长。

(6) 潘国力——币富网（后更名为币区势）CEO。

(7) @币看老刘——币看创始人。

奖品赞助方为比特时代和BTCDICE骰子娱乐网。

“第一届数字货币应用方案策划大赛”发起和参赛项目的介绍：http://8btc.com/thread-25574-1-1.html。

参赛项目如下：

(1) 8Doge.com区块链应用，向策划大赛献礼。

(2) 比特游戏项目策划方案。

(3) 狗狗币进校园活动。

(4) 狗狗币的生活场景应用推广方法及协会运作运营方式。

(5) 人类之友——狗链身份证计划。

(6) 狗狗汇。

(7)dogecoin adsense.

(8) 一款不用下载的狗狗币赚币软件火暴朋友圈。

(9) 币乐园——打造第一虚拟币娱乐平台。

(10) 一种双赢的合作。

(11) 狗狗币打赏插件。

(12) 基于数字货币的捐款平台。

（13）最具潜力的狗狗币发展点子，估计大部分人都能想到。

（14）一种基于区块链的自主、安全的开放数据索引标识符（ODIN）。

（15）一种基于区块链的完全去中心化、市场化的数字资产交易模型，“让人人都能发行股票”。

（16）狗狗投票排行榜，最公平真实的投票排行应用。

（17）狗狗币应用于全家便利店集点。

（18）智能广告，网络广告价格的事让网络货币来做。

（19）电子书版权保护和交易系统——创业计划。

（20）区块链安全卫士 / 杀毒软件。

（21）对接淘宝的狗狗币打赏功能。

（22）明天就双 12 了，来个创意 high 一下。

（23）向国际气候大会捐款 100 亿 DOGE。

（24）“施比 · 爱”计划书。

（25）棋牌游戏大赛。

（26）石头剪子布的比特狗狗壳区块链应用。

（27）狗狗币之未来——商业生态系统的建设与全球狗狗币版“支付宝及淘宝”。

（28）“多吉旺旺”狗狗币通用积分计划书。

（29）电子币打赏及营销项目。

（30）闲置品拍卖系统。

（31）狗狗币的正确打开方式，我的想法之狗狗币。

本次大赛原定奖励前 3 名，但由于本次大赛作品的质量和数量都远远超出了预期，组委会决定将奖励追加到第 10 名。以下为大赛前 10 名获奖作品，并在此分别简要介绍一下：

第一名：“施比 · 爱”

详见：http：//8btc.com/thread-26630-1-1.html？ from=threadlink。

施比 · 爱的第一期计划，主要是狗狗币打赏功能的开发。这一计划已经完成。施比 · 爱的第二期计划介绍如下。

1. 施比爱要做什么

施比爱要做中国首家去中心化实践基地。

1）为什么要去中心化

施比·爱创始人之一的周朝晖在国际开源项目 Joomla 中作为协作者和义务宣传员，做了 13 年义工。Joomla 是一个设计了全球百分之三点几暨 300 多万个网站的系统软件，一个免费且源代码完全开放的系统软件。Joomla 的资源里，仅第三方开发的功能扩展（Extension）最多的时候就超过 2.5 万个，各种志愿协助组共有 70 多个，官方翻译组的各语言小组现有 66 个之多，另外全球还有 182 个用户小组。代表 Joomla 官方的基本主要就是几个核心开发组的开发人员。也就是说吃官饷的就那几个人。可见 Joomla 的发展几乎就是去中心化的结果——包括其管理组织 Open Source Matters，都是由志愿者组成的。

通过亲身参与，我们体验到了去中心化的力量。

Github（github.com）上有数百万个开源软件，老牌的 sourceforge.net 上也有数十万个开源软件。无论是安卓手机里的 Android，还是苹果手机里的 iOS，都是得益于开源软件的发展。没有约 20 年来开源软件的发展，现在的智能手机就是一块砖。所以，去中心化的实践其实在区块链概念几年前浮出水面之前早就开始了。

2）施比爱靠什么帮助大家构建去中心化组织或项目

简单地说，就是通过区块链技术。

说 Joomla 几乎就是去中心化，是因为 Joomla 是 15 年前起步的，那时候还没有区块链这个名词，而人们现在已经知道：在一个联通全球的网络世界里，没有区块链想要完全去中心化，那实在太难了。

稍有野心地说，就是主要通过比特币和狗狗币区块链。

狗狗币的区块链不算有特色，它只是继承了比特币区块链的血统而已。但前面已经说了，狗狗币可真是蕴藏着大能量的，而且是满满的正能量。

2. 施比爱如何帮助大家构建去中心化组织或项目

1）优秀的狗文化吸引和帮助有志之士

中国人对开源软件的贡献几乎为 0%。2002 年左右开始用路由器提供的 IDS

监测系统来进行域名劫持，防止人们访问被过滤的网站，同时开始不断封锁海外的 DNS 服务器。通过 14 年坚持不懈的努力，成功隔断了我们对地球上的主流技术的参与。

关于“老不信”，百度百科云：老不信心理是公众对任何事物都表示怀疑的心态，表现为对所有消息不加判断分析一律表示不可信（http：//baike.baidu.com/view/13342524.htm）。老不信已经成为很普遍的现象。如果你将信将疑，去新浪微博看一下。有这样的心理基础，不合作和难合作自然就会是当今中国最头疼的问题。

因此，当前能解决的，也是所面临的最艰难的问题：相互尊重、相互信任、良好的合作态度，以及建立在这三者基础上的学习和交流。

重点是，将以轻松、好玩的模式完成这一使命。

2）原创的施比爱彩色区块链技术

施比爱两大创始人对区块链技术均有研究，特别是 CTO 马龙（网名玛雅），他对区块链技术潜心研究过数年，并同时不断付诸于区块链应用开发的实践。我们现在终于推出国产的区块链技术和服务“施比爱彩色区块链技术”，并将其应用到施比爱（shibe.io）这个项目里。施比爱彩色区块链技术，和之前就已经有的各种染色币、彩色币等技术相似但不完全相同，是一种新技术和新的解决方案。其结合了去中心化的公开公正和中心化的管理高效率，是很实用的财富管理工具，是区块链技术的一项重要技术进步。我们正在为该技术申请专利。

从分类上看，施比爱彩色区块链可以看做主链的一种特殊的侧链，或者视为一种特殊的闪电网络，甚至可以认为是一种特殊的简易的智能合约。

3）量化及千古留存国人的社会贡献

既然选择了“有文化”的狗狗币，施比爱就必然志存高远。

狗狗币既然是数字货币，本身就具备很好的量化能力。加上数字货币区块链的记录不可篡改性和永久保留的特点，利用狗狗币的技术即可量化千古留存国人的社会贡献。社会责任将不再是空洞的一个名词。

第二名：币乐园——打造第一虚拟币娱乐平台

币乐园还是初生牛犊，羽翼尚未丰满，团队的资金力量和技术水平远不能与那些大平台相提并论。但十分看好虚拟币市场，针对上百万甚至上千万的国内和全球虚拟币爱好者，并逐步挖掘非币圈游戏玩家和投资者用户前来体验，励志做非主流、专业、专一于虚拟币的娱乐和理财平台。同时并不仅限于这两方面，凡是认为能带来娱乐感、涉及虚拟币产业创新的事物都会纳入我们的视野，并加以运用，植入到我们的平台。

币乐园不接受任何法定货币，也不兑换任何法定货币。一切盈利点以虚拟币为依托。目前接受莱特币（LTC）、狗狗币（DOGE）、元宝币（YBC）和乐橙币（YBY），已经达成合作的有太一股（ABC）和微币（VPN）。

第三名：比特游戏项目策划方案

在数字货币领域打造一个无须下载、单击即玩的手机游戏中心，产品包含棋牌、休闲游戏、1 元夺宝和比赛竞技等多种类型。产品主要定位如下。

(1) 只专注于手机端产品研发，为合作的运营方提供产品和技术支撑。

(2) 产品定位：以棋牌、休闲和轻度为主，满足用户碎片化时间娱乐与互动的需求。

(3) 产品特点：定制化、竞技性。

第四名：8Doge.com 区块链应用，向策划大赛献礼

这位技术达人马龙后来也加入了施比爱，他开发了 8doge.com/Doge 应用。

创新点如下：

(1) 国内第一个，可能也是唯一一个狗狗币区块链应用。

(2) 数据来自 DogeChain.info，完全同步，在这里看到的多是镜像复制过来的，但未引入广告。

(3) 支持 address、tx 和 block 地址，注意地址中比其他区块链多了个问号，还有搜索功能。

(4) 目前，Statistics 和 API 链向 DogeChain，而钱包 Wallet 链向支持狗狗币的手机安卓钱包，供小额零花使用。扫码即支付，无须同步，非常方便，且属于链上钱包自己掌握，足够安全。

第五名：狗狗投票排行榜，最公平真实的投票排行应用

还是技术达人马龙开发的项目。域名地址为。DogeVote.com

各种各样的排行榜，各种各样的投票，充斥着人们的网上生活，并潜意识指导着人们的一些判断和行为，决定了一些活动中能否中奖，然而是否有想到这些数据的真实性。投票是可以刷量的，即便是通过技术严格做到一计算机一IP 一人一票（其实很难做到，入门级的黑客即可随便刷票），一些人也可以去发动好友或粉丝群体注册很多小号去投票。你有没有被朋友拉着去某网站投票的经历？因此，投票就成了比赛谁刷票厉害的游戏。

至于排行榜，若不是根据可刷票的投票得来，那么更多是由排行榜发布者自己来进行评估的。多数排行榜会只给一个总得分，具体评价模型和标准都是保密的，其实说白了就是自己说了算，你给排行榜发布人一点小费，你的名次就会飙升，多给些甚至排到榜首都有可能。因此，排行榜成了刷与排行榜发起人内幕与亲密关系的地方。

整个方案思路就是给每个投票项关联一个狗狗币地址（单击币量数字可转到此地址）。向这些地址转入币即相当于投票，自动获取每个币地址里的币量，然后根据币量多少进行排序。

其实若通过传统的网站后台编程和数据库技术来实现，非常简单，不到一个小时就可以轻松搞定。

但是那样就属于中心化数据应用，与普通的排行榜没有太大本质上的区别。

因此，这个方案的开发遵循了去中心原则，由 JavaScript 开源编程，完全通过 API 在客户端进行币量查询和排序。

且通过设计 API 接口，可同时从两个区块链网站 Dogechain.info 和 Chain.so 获取地址币量数据。即使这两个区块链中有一个因意外关闭了 API，也不影响此应用的使用。

去中心化让用户甚至可以将网页保存到本地，即使狗狗投票排行榜平台宕机关闭，也同样能投票和排行。这就有点类似于比特币永恒之墙 BtcEW.com 区块链留言本了，数据是存在于区块链上的，可以有很多个展示平台，但留言内容和投票排行不变。

第六名：一种基于区块链的自主、安全的开放数据索引标识符（ODIN）

ODIN (Open Data Index Name) 是开放数据索引唯一标识的缩写。广义上讲，ODIN 是指在网络环境下标识和交换数据内容索引的一种开放性系统，它遵从

URI（统一资源标识符）规范，并为基于数字加密货币区块链（BlockChain）的自主开放、安全可信的数据内容管理和知识产权管理提供了一个可扩展的框架。它包括4个组成要素：标识符、解析系统、元数据和规则（Policies）。狭义上讲，ODIN是指标识任何数据内容对象的一种永久性标识符。ODIN可以被形象地理解为“数据时代的自主域名”，相比传统的DNS体系，利用革命性的区块链技术可以提供更多创新特性，在智能硬件、物联网等新兴领域发挥独特价值。

ODIN系统具有以下显著特性和功能：

（1）自主性。ODIN标识符基于去中心化的区块链技术由申请者自主生成并管理，其生成和管理规则是完全开放的，没有中心化的控制机构。除了拥有管理密钥的申请者之外，其他组织和个人都无权控制和篡改。

（2）安全性。每一个ODIN标识符的拥有者都对应拥有一对非对称加密技术的公私钥，可以通过私钥对自主发布的数据内容进行签名，接收数据内容的个体可以通过公钥进行验证，以确保收到的数据是来源可信和不被篡改的。

（3）唯一性。ODIN标识符能对任何数据内容对象（如文本、图片、声音、数据、影像和软件等）的开放访问索引进行唯一标识，使数据内容对象能被人们准确地识别和提取。

（4）永久性。ODIN标识符一旦生成就将永久不变，不随其所标识的数据内容对象的持有者或存储地址等属性的变更而改变。

（5）兼容性。它可以与现有的一些标识符（如国际标准书号ISBN、国际标准刊号ISSN、国际标准文本代码ISTC和出版者标识符PII等）相互兼容。

（6）互操作性（Interoperable）。ODIN的处理系统可以与网络上不同的计算机操作系统在处理同一数据时能保持一致，能与不同时期的技术系统兼容。

“PPk开放小组”（The PPk Public Group，http：//ppkpub.org/）定义并发起建立了一套完全开放、开源的ODIN运行机制，包括基础技术（PPk System）和扩展应用方面。

我个人认为它是本次比赛最有分量的项目，但可惜我不是评委。

不过问题也还是有的。

他们对于中文语言的随意性在我看来，是很匪夷所思的。

这个方案因为是基于比特币区块链，比特币单个区块不能超过1MB，单条交易数据块一般实际受限在1KB左右。

第七名：一款不用下载的狗狗币赚币软件

这是献给狗狗币大赛的一款推广狗狗币的产品开发思路，即一款基于微信平台的类似于公众平台的软件。

此款软件需要具备以下功能：

（1）签到。每次签到奖励 50 个或者 100 个狗狗币，连续签到多天，每天签到奖励递增。

（2）可绑定钱包地址。每次签到的狗狗币自动转入默认狗狗币地址。

（3）分享功能。每次分享后依据点击量会有相应的狗狗币奖励。软件可以拉广告，用户分享广告到朋友圈即可。

（4）兑换功能。最实用也是最方便的就是话费的兑换了，可设置 5 元、10 元或 20 元不等的兑换充值商品，方便用户变现。

（5）打赏。用户基于自己的朋友圈，可以随意打赏朋友狗狗币。让狗狗币在用户朋友圈转起来，以点带面的效果肯定会非常好。

（6）小游戏。如玩色子、猜拳等。如果朋友在一块喝酒，这个就非常好。赢了能得到打赏，输了喝酒，活跃酒桌气氛，增加朋友感情。

（7）行业新闻也是要有的。

第八名：电子币打赏及营销项目

本项目可以解决的问题：打赏范围广，打赏方式简便，无论是微博还是论坛，只要用一个简单办法把用户名和本网站账号绑定关联起来，以后打赏针对其用户名就行了，由打赏系统自动完成统计和数字货币的转账，打赏人告别手工发币，接赏人避免把各种币的收币地址到处发、反复发。在兑物方面，本项目打算采用商圈的模式让商家抱团互助推广，并提供简单便携的支付手段，争取让使用者用简单又安全的方式进行各种场合的收付。

第九名：石头剪子布的比特狗狗壳区块链应用

技术达人马龙获奖的第三个项目！应用实例地址：http：//btcdoge.com。

应用简介：这个类似于石头剪子布的同样基于区块链的比特狗狗壳应用，不要仅仅看到此应用本身只是一个小游戏。要看到其背后可能衍生出来的庞大去中心化博弈娱乐的产业链。甚至可以理解为整个币乐园类都是可以构架在此应用上的具体实例而已。

简单说分为下列几步：①生成随机字串；②拳种加随机字串作为“脑口令”生成脑钱包，保存好脑口令；③凭脑钱包地址，选场地交场地费发出币量的“首发拳”；④应战者验证后没有问题，也向场地地址打入币来出“应战拳”；⑤根据应战拳，打出首发拳的人自己就可以判断自己是胜是负了，假设非负，那么其就可及时地公开其拳种加随机字串的脑口令，要求结算。若发现已输，也可不用任何操作，时间到了以后自动判应战者获胜。

用到的具体技术有：脑口令生成脑钱包地址技术 BTCnqb.com、传统数据库技术记录出首发拳证明地址和时间、区块链查询场地费、区块链的应战拳发出各拳技术，以及区块链的多地址结算技术等。

第十名：电子书版权保护和交易系统——创业计划

可行性论证：目前，纸媒的出版已经进入严重衰退的阶段，传统的模式（作者写，买版号，花钱出版，出版社发行）被网络逼入死亡的边沿。自出版平台的出现后，解决了部分技术人员的需求，但是技术的烦琐和版权保护的孱弱，是很大的诟病，远不能满足普通人的需求。

因此，一方面是受网络影响，被排挤释放的巨大市场空间；另一方面是人类对于系统知识的强大需求，加之数字货币区块链技术的逐步完善，万事俱备，只差成熟可行的应用了。

主要功能如下：

（1）可以使用任何编辑器，不限制创作者的写作媒介（降低了作者的技术门槛）。

（2）提供专用编辑器，更加方便，功能更加强大，能够实现即时搜索、多人合作、跟帖拖拽等，让写作和协作更简单。

（3）提供最简单的配置选项，如 book.json。

（4）实现传统自出版平台的发布、销售等功能，只不过使用狗狗币保护你的版权，更加方便和安全。

（5）提供 API，方便推广与合作。

后来的事实证明，这次大赛恰好是在数字货币进入新的发展阶段的转折点，但当时整个数字货币市场经过两年的跌跌不休，多数币种跌到很多人无法忍受的地步，真的是整体上非常萎靡不振——绝大多数人，以及麻木到浑然不知已经到了比特币昂首起步的前夜：几天之后，比特币腾空而起！

然而，就是在那么低迷的环境下，完全出乎大家意料之外的是：本次赛事共有 31 个应用方案参与活动，并吸引总计超过 5 万人次的点击率和浏览量。参赛选手群策群力，参赛项目亦涉猎广泛，不仅涵盖了常规的游戏娱乐、生活应用、网络社交、公益活动和版权公证等诸多领域，更有项目令人脑洞大开，提出了利用数字货币和区块链进行大气保护、杀毒安全等创意项目。

这说明很多人在最艰难的时候，都是在做最好的准备——所有投资数字货币的朋友都应该记住：真正的成功者，也绝不可能一帆风顺，他们之所以成功，就是因为他们能够做到这一点。

这才是我们特长篇累牍地介绍这次大赛的最主要的原因，这是值得币界纪念的一次大赛。

第5章　英科雷瓦王国及其官方货币狗狗币

邹来辉

2015 年 6 月 16 日，英科雷瓦王国外交大臣、中国狗狗币基金会创始人、美国 reddit 狗狗币社区“全球公关团队”的成员邹来辉“狗叔 UncleDoge”作客凤凰卫视“全媒体大开讲”，向广大观众介绍了微型国家“英科雷瓦王国”及其官方货币“狗狗币”，一日内让“公民竟然可以创建新的国家？”“官方货币竟然是数字货币狗狗币？”完爆公众的思考极限，本篇就让我们跟随他共同见识下理想主义者的思想盛宴及狗狗币的无穷魅力（见图 5-1）。

图 5-1 邹来辉（狗叔 UncleDoge）先生在接受凤凰卫视采访

5.1 关于英科雷瓦王国

英科雷瓦，正式名称英科雷瓦王国（英语为 The Kingdom of Enclava；波兰语为 Kr ó lestwo Enklawy），在 2015 年 4 月 23 日宣布成立，是世界上最新成立的微型国家，也是世界上最小的国家，初期成立面积只有 100 平方米，位于克罗地亚和斯洛文尼亚边境之间的一块无主之地上，该无主之地由波兰旅行家卡米勒 · 弗罗纳在一次前往斯洛文尼亚的旅途中偶然发现的（见图 5-2）。这个国家的成立过程充满了传奇色彩，其中包括官方货币是加密数字货币狗狗币（Dogecoin），中文为五大官方语言之一，外交部长（外交大臣）是中国人和其著名的国家格言：CIVIS TOTIUS MUNDI——世界公民。

图 5-2 英科雷瓦地图

英科雷瓦王国梗概如下：

中文名称：英科雷瓦王国。

英文名称：Kingdom Of Enclava。

简称：英科雷瓦 Enclava。

所属洲：欧洲。

首都：英科雷瓦 Enclava。

主要城市：英科雷瓦 Enclava。

国庆日：4 月 23 日。

官方语言：英语 / 波兰语 / 斯洛文尼亚语 / 克罗地亚语 / 中文。

货币：DOGECOIN（狗狗币）。

政治体制：君主立宪政体。

国家领袖：托马斯一世。

人口数量：139。

主要民族：多民族。

主要宗教：多宗教。

国土面积：100 平方米。

国家格言：世界公民。

首相：菲利普 · 德 · 玛特。

外交大臣：邹来辉。

5.1.1 理想主义者的狂欢

事情的缘起要从波兰旅行家卡米勒 · 弗罗纳（Kamil Wrona）的东欧之旅的偶然发现说起。弗罗纳先生出游途经斯洛文尼亚南部一个名叫布雷佐维察 · 布尔 · 梅特利卡（Brezovica pri Metliki）的村庄时，偶然从当地居民口中得知该村庄有一小块飞地（Enclave），既不属于斯洛文尼亚，也不归克罗地亚管。好奇的弗罗纳先生回家后认真核对两个国家的地籍图，发现该村庄是克罗地亚的一块飞地，完全被斯洛文尼亚村庄包围。这两个国家都在地籍图上确认了这块飞地，只是边界线轻微不同。中间的那块差不多 100 平方米的飞地既不属于斯洛文尼亚，也不属于克罗地亚（后来像这种没有国籍归属的地在附近的几个国家还有几块，原因就是在南斯拉夫解体时新成立的国家没有对国界进行很严格的勘测导致，边界很多地方的归属模糊不清）。

弗罗纳先生跟他的朋友皮尔特 · 瓦辛奇维兹（Piotr Wawrzynkiewicz）谈起了他的这个新发现，于是他们便有了建立一个新国家的想法。为了使这件事变得可行，他们决定在网络上寻找志同道合的人一起来做这件事。接着 5 位志同道合者加入了进来，这就是后来英科雷瓦王国最初的 7 位建国者，其中 6 位在往后的内阁选举中成为第一届内阁成员。

怀着对美好社会的向往、激情、富有同情心、理想主义和崇尚自由的精神令来自世界不同角落的这几个人走到了一起。事情进行得很顺利，当初没有想过要受到外界的关注，只是按照几个人简单的直觉去做，其实内心早已存在的想法也是一直旁人觉得不可思议的东西，共同做了一件很顺理成章的事。

5.1.2 国家的诞生

英科雷瓦王国参照英国的君主立宪制，建立议会内阁制，通过选举产生内阁成员。第一届的内阁选举过程在网上向全球公开，候选人由自我推荐或被举荐组成竞选队伍，在网络上由来自全球的网民投票选出 6 位内阁成员。2015 年 4 月 25 日，在国内的 8btc.com 上发了一个帖子：欢迎加入地球上最新最小的国家英科雷瓦王国成为该国公民！（http：//8btc.com/thread-17183-1-1.html），王国的中文名称“英科雷瓦王国”就来源于这个帖子。

投票时间为两天，选出6位首届内阁成员，内阁成立后，就着手制定官方语言：英语、波兰语、斯洛文尼亚语、克罗地亚语和中文。在随后的深入讨论中制定了更详细的框架。

在网络上公布了通告和首届内阁成员后，意想不到的事情发生了，意外地得到全世界很多主流媒体的报道甚至访问。国内的媒体也转载报道了这件事情。后来凤凰卫视“全媒体大开讲”栏目还专门访问了该王国的外交大臣邹来辉先生。

英国每日太阳报（The Sun Daily）甚至做了一个前往英科雷瓦王国的旅游指南：还特别提醒该国的货币是狗狗币，出发前请准备好该国的货币狗狗币（Dogecoin）。

不过到目前英科雷瓦还只是莱茵河畔的一片树林和空地，有待好好开发。

5.1.3 后续发展

随着全世界媒体的广泛报道，事情开始有了变化，英科雷瓦王国成为新闻焦点。2015 年 5 月 21 日，斯洛文尼亚外长专门发表声明：那块土地是斯洛文尼亚的领土，斯洛文尼亚与克罗地亚边境之间的领土归属问题会在法庭进行仲裁。出于对其他国家的尊重，暂停了新的活动。为了确保英科雷瓦王国的继续发展，王国主张对位于多瑙河沿岸第二大块无主之地（Pocket 1）拥有主权，这块土地靠近利伯兰自由共和国（The Free Republic of Liberland），位于克罗地亚和塞尔维亚的边界上（见图 5-3）。

图 5-3 无主之地位置

英科雷瓦王国由成立初期面积只有 100 平方米变成了 3 万平方米。

英科雷瓦王国与世界上许多的微型国家建立了联系并互相认同，逐步完善了一些内部的基本框架并着手建设英科雷瓦本身。欢迎投资者对英科雷瓦进行投资开发，把英科雷瓦开发成一个旅游目的地，并成为大家的精神家园。

为了适应国家的进一步发展和一些内阁成员工作的原因，现在已经重新选出新一届的内阁，成员如下。

(1) 首相菲利普 · 德 · 玛特是法国籍人士，曾经是部队的高级将领，并拥有丰富的政府管理经验，首相是首要的内阁大臣和具有解散其他政府成员的权力。联系方式：philippedemarthe @ pm.enclava.org。

(2) 外交大臣邹来辉勋爵，主要负责维持英科雷瓦王国与其他国家良好的关系和友谊。联系方式：zou.laihui @ mfa.enclava.org。

(3) 财政部长皮尔特 · 瓦辛奇维兹勋爵，财政部长负责起草国家预算和管理有关英科雷瓦的国库。联系方式：info @ enclava.org。

(4) 经济部长米哈尔 · 戈内拉勋爵，经济部长处理英科雷瓦王国的经济相关事务。联系方式：michal.gonera @ moe.enclava.org。

(5) 科学与慈善事业部长巴特朗伊杰 · 奥诺斯勋爵，管理政府在科学与慈善项目方面的事务，以及部门预算。联系方式：bartlomiej.ornowski @ mosc.enclava.org。

(6) 行政部长马雷克 · 亚罗茨基勋爵，该职务负责管理英科雷瓦王国政府的各种行政职能、互联网和通信。联系方式：marek.jarocki @ moa.enclava.org。

英科雷瓦王国由于本身没有税收和其他收入，建设资金来源于捐献，我们接受狗狗币的捐赠。捐赠地址为：DMHhkBzfRRX5zDqdx6AYMdncv7xDKgkKtS。

5.1.4 英科雷瓦王国的世界公民宣言

表达你的感觉与主张；免费提升自己；努力赚钱却不用担心税务。

英科雷瓦的国家格言是 CIVIS TOTIUS MUNDI——世界公民，全世界的人都可以申请成为英科雷瓦王国的公民。我们接受每一个人，是因为我们都是人类的一部分。毫无疑问，我们有着不同的肤色、宗教信仰和政治观点，但最终我们还是需要彼此关照。关心他人，亦是关心自己，让我们伸出援助之手，传递些许意想不到的恩典。让时间来证明我们的博爱，让我们来证明世上遍存仁爱之人。无论结果如何，当努力是真实的和善意的，那么努力总会有价值。我们应诚实地活着，这样会有助于我们保持内心和灵魂的纯洁，也会让我们摆脱互相猜忌。当我们坦然时，就会知道自己做的事情是对的。智慧也是我们很重要的价值，它是我们人类最有价值的东西。我们低估了它在生活中的重要性、价值和真正意义。智慧经常与知识或者智力相混淆，智慧一词定义为优秀的经验、良好的判断和行动或决定产生稳健的结果。智慧是如此的重要，但我们经常忽视一个明智的想法，因为我们太自私太自负。

世界公民宣言如下。

(1) 我们天生自由而平等。我们一生下来就有自由，我们都拥有自己的观念和想法。我们应该被同等对待。

(2) 不要有差别待遇。不管我们的差异是什么，这些权利属于每一个人。

(3) 生存的权利。我们都有生存的权利，并且可以自由和安全地生活。

(4) 不要有奴隶制度。没有人有任何权利把我们当奴隶，我们也不可以把任何人当成奴隶。

(5) 没有折磨。没有人有任何权利伤害我们或折磨我们。

(6) 我们都有同样的权利使用法律。

(7) 我们都受到法律的保护。法律面前人人平等，法律必须公平对待我们所有的人。

(8) 公平的法庭公平的对待。当我们没有受到公平对待时，我们可以要求法律的协助。

(9) 没有不公平的拘留。如果没有正当理由，任何人没有权利把我们关到监狱里拘留起来，或把我们驱逐出自己的国家。

(10) 审判的权利。如果我们被审判，则应该公开进行。不应该有任何人告诉审判我们的人他们要怎么做。

(11) 直到被证明有罪之前，我们都是清白的。除非有证明，否则任何人都不应该被指责要为某件事负责。当有人说我们做了坏事时，我们有权利去表明那不是真实的。

(12) 隐私的权利。没有人可以试图破坏我们的名声。如果没有正当的理由，没有任何人有权利进入我们家里、拆开我们的信件、干扰我们或我们的家人。

(13) 行动的自由。在我们自己的国家里，我们都有权利到想要去的地方，并且到我们想去的地方旅行。

(14) 寻求庇护的权利。如果我们在自己的国家里害怕被虐待，我们有权利跑到另一个国家让自己更安全。

(15) 拥有国籍的权利。我们都拥有权利属于某一个国家。

(16) 拥有属于你自己东西的权利。每个人都有权利去拥有东西或分享它们。没有人可以毫无正当理由就拿走我们的东西。

(17) 思想的自由。我们都有权利去相信我们想要相信的，有权利信仰一个宗教，或是当我们想要时可以改变想法。

(18) 表达的自由。我们都有权利自己做决定，去想我们所喜欢的东西，去说我们所想到的，并且与其他人分享我们的观念。

(19) 公众集会的权利。我们都有权利去接触我们的朋友，并且一起和平地保卫我们的权利。如果我们不想，没有人能命令我们加入任何团体。

(20) 民主的权利。我们都有权利参与我们国家的政治。每个成年人都应该被允许去选择他们自己的领袖。

(21) 玩耍的权利。我们都有放下工作，休息和放松的权利。我们都有权利过好的生活。母亲和孩子、年老的人、失业或残废的人，都有权利被照顾好。

（22）接受教育的权利。所有级别的学校教育都应该免费。

（23）自由而公平的世界。好的秩序必须要存在，我们才能够在自己的国家和全世界各地享受权利及自由。

（24）责任。我们对其他人是有责任的，我们应当保护他们的权利及自由。

5.1.5 关于世界公民

公民一词源于古希腊时代，产生于当时的政治组织形式城邦（City/State）。最早的表述可追溯到犬儒主义创立者之一、古希腊哲学家锡诺普的第欧根尼（Diogenes of Sinope）。犬儒（希腊语：Κυνικοl）的字根来自希腊语 κuων，意思是“狗”。这个名字的由来有两种解释，或说该学派创始人安提西尼曾经在一个称为“快犬”（Cynosarges）的运动场演讲，或说该学派的人生活简朴，像狗一样地存在，被当时其他学派的人称为“犬”。当时的犬儒主义认为美德是幸福唯一的必要条件，他们将自己从世俗价值和传统习俗中解放，变得自给自足，并且回归自然纯朴的生活；拒绝接受任何世俗的约定，如金钱、权力和名利；批评世俗的价值观，如贪婪的行为，并认为这是人间苦难的来源。在后世流传的很多轶事中都记载着第欧根尼像狗一样的行为，也因他赞美狗的美德，死后后人为了纪念他的贡献，人们在他的墓碑和雕像旁都刻上了一条狗。

第欧根尼生前的著作没有流传下来，但是他的逸事在民间广为流传，并被后人收集在《哲人言行录》（Lives and Opinions of Eminent Philosophers）中。在这些记载他的逸事言行的书中曾有这么一段：

“问他从哪里来，他答道：我是一个世界公民。”（kosmopolitês）

他声称自己是一个四海为家的人，一个世界的公民，而不属于任何一个单独的地方。

第欧根尼是安提斯泰尼的弟子，后者是古希腊哲学家苏格拉底的弟子。第欧根尼非常赞同苏格拉底的观点并深受他的影响，苏格拉底说过类似的话：

"I am not an Athenian,or a Greek,but a citizen of the world"

“我不是雅典人，也不是希腊人，而是一个世界公民”

现代世界公民的概念来源于早期古希腊时代关于公民的概念。维基百科对世界公民的定义是，一个人对“国际社群”的公民身份认同，要高于其对自己的民族国家或是城市的身份认同。这代表着其身份认同是超越“地理”或“政治”的边界，而其认同的责任与权利界线是归类在“人道精神”。这并不代表这类人士会放弃自己的国籍或其他的身份认同，而是会把这一类身份认同放在较国际社群之后的“次要位置”。延伸下来，世界公民意识的概念也引导人们思考在全球化的时代人类现状的相关议题。一般而言，这个词语的定义跟“世界公民（World Citizen）”或是“世界主义”等同，但在不同场合的使用情境下也可有更广义或更特殊的意义。

“世界公民”是英科雷瓦成立的宗旨之一，全世界的人都可以加入我们，让我们都成为世界公民，摆脱人为国界的束缚。当我们不再为国家意志服务，没有外在条件的羁绊时，人类可以在这个珍贵的星球上建立一个更加和平美好的家园。我们视所有人类为无差别的同类，他们值得我们同情和帮助，保证享受同样的待遇，拥有平等的权利，高度思想自由和表达自由，无论我们的肤色、宗教信仰和思想如何不同。人人平等和思想自由是人类与生俱来的基本权利。我们将与地球上所有的生物和谐共处。这是英科雷瓦王国建国的基本思想。

其中定下了以下一些基本原则：

（1）人人享有高度的言论自由。

（2）宗教自由。

（3）终生免费接受教育。

（4）没有税收。

5.1.6 英科雷瓦王国公民资格申请

英科雷瓦王国已在官方网站上开放公民免费身份资格申请（http：//enclava.org/index.php/citizens/），目前只提供两种语言：英语和波兰语，我们正在制作中文的申请表格供中文使用者申请。申请成功后王国会发一个电子身份证。需要注意的是，英科雷瓦王国目前还没有被国际主流的国家承认，包括欧盟。英科雷瓦王国的公民身份只限于英科雷瓦领土内的一切权利。如需用到英科雷瓦王国的公民身份与别国或地区进行事物性活动，必须得到他们的承认。英科雷瓦王国公民身份持有者不能到欧盟其他国家进行过境、旅游或商务活动。到目前为止，全球超过 2 万人递交了申请书。

5.2 英科雷瓦王国与狗狗币

选择狗狗币作为英科雷瓦王国的官方货币是考虑到英科雷瓦本身没有货币，而选择数字货币为官方货币会带来很多优势，第一就是有更多的人认识英科雷瓦王国，狗狗币社区也非常支持狗狗币成为其官方货币，还有不可忽略的一点是，狗狗币的社区精神与英科雷瓦的建国理念非常接近——“爱、关怀、快乐”。

英科雷瓦的建国目的就是建立一个人人都可以加入的国家，社会充满关怀、人们互相帮助、拥有信仰、宗教和言论自由。我们在做一项没有前人做过的事情，重新定义“国家”的概念，国家不再依附于固定土地这个旧的“占山为王”的概念。如英伦三岛是英国的，日本诸岛是日本的，美国就是霸占了半边北美洲土地的美洲国家等。我们尝试建立一个泛国家概念，你属于这个国家的公民，却不一定要居住在这里。这是社会发展的趋势，在未来，我们可以根据喜好居住在任何一个自己想住的国家和地方。

狗狗币立足于“开心和友好”，在它诞生（2013 年 12 月 8 日）的两年多来，被广泛用在慈善事业，从为非洲干旱的地区捐款挖水井，到资助牙买加雪橇队和赞助纳斯卡（NASCAR，全美汽车比赛协会）赛车手 Josh Wise。

邹来辉（狗叔 UncleDoge）是狗狗币社区早期的建设者和志愿者，在 2013 年 12 月狗狗币诞生起就参与了狗狗币国际社区的建设与慈善推广工作，是社区慈善项目重要发起人和推广者。由邹来辉发起的赞助美国 NASCAR 赛车中文“狗狗币”车身标识引起了广大媒体的报道。在 2015 年 6 月 18 日，他与狗狗币社区周朝晖等成员共同创立了中国狗狗币基金会（Dogecoin Foundation China，简称 DFC）。全球狗狗币基金会（Dogecoin Foundation）的两位董事成员加入作为顾问。中国狗狗币基金会成立的初衷是为了在国内推广狗狗币，推动狗狗币行业本身的发展，加强与国际狗狗币社区其他组织的联系与沟通，还有就是发展狗狗币一个非常重要的功能：慈善事业。

第 6 章　一个数字货币粉的激情和梦想

江恩

6.1 江恩其人

“江恩”在 20 世纪 90 年代那可是如雷贯耳、对祖师爷一级投资大家恭敬的称谓。老江恩因参与期货大赛暴红、叱咤美国。20 世纪 20 ～ 30 年代股票期货交易市场，利用他神秘的直方图、射线法则和平均线组合等技术让他在没有计算器的年代取得了 45 年的举世辉煌，后来的艾略特、亚当斯和约翰墨菲只能算是站在他的肩膀开拓了技术分析，而厄雷格姆、巴菲特、索罗斯、彼得林奇和罗杰斯无不受惠于他的理念，直到今天，他总结的期货投资风险控制戒条依然是杠杆投机大家的座右铭。

在国内数字货币市场看到“江恩”这个名字，说心里话，每一个 20 世纪就开始参与投资研究与操作的人，第一印象都是：一个狂妄自大的家伙，一个目无宗法、践踏权威、不懂投机市场艰险、不识老江恩举世影响的莽撞青年。再至后来看到当事人出自泉州，即认定原来是对投机市场了解甚少。但随着我对狗狗币的偏爱与投入，以及随后对这个陌生的中国狗狗币协会会长思想的不断挖掘和共鸣，我深深地迷了进去！

因为“江恩”已经成为狗狗币的一面旗帜，成为狗狗忠、狗狗粉的信心指数，成为数字货币一个里程碑和教父级的英雄，他对数字货币必然替代传统纸币的信念、他亲自参与比特币投机甚至到达某个时期影响比特币盘面的大户经历、他的实盘与期货并举、他又被中国香港 GBL 跑路事件而牺牲掉千万资产、他对老江恩的尊崇和膜拜、他对狗狗币事业愿奋斗终生，他的一切修为全部为了数字货币这场革命的推进，每次遭遇他的激情澎湃，都把我完全折服了，联想到中国大唐最鼎盛时期，海上丝绸之路的起点就是泉州，这里曾经是中国最大的商业和港口贸易城市，中国人的商业智慧从这里直抵中东和欧洲，途经泉州总会看到高 38

米金闪闪的郑成功雕像，铁马征程，傲视群雄，难道祖辈的基因与气概依然滋养他的后代？

在投机老手看来，在股票期货市场一个雄猛强悍的敢于冒死打拼的、但还是而立之年的人仅算是投机博弈的青葱，但这数字货币太新了，太挑战人类思维极限了，这是一个前无古人的新事物，2012 年之前的参与者已经是骨灰级了，2013 年后，能将身家性命与数字货币联系到一起的又经历过 2013—2014 年的跌宕起伏并叱咤其中的人就更少了。

在别的山寨币混乱无序或核心团队任意操纵篡改起始规则忙于圈钱之际，江恩却站在全球视野，自上而下捕捉数字货币潜力币种并规划未来帝国版图，于 2014 年初在中国香港注册了“全球狗狗币联合会”，为便于国内宣传和适当含蓄推广，起名“中国狗狗币协会”，组建了第一届、第二届狗狗币理事会，开设了数十个狗狗币 QQ 群和微信群，开启了真正的狗狗币创世纪。

网络时代，要相信群众膜拜的历史认定，就像年轻人总是对长得丑、找不到工作、只能一根筋创业的马云持续高烧一样。2014 年数字货币十大影响人物全国评选，江恩赫赫占据第一名，2015—2016 年又蝉联区块链十大意见领袖，千万不能小觑，江恩较之那些平台大佬、搬砖神人、媒体大亨和投资大腕，不一定在财力上逞强，但他的历史眼光、他引起的投资波澜、他决心献身数字货币事业的信念，却几乎成为业内精神支撑，也成为数字货币新的英雄。

我还是倾向于欧美式的个人英雄主义说法：目前狗狗币人气旺盛，交易量稳居竞争币前列，各种应用层出不穷，这一切都是因为有一个中国狗狗币协会和它的会长。想到此，就不再为“江恩”二字那么耿耿于怀了，或许数十年后，这个自喻为美国老江恩弟子的中国小江恩，要超越前者千百倍。

与江恩交流多了，会感受到他如饥似渴地像海绵那样汲取一切知识、理念、宗教、玄学和因果修为的精进心性，这种包容兼备、博采众长、融会贯通、随和扬善、虚怀若谷，总能让狗狗币的事业推广在未知、矛盾、分歧的交织中，委婉而坚强、创新而妥当，真可谓是一个好管家。

江恩坚信：信息时代与网络经济下，“得平民者得天下”，集腋成裘，汇少成多，眼球最终都变成了实体经济。我们对狗狗币要有足够的信念，在仰望和尊重比特币对高端投资力量的聚集效应中，以互补和填充的角色，策划和营造渗透整个社会平民、草根人群的需求和兴趣点，攻城略地就大有希望，只要你有最最简单的成长理念，就会明白：当下缺乏实力的草根就是 10 多年后的精英，他们的认同与呵护才是上午八九点钟的太阳，代表未来和历史的必然!

江恩总说：狗狗币的成功并不难，只要在人气上争取以绝对优势压倒比特币以外的所有山寨币，在实体应用上积极开拓，极大程度地吸引投机资金参与，将小费、打赏、募捐、慈善、游戏支付和网站积分，特别是在与比特币互补的小型支付、跨境汇兑上进行到底，这是所有看好并投资狗狗币人群的职责和义务，也一定能让狗狗币晋升为最大的几个主要币种之一，成为未来主要的国际储备币种。

6.2 江恩答网友录：狗狗币的应用场景

（1）qiyu0317：会长，感觉狗狗币如果只是定位于打赏的话，发展前途不是太大，可以向网络游戏方向拓展。

江恩：狗狗币的定位是比较精准的，一个币首先要解决的是生存问题，有了精准的定位，才可能在众多的竞争币中生存下来，打赏只是狗狗币的应用之一，当然，后期关于狗狗币要发展的方向，我个人也是非常建议往网络游戏方面去发展，网络游戏会是接下去数字货币发展的爆发点。

（2）test8btc：先来一个没礼貌的问题，不喜勿恼，请问江大 V 你持有多少狗狗币?

江恩：这个问题，其实我一直是公开的，我个人感觉并没有什么，因为早期在 GBL 上的亏损比较多，到目前，还是借了挺大一部分钱的，所以，我个人持有的狗狗币并不算多，目前也只有 3000 多万狗狗币。不过，有机会，我会慢慢补仓，到目前为止，我只买进，还没有卖出过狗狗币。

（3）szh45：大环境不好，狗狗币怎么飞?

江恩：狗狗币的发展，目前也是必须等比特币大环境，不过狗狗币在应用方面的发展，其实已经在加速度发展，在全球，狗狗币的小费打赏和慈善文化，已经在持续发力。在国内，也相继有一些应用在发展，如币推、币赚客等，也有一部分应用，如以狗狗币为主题的公益网站已经在准备过程中，因为很多应用的发展是需要时间的。

（4）test8btc：狗狗币可以自己搞个支付系统，特别是针对小额商品之类的做一些接口。感觉这样的东西前景不错。

江恩：支付系统应用方面，已经有一部分人在开发，因为包括比特币在内的所有电子货币，目前价格波动确实比较大，所以，支付方面还需要非常长的路。像支付系统，我们一直在努力寻求合作，目前也需要更多的开发人才来加入狗狗币的应用，如果有应用方面的开发公司或个人，都可以和中国狗狗币协会合作，共同把数字货币推向大众化，才有发展的空间。

（5）bitbybit：想问一问会长，你是什么时候开始推广狗狗币的？遇到的最大的困难是什么？有没有要崩溃的时候？

江恩：在一个比特专栏里，有我写过的所有一系列文章，我是在 2013 年 8 月接触比特币的，就开始为比特币的前景着迷，不过，中间也出现过很多问题，所以在后面，我对比过非常多的币种，而最终选择推广狗狗币。前期推广最困难的就是没有人认同你的观点，比如我写文章推广狗狗币，很多人就说我是找人接盘。前期确实是有投机的成分，不过，随着时间慢慢把投机变成投资，又慢慢地把投资变成爱好。也有要崩溃的时候，就是在 GBL 跑路以后，我也经过很长时间的心理调整。所以，我建议每个投资者不要把所有的资金换成数字货币。不管在什么时候。投资要在自己可以控制的范围内。

（6）oninixi：打赏是一方面，网游手游是另一方面，我觉得是不是可以去发展中国其他论坛的打赏，如天涯论坛。再一个是微信开放接口后，请币推出一个微信的打赏程序。利用节假日，比如除夕，狗狗币协会来一个大规模的向圈外的打赏活动。让全国人民知道有个红包发狗狗币。

江恩：你提的建议非常好，目前币推已经在备案中，币推的微信只要备案下来，就会开始推动。应该在春节前可以完成，另外，其他一些论坛，我们肯定也是想去发展，不过，目前所有的狗狗币爱好者都是自发形成的，包括本人，也是由于爱好才来推动狗狗币的发展。如果有认识一些论坛的朋友，可以建议和中国狗狗币协会进行合作。目前狗狗币协会的官方网站也在重新设计中，等全新开放后，我们会吸收更多的狗狗币爱好者，一起来加入中国狗狗币协会，共同推动狗狗币的发展。

（7）nxttyisgood：觉得狗狗币没什么前景了，即没有技术上的创新，基本上都是靠噱头，剩下一帮人在那里死撑着。

江恩：每个人都有每个人的看法，你的看法我没办法去改变，不过，我相信数据才是真实的。玩币，不是靠谁跟你说，哪个币有前景，哪个币没前景，然后你才去玩，目前，狗狗币是除了比特币以外，社区人数最多的，钱包的下载量是除比特币以外最多的，已经超过 LTC 的 3 倍以上。评价一个币的好与不好，并不完全只是看其表面的价格。相信，技术上的创新是没办法永远保持的，而文化却可以无穷扩张。

(8) 比特币 ATM：看来和币推有一腿啊，而且这一腿比较深。

江恩：哈哈哈，狗狗币和币推是有深入的合作，币推的发展狗狗币功劳很大，而同时币推的发展可以推动狗狗币的发展。

无币不欢：明白了，和币推是好基友，穿一条裤子的。

12i_chips：现在使用币推和 DOGE 来进行广告推广的似乎还不多，会长跟菠菜可以多做些这方面的工作么？我觉得打赏毕竟不是长远之计，还是要跟广告之类的结合起来。谢谢！

江恩：非常感谢，这方面我们一直在努力，目前币推出来的时间还不长，也还没有正式推广，等币推产品成熟以后，我们会和更多的商家结合，做一些商业推广。现在币推产品还一直在改进中。

(9) 比特币 ATM：会长还是说得很实在的。狗狗币看来推广得还是不错的。有没有考虑过做 ATM 呢？

江恩：关于 ATM 机，目前几乎很大部分的 ATM 机都支持狗狗币。不过，由于币价的波动目前还是比较大，ATM 机实际的使用情况并不多。所以，ATM 机在近期并没有太大的影响力。

(10) 三胖很棒：现在使用币推和 DOGE 来进行广告推广的似乎还不多，这个确实是一个不错的方向啊，怎样跟区块链技术也结合起来？

江恩：中国狗狗币协会致力于狗狗币在中国的推广，目前在技术方面，基本都是在国外发展，国内包括比特币区块链也只是一个概念，当然，区块链是后期发展非常重要的一个方向。我们欢迎所有技术团队一起合作发展。狗狗币是一个去中心化的货币。不属于任何一个人，同时，任何一个狗狗币持有者都是狗狗币的主人，希望可以共同发展。

(11) 狗币时代：狗狗币会好起来的，我相信，我们是一个大家庭，我们都在为这个家庭付出，我们各自做着不一样的事，但我们的目标是一样的，让狗狗币流通起来。

江恩：数字货币是一个大家庭，每个持有人都是数字货币家庭中的一员，我一直强调，其实你的关注就是推动数字货币发展的力量，如果本身就不看好数字货币的朋友，应该早一点退出数字货币圈，只有每个朋友都共同来努力推动数字货币，才有可能发展。所有投资都有风险，谁都无法保证投资就会赚钱。不过我相信只有付出，才会有回报。

(12) 秦的爱恋：虚拟货币的未来注定是有前景的，但过程一定是漫长而曲折的。

江恩：人类一直是向前发展的，互联网的发展，在最初的一个阶段也经历过曲折，同样数字货币的发展也一直在摸索中前进，BTC 的发展同样在非常多的不确定中前进，所以，狗狗币的发展有可能真的归零，也有可能一飞冲天，每个人都要做好归零的准备，然后再来发展。

(13)liuqinged：

①币堆或钱包可以增加地址查询功能；

②开发论坛与数字货币更加紧密相连打赏，比如上面的赞一下就可以增加数字货币的功能；

③开发类似百度知道的那种任务悬赏功能；

④像币堆可以增加大额转出去（打赏）来增加安全密码验证。

江恩：非常好的建议，本人会联系一下币推的开发者；开发论坛的插件，这个建议更好，本人也一直想要打发类似的插件，不过，自己不懂技术，希望有一些懂技术的朋友可以考虑一下，中国狗狗币协会将会帮助推广。如果可以结合天涯等一些国内的论坛，相信狗狗币会进一步走向人们的生活。希望你的一些想法，可以更深层地进行交流。

(14) h20141994：狗狗币发展消费文化是永恒的主题，希望不忘初心，扩大和完善消费打赏。

江恩：打赏文化是狗狗币的基本核心，还有慈善文化。这些文化是狗狗币得以发展的根本，所以，如果可以再结合消费打赏或是广告打赏，那么会是一个突破口，就是在打赏的同时，商家可以做广告，而消费者既可以得到狗狗币，又可以主动地去二次传播广告。

（15）无币不欢：会长介绍一下币赚客吧。

币赚客房东：币赚客是尝试用网赚的形式向大众推广狗狗币，普通的玩家可以通过在网站试玩游戏、做调查问卷等方法获取狗狗币的奖励。这种模式的推广让那些没有接触过狗狗币的人在具体的应用场景中感受到加密货币的很多优点。

（16）ww2543363588：狗狗币能超越莱特币吗？你认为需要多长时间？

江恩：你指的超越是指哪方面的超越呢，如果从钱包的下载量来看，狗狗币已经超过 LTC 的 3 倍多；如果从狗狗币社区的人数来比，狗狗币也超过 LTC 好几倍；如果从应用层面上，狗狗币也是远远地超过莱特币，目前只是在市值上狗狗币还远小于莱特币，这只能说明狗狗币市值被严重低估，个人看法，如果三大平台上线狗狗币以后，狗狗币市值将会全面超越莱特币。

（17）小鸟飞：现在狗狗币没有挖矿的抛压，远远小于莱特币的抛压。这会是赶超莱特币的契机吗？

江恩：确实目前狗狗币挖矿的抛压相对比特币和莱特币都小非常多，所以，在目前收缩的市场里，狗狗币相对来说会更抗压。狗狗币要超越莱特币，个人的看法，还是建立在应用上面，把自己的小费文化和慈善文化做好，在游戏方面和小额支付方面进行突破。

（18）盈利：我知道狗狗币已成为非洲首个月球太空计划 Africa2Moon 的官方赞助商，我想请问下这里的赞助商是什么意思？款项从哪里来呢？是社区募捐还是怎样？目前进行的如何了？谢谢！

江恩：非洲首个月球太空计划“Africa2Moon”是一个非常庞大的计划，计划的实施也是非常漫长的，应该要 10 多年的时间，这中间需要非常多的资金，需要上百亿元的资金才能启动，所以，需要一些赞助商持续推动，这些赞助和广告会是长时间持续的，可以成为官方赞助商，那么就会有非常多的机会出现在各大媒体上面，而且都是以非常正能量的形式出现，这个可以慢慢改变数字货币如比特币在人们心目中负面的影响。如南非的国家电视台都对月球太空计划进行报道，以后，会有更多的机会在一些官方媒体上以正面的形象出现。

（19）范华：请问会长期货对狗狗币发展的利弊？如果交易所上狗狗币期

货，您的看法是什么呢？

江恩：关于期货，我写过一些文章和分析过一些资料，期货本身是比较中性的，没有所谓的好与坏，不过，在比特币市场里，本身比特币都只是新生事物，过早的期货，对币种来说并不是一件好事，虽然有人说期货有期货的好处，不过，前提是在成熟的市场条件下，所以本人是比较反对狗狗币上期货的，前段时间，我们也针对比特币交易网上狗狗币期货，最终，反对的人占大多数，比特币交易网最终也尊重大家的选择。

（20）186740：请问江会长，狗狗币作为当前最火的电子货币，除了打赏、红包，以后会向哪些方面发展？

江恩：电子货币的发展方向是非常广的，打赏和红包只是一小部分，不过，在中国的市场上，狗狗币的打赏文化和红包结合起来，是非常好玩和非常容易向行业外界扩散的。目前个人的看法是，网络游戏会是数字货币下一个爆发的方向，所以，努力保持打赏和红包的同时，向游戏方向更深入地发展和推动。比如币赚客的发展模式是非常好的一个方向，不过，币赚客的技术实力目前还比较一般，这些都需要时间。

（21）虎嗅：问江会长一个比较尖锐的问题，莱特币都这样了，狗狗币会不会兔死狐悲？毕竟两者在算法上并无区别。

江恩：其实，你问的问题前提是不存在的，莱特币已经发展这么久，只是最近一些时间，因为矿机的中心化问题，以及过早地上线期货，还有一个是大部分只在国内发展，而国内大部分人是投机，才造成现在的情况。长期来看，如果比特币再次爆发起来，莱特币还是有机会的，并不可能真的死掉，最多，只是轮为三线或纯投机的币种。不过，对于狗狗币来说，相对于莱特币的低速发展，狗狗币反而有比较大的机会超越莱特币，成为实至名归的第二大数字货币。狗狗币需要做好的，就是坚持自己的向位方向，向应用方面发展。

（22）hzf515020：会长有跟国内的游戏视频网站联系过吗，说服他们用狗狗币打赏，斗鱼的直播平台还是很火的，我玩过 DOTA，国内的几个视频解说 2014 年卖零食销售额就有几个亿，不算服装、电竞设备和其他周边，现在的年轻人大多都在玩 LOL，有几个不玩的，这人群量是有多大，想想就知道了。

江恩：其实，协会的发展，并不是每件事都依靠我来和大家去交流，我个人的能力也是有限的，本人只是一个数字的爱好者而已。狗狗币并不会因为我的推动而发展，也不会因为我的不推动而不发展，狗狗币本身就是一个去中心化的货币，不属于任何一个人或任何一个组织。每个狗狗币爱好者都是有义务去推动狗狗币的发展的，如果有游戏视频网站，有认识的人，大家可以介绍引荐一下，本人愿意去交流和推动。

（23）duskast：最近也关注了 DOGECOIN，我有下面两个问题。

①在技术层面和经济层面上，虚拟货币还有许多缺陷，比特币或其他二代币正在尝试通过协议的创新改进这一点，而 DOGE 似乎只是在做一些维护层面的工作。有考虑过更底层的创新吗？

②市场层面上，DOGE 在国外能流行起来，很大程度上应归功于国外的 Tip 文化，因此也诞生了 ChangeTip 这样的服务。但是国内似乎这样的文化并不浓烈，币推是一个很好的应用，但是光在虚拟货币圈内进行打赏始终范围有限，DOGE 的推广应该怎样和币推这样的应用结合起来才能使更多人接受并使用？

江恩：①关于技术层面，中国国内的数字货币爱好者并没有几个人参与，包括比特币，本人也没有参与到技术的发展，所以没办法回答你关于技术上的问题。不过，本人的看法是，技术的所谓创新，没有永远的创新，我们没有办法做到技术最先进，也没有必要做，QQ 的发展，在技术上也并不创新。

②在国内的打赏文化并不强烈，所以我们结合币推把打赏文化和中国的传统文化相结合，币推红包的发展速度已经在短短 20 天的时间内，阅读量超过 800 万，币推在后继还将推出和中国互联网发展最紧密的 QQ 和微信币推。还有论坛的插件，也在计划内。另外我们协会最近结合网赚的发展，和币赚客合作推出游戏试玩送狗狗币、网络任务赚狗狗币和努力结合网络游戏。把狗狗币的发展同互联网的发展紧密结合，才会有未来。

（24）kuaifei：我不是找茬，但我觉得我这个问题有助于澄清一些事，那就是狗狗币相对于其他数字货币的真正优势是什么？技术上狗狗币没有什么特别创新的地方；如果说打赏，那其他一些小额的数字货币也可能会赶上狗狗币；如果说确认速度，也有很多确认速度快的数字货币；如果说支付等其他方面的应用，狗狗币目前和其他非比特币的币一样都很薄弱。期待能得到回答。

江恩：你的问题非常好，本人建议你可以看一下我写的文章“十大理由让我恋上狗狗币”，里面有更详细的答案，在这里我就简单地回答一下，狗狗币的核心优势是狗狗币的打赏文化、慈善文化和社区文化。在技术上，任何一个币在技术上都有可能被其他币超越，比如比特币，现在已经有非常多的币号称在技术上已经超过比特币，一个币真正的价值在于币种的文化，还有币种的使用人群，只有被大众接受的币种才能够成为真正的货币，货币的基础条件是要有广泛的使用人群，以及人们愿意信任它。纸币和黄金也一样，是因为所有人的都信任它。

（25）111222：我想请问两个问题，首先，如果莱特币消失了，那狗狗币的挖矿问题怎么解决？其次，如果狗狗币独立挖矿，单纯靠手续费能不能吸引矿工来参与呢？谢谢。

江恩：很多人其实都没有去了解辅助挖矿和联合挖矿的区别，我在很多地方都有提起，可惜没有人愿意去关注。前面也有回复过类似问题，狗狗币辅助挖矿的方式是所有支持 S 算法的币种都可以挖狗狗币，并不单单是指莱特币。另外，莱特币不会消失，这一点是可以肯定的，如果莱特币消失，那么所有币都有可能消失，莱特币最多只会伦落成三流或纯投机币种，只要 S 算法的币存在就可以。另外，目前已经有一些跨币种的技术被开发出来，如可以挖 S 算法的狗狗币也可以挖比特币，如果真有一天 S 算法的算力太低，狗狗币也有技术能力采用跨币种技术挖矿。

（26）99337154：有能力的话，狗狗币可以和 Uber 打车应用合作当做当做当做支付工具的一种，都是比较超前的网络产物，也算是个噱头。

江恩：数字货币的应用前景是非常广的，几乎你想得到的应用，很多都可以结合，目前数字货币的发展还只是处在初期，过 5 年、10 年回过头来看，现在很多应用都只是试验性，真正能够成功的，必须是会引爆整个社会共同参与进来的应用。让大家拭目以待吧！

（27）nxttyisgood：算了吧，NXT 才是大势所趋。狗狗还要依附于 LTC 才能挖矿，现在 LTC 也快要不行了，请问会长 DOGE 会不会转成 POS 呢？

江恩：每个币种都有每个币种的发展方向，不是你说得好就好，也不是你说得不好就不好，狗狗币采用的是辅助挖矿，哪怕真有一天 LTC 倒下了，对狗狗币也几乎没有影响，反而有可能使狗狗币成为第二大货币的机会。关于改 POS 的问题属于技术性问题，以前在狗狗币社区里有人提出，不过响应的人并不多，可见 POS 币目前并不是主流方向。

（28）wangyi：请问狗狗币现在主要的开发者是谁？客户端好像很久没更新了？狗狗币可能开发自己的侧链吗？谢谢！

江恩：狗狗币在前一些时间已经升级到 1.81 的版本，狗狗币的开发工作是开源的，由于我对技术不是非常了解，也只是知道个大概。目前狗狗币的开发者有 100 多人，是除了比特币以外，最有实力的技术团队，而且很多比特币的开发者，同时也是狗狗币技术的开发者。关于侧链的事，我想如果有必要的话，会开发的。目前狗狗币本身还只是一个小孩。

（29）DOGE_LOST：感觉国外 DOGECOIN 社区做的宣传工作都是高大上，很有意义和社会效果。而国内以狗狗币会长为首的宣传队伍则显得很 LOW，像传销。江恩能不能向国外社区学一学建立中国国内自己的 DOGECOIN 社区（这个可能需要耗费比较多的时间和精力），今后以 DOGECOIN 社区的名义出去做宣传。宣传 DOGE 不是你见人就去分发和介绍 DOGECOIN，而是以 DOGECOIN 社区的名义去做了一两件比较轰动社会的事，人们自然而然地自己去理解和学习 DOGECOIN。用一个月或者几个月的时间发动社区去做一件有意义的事情（如资助辍学大学生、帮助留守儿童和孤寡老人，以及赞助运动员参加运动会等）。只要是有益社会正能量的事情，就会得到社会的认可。事情不在多，而在精。

江恩：国内的数字货币参与者，都是以投机为主，包括我刚刚参与数字货币时，也是由于投机而进入数字货币，不过慢慢地转变成数字货币的爱好者和推动者。我个人能力有限，没办法和国外的社区相比，国外社区有 8 万多人，而国内的社区，如果按论坛注册量算，只有注册 1000 多人，用 QQ 用户来看，最多也就几千人而已。数字货币的发展是去中心化的，不是靠我一个人就可以推动起来的，我个人的影响力也是非常有限，真的能发展起来的时候，是每个人都很自觉地感觉到自己也是数字货币大家庭的一员，而不是一个旁观者。你说的建议，我也曾经试过去推动，不过，国内没有人愿意捐助，包括目前中国狗狗币协会的论坛和狗狗币协会的官网，很多资金都是我自己前期投入进去的，至少到现在还没有回报。

（30）喜欢巴比特：请问狗狗币与比特币或其他虚拟货币之间以后会按什么关系发展呢？您认可虚拟币世界不需要发明重复的轮子这一说法吗？

江恩：本人对数字货币的看法是，接下去，应该会是一个百花齐放的场面，只要有自己的定位方向和用户群体，每个币种都有可能发展。就像有美元，也可以有人民币、欧元、英镑和日元等，有一部分纯圈钱的币种，也有可能走向死亡。它们同时又是相互竞争的关系，和达尔文理论一样，适者生存。

（31）coingameio：不知道狗狗币社区对数字货币游戏博彩类应用是怎么看待的？

江恩：在数字货币的应用中，游戏博彩类应用也算是数字货币里的一个支柱性应用，对比特币有非常大的支持作用。不过，相对来说，数字货币游戏博彩类应用的负面影响太大，我们协会是不反对，不过也不会公开支持游戏博彩类应用。每一个应用都会吸引不同的人群，我们也希望可以有更多的不同人群成为狗狗币的支持者。

6.3　狗狗币会成为下一个互联网金融的新宠吗

也许这篇文章，10 年后可以让你成为千万富翁，也许你错过了互联网的创业时机，也许 5 年前，比特币一个 1 美分的时候，你没听过比特币，而现在一个比特币已经超过 700 美元，不过，你现在听到了狗狗币，不用再等 5 年了。机会从来只给有准备的人，10 年以后，将是互联网金融的时代。狗狗币会成为下一个互联网金融的新宠吗？

首先，狗狗币是什么？其实对于这个问题，要认真地回答，还真的非常不好回答，只能简单地说狗狗币是诞生于 2013 年 12 月 12 日，基于 Scrypt 算法的类比特币的一种电子货币。其实，对于大部分新手来说，狗狗币或是比特币，确实非常难以理解。

那么更简单来说，狗狗币是类似于 Q 币却又有本质区别的一种网络货币。Q 币是中心化的，它是由腾讯公司发行的，想要发行多少，都是由腾讯公司决定的，而狗狗币是去中心化的货币，它的源代码和算法是公开的，想要得到狗狗币，就必须用计算机显卡或专业矿机去挖，或是从平台上直接用人民币购买，狗狗币在第一年可以挖出 1000 亿个狗狗币，以后每年可以挖 50 亿个。

就是说，1 年后狗狗币的通胀率为 5%。20 年后通胀率为 2.5%，40 年以后通胀率为 1.25%，这样逐渐递减，有一定的通胀，才更符合人类货币和经济发展的规律，也可以维持挖矿的算力和货币价格波动的稳定性。在 2014 年 7 月中旬减半以后，狗狗币的实际通胀比 BTC 和 LTC 都小。适当的通胀会稳定货币价值，不会造成通货紧缩。因为货币在流通过程中有可能出现其他原因，如硬件损坏、自然丢失等，造成丢币的情况。

很多人问，为什么要持有狗狗币？这里简单举出几个例子：第一，是因为人民币一直在超级通胀中，10 年前，10 元钱的购买力相当于现在的 100 元，20 年前的 1 万元，相当于现在的 100 万元，那么，如果你手上持有人民币，就等于无形中要为人民币的超发而买单。当然，这是全球所有纸币的共同缺点，美元也同样是通胀。这就是为什么物价一直上涨，根本原因是因为人民币的无限量超发。

如果现在持有 1 万元的狗狗币，那么就算 10 年以后，狗狗币一点都不涨价，而那时候因为人民币的贬值，你的狗狗币的购买力也已经涨了 10 倍。也就是相当于 10 万元人民币的购买力。而如果 10 年过后，狗狗币涨了 100 倍，现在一个是 1.6 厘，10 年过后，狗狗币涨到 1.6 角，那么，你手上的狗狗币实际的购买力就相当于 1000 万元人民币的购买力。

也许，你会被这个倍数吓一跳，不过，请参考比特币 5 年来的发展，就会感觉这个数字非常保守，比特币在 5 年前，一个 1 美分，而 5 年后，最高涨到 1000 多美元，目前，比特币一个值 600 多美元。涨了几万倍，所以，狗狗币 10 年过后涨到 1.6 毛，只是最保守的一个数字而已。如果把狗狗币当成一个全球的公司，那么就等于持有了原始股。不过，作为任何一种投资都会有风险，请自己把握好风险后再投资。

看到这里，也许还不清楚，狗狗币到底可以用来买什么，狗狗币在国外是作为一种小费货币使用的。目前 Facebook 已经接受狗狗币应用，Facebook 就跟国内的 QQ 差不多，有 10 多亿的用户群体，你在 Facebook 上发一些好笑的文章，或是好玩的视频，你的朋友不仅可以点赞，还可以顺便给你点小费。狗狗币的作者 Palmer 提到，Dogecoin 并不像比特币那样，人们并不是为了投机才参与其中，这是一种表达分享和感恩的方式。

狗狗币在慈善方面的应用已经非常广泛，有帮助“牙买加雪橇队”和印度 3 名运动员踏上索契冬奥会征程，有帮助“Doge4Kids”的慈善募捐活动，所得善款全部捐献给 4 Paws For Ability 慈善机构。有赞助跑车 dogecar 且在比赛中进入前 20 名。狗狗币基金近期又赞助 3 万美元解决肯尼亚水资源危机，这类狗狗币慈善事件已经非常多，数不胜数，想要了解更多，可以百度一下狗狗币。

还有一点重要应用，目前国外大型网络游戏商家 Universe Projects 公司，已经把狗狗币加入到他们的 Voidspace 游戏里，在玩游戏的同时可以挖到狗狗币，还可以用狗狗币购买到游戏里的装备。不同于比特币，狗狗币的价格远远小于 1 美元，这使得它更适合作为游戏币。狗狗币的交易速度也比比特币快约 8 倍，这意味着将钱存入你的账户或从你的账户汇款会快很多，用户体验会好很多。

如果还想了解更多关于狗狗币的信息，可以百度一下狗狗币或是加入中国狗狗币协会 www.chinadoge.cn，也可以用 QQ 找一下狗狗币的 QQ 群 101375418，机会从来只留给有准备的人。20 世纪 80 年代，你错过了下海的机会，2000 年，你错过了互联网的创业机会，5 年前，你错过了比特币，现在，你还想错过狗狗币吗？

第 5 篇

百家争鸣篇

第 1 章　比特币可能是美国人的阴谋

王博

2016 年 5 月 2 日，现年 46 岁的澳大利亚人莱特 - 克雷格向全球媒体高调宣布，自己就是比特币创始人“中本聪”。他是一名计算机科学家，同时也是一位企业家，拥有法律博士和统计学硕士学位，似乎还有过研究密码学的经历。看到网络上一片激动与亢奋，似乎有找到耶稣与上帝般的归属情节，我倍感抑郁和揪心，哎，这就是我时常无法向同龄的专业伙伴提及的币圈真相：幼稚、蒙昧、无政府、迷信、盲动、单薄、妄想症、自以为是、代码控等，要让 50 来岁具有历史眼光的朋友理解数字货币圈的一些浮躁乱象，还真不是一件容易的事情，再让他们对中本聪是谁感兴趣，那更是徒劳。可我就偏偏鬼迷心窍，竟不知不觉深陷币圈。看来多半是对投资的偏好与着魔，抑或骨子里对大国崛起的希望使然，时常孤独笔耕，竟然有说不完道不尽的币情节，这一次，莱特 - 克雷格出来咋呼的时候，我就无比沮丧和镇重地在各种场合警告币圈如下：“谁相信中本聪是某个具体的人，那都是对比特币自信用体系的大不敬，没有一个上升到国际层面的高级隐匿团队，是根本无法创建这么个一蹴而就的完美机制的！”。

网上有无数个中本聪的版本，当年我就认定百度百科那个戴着宽边眼镜略显憔悴的 64 岁的日本人一定就是，但随着对比特币协议机制的深度学习和理解，特别是在它诞生 7 年以来，几近完美的对自信用体系的呵护，已经形成一个庞大的金融帝国和挖矿产业，由此构建的一种自我闭环的维持区块链分布式无须第三方认证体系的安全运行，越来越让人无法将这样一桩伟大的货币实践，仅仅和某一个具体的个人联系在一起，所以，莱特 - 克雷格一出来公布自己是中本聪，我就感到恶心和对媒体上的喧哗表示藐视。

那么，比特币的创始人“中本聪”到底是谁？

笔者在巴比特、比特时代和微博发布了多篇对“中本聪”的大胆猜测：他绝对不是某一个人，而是一个包含政府、财政、金融、银行、汇率、储备货币、计算机专家和加密工程师等一系列管理部门、研究机构共同参与的大型隐匿组织，“中本聪”仅是这个组织的发言人，且是在他们对比特币协议机制和一切区块链发展过程中可能会遇到的问题，均经过无数次测试与实践后，终于认为可以安全推出的情况下，由其借用流动的或匿名 IP 地址将这个潘多拉魔盒释放给全球而已。从中本聪延续两年多在论坛里的对话内容也可以感知到，“它”从来没有情感、毫不激动、镇静自如、就事论事、循序渐进，一直到确认比特币终于可以自由生存之后，悄然离去，这显然不符合正常个人的心理与行为表现。

笔者时常对将 Satoshi Nakamoto 翻译成“中本聪”3 个字感到可笑和滑稽，再蹩脚的翻译，再天马行空的意译和音译都不会出现这么大的偏差，无暇追究到底是谁第一个将“组织发言人 Satoshi Nakamoto”翻译成“中本聪”的，总之，就感觉这是一个行为科学的小伎俩，让你瞬间产生一种潜意识诱导：“中国或日本的聪明人”“中国人本来就聪明”——这比特币一定是中国人发明的，“与美国或 ×× 无关”的意念？这，到底是为什么呢？

笔者厌恶动不动就搞阴谋论的人，但比特币诞生 7 年以来，已经将自己的生命和理念深深地向全球根植，并俘虏一批批精英，作为全球第二大经济体的中国与它的子民，却连比特币的创始人和它的动机都搞不清楚，难道不觉得很危险吗？所以，本章采取完全开放的心态和百家争鸣的胸怀，对比特币是不是美国人的阴谋做一次深度剖析，或许整个立足点和论据都站不住脚，但也不失为一种有效的探索，关键是：万一猜对了呢？

1.1　“中本聪”其人基本属于捏造

（1）比特币这么大的一件历史壮举，一定是某个人牵头，或某个团队长期研究开发的结果，它需要长期测试和纠错完善，才会被社会接纳，那么这个组织、这个人、这个 IP 地址、那个发表论文和讨论意见的信箱、那个实验室就不可能找不到？我时常想，一个发明了这么伟大的货币革命的活生生的人，怎么可能真的人间蒸发？美国记者都有极端执着的“扒粪”精神，没有什么能逃过他们的眼睛，至今 7 年时间，中本聪依然销声匿迹，只能说一定有某种神秘力量在影响，阻止他们曝光。

（2）假设这是一件完全去中心化的无政府货币体系的创举，那么遭到重挫的首先是国际货币美元体系及全球公众对美元的依赖，美国整个国家就面临破产的危险，这是美国政府和华尔街最恐惧的事情，FBI 不是吃干饭的，一定会第一时间逮捕中本聪，但美国顶层的垄断和对民间自由民主精神的默许，同样会让中本聪现身在某地监狱，但事实是，他一直如上帝般飘忽不定。

（3）“中本聪”或真有其人，实在是一个全球最高水平的“计算机密码 + 区块链 + 金融货币”奇才，制定的一切协议规则都很完美，也引起了全球的轰动和响应，他起先通过挖矿拥有的 100 万个比特币，今天可值 38 亿元，因为比特币的匿名性，他只要一暴露身份，就可能被强盗或绑匪惦记，甚至一个毛贼溜进他的房间进行威胁，几分钟就可以让他的财富消失得无影无踪，这匿名性害得他不敢现身。显然这种猜想也太牵强，只要不是上帝，大概 7 年前中本聪自己绝对不会相信比特币会涨到 3000 元。

（4）比特币自诞生以来已走完了 7 年的历程，从无到有，从很少有人相信到几乎真的已经成为许多投资者作为国际价值储备选项，其原创的区块链技术正在点燃一个宏大的产业。但令人惊奇的是，比特币的一切协议机制完全是一蹴而就，从无改变，并在经历多次灾难性的打击和质疑后，依然顽强地健康运行。更为关键的是，比特币在后来发展过程中出现的所有问题，竟然似乎在起始的协议机制中都有预见和防范，这种几近完美的自信用体系实在无法想象是某一个个人在有限的时间里通过实验能够研发成功的。

综合以上分析，我倾向于比特币这件事绝不可简化到“中本聪”真的仅是具有无政府主义和自由化倾向的计算机极客某个人的行为，这一定是一件影响人类历史进程的重大革命，是一只庞大势力的集体行为，抑或真的就是一场阴谋。

1.2 拷问比特币

任何一场伟大的革命性事件的诞生和发展，都必须承载推进人类历史进步的使命，并有着更为完美和谐的机制，比特币走过全社会为其创意的惊愕之后，为什么没有唤起各国政府通融、民间投资广泛深入、实体应用普及、金融服务创新与变革，仅仅是部分风投和激进的金融大腕呐喊，很少的电脑极客与投机者参与，步履蹒跚，我觉得最大的原因就是全社会因为对中本聪团队创意的迷信和崇拜而变得蒙昧与无政府主义。

这种偏离人们常识的痴迷，让理性的投资者都保持了警觉和怀疑，从而不敢贸然介入。本篇旨在提供一种思路：我们怎么能将整个世界的进步托付给一个偶有灵感发现的计算机工程师？或是他后面隐匿的团队？到了该冷静下来，审慎地、批判性地研究它的目的、动机和理论框架，以及它赖以生存的机制的时候了，不然，这件事情不但不可能成功，或许还可能给人类带来无尽的灾难。

他们为什么要创造比特币？现行金融系统搭载网络技术已经十分方便了，

中心化运作收费为人们解决了金融系统最大的“信任和背书”问题；比特币的交易并不快捷，P2P 和匿名性让灰色交易和黑客敲诈甚嚣尘上，他们的出发点到底是为了一场货币革命，还是又一场更高级别的霸权或敛财？

是为了抵御国际货币美元剥削的不公平、反抗法定货币垄断剥削而采取区块链技术 POW 机制公开公平公正发行货币？还是为了靠区块链技术分享货币初识挖矿发行的价值收入？

是为了抵制主权政府的中心化管控？还是由自己来制定比特币规则与协议后，成为计算机代码、中心化钱包和软件 bug 控制世界金融体系的新霸王？是对现行金融服务的收费体系的不公平充满抵抗？还是想将钱包转账的积少成多或是竞争付费方式产生的全球交易费据为己有？

为什么会纵容万恶的匿名性？竟然动员全世界无政府主义思想青年欢呼这件创举？难道就不怕钱包转入转出操作的那一瞬间，黑客直接从计算机上盗走全部资产而无从追查？绑匪上门胁迫 10 分钟,就会让你的财富消失得无影无踪？贪腐官员或银行高管，一日内让巨额资金化为乌有？人类历史的不断进步，好不容易让全世界人民走出君主、教会、国王、皇帝的暗黑统治，让所有的资产走到阳光下，难道中本聪又要我们回到暗黑的中世纪？

当然最最恐怖的是：操控美国这台国家机器的幕后金融财阀，为应对全球各国对国际货币美元的反抗，率先将美国金融体系向数字货币移植，而后抛弃美元，让美元无限贬值，让债权国持有的美钞都变成废纸，来拯救本质上将面临破产威胁的美国。

以上这些最基本的问题都没搞清楚，只能说我们还处在极端蒙昧状态。

1.3 只有美国政府才有创造比特币的动机

世间任何一场重大发明和创造，都首先是有强烈的动机和目的的，充满功利性是很正常的，但币圈信众总愿意把比特币看做人类走向民主、自由、公平、公正、透明的理想社会愿景，我总觉得太简单和空泛。这样一桩庞大、缜密、烧脑的牵扯诸多专业层面的大体系，很难想象是某个人一己之力能够支撑起来的，一定是需要多渠道协作，通过大量的实验，无数次的失败和修正才有可能取得预期的成功的。按常识分析，绝不会有某个个人，在没有一定财力和实验场景的支持下，冒着成功的希望很渺茫，注定承担一切失败和亏损的风险，愿意相信一款简易的、孤独的计算机软件里诞生的字节会变成货币和财富，也无法保持自 2008 年发表论文后一直看不到任何价值还一如既往地实践并坚持，关键还是，一个人怎么可能让比特币 7 年里“一蹴而就”？

所以说，比特币的开创绝不是某个个人的意愿和动机，自然就更不是所谓的理想主义者追求完美社会愿景的思想结晶了。那么，谁有开发去中心化的 P2P 分布式总账本验证的比特币的动机呢？

所有的集权政府一定是没有这种动机的，中心化几乎成为它治理国家的宗旨，怎么会允许自己主权辖内出现央行币以外的交换媒介，简直是要造反啊？英国、日本、法国和德国所有那些内外债务平衡甚至持有债权的发达国家，为什么要发明一个去中心化的比特币？连持有人是谁都搞不定，怎么去收税？怎么去度量既往的资产和财富？况且所有这些国家的网银、信用卡和手机支付的电子货币体系已经很方便快捷了，为什么还要多出来个神神叨叨的缓慢的区块链？

到底是谁有强烈的创造比特币的企图心呢？

——美国，一定是美国，只有比特币才能救美国

只有美国政府最清楚：在全球各国醒悟《布雷顿森林条约》确定的美元霸权是一场国际阴谋后，脱离金本位的国际储备货币美元迟早要像当年的英镑霸权一样退出历史舞台，这就一定会遇到全球历史上最大的一次美元债权赎回事件，欠内外债高达 17 万亿美元的美国，享受了多年用美钞纸购买的幸福生活，但这一切迟早是要还的，美国濒临破产几乎是大势所趋，这样一种情况下，若美国政府继续坚持美元一元化的货币体系，是根本无法破解整个国家遭到清算的悲剧的。

若采取让美元无限贬值以赖掉国际债务，美国国内持有债权者会因权益贬值而群起反抗；若保持美元不贬值公平还债，把整个美国政府资产全部卖掉也抵不了它几十年来用“庞氏骗局”欠的全球债务。

但如果能发行一种全新的货币，如比特币，尽量彰显其去中心化的革命性和先进性，且取得全球投资者的信任，并引导人们将持有新的国际储值数字货币作为跨国贸易汇兑支付和清算的主要选择，这时，美元的国际货币地位将不断弱化，随着赎回高峰将至，美元贬值预期不断增加，美国本土持有美元债权的公民就可以在参与比特币投资的过程中，逐渐将个人权益置换成比特币，并让美元继续流向境外。

由于各国政府持有的美元国际债权以国债记账权为主，各国政府一是缺乏将自己拥有的巨额美元债权兑换成比特币的勇气，二是也不具备用美元现钞直接兑换比特币的条件，也即在美国国内债权人将美元置换成比特币之前，美国政府将会一直让各债权国的记账被套牢。

但最终，当美国国内债权人持有美元减少到一定程度后，让美元大幅贬值

从而赖掉国际债务的那个临界点一定会到来，届时，美联储为了保护自己国家不被清算，完全可以牺牲旧我的信用来拯救美国（或许新我早已成了比特币的主人），大量印发美钞偿还债务，并直接让美元贬值到 1/100 ～ 1/10000 甚至 1/1000000，这样，中国政府积累了 30 多年的美元债权将化为泡影，美国政府靠比特币将顺利渡过这场国际清算危机。

所以，笔者一直怀疑：比特币可能是美国政府的阴谋，动机就是拯救美国。

1.4　所有的创造都是历史召唤，都将荡涤原罪润泽人类进步

再絮叨对“中本聪”的猜想，就快压垮我们对比特币的信心了，还是回到历史进步的滚滚趋势上来吧。且不论比特币诞生的目的和动机，它划时代的创新本身就是一场伟大的革命，历史进步的步伐都最终会碾压原罪，通过改进升级，带给人类新的进步和发展，这里就不再赘述，只需要看看以下几个人类重大历史事件的演绎就足够了。

1. 美国登月工程

目的：挑战苏联、威慑全球、航天霸权、占领外太空等。

结果：促进人类航天事业、卫星发射、运载火箭、气象与地质监测、遥感、GPS 系统等。

2.Internet 网络

目的：美国军事作战防御、军事基地内部即时联络。

结果：引发网络新时代。

3.GPS（全球卫星定位系统）

目的：全球军事作战指挥系统、遥感监控、世界霸权。

结果：成为测绘和地理信息基础、民用导航先驱。

4. 数字货币

可能的目的：替换美元成为新的国际储备货币、拯救美国。

预期的结果：实现国际储备货币发行与交易的公正公平透明与足够分散性，全民享有货币初识发行价值，摧毁美元国际货币对全球各国的经济掠夺，抵制法定货币的垄断剥削，消除银行空头信用贷款，取缔非人道通货膨胀，方便网

络时代去中心化即时交易支付（P2P），确保财富记账安全（分布式总账本区块链），减少铸币纸币印刷发行与流通成本，降低转账费用特别是跨境汇兑支出，促发打赏、小费、捐赠、合理博彩、评选和奖励等新兴网络消费时尚，让未来世界的支付交易变得更为快捷和方便等。

站在历史和自然的视角，不论帝国崛起与更替是多么的残酷而壮烈，国家、企业和个人的竞争如何血刃相见，所有私欲和动机多么的隐匿而险恶，但只要创新了、发展了，都最终是对人类社会整体的变革和推进，且自然之手总有一种魔力，将所有那些狭隘动机出发的革命都改造得趋于归顺与和谐。不论比特币、中本聪是不是美国人的阴谋，也就无须那么耿耿于怀了，我们总不至于非要看到一个曾经的超级大国彻底破产才心安吧？还是坚信它，数字货币一定会让未来的世界更美好。

第 2 章　论主权法定货币与公众数字货币发展前景

王博

2.1　去中心化私有货币与中心化法定货币的有趣比较

3 年前，当我第一次接受比特币的理念时非常激动，对它的去中心化、分布式、区块链、自信用、P2P 跨国交易和支付的功能无限神往，并在那篇《狗狗梦》文章里设想了仅带一部手机即可实现全球闲逛的场景。但 3 年过去了，除了在比特时代网站购买了数次好礼、用狗狗币打赏过一些好文和朋友，竟然再无任何一处现实生活中的应用发生，因为不曾碰到过任何相关场所接受数字货币支付。

相比而言，除了稍微正规的银行转账偶尔要用一下计算机和 U 盾，大多数时候的人民币支付一部手机就全部搞定了。奇葩的是，我开通微信支付是在珠海航空基地一个很偏僻的海边小餐馆，吃完饭才发现没带钱，正在尴尬时中年老板一脸平静地打开他的微信钱包，教会了我如何瞬间手机转账，如今团影票、超市购物、加油站、理发馆全部微信支付秒杀，每次转账时甚至产生恍惚，这密码刚一输完，钱哧溜一下就不见了，也太神速了吧。2016 年的春节 20 多天美国自驾行，竟然就一张在国内办的工行环球旅行信用卡，又秒杀、秒杀，几乎搞定一切境外支付。

数字货币的体验就逊色多了，出于安全和总是记不住密码的原因，我还不习惯用手机轻钱包，每次打赏或支付，都得打开比特币、狗狗币核心钱包，一下子整个人就进入了慢世界，得耐心等待“正在加载数据索引……”“正在与网络同步……”“落后 8 天 4 小时……”“2 已确认……”每到这个时候，就难免焦虑，网速咋这么慢？又有事儿要耽误了？总之，没十几分钟就搞不定。这难道就是我们热衷的数字货币支付场景吗？

对于中本聪和比特币的信众们来说，总习惯把数字货币想象得很神圣、很革命、很精彩，时常对圈外人的冷漠表示抑郁和困惑，但如果真的冷静下来思考以上对比，就会豁然开朗，原来：在普通大众支付应用层面，去中心化的公众数字货币自信用体系，在与中心化的主权法定货币体系发生碰撞时，依然显得无比孱弱和单薄，甚至“落后”，简直还非常稚嫩与渺小，特别是在效率上，永远都不是一个量级。

想到这里，币圈好友就该知足了：别再抱怨没有政府通融和大妈参与了，别嫌同学、同事、好友都用另类的怀疑的眼光看待你的数字货币信仰了，也别再抱着想快速说服谁投资数字货币的念想了，因为这实在太小众了。不过，从你读到这里开始，就多了个办法，尽管买这本书送他就行了，他一定会自己慢慢琢磨透的！你只要显得很热情、很认真、很急迫，他一定会立马产生抵触和抗拒，认为你又要给他传销洗脑了。

本节的理念：在现实的交易支付场景中，去中心化的公众数字货币与中心化的法定货币体系根本不具可比性，后者中心化总账本可以以光速即时确认交易记录，前者去中心化分布式总账本却需要运行区块链分布式总账本验证体系后确认交易，比特币竟然需要 10 ～ 60 分钟，我某次交易甚至因为默认支付的转账费太低竟然排队 12 小时后才确认。近半年币圈痴迷的闪电网络在我看来效率是有了，但也同时违背了区块链公开透明总账本挖矿确认体系与点对点交易的核心原则。

币圈精英们，到了该给比特币包打天下的理念降降温的时候了，要坚决相信：比特币、狗狗币和任何公众数字货币，在主权辖区内交易支付效率与结算上，永远都无法与中心化主权央行数字货币媲美，在政治稳定、经济强大的主权国家，也永远不会成支付交易的重头戏。这段话不是要数字货币信仰者的命吗？别慌，要想重建信心，请继续往下读。

2.2　主权法定货币体系是国家赖以存在的基础

假设你真的相信好莱坞《星球大战》《未来水世界》《世界末日》和《火星救援》中消除国家界限、全球公民亲如一家共同抵御地球灾难或迁移外太空的场景很快会出现的话，那么本章的内容就不适合你。这篇文章，默认未来的世界格局在很长的时间内，地球上的主权国家和政府依然存在，并承担保护本国主权独立、领土完整、经济建设、资源开发、社会福利和公民财产安全的职责，否则，整个世界将混乱不堪。

既然有中心化的主权政府存在，不论它属于民主服务型政体还是集权垄断型政体，都必须依赖国家机器实现财政税收和支出，科学合理、普世廉洁的国家税收政策与完善的法定货币体系，就成为主权政府赖以生存的命脉，没有法定货币“钱”起到征收缴纳税款、支付流通的媒介作用，整个国家就会瘫痪。只要是一个有责任的公民，稍有觉悟就会感知到法定货币体系的无穷力量。

(1) 制定合理的税收政策，通过计量商品生产或服务在交易过程中的资金流动，合理征收税款，保障整个国际机器运转的一切财政支出和国家建设及福利分配的需要。

(2) 确保主权流通货币的法偿性并保障估值相对稳定，为全社会商品生产采购和交易提供交易支付媒介的信用保障。

(3) 通过合理释放和调控货币供应量及利率，对国家宏观经济和投资起到刺激或抑制作用，保障经济增长在适度、合理、科学的范围内运行，减少经济过热或通货紧缩的危害性。

(4) 通过财政征收和再分配，调整行业、产业不平衡，适当救助弱势群体。

(5) 提供基础建设、军事保障、大型工程、创新研发和普及教育等保障。

(6) 适度操控通货膨胀与货币贬值率，激励投资消费和减轻政府偿还压力，保持国家经济总量的合理增长。

由此看来，中心化的法定货币体系与流通法定货币简直就是一个国家和政府的生命，在主权辖内，很难想象一种去中心化的私有货币，且在全球范围还很难实行实名认证的情况下，如何对其支付交易进行跟踪计量，完成最起码的财税征收，承担以上国家机器该担当的诸多职能？

在大多数主权稳定、经济运行良好、商品交易频繁的国家，若将国家法定货币直接置换为比特币，而比特币价格一直在异常波动中，将如何相对固定地完成商品交易过程中的定价和支付呢？公众数字货币对特殊小微商品和网络服务的支付或许有一定的应用空间，但面对房产、汽车、飞机及大型工程招投标的计价时，怎么可能容忍动不动一日 10% 以上的波动？企业财报、税负、劳动力成本、原材料和销售价格都需要稳定的货币来计量，商场也不可能每天更换标签，那么，24 个小时价格连续波动的比特币就根本无法对接我们的现实世界。

进入币圈 3 年来，我曾数次发文和呐喊，呼唤币圈一定要走出蒙昧和无政府主义误区。中本聪和比特币本来只给人们提供了一场抵制既往中心化货币体系中那些不公平因素的实验，甚至仅将它定义为一种边沿的补充式的点对点电子支付货币。但不少后来的信众，总是把它看成一次摧毁整个法定货币体系的伟大革命。2015 年以来，连比特币旁生的区块链技术应用与研发，也都被看成是改变人类生存方式的一场类似于工业革命和电子革命的的运动，显然，在我看来，有制造泡沫的嫌疑。

每个参与投资数字货币的人，总有自己的国籍和身份，也享受着主权国家提供的一切福利、公共资源和基础设施，我们的孩子或许正在接受义务教育，我们怎么可能一下子就成了无主公民？不给国家和社会承担一定的责任和缴税的义务呢？

正因为此，本书反复强调一种理念：在主权辖区内，央行法定数字货币永远都是最主要、最基本，甚至是官方唯一许可的完成本国商品交易和支付的货币。

对“中国版央行数字货币体系”的猜想还是以官方观点为参考，下面是摘自中国人民银行征信中心副主任姚前发言观点：

第一，要理清数字货币的概念、界定、分类、职能、特征，提出数字货币的中国定义，区分法定数字货币和私有数字货币在技术特性、经济特性和制度安排上的异同和关联，讨论数字货币履行货币职能的过程，以及如何满足高质量货币体系的条件。

第二，需要对数字货币的运行进行深入研究，深入探索数字货币基于中央银行和商业银行二元体系的发行、流通、交易和回笼机制。在此基础上，讨论满足其运行机理的技术路线和关键技术的选择，开展关键技术攻关与突破。

第三，要对数字货币对货币金融运行体系的作用和影响予以研究。

第四，基于以上研究成果，形成数字货币监管的科学顶层设计，包括数字货币的开发设计，开发适用的监管协调工具，以及选择合适的监管调控指标等。

2.3 去中心化公众数字货币将承载起国际储备货币的职能

关于去中心化、无国界、超主权、P2P及自信用的公众数字货币体系担负的伟大使命，在前面章节中已经探讨很多，我倾向于非常乐观。本章虽回归理性，对其在主权辖区内的应用，乃至短期境外活动支付，都给了适度的限定，但宏观来看，比特币等公众币，在各国央行探讨发行主权法定数字货币的同时，已经直接晋级，成为以实现跨国支付、交易、汇兑、结算和储值的超主权国际储备货币，毅然担当起挑战国际货币美元霸权的重任，凌驾于所有主权法定货币之上。

(1) 选择比特币等公众货币，较之“美国政府、美联储一直在用操控美元量化宽松、适度从紧、整体以输出美钞为主的策略，影响全球经济与商品价格，操控和盘剥全球各国的劳动成果”，更具公平、公正和透明性，这是全球公众以此抵制美元霸权的有力武器。

(2) 采用公众数字货币作为国际储备货币，将克服“全球各国的储备货币以美元为主，并采取相对于美元的固定汇率或浮动汇率制，其储备财富价值最终都会受到美国政府对美元估值政策的影响”缺陷，其储备价值，从对某一个有私欲的强权国家的信任，置换到对全世界所有公众投资者的全球信用上来。

（3）全球 P2P 点对点交易特点，可以仅支出小微费用即实现跨国支付交易、汇兑、结算和财富转移，取缔既往法定货币运行体系在跨境支付上的高昂成本。

（4）适当合理存储一定数量的公众币，可以抵御持有本国法定货币遭遇的通货膨胀剥削，或在本国政权和经济出现动荡与危机、法定货币崩溃或大幅贬值情况下，保护个人金融资产价值不遭遇亏蚀。

（5）正是需要花较长的确认时间才能完成区块链分布式总账本对交易数据的记录，才让你拥有的数字货币的权利和信用由分布在全球的透明总账本验证和保护，作为一项跨国汇兑和财富储备的大事情，等几十分钟时间自然无所谓了，要的就是这种安全和信用。

笔者坚持用事实说话的原则，从第 3 篇开始，就力图克服当下币圈对数字货币应用的过分夸大化，并客观理性地推演出如下结论：主权辖内的商品交易支付和应用，以央行主权法定货币为主（不论它是纸币、债务货币、电子货币还是数字货币等任何形式）；跨国贸易、结算、汇兑、支付和价值储存，以全球公众储备数字货币为主（比特币、狗狗币等），两者互为依存，各自发挥自身优势，才构成未来世界更趋完美的货币框架体系。

中国政府必须非常清醒地认识到：一是要顺应网络时代的发展需要，尽早推出中国版央行数字货币框架体系，赶上全球货币体系的发展步伐；二是要积极拥抱公众数字货币，抢占制定国际数字货币管理运行标准发言权，发挥大国领导作用；三是要高度警惕并严密布控“去美元”战略，千万不要让中国老百姓辛辛苦苦 30 年，用汗水换来的国际债权大幅折损或化为乌有。

第3章 赋予央行币可追溯性将杜绝现金腐败交易

王博

年过半百的人，时常会对混沌的社会现状产生悲天悯人的感慨，我就时常对改革开放30年来中国经济腾飞换来的全球自信和扬眉吐气深感欣慰，但又对网络舆情上青年们因一致性地对腐败和精神蜕化产生的叛逆纠结不已。尽管明知道，资本主义与社会主义的概念博弈、计划经济与自由竞争的碰撞、民主政体与集权政府数千年来的循环更替，从来没有验证任何一种极端体系的长盛不衰，但让举国民众愤愤不平总不是好事。偏激点的愤青总爱说“革命”，他哪里知道当下中国的稳定与和谐（相对而言）举世难寻，这种思想何等的不靠谱！但偏偏这“腐败”顽疾实在又让人痛心疾首，真的是要中国政府的命啊！

2016年以来，因为痴迷数字货币，通读了央行研究数字货币公告、周小川的财新记者对话、近期频频出现的商业银行副行长级别的数字货币与区块链研讨论文，尽管所有人对央行币还都未下定论，且基本倾向于：要界定清楚法定货币和私有货币的本质区别，并在“中央直接主持数字货币发行与运营一元化管理”，还是“继续保持央行与商业银行二元结构”间徘徊，但对数字货币技术功能方面的挖掘依然不够，特别是对神圣的可追溯性漠然处之，以致我常常苦思冥想，怎样才能让决策层看到这伟大的革命性所在啊？忽然有一天找到勇气，还是大声喊一次“只有数字货币可以救中国！”吧。

我和大多数中年人一样，坚信中国政府如果不科学地解决好整治腐败的问题，政权信用一定是岌岌可危的。但是，只要真的能有效地杜绝和遏制腐败，中国的“国家资本主义＋宏观计划经济＋微观市场经济＋聪明的黄皮肤”，还真要比日暮西山的“纯粹自由竞争机制”的欧洲和美国更强大而永恒，所以说，当下的焦点是如何整治“腐败”顽疾。

在金本位或纸币为载体的货币体系下，金、纸币本身具备价值储存或法偿性，在对资产和财富的理解上，人们就难免对拥有更多的金和纸币产生精神图腾，乃至这些年中国对一个人是否成功的定义主要与金钱数字的多少直接挂钩，整个社会变得浮躁，为了主要目标——赚钱，丢了太多的优良传统和美德，全民精神文明修养水平持续下降，甚至搭上毁坏个人身体健康和幸福，对财富的传承和对后代的福荫预期也更加重了对收获和囤积这些金融财产的欲望。开展“打苍蝇和老虎”运动后，网上总是盛传又查获多少个亿、多少吨人民币或美元、多少千克黄金，且总要夹杂着烧坏数台验钞机的趣谈，这都是造成全社会民众走向拜金主义或仇富极端思想的根源。

这里引出了本章最为关注的技术问题——“金与纸币的匿名性”。许多大老虎并没有很多的豪宅或名车，甚至没有张扬奢华的消费，因为这些炫富会暴露他的腐败和不合理收入来源。在审讯 BXL 时，他儿子在法国的别墅就成了抹不掉的受贿罪证，因为它看得见、摸得着，还实名认证。但囤积在地下室、仓库及床下的纸钞和黄金，却是完全匿名的，只要没搜到赃物，避过锋芒，就可以由拥有人转移继承给任何人，而不受追索，这一切根源就是因为“金与纸币”是“匿名的”。

普通大众都承认一个社会现实，大多数在政府职能部门或央企且有一定级别和职务的领导干部（腐败受贿的最大受害者），他在成长过程中，一定有着比普通人更为优秀的能力水平和敬业精神，不然就无法取得仕途成功，但后来为什么 些人就蜕变了？就成收受贿赂的腐败大老虎呢？这一切都缘于“金钱的匿名性”，收了就收了，一个愿打一个愿挨，两厢情愿，神不知鬼不觉，不收还不随俗，还水至清则无鱼。

我不是伟光正，也不是禁欲主义者，我认为每个人生来都有为自己获取更多利益的本能和欲望，否则，人类就会放弃进取，其基因就会退化并被别的生物超越，行为科学研究成果也证明人有与生俱来的竞争性与贪婪性，才保障了人类生命的不断进化和繁衍。

在金与纸币的匿名货币体系下，在集权政府赋予主要官员太多决策权的国情背景下，在中国人情化社会的礼尚往来的传统熏陶下，既然可以有压岁钱、馈赠礼品、请吃请喝，那就自然演化到在用吃喝与礼品无法表达感情和谢意时出现现金回馈，网上出现的现金打赏、抢红包等也都已经是非常普遍的情感沟通，但这种现象一旦延伸到政府大型工程的发包与管理、财政拨款、科研经费、奖励基金、资格审批等领域，就会产生大量现金腐败交易，从而让政府职能和信用受到亵渎和伤害，直接影响执政党的立身基础。

任何人，只要他在一个属于集体的社会里，就必须接受和服从集体为了维护公平公正公德而建立的法律法规约束，但这个约束必须具备一定的可操控性，甚至是技术保障性。只要中国央行继续使用当下的匿名纸币货币体系，现金腐败的毒瘤就根本无法治愈。

不要相信任何“坐怀不乱、靠党性觉悟抵制诱惑”的幻想，只要某件事犯罪的成本太低，而得到的实惠太多，且已经形成了一种世俗的风尚，就会有人冒险以身试法。特别是在集权决策机制里，掌握项目或招标生杀大权的主要一把手，一个人就可以决定整个事件的运营，可以将任何项目申请和招标流程做到滴水不漏，匿名的现金财富就滚滚而来，这种诱惑无时不在地吞噬稍微有些权利的领导干部。

现在已经到了矛盾冲突异常激烈的时刻，决策层已达成共识：不整治腐败，就会亡党亡国！但没有好的整治腐败的办法，也困苦不堪啊，我们创建的集权国家政体与西方的民主政体有先天不同，我们在调动举国之力高效运筹方面远超民主政府，但我们在监督机制与廉政建设方面又相对落后，我们不可能承担推倒重来的国家政治风险，那就必须珍惜任何技术进步带来的历史机遇。

“只有数字货币可以救中国！”饱含着我对国家的一片赤诚，只要中国政府将数字货币可追溯性引入未来的央行数字货币（详细技术框架体系有待进一步研发设计和实践），在实现所有钱包地址实名认证后，对发行的任意最小的货币单位采用区块链技术完整记录其在钱包地址间的流通和交换，那么，每一个最小单元的币，它的流通路径从诞生的那一天开始，就完完整整地保存在央行中心数据库里。当纸币与目前银行账户里的电子货币和债务记账货币都转换成央行数字货币后，全中国的每一分钱，在每个企业或个人的钱包地址间流动的同时，也都清清楚楚地记账在央行大数据库里，即我们的货币财富完全处在一个公开透明的总账本里。没有纸币了，就再也不用保险箱、仓库和床下藏钱了。

这个时候，职务犯罪和受贿现金就丧失了条件，因为除了自上而下发放的工资、福利和奖金收入外，账户里若多出 1 分钱，是谁给的都一目了然，现金腐败将从此销声匿迹。当然，如果谁足够任性，也可以收受境外别墅和字画（也最终需要交易才能实现价值）、海吃海喝，那你，就等着随时被微博、视频晒出来而曝光吧！

2016 年 1 月 20 日，中国央行高调发布公告《尽早发行央行数字货币》，这种霸气几百年都没见过。美联储遮遮掩掩、英国央行支支吾吾、日本财务省还找不到北，偏偏技术理解上一直滞后的中国央行闪亮张扬，这绝对不正常，那就要想到：一定是决策层找到了短期推出央行数字货币的重大动机或政策红利想一想，全国人民的每一分钱都保存在央行总账本数据库里，现金腐败一定是被整治了，还有财政税收啊，看谁还敢偷漏 1 分钱的税。当然也不需要任何领导干部登记个人财产了，早有计算机为你做好了账簿。

笔者固执地认为，央行高层在数篇探讨性文章里谈到人民币纸币要向电子货币和数字货币的过渡，是为了取缔纸币印刷发行储存兑换回收成本，提高现有银行体系安全背书交易流程效率，这都是隔靴搔痒，本质上，接纳区块链技术可以给数字货币赋予的可追溯性，让所有货币资产公开透明化，才是最大的根源。

当然，实现这个理想最大的瓶颈也不容忽视，那就是，现有的权贵阶层和富裕人群，在二八法则下，更能够对决策层和政策施加压力和影响，要循序渐进地引导他们敢于让自己财富走到阳光下，在人治气氛浓厚的国家，有时候也得宽容地体谅：正义的高层所面对的传统势力的阻挠。

历史的车轮总是滚滚向前，我相信人类社会将一直处在短期起伏不定长期螺旋上升的大规律中，那么，就对央行数字货币必然发行充满信心，对中国政府将用央行币可追溯性铲除现金腐败毒瘤充满期待。

第 4 章 建立超主权国际数字货币管理中心必要性

王博

本文的标题，对以去中心化理念为标签的数字货币圈来说，无疑是陈旧的、反动的、没落的，甚至会激起许多忠粉立马想暴贬的念头。但且慢，请一定要细看“超主权”3 个字，我这里的“国际数字货币管理中心”可是凌驾于全球各主权国家之上的组织，代表的是全球公民的利益，类似于“地球国国务院职能管理部门”，是创建全球新秩序的世界机构。

每一次面对币圈泛自由、无政府蒙昧思想碰撞时，我都得浪费一番口舌，一遍一遍地告诫：人类社会的发展，就是由原始社会的个人—直系亲属—家庭—氏族—部落—酋长国—主权独立—民主国家—未来地球国（一定会出现）的，基本规律就是：由个体到组织，由个人到国家，由小中心化到大中心化。每一个层级的中心化组织运行，都必须依赖对应层级的政府主权来呵护，就像美国政府为美国人民谋福利、中国政府要为中国人的利益负责一样，离开中心化组织的保护，每个组织内部会因缺乏秩序和管理而一盘散沙，外部会因缺乏实力而被别的组织侵略、剥削或压榨。

当下国际形势中，全球各国在跨国贸易中受美元霸权（中心化）的垄断剥削，以及各国内部主权政府利用货币发行权（中心化）对公民利益的盘剥，是人类最大的两个不公平。

数字货币的去中心化抵御的正是以上两个中心化产生的不公平，本意绝不是无政府、无秩序、无约束、无法规。比特币 7 年来的顽强生长是在没有任何可以代表国际公众利益情况下的一种自我繁衍，比特币在发展过程中不断呈现的先天技术与机制瓶颈、匿名性弊端，已经严重制约其健康发展，仅为了一个区块扩容（这是板上钉钉的铁定需要尽快解决的大事情！）就吵吵闹闹一年还没有结果，让圈外投资者倍感担忧，若再出现几个 Mt.Gox 和丝绸之路，不毁掉比特币才怪？这一切无序和乱象，就缘于数字货币整个体系缺乏强有力的中心化组织的管理与呵护。

本篇还深度剖析了数字货币的匿名性对自身发展带来的严重阻挠，比特币是不是美国政府和美联储的阴谋？这些观点不一定站得住脚，但它一定值得中国政府和币圈人士思考，我们坚决不能为了获取“去中心化分布式区块链总账本建立的信用”，而让整个世界变得黑暗和无序；也不能还没走出既往中心化的弊症，又陷入另一个隐匿的中心化操控；或是放任缺乏自我完善和升级改进的去中心化组织无所作为，任由数字货币被瓶颈所扰而自生自灭，甚至给全球金融秩序带来一次毁灭性打击。

所以说，建立一个“超主权形式的全球数字货币管理机构”迫在眉睫：必须站在保护全球公民利益目标的基础上，规划和防范任何主权政府对数字货币的操控企图，确保数字货币协议机制科学性、公正性、奖励矿工或收取交易费用的廉洁性，特别是在发展过程中遇到新的瓶颈时，发挥中心化组织高效决策优势，保障技术协议不断更新与升级，及时应对和处理任何问题。最后，还有个更为艰巨的任务是：只有超主权的中心化组织，才能保障在全球范围内实现交易账户的实名认证，彻底杜绝匿名性造成的潜在危害。

对一个根本不存在的机构谈它的职能实在有些主观，但人类进步不就诞生在不断的探索中吗？以下从现实需求层面对“如何建立符合人类社会进步的数字货币框架体系”做一简要猜想，一己之言，一定很狭隘片面，但意义在于抛砖引玉，激发全社会思考，最终探索更为科学的数字货币发展之路。

1. 审核货币发行协议规则，批准数字货币上线国际公网交易

审查货币发行协议规则设计是否科学、严谨、可行，获准发行权后方可通过区块链技术挖矿发行；对已经发行和流通的数字货币，采取协议规则审查或修订，并征得全网货币拥有者多数认可后，方允许其公开交易运行；对存在发起人不公平预挖矿和优惠先期开发者阴谋的币种，进行公示或取缔。

对在初始设计和宣传推广上存在欺骗或敛财目的，在协议规则上有先天缺陷，并已经无法挽回的币种，坚决取缔，或让其在黑市流通中走向归零；对于一些后起国家，未及时纳入全球监管机构发行的已经流通的且协议规则合理的数字货币，采取资格后审方法予以通过。

依次来保证所有在发行和流通的数字货币，不存在欺诈和先天缺陷，只有这些品种才能在国际公网上交易流通，营造数字货币良好诚信的生存环境。

主要作用：只允许协议规则公平公正公开的数字货币发行和交易。

2. 建立全球国际公网交易平台及资格审查与资信、安全监管

每个国家在遵守全球数字货币管理条例、资信及安全审查规定的基础上，确定本国拟进行数字货币交易的平台并提请认证，被认证的平台才可以纳入国际公网，被纳入国际公网的平台，可以接受全球客户委托开展交易；而纳入国际公网的平台，只能交易国际管理中心审查通过的币种，不允许交易任何平台或机构自己设计的币种。

只有合规的币种和服从监管的平台才能最终保障数字货币交易的安全，并引导大众不被黑市币种欺骗。

主要作用：杜绝一开始就策划圈钱后跑路的平台非法交易。

3. 开创人及研发维护团队和钱包转账支付系统统一纳入国际数字货币管理中心直属管理

开创人和研发团队，在申请并被核准数字货币发行后，其团队成员即被纳入国际中心统一管理，并以个人资产和资信证明为自己的“类股东”身份做担保，从此，一切对协议规则的更新、对钱包功能的开发和完善，以及更新任意一条代码均需得到管理中心审查通过，确保其中没有徇私或有不公平因素存在。

管理中心负责对钱包主程序系统的维护和代码变更与连续运行（执行人是保持去中心化原则的开创研发团队），确保在挖完矿后，每笔交易能得到即时分布记账要求。钱包的转账收费标准由管理中心统一制定和收取，收费用于奖励矿工、支付开创与研发团队的薪酬，并将结余用作国际管理中心或国际印花税源的一部分。

主要作用：取缔混乱而垄断的收费，以及交易费用流入中心化维护团队账户的不公平。

4. 各国政府负责本国数字货币钱包账户的实名认证，并统一提交国际管理中心登记备案，坚决杜绝匿名性

各国政府对主权辖内所有参与数字货币交易的个人真实身份进行验证，确保所有数字货币的交易和支付发生在实名认证的、可识别的、可追溯的钱包地址间，取缔匿名性，彻底杜绝黑客等犯罪分子的匿名敲诈与窃取等犯罪行为的产生。

主要作用：杜绝黑色交易、金融洗钱、黑客敲诈和绑匪勒索。

5. 负责审查所有币种的技术改进和升级方案，协助维护研发团队与全球挖矿者、投资者、交易平台达成约定，选定全网统一的时间节点全球同步实现软件与协议升级改进，彻底克服当下比特币在扩容过程中的安全隐患

笔者从历史演绎和宏观管理层面对本章立意做了简单阐述和猜测，很肤浅粗陋，本难以成文，但想将这段理念传递出去的思想总是无法平息，就借本书一吐为快，请读者笑纳。

笔者坚信，在不远的将来，不管各主权国家政府如何充满分歧或不情愿，但类似“国际数字货币管理中心”的超主权国际组织一定会创建和成立，并担负起呵护数字货币健康发展的重任，那个时候，就不会为今天的标题感觉突兀或难以接受了。而中国政府或民间力量，决不可坐以待毙，要拿出全球第二大经济体、实现中国梦的自信来，积极争取在制定国际数字货币一揽子规则的话语权，并在最终的国际管理中心起到制衡美国等西方经济势力的作用，为确保全球储备数字货币的安全运行保驾护航。

第5章　丝绸之路与匿名性之痛

王博

2015年5月29日，纽约曼哈顿联邦法院宣布对全球最大的网络黑市“丝绸之路”创始人罗斯 · 乌布利希的最终判决：终身监禁且不得假释。法官称其为“最大的毒品贩子”，其他罪证还包括：计算机黑客阴谋罪、洗钱和偷漏税等指控。此间，正直中国上海召开2015年亚洲加密数字资产及技术专题研讨会，区块链技术应用和发展悄然从对数字货币本身的关注发生硬分叉，独辟蹊径成为2015年最大的亮点，整个世界对乌布利希这个关乎比特币生死存亡的大事件采取了漠然的态度，这种现象曾令我非常不安。

在笔者看来，Mt.Gox等一系列交易平台被黑客摧毁或监守自盗，这都仅是技术层面或是发展初期的乱象，随着数字货币产业的不断发展和规范，类似被盗跑路等犯罪行为会逐渐收敛。但“丝绸之路”事件引起的对匿名性的思考却是关系到数字货币能否健康发展下去的根本，即使到2016年7月，乌布利希采取比特币匿名交易的自由贸易黑市，依然是全球数字货币走向应用的最大实践，然而，它被查封、被取缔了。到底是毒品、洗钱等行为罪不可赦？还是匿名性会必然诞生这些犯罪？为什么很少有人站出来深刻反思？我常常瞅着匿名性惶惶不安，本章就来进行深度探讨。

5.1　罗斯 · 乌布利希与“丝绸之路”

每次搜索到乌布利希的照片，看到他宽大的脸庞、憨厚的笑容和蓬松的头发，都会产生一个感觉：这家伙实在像个乖孩子。根本无法把他与贩卖毒品和雇佣杀手联想起来。事实上，乌布利希真的是个不错的青年，26岁就取得物理学学士学位、材料科学硕士学位，他尽管很贫穷甚至没有自己的汽车，穿两年前妈妈给买的运动鞋，但却将自己经营的书店收入的1/10捐献给慈善机构。假设没有比特币或是没有比特币的匿名性，他可能真的一直是一个很循规蹈矩的技术工作者，但如今他却被判处终身监禁。

一切得从 2011 年 2 月的那个“丝绸之路”（Silk Road）网站说起，现在已无法追溯乌布利希起初的全部意图，他是一个理想主义者，崇尚自由竞争理念，利用自己掌握的技术真的就创建了一个“自由市场网站——丝绸之路”，一个买卖双方使用秘密身份和用比特币进行交易的在线集市，他坚持认为丝绸之路是一个关于自由市场贸易的实验（无政府、逃避税收），用户在网上的交易行为与他无关。

由于比特币的交易本身实行的是钱包地址间的透明交易记账，即分布式总账本里连续记录了任何一枚比特币所有的历史流通交易过程，理论上讲，只要能发现一个可疑账户地址，就可以依据区块链数据查询到任何该钱包里所有比特币的来历，显然这是违法交易者最忌惮的事情。

乌布利希为了实现充分自由交易的理想，解除交易者对账户连续记录可追踪核查的后顾之忧，保证在“丝绸之路”交易匿名到底，发明了一种名为“洋葱路由”的方法：简单来说就像是一个洋葱，用户发出的真实交易信息藏在最里边，利用分布在世界各地许许多多的服务器节点，自动、随机且匿名地把参与丝绸之路网站交易的信息加密后层层跳转（相当于经过无数分布在全球各地的钱包地址间的无数次转账），最终到达出口时，早已不知道最初币的来源。

这样，即使执法机构追踪到某些可疑数字货币账户，也无法知道它是从何而来的，即便解密了部分路由信息，也只能查到它的上一个节点，而这个节点可能在日本，也可能在中国，甚至在希腊或委内瑞拉，哪怕通过艰苦的外交协作，真的查到了很多层级的节点所在，所获知的也不过是再上一个节点的所在而已——想要所有节点都追查清楚，恐怕已是几年之后的事情了。

正是在“洋葱路由”的保护下谈“生意”和支付比特币，才使得整个交易过程变得异常匿名，很多黑帮或边沿人群很快意识到了它的超级安全性，就放心大胆地在“丝绸之路”网站上开始进行各种非法交易。它的用户很快就超过 100 万人，交易总额超过数 10 亿美元——其中 70% 的交易与毒品有关，而剩下的 30% 也多为黑枪、盗取的信用卡用户资料、色情服务、黑客攻击、办理假证和雇凶杀人等违法交易，该网站对每一笔交易，都征收 8% ～ 15% 的“手续费”，获利丰厚（够黑心的暴利）。“丝绸之路”这个曾经浪漫而美丽的名字，至此变成了一个藏污纳垢的黑色交易平台。

创建网站的乌布利希知道这种交易见不得光，网站的维护和更新，以及招揽生意都采取匿名或流动 IP 地址，遍布旧金山的咖啡店成了他的藏身之处，但最终还是被一名卧底了两年的顽强的 FBI 探员在乌布利希发出寻求办理假身份证件的信息后，向乌布利希提供其本人 7 套不同版本的逼真的证件（执法机构提供的假证件怎么可能不逼真？）而取得其信任，这名探员还毛遂自荐地成为乌布利希预约支付 5 万美元的杀手，去杀死某个威胁要公布乌布利希身份的人（黑吃黑历来都是黑道经久不衰的话题）。

2013 年 10 月，FBI 掌握了充分的证据后收网，在旧金山逮捕乌布利希，查封了丝绸之路的 26000 个比特币，法官聆讯确定乌布利希一手建立、操纵并运营了“丝绸之路”网站，其必须对非法交易承担完全责任后，经过一年多的调查取证和审讯，确认该网站售卖大量冰毒、可卡因和海洛因等毒品、其他非法商品、洗钱、网络诈骗等 7 项刑事指控罪名成立。2015 年 5 月 29 日，法院最后一次开庭，两名吸毒受害者的妈妈出现在法庭上，控诉她们的儿子都是死于过量使用从“丝绸之路”上购买的可卡因，如果没有乌布利希创建的这个网站，她们的儿子就一定还活着。

乌布利希在法庭上含泪请求检察官宽大处理，承诺自己不是一个贪婪的人，请求给他一次再生的机会，但一名助理检察员说“他虽然可能真的不曾见过毒品，但他与传统的大毒枭无异，因为他们在经营的效果上是相同的”。乌布利希曾申诉：“丝绸之路网站的本意是想让人们拥有自由选择的权力，让人们根据自己的意愿追求自己想要的生活，然而没想到结果却被人们利用来进行毒品交易。”（不清楚是真的委屈还是假的？）“由于丝绸之路网站，我毁了自己的生活，毁了自己的未来，我本能够好好地利用我的人生去做很多事情，但是我知道现在后悔已经没有用了”（违法犯罪迟早是要偿还的）。

3 年来，令数字货币界最尴尬的事情是：比特币诞生已经 7 年，在现实世界里的真实交易和应用除了查封关闭了的“丝绸之路”，依然小到微不足道，乌布利希的辉煌不曾再有人超越，尽管许多大型跨国公司曾经高调宣布接受比特币支付，但真正落到实处的很少，这就难免让圈外看客总是将比特币与非法交易联系在一起，但“丝绸之路”的确是一场破坏性的恶毒实践，是比特币的缺陷？还是匿名性的隐患？这确实值得人们思考。

2014 年 1 月，达世币（DASH）（原名暗黑币）诞生，其采取了建立混币池交易币种而不被人发现支付方是谁，希望在匿名投资领域有所建树，致力于构建去中心化的可持续匿名融资模式（纠结：这难道是步“丝绸之路”的后尘，还没有长大就宣布死亡吗？），在乌布利希因加强了比特币的匿名性，而为数字货币的发展带来摧毁性打击的影响还没有消除的情况下，达世币这种匿名技术的目的到底是什么？匿名性到底该不该存在？是毒瘤还是创新？该坚决取缔还是该适度引用？怎么可以不搞清楚呢？

5.2 匿名性之痛

1. “丝绸之路 ”的思考

(1) 假设没有“洋葱路由”的技术方法帮助乌布利希实现比特币交易的匿名性，这个好学生就不会冒着随时被查封和逮捕的风险去实践他的自由交易之梦，也就不存在这个交易数亿美元毒品和违法商品的黑市网站。

(2) 假设没有匿名性，也就没有原告席位上两个倾诉的母亲，她们的乖儿子可能就没办法购买和吸食过量可卡因而送命。不论有没有匿名性，违法犯罪和黑市交易都是存在的，但犯罪的成本一定会更高，从而减少许多受害者的犯罪动机。

2. 匿名性是毒瘤还是创新

解读 1：全球最大比特币交易网站 Mt.Gox 的倒闭是因为数万只比特币被盗，其他诸多平台存在的跑路或监守自盗，或像比特儿所说的由冷钱包向热钱包转移比特币的瞬间丢失，这一切，都是匿名性惹的祸，如果没有匿名性，黑客或平台窃走的币就是罪证。

解读 2：最近看了几则因为数字货币匿名性而让敲诈勒索等犯罪行为泛滥的现象，总以为黑客敲诈的对象是以银行、政府要员、富翁和大佬级掌握诸多财富的人，没想到一些黑客偏偏敲诈到著名学府的计算机研究中心数据库和美国许多警察局罪犯档案数据库，研究中心和警察局不得不支付赎金保护其数据安全，试想，警察都被敲诈了，谁还来保护我们啊？这一切，都因为比特币的钱包地址在现实中的匿名性。

解读 3：放任匿名性，中国腐败收入一日之内就消失在地球上；一个小职员就可以让一个银行的资产不翼而飞；所有的经济犯罪、所有的逃税漏税都再也无法追踪，绑架勒索的刑事犯罪也会不断上升，整个世界将暗无天日。

解读 4：2015 年年初，一种名为 CTB-locker 的比特币敲诈病毒在全球范围爆发式传播，该病毒通过远程加密用户计算机硬盘中的文件，向用户勒索比特币赎金，用户文件只能在支付赎金后才能打开，FBI 也介入调查，但由于黑客使用匿名网络和比特币匿名地址获得赎金，根本无法追踪和定位病毒的始作俑者，目前病毒元凶依然逍遥法外。匿名性已经威胁到人们生活的各个方面，如果比特币的收款地址是实名认证的话，怎么会出现这样的局面？

3. 匿名性的动机分析

(1) 乌布利希为何创建“丝绸之路”？是无政府跨国自由交易实践？匿名性逃避税收？获取黑色交易带来的暴利？怎么看都觉得后两个可能性更大。

(2) 匿名性可以实现：隐私权保护、非法交易、逃税、洗钱、敲诈、偷窃和恐怖活动等。但隐私权保护的必要性到底有多大？是怕钱多了有人借或骚扰？还是钱少了怕人嗤笑？或是怕主权政府均分个人资产？等等，但难道就因为这些并不充足的理由而选择匿名性，就让整个世界都处在黑暗和恐惧中吗？

5.3 公开透明总账本与非匿名的匿名性

本书第1篇中，郑重公布了比特币的本质是非匿名性，即公开总账本里记录的交易过程是完全透明的，若真的有那么一天，能将全球钱包地址和拥有者真实身份对应的话，任何微小的交易都会公示天下。

最新的研究成果证实，比特币在开发的初期不一定是非得强调匿名性的，但为了转账的安全，需要可以随时申请无数个钱包地址，且全球公众均可随时在网络上点对点实现P2P交易，因为缺少一个中心化的全球管理组织，要实现对全球投资者账户管理的实名认证，显然是不可能的，这就在事实上实现了比特币的匿名性，是不得已的结果。

在纽约州及英国央行制定交易平台的监管细则时，都提出了需要交易平台对参与投资者提出实名认证的要求，只有经过真实身份验证的投资者才能进行充值和买卖交易。中国目前的绝大多数平台也实现了实名认证，即使每个人在自己的钱包里可以生成无数多的地址，但通过交易平台充币提币的那个相关地址是和当事人一一对应的，这就为较少层级转账洗钱犯罪等行为的追查提供了实名可追溯的依据，从而减少犯罪动机。

我倾向于未来数字货币世界一定是主权辖内，将主要由央行数字货币统一交易和支付，每个人拥有的数字货币地址账户一定是有限的、可控的、并实名认证的，对央行币任意小的单位实现实名可追溯性，这样就在技术上杜绝了现金腐败、偷税漏税和洗钱等违法犯罪行为。钱包地址与真实身份的实名认证，将为人们创造一个公开、公平、公正、阳光、透明的崭新世界。

但在全球范围内，以跨国储备汇兑结算目的为主的国际公众数字货币比特币等，由于当下还缺乏超主权国际数字货币管理认证中心一类的组织，很长时间内，数字货币还难以实现全球范围内的实名认证，且比特币自身就有着去中心化的网络延伸到哪里，就可以让哪里的人拥有自己账户与钱包的理念，包含一切宗教盛行、歧视女性或弱后群体的地带，一定程度上的匿名性可以向全球更多的公民提供拥有管理自己财富和资产的权利。

本质上区块链透明总账本的钱包地址交易实名制，与现实上的无数匿名投资者拥有海量钱包地址进行交易，构成了交易实名但权属人匿名的混沌状态，这就给借助匿名性从事违法犯罪的行为创造了条件，这种局面正在拷问着全球所有国家政府和数字货币投资者，在匿名性和实现完全实名认证间长期博弈，寻找最终的出路。而交易平台，这个嫁接商家与投资者完成支付赎回的枢纽，是不是在实名认证和取缔匿名性方面，特别是建立交收信用方面起到决定性的作用？我充满期待。

5.4　被伪证的匿名性

正是匿名性让乌布利希走火入魔被判终身监禁，“丝绸之路”差点毁掉整个数字货币产业的正常运行，但匿名性仍然在全球范围内随时诱惑贪婪侥幸的人以身试法，只要暗黑交易、敲诈勒索和病毒窃取的币转账成功，受害者的比特币将永远丢失，犯罪者的财富因为匿名而逍遥法外，这种潜在危险性已经严重桎梏数字货币自身的发展。

笔者时常对匿名性发出以下拷问：

（1）数字货币若实现实名认证的完全可追溯性，拥有财富的人就拥有绝对的安全保证，因为谁都不敢偷窃、敲诈或转移你的币，整个社会也没有了现金或财富腐败和行贿，就是好友同事想借你的币，那一定是到了万不得已的地步，因为一切交易都是透明公开的，谁都可以看到他受人施舍毕竟是不开心的。为什么不可以公开你的币财富？为什么要匿名性带来的那么多潜在的危险和伤害？真的似乎没有任何理由。

（2）提倡匿名性的人：首先是获得不正当财富、有偷税漏税、非法交易、行窃欺骗、不敢走到阳光下的币财富，再就是远超正常收入的人群，光明正大的收入来源一定是期望实名认证来为自己背书的。

当（1）（2）两个问题同时出现时，对大多数追求公正公平正义的投资者来说，几乎没有任何理由要出现第二种答案：取缔匿名性，追求所有数字货币资产实名认证，无须任何怀疑。

从社会发展的终极愿景和公德原理出发，所有财富也都应当是透明的，拥有更多财富的人也是享受集体社会提供的机遇获得的红利，就应当向社会承担和回馈更多的义务，不应该存在隐瞒财富的动机；普通公众应积极服从主权政府对正常纳税的要求，这也是一个公民的义务；为了呼唤和震慑偷税漏税者的觉悟，就应当对个人数字资产实现实名认证，只有大家共同遵守统一的准则，才会对不法者形成一种道德与行为约束，所以说，匿名性被证明为悖论事件，没有存在的理由。

5.5 取缔数字货币匿名性，迎接全球实名认证新时代

匿名性带给数字货币和全社会的伤害已经非常惨痛，不论从哪个方面看，乃至追溯比特币诞生的源头，都不曾存在对匿名性的认同，且每一次数字货币生态圈遭遇重创，基本都与匿名性施虐相关，取缔匿名性已经是关乎数字货币生死存亡的大事。为此，这里在赞同诸多国家政府和银行，对数字货币投资和交易实现更为严格规范的实名认证方面给予肯定，并提出以下建设性意见。

(1) 成立超主权国际数字货币管理中心：规范数字货币的协议机制与规则，保障其公正与信用，升级和完善钱包软件功能，审核币种发行和上网交易细则，批准和监管交易平台诚信运行，督促各主权国家协助交易平台实现投资者实名认证。

(2) 升级主要公众币协议机制和钱包软件功能，增加实名身份验证，在超主权管理中心许可的中心化交易平台配合下实现实名身份与钱包地址匹配。

(3) 所有的交易只能在通过认证的交易平台或商家间进行，所有的转账支付或投机买卖只能在实名认证的账户间进行，在比特币透明总账本里，除了忘记公钥和私钥永远消失的币，其余的币实现从挖矿诞生的那一天起的完整的实名交易路径和持有人可追溯。

(4) 主权国家进出口贸易税收只能通过超主权国际数字货币管理中心统一协商，确定全球统一均衡的财税政策，实现全球所有主权国家央行币、国际储备公众货币的二元化币种对接与管理。

实现实名认证后的币世界，将让一切自由竞争的商业行为走到阳光下，一切财富透明化，一切交易可追索，公平、公正、公开，一切社会活动都在公众的统一道德行为规范下和谐共生。

第 6 章　Mt. Gox 与比特币交易所的生与灭

邹来辉

6.1 Mt.Gox 的诞生与破产

比特币交易所是进行比特币交易的地方，由于比特币天生的数字特性，互联网而生，所以，一般的比特币交易所是以网站形式出现的。比特币也有线下交易，比如场外交易也是比特币重要的交易场所。这里主要探讨的是比特币网上交易所的发展与历史，以及其相关问题。

1. 比特币的诞生

比特币是一种全球通用的加密数字货币，称为 CryptoCurrency，其诞生有其历史的必然性，并不是突然冒出来的鬼点子式的东西。在数字货币这条路上，在比特币的诞生以前有不少天才式的人物已经做了大量类似理念的创造类货币的尝试，比特币只是到目前为止最为成功的一个。其中包括英国密码学泰斗亚当 · 贝克（Adam Back，现为加密货币公司 blockstream 执行主席）发明的哈希现金（hashcash），比特币就利用了亚当 · 贝克的一些重要创造。密码学专家戴伟（W Dai）在 1998 年发明了 B-money。中本聪在构建比特币期间，与戴伟时有电邮往来，借鉴了不少设计经验，如点对点交易和不可更改交易记录的理念。其中还有密码学大师哈尔 · 芬尼（Hal Finney），以及智能合约提出者、密码学家尼克萨博（Nick Szabo）设计的比特黄金（bit gold）。前人的这些大量研究奠定了比特币的技术基础。2009 年 1 月 3 日，比特币的第一个区块诞生了，创作者中本聪（Satoshi Nakamoto）挖出这个被称为创世区块（genesis block，block # 0）的第一批 50 个比特币，并且巧妙利用了区块链的特性颇为史诗式的嵌入了一句话：The Times 03/Jan/2009 Chancellor on brink of second bailout for banks（财政大臣站在第二次救助银行的边缘）。当时正值金融行业处在水深火热的境况中。比特币的第一笔交易发生在中本聪发送给哈尔 · 芬尼的 50 个比特币，交易发生在 block # 170，哈尔 · 芬尼称比特币将改变整个世界。

2. 比特币交易

1）New Liberty Standard 时期

最早的比特币定价可以追溯到 2009 年 10 月 5 日，由 New Liberty Standard 发布，以下简称为 NLS。2009 年 10 月 5 日的参考交易价格是 $1=1309.03 BTC。2009 年 NLS 推荐的比特币交易价格表如下。

时间	$1 等价于比特币数量
2009 年 10 月 5 日	1 309.03 BTC
2009 年 10 月 7 日	952.02 BTC
2009 年 10 月 12 日	907.40 BTC
2009 年 10 月 16 日	803.27 BTC
2009 年 10 月 25 日	776.35 BTC
2009 年 11 月 18 日	904.42 BTC
2009 年 11 月 24 日	1 078.96 BTC
2009 年 12 月 1 日	1 233.66 BTC
2009 年 12 月 15 日	1 626.37 BTC
2009 年 12 月 30 日	1 555.24 BTC
2009 年 12 月 31 日	1 451.83 BTC
2010 年 1 月 1～15 日	1 392.33 BTC

这个定价是如何来的？在形成实际的交易市场以前，是很难定价一个交易物或物品的，因为没有实际交易行为作为参考。早期的理想主义者为了推动比特币作为代替货币使用，在现有的经济条件下按照比特币产生的成本来估算它的价格。基本经济要素如下：

①运行一部高性能 CPU 计算机一年平均所需的电量为 1331.5 千瓦时（kWh）。

②美国当前居民家庭用电的平均电费每千瓦时是 $0.1136。

③使用这部计算机平均每个月可以生产的比特币数量为 B。

可以计算出制造每个比特币成本为

1331.5×0.1136/12/B=12.6/B;

譬如，每个月可以制造 16000 个，那么每个比特币的代价为 12.6/16000=0.0007875，换句话说每 $1 等价于 1/0.0007875=1269.84 个比特币。上面的比特币价格表就是按照这个方法算出来的。

NLS 早期对比特币的推动是不遗余力的，包括推出使用比特币支付的网上商店。不过也有人对 NLS 的计算方法提出质疑，主要缺点是如果有越来越多比特币制造者（矿工），则在相同时间和能量消耗下所得的比特币将越来越少，则按照此计算方法价格也越来越高，这明显与市场供求状况没有什么关系。

2）史上最昂贵的比萨

目前大家所知的第一笔使用比特币在现实世界进行交易的事件发生在 2010 年 5 月 22 日。一位来自佛罗里达州杰克逊维尔市（Jacksonville，Florida）的程序员 Laszlo Hanyecz 在比特币论坛 BitcoinTalk 上发布帖子表示愿意用 1 万个比特币买两个比萨。

这个帖子发布在 2010 年 5 月 18 日，交易发生 4 天后的 22 日，交易记录被记录在区块链上：https：//blockchain.info/address/17SkEw2md5avVNyYgj6RiXuQKNwkXaxFyQ。在当时用 10000 个比特币购买了两个比萨，每个比萨价值 25 美元。按现在 650 美元的比特币价格计算（2016/6/25）这两个比萨的价值已经超过 650 万美元。

因为这个棒约比萨，于是将 5 月 22 日定义为比特币界的比萨节，这是比特币粉丝的一个重要节日。

3）交易所的出现

在 2010 年早期已经出现了比特币交易所，其中最早成立的交易所是 bitcoinmarket.com，诞生于 2010 年 2 月 6 日，现在已经不运营了。在 7 月 12 日开始的往后 5 天的时间里，比特币整整涨了 10 倍，价格从大约 $0.008/BTC 起一直飙到 $0.08/BTC。

3.Mt.Gox 的诞生

2010 年 7 月 17 日，比特币交易所历史上最著名的比特币交易所 Mt.Gox 诞生了，这是比特币真正意义上第一个官方交易所，其首席执行官 Mark Karpeles 是比特币基金会的董事成员。

这个名字看上去很奇怪的交易所最初并不是用来交易比特币的。Mt.Gox，或又称 Mount Gox，全称是 Magic：The Gathering Online eXchange，在 2007 年创立时用作万智牌的线上交易平台，名字就来源于此，交易比特币是后来的事。创立者 Jed McCaleb（eDoney、瑞波币 Ripple 和恒星币 Stellar 的创立者）成为比特币的忠实拥趸后将它改造成比特币交易网站。虽然 Jed McCaleb 对它期望很高，但是他有其他更重要的开发项目，无暇顾及这个交易所，他认为应该把它交给更合适的人继续发展。于是在 2011 年把 Mt.Gox 卖给了 Mark Karpeles

的 Tibanne Co. 公司。Mt.Gox 从此走上了快速发展的道路。

Jed McCaleb 说道："在去年夏天接触了比特币后，一时贪玩我创建了 Mt.Gox。对我来说这非常有趣和好玩。我仍然坚信比特币的光明未来。为了 Mt.Gox 的潜力，它现在需要一个比我更有时间的人来管理。所以我把这把火炬传递给了别人，进入一个新的发展阶段。"

在 Mt.Gox 上的注册用户至少拥有两个子账号：一个是比特币子账号，另一个是法定货币子账号。这个平台拥有与其他交易所如股票和期货交易所相似的交易功能，可以说它就是功能完整的交易所。在当时，交易所最大的利润来源是用户的交易费用，现在国内的比特币交易所大都没有交易费用，例如，国内三大交易所 BTCC、OKCoin 和火币在交易比特币和莱特币时都不收取交易费用，只是提现比特币和人民币时收取一定的费用。至于这些交易所的生存方式，国内的交易所似乎有更激进的想法。Mt.Gox 的交易费用设置比较灵活，譬如给大额交易用户一定的费用折扣，这样可以吸引更多的大户，增加交易量。

从 2013 年年底开始，从不断有用户爆出不能提现的抱怨到全面停止交易，Mt.Gox 交易所上的比特币交易价格像失去了重心的铅球，直线下降，直至到最后一个交易日 2014 年 2 月 25 日的 $122.73。

4.Mt.Gox 灾难的来龙去脉

在 Mark Karpeles 接收 Mt.Gox 仅仅 3 个月后，就遭受了第一次黑客攻击，导致 6 万多用户的邮件地址和密码泄露。其中一些客户重复使用了这些账户资料来管理 myBitcoin.com 的钱包，又导致了大概 600 名用户的比特币被盗。更坏的情况是，连 Mt.Gox 管理者账户也被黑，导致大量的比特币被抛售，令价格直接从 17 美元跌到 0.01 美元。不过，Mt.Gox 很快从这一次重大的攻击事件中恢复过来，也渐渐取得了早期用户的认可，到 2013 年 4 月比特币价格冲破了 100 美元，彼时 Mt.Gox 的交易量占了全球的 76%，在某种意义上，Mt.Gox 和 Mark Karpeles 成为比特币的权威，顾客也赋予了对他们的信任。

随着比特币价格的继续上涨，Mt.Gox 和 Mark Karpeles 的麻烦也接踵而来。首先自己在美国和加拿大的合作伙伴 Coinlab 将它告上了法庭。原因是 Coinlab 称 Mt.Gox 未能履行之前双方签订的关于比特币的合作协议。Mt.Gox 美国子公司 Mutum Sigillum LLC 在美国的合作支付商 Dwolla 实行了新的反洗钱政策，一些账户的活动被严格限制，与 Mt.Gox 的资金往来被取消。随后美国国土安全部（US Department of Homeland Security）缴获了 Mt.Gox 在支付商 Dwolla 的账户资金，原因是监管机构认为 Mt.Gox 已经违反了美国的相关法律。

经历此事后，Mt.Gox 决定去掉匿名交易和提现服务。

在 2013 年 7 月，美元取现服务恢复，但到了 2013 年 8 月中，提现服务再次遭人投诉。很多用户在 reddit 和其他的比特币论坛上抱怨 Mt.Gox 的提现迟迟不能到账。

后来，人们发现 Mt.Gox 并不是一个合规的金融类公司，虽然做着类似金融交易服务。美国政府关闭了 Mt.Gox 下属子公司 Mutum Sigillum LLC 并再次没收了 290 万美元。这成为了 Mt.Gox 的转折点，总部位于中国的 BTC China 超过了 Mt.Gox。

挤兑风波继续发酵，在 2013 年 11 月 19 日，Mt.Gox 被认为是遭受了 DDoS 攻击，一度关停了网站。在 11 月底，Mt.Gox 为了解决安全问题推出了密码发生器。

但是这并没有改变多大状况，应该说可能一切都太迟了，即使是在 2013 年 12 月交易费用的七五折促销使 Mt.Gox 上比特币交易价格短暂高于其他的交易所。

进入 2014 年，事件并没有平息，不断有新的用户报告说 Mt.Gox 提现不能到账。2014 年 2 月 10 日，在 Mt.Gox 上所有的提现服务都停止了，这成为整个市场比特币价格狂泻的导火索，在 Mt.Gox 上比特币价格跌到了 300 美元以下。Mt.Gox 所有的公关活动都无济于事，最后干脆选择了沉默。交易价格直至跌到了 100 美元。

2014 年 2 月 24 日，Mt.Gox 推特账户的所有内容被全部删除。同一天，Karpeles 辞去在比特币基金会董事会的职位。2014 年 2 月 25 日，Mt.Gox 关掉了，随后的 28 日，Mt.Gox 向日本政府申请破产，报道指超过 74.4 万个比特币被盗或不知所踪，连同 Mt.Gox 公司所属的 10 万个比特币也一同被盗，这批比特币共占了所有比特币流通总量的 7%。在 Mt.Gox 东京旧办公室门口，黑压压地堆了一群示威的人群。

Mt.Gox 随时面临着大量用户的诉讼。此时的 Mt.Gox 网站已经变成破产公告了。2014 年 3 月 9 日，Mt.Gox 在美国申请破产保护。

黑客相继攻破了 Mt.Gox 网站、Mark Karpeles 的个人博客和 Reddit 账号，声称找到了证据证明 Mt.Gox 是监守自盗，并找到了一个木马软件 TibanneBackOffice.exe。比特币整个社区对 Mark Karpeles 进行了口诛笔伐。比特币社区的意见领袖 Andreas Antonopoulos 曾经表示，导致 Mt.Gox 比特币失窃的漏洞其实可能被黑客利用了长达两年的时间。2014 年 3 月 20 日，Mark Karpeles 在公司官网上宣称“在一个旧钱包当中找到了 199999.99 枚比特币。”

6.2 比特币交易所的生与灭

自比特币诞生以来，由于其数字化特性和金融属性，监管问题和自身法律地位问题就一直困扰着比特币的发展。比特币的数字化特性令其在网上交易变得非常方便，与主要的交易标的物法定货币的交易成为监管部门的重点关照对象。同时形形色色的比特币及竞争币交易所不断冒出来，就像 19 世纪初的美国西部淘金热，人们似乎发现了新时代的大金矿，一些天生冒险者、计算机极客和自由主义者对这个市场都趋之若鹜。虽然比特币作为货币没有得到广泛的认可，也没有进入主流人群，但是目前并不妨碍它成为一些避险资金的候选投资品，就如黄金。比特币出现在一个全球经济特别是金融领域出现危机的背景下，反华尔街的浪潮似乎从来没有像现在这样严重过。一些人担心各国政府的“量化宽松”货币政策会最终导致全球经济的通货膨胀如脱了缰的野马。比特币的有限总量设计正好迎合了这些需求，成为现有货币体系的竞争对手。

由于比特币的天生半匿名性、去中心化和数字化的属性，它的诞生与其他的货币（或称为投资品或商品）又有着明显的不同。自比特币诞生以来，黑客、欺诈者和冒险者尾随而来。例如，2012 年 3 月，比特币交易平台 Bitcoinica 上的 43000 个比特币被盗；2012 年 9 月，价值 250000 美元的比特币在交易所 Bitfloor 不翼而飞。不过具有讽刺意味的是，比特币本身是一种去信任化、去中心化的数字货币，但是用来交易比特币的手段却是一个中心化的，需要第三方运营的交易所执行比特币与法定货币之间的交易。交易网站存放着用户的比特币钱包，也称为在线钱包，这些在线钱包经常成为黑客的攻击目标。比特币持有者与这些实际上充当第三方机构的交易所、在线钱包、矿池或者比特币投资基金的活动往来中，存在非常多的不安全因素，这是导致许多比特币欺诈事件、被盗事件及“庞氏骗局”屡次发生的原因所在。

6.3 比特币交易所何去何从

大多数比特币交易所的寿命都很短，有些只有数月。到目前为止，运行时间最长的应该是国内的比特币交易所比特币中国 BTCC.com（前身是 BTC China）。大家都越来越清醒地认识到，比特币交易所本身是一个中心化的机构，这种中心化的机构执行比特币的交易存在重大的不安全因素。解决方法之一是发展去中心化的交易所。另外，只要与法定货币发生交易关系，就避免不了受现有的金融监管机构的监管，要继续运营，合规化就变得非常重要。例如，Coinbase和双子星交易gemini.com与监管当局保持良好的关系，接受它们的监管。由于立法的滞后，目前大多数的比特币交易所游走在各国政策的边缘。特别是中国，中国市场已经占有全球比特币交易市场的70%以上，但是国内比特币的定位是商品属性，各部委明令禁止第三方与国营金融机构断绝与比特币交易所的联系，国内的交易所的地位一直处于一种灰色地带，无论是从行业本身的发展还是对普通消费者的保护来看，都是不利的，欺诈与跑路的情况时有发生。

第 7 章　无法无天的众筹

李　健（EVA）

按经典里的说法“太阳底下并无新鲜事”，同理，众筹并不是新鲜事物。

别说互联网时代搞众筹，就算追溯到古代，也有好几家把钱凑一块买骡马的事情。不过目前是因为互联网的社交功能更为广泛，所以将本来是一件“新瓶装旧酒”的事情演绎得花样百出，异彩纷呈，天花乱坠，一塌糊涂……

谁想众筹？谁想参与众筹？最后众筹走向何方？都成为引人深思的焦点问题。

1. 谁想众筹

这个问题似乎很多人看起来觉得不咋地，咋问得那么俗呢？应该换个问法！

比如“众筹的发起者是谁”。

呵呵……问答文雅不能代表内容优质。忽如一夜春风来，千筹万筹遍地开。但凡有想法点子的，都打出众筹的大旗，想要来掺合一竿子。

想众筹的，可能是高精尖科技人才，也可能是村东头的二傻子；可能是手握工厂的大老板，也有可能是门口卖豆浆的王老头；有可能是德高望重的老前辈，还有可能是玩 LoL 的小学生……别笑，这是一个谁都可以众筹的年代。发起众筹并不算一件了不起的事情，发起众筹的人，更谈不上有多高深。

众筹网站也是乐看其成，要知道，众筹网站是有 5% ～ 10% 的抽成的，众筹 100 万，要有 5 万 10 万上缴众筹网站，当然人家愿意支持众筹。

不能说所有众筹的人都不干实事，一竿子打死所有人不现实，有些人还是辛辛苦苦的工作的，不过更多的人，是来“捞一票走人”混水摸鱼的骗子。

这个时候不明真相的吃瓜群众可能对我上述说法群起而攻之，评论道：“哎呀，你咋能瞎说呢？药可以乱吃，话可不能乱说啊，熟归熟，再胡说要告你毁谤……你看发起众筹的‘x 叔’，为人一团正气，一表人才，做事一本正经，技术一比吊草，哦，哦，口误说错，是首屈一指……‘x 叔’发起的众筹，怎么能有错？”

没错，吃瓜群众可能就是这么认为的。需要紧跟‘x 叔’，他发起的项目赶紧上车，企图分一杯羹。

其实呢？x叔的众筹，名义上花里胡哨，实际是银样蜡枪头，半点内在没有，功能“全部都在不远的将来”才能实现……群众们等啊等，功能没实现，等来了‘x熟’的第二次、第三次众筹……

卧槽泥马，这不是庞氏骗局是什么！？我就问，是！什？么？

“不！x叔怎么可能骗我们！x叔可是有钱人！x叔……”

群众们啊，你们倒是长点心啊，别这被坑了还帮人数钱，何必呢？x叔有钱，干嘛不自己出钱搞这个项目？这是尼玛根本不靠谱！要么是他就是想把风险摊给你们，要么就根本就是想捞了你们的钱去吃喝玩乐大宝剑！

好，谁想众筹看清楚了吗？来下一条。

2、谁想参与众筹

众筹好，众筹妙，参与众筹呱呱叫！

大概就是这样一幅画面：一群吃瓜群众手握钞票，看到众筹信息，嗷嗷的喊着，争先恐后的将自己辛辛苦苦赚来的血汗钱拱手送出。

“你够了！你不光侮辱‘x叔’，你还侮辱我们这些投资人！你……你还侮辱我们的智商！”或许一些吃瓜群众愤怒的指着我的鼻子间叫骂。

唉，其实，实不相瞒，我不是单指，在坐的参与众筹的各位，真心全都是垃圾……

不晓得大家那么急着参与众筹干什么？大概首先还是嫌自己的钱太少吧……不知道诸位年薪达到多少，家里是不是有房有车，老婆孩子要不要送包包上补习班之类的。

你要是以上都满足了，奔驰宝马，如花美眷，洋房豪宅，一抓一大把，那你来众筹，随便你，别说你众筹，就算你搭个炉子烧钞票都没人管你。但是话说回来，要是那样的幸福人生，随便银行理理财都善莫大焉，哪管什么众筹了。

可是好多参与众筹的，根本就是屌丝啊！工资少的人神共愤，身无一技之长，每月泡方便面吃都只能就咸菜，买瓶老干妈也得掂量掂量，抽上红梅算是改善生活，没事要对着电脑屏幕上的苍老师撸一发，撸着撸着，突然发现了QQ群里的众筹消息，于是心说：哎呀妈呀，可算捞着机会了，赶紧参加，到时候翻个十倍二十倍，不，一百倍一千倍，到时财务就自由了！到时候，买房买车，王家二丫头来主动追我我还看不上哩……想着想着，就转账付费了。

发起众筹的x叔收到付费，很快他的脚下，被几滴水打湿了……可是他不是因为群众的支持而流下被感动的热泪，是看到又一个二傻子上钩了，嗷嗷的几万几万的送钱，激动得“流口水”啊！

你要坚持说参与众筹的人不傻，是睿智的投资者，我也是毫无异议，仁者见仁，智者见智么。

3、众筹将走向各方

众筹目前无法无天。

无法是真没有法，没有任何法律规定，众筹款项如何监管，众筹失败如何赔偿，众筹发起者跑路做何惩处。全靠人品，但是这世界上最靠不住的是人品。由恶转善千难万难，由善转恶一念之间，要不怎么说“放下屠刀立地成佛”？

无天也是真的没有天，不光没有天，不设定众筹的上限，而且也是根本没有底线。谁的钱都敢筹，谁的钱都敢收，小学生的作业本不嫌少，大爷大妈的棺材板不嫌沉……反正骗到手了，一翻两瞪眼，擦干净屁股去大宝剑。说不定拿这当启动资金，未来还能发大财能为第二个马云?

不管你信不信，反正我是信了。

无法无天的状况还能持续多久，我无法确定，说不定根本没有相关机构看得起币圈众筹，三五年也没人管，各个众筹发起者和参与者，上线套下线，居然都赚得盆满钵满？也说不定哪天某个领导的亲戚脑袋抽筋上当受骗，于是领导拍案大怒，马上查封……届时一片狼藉，一地鸡毛。

加强众筹的监管，必然是未来的重点，但是对于众筹的人而言，能不能在这之前，收回自己扔出去的钱?

投资绝对不是拍拍脑袋的事情，针对风险的思考也绝对不会是“老夫从来都是一把梭”，谨小慎微不是胆小怕事，众筹这种事，多少人说靠谱，也大部分都不靠谱；而有一个人说是“骗局”，基本上真的就是骗局。

攥紧自己的钱袋，擦亮自己的眼睛，认真做好工作，安心追求幸福生活，才是所有人优先应该考虑的事情。

众筹，请量力而行。

第 8 章　币圈众生相

李健（EVA）

茫茫人海，芸芸众生。有人在的地方，就有江湖，有江湖在的地方，就有纷争。币圈更是如此，一个不大的小众群体，里面激情上演着无数的悲欢离合，让人为之流连，为之疯狂。参与其中的人，或者一厢情愿，或者身不由己，或者乐在其中，呈现出各种不同的面貌。

这些面貌彼此交织错杂，层层叠叠，即一个个生动的故事，也相互辉映，构成一幅色彩鲜明的浮世绘。

你可能身在其中，不识币圈真面目，只缘身在此山中；也可能身在其外，如坠云里雾里，在潮流的裹挟之下身不由己，情何以堪。

今天，异客就手挥折扇，简明扼要地评断一下币圈的各种面貌，以正视听。准确与否，大家心中自然有一杆画着标准准星的杆秤。

1. 币民

虽然不想以数量来论先后，但是无可奈何的是，币圈里面数目最多的，还是要属无数泱泱币民。

币民，即炒币的民众。他们或者是身处市井深处，为了争取更大的经济自由，想要努力靠炒币赚一点点外快的升斗小民；或是资产雄厚，赌意盎然，想要过把瘾就死，没事开大小图痛快的款爷。总之，他们深陷炒币其中，视其为人生乐趣，目的明确：多赚法定货币。每天他们叼着烟，眼球随着 K 线起起伏伏、上上下下，时不时清脆地敲击鼠标或者猛按手机屏幕，或者被割肉或者割了别人的肉，将一单单买卖迅速成交，暗自为自己的赚或者亏、庆幸或者悲哀，狞笑或者揪心这两种心态充斥着币民的日常生活。

他们可以忍住大便，等着交易成交；也可以一宿不睡，去狩猎一个价位；他们可以因为买币和家里闹成一团，打得鸡飞狗跳；也可以连病都不治，拿别人募捐来的钱去炒币一把梭……

比特币是什么，他们不懂，只知道这东西能涨能跌，高买低卖可以赚到人民币；比特币有什么远大前景，他们也不屑，也等不及，赶紧赚钱才是最重要的；比特币的数学原理，天晓得那是什么鬼，不要妨碍我炒币。

有人炒币赚到了钱，马上会被币民封为神——厉害，消息灵通，太聪明了！总之各种称谓忽然而至，于是他们得意扬扬不可一世，指点江山，挥斥方遒；如果有人炒币输了钱，马上就会被币民币市——弱鸡，二五眼，太缺心眼了！种种称谓同样纷至沓来，于是他们垂头丧气，心灰意冷。

币价的波动就如同他们的人生，起起伏伏，涨涨跌跌，炒币对于他们而言，只不过是赌博的一种手段，赚钱了，就高兴了。

比特币本来不是为他们设计的，但是目前他们却成了比特币最大的群体，不过如果定义他们在最大限度上推动了比特币的“普及”，是不是也是一种奇妙的安排？

异客曾经写过一首打油诗来调侃币民：币民苦，被套两年啃红薯；币民哭，攒钱投资被当猪。币民傻，随便被人当猴耍；币民怒，张口就骂 × 尼玛。

不过无论如何，比特币涨起来终归是好的，这样，大多数币民还是能赚到钱。可是话又说回来了，谁会亏钱呢？

2. 大佬

币圈不乏大佬，不过有些是真大佬，有些是假大佬。

真大佬致力于宣传推广比特币，深度介入各项比特币活动，辛苦办网站、编书籍、搞活动、弄宣传，手里攥着千把个币，也是默默无闻悄然无语；假大佬却只是想靠比特币捞一笔，他最喜欢宣传的就是“老子不差币”，像模像样参加各种活动，然后似乎积攒了一些名气，就开始众筹做项目，甚至还要上台演讲，到处站台。

真大佬痛斥圈钱，号召大家少冒险、多谨慎、勤动脑，每当币圈新的骗局出现时，都在声嘶力竭地呼喊，提醒大家一定要认清现实、理清头绪，看不懂的不要投；假大佬恨不得世道越乱越好，总是让众人多尝试、瞎鼓捣、快跟风，搞不好就是一些骗局的始作俑者，过一段时间搞个名头就让大家掏腰包快支持、再不上车就没机会了、下一个比特币就在眼前，看懂看不懂都要插一杠子凑热闹。

真大佬确实是在做事情，付出的是真金白银，买矿机挖矿，掏钱维持网站运营，付费进行各种宣传，其间寒苦，冷暖自知；假大佬呢？大事小情掺和一场，一点钱也不想花，成本也要转移到参与者身上，办个网站要众筹，弄个二代币也众筹，甚至举办个大会还要人付费参加，恨不得自己躺着都能赚钱，以至于成果怎么样？鬼才管呢，先掏钱后办事，谢谢。

真大佬喜欢谈技术，不乏真知灼见而且身体力行，自编程序管理矿场，重金聘请程序员协助管理，或者书写各种文章公之于众，要不就是默默贡献代码；假大佬也喜欢扯技术，但是真的谈到了技术又避而不谈，三句话不离“赚钱”二字，本来人生逐利天经地义，但是从假大佬口中却平添了几分莫名的气息，矿场可以托管给别人，程序员是好哥们可以帮忙，写文章的那还不随便就能找到？至于代码，不归我们管。可是最后得出的结论确是“这个项目一定可以赚钱”，你只要“来来来”即可。

币圈如此繁杂，充斥着各种奇妙的消息和奇葩的传说，纷纷扰扰永不休止，在其中谁又能真正分得清。

若是武功高强，内力深厚，就算不显山露水，终究也可名扬天下；如果只是花里胡哨，坑蒙拐骗，纵然一时名声显赫，终究难逃茕茕孑立，身败名裂。

3. 媒体

币圈拥有几个自媒体，币圈外也围绕着一群“专业媒体”，甚至还有一帮“砖家”“叫兽”等也时不时来凑热闹。

币圈自媒体相对比较倾向于比特币，因为是从业者，心中自有所向，所以，很少能做到不偏不倚，偏向比特币稍多一些，众人也总是能够看到倾向于比特币“好”的新闻消息，不过多数也是陈述事实，只不过矫枉过正；币圈外的媒体，因为没有赚到钱，币圈里多热闹也与我无关，比特币快归零，让这帮人都哭去！比特币肯定违法，等着警察把你们都抓起来，让你们蹲大牢！比特币就是个庞氏骗局，大家快快远离！“砖家”和“叫兽”趁机也大放厥词，唯恐别人不知道他能够喷两下，总之恨不能将比特币踏上一万只脚，永世不得翻身，趁机还能多卖出去一些他们编写的“经济学砖著”。

币圈内的媒体，多是针对币民，币民喜闻乐见各种消息，并口口相传，在各种 QQ、微信和微博媒介中广泛传播，被奉为圭臬；币圈外的媒体，多是针对老百姓，反正骂比特币又不会死，反而博人眼球，于是玩命拍砖，甚至推波助澜，唯恐天下不乱，一些媒体人恶意炒作“内幕消息”，一时人心惶惶，让币民恨得牙根痒痒又毫无任何办法。

但凡币圈内叫好的文章，获得很多转发，稍微中立一些的观点都会被喷得“不要不要的”；而币圈外基本没有好话，稍微中立一点的观点立马跟来“传销滚粗”的回复；“砖家”和“叫兽”毫无节操，连比特币原理都没弄懂，居然都敢大言不惭，一句“给我比特币，我是不会要的”，必将成为流传千古的名言。

币圈内的媒体，辛苦耕耘，反而没有炒币平台的附加页面点击量高，说是“人艰不拆”，但是人性逐利也无可厚非；币圈外的媒体，不想干活，只是断章取义摘取各种币圈内的稿子，甚至恶意抄袭，反而也无人追责。

喧闹的市井，币圈内外没有声音，岂不一场寂寞，但是嘈杂纷扰，哪些是催人向上的金玉良言，又有哪些是砒霜毒药的心灵硫酸？

天不生仲尼，万物如黑夜；然而币圈百晓生，已然饿死在天涯。

4. 思想者

但是币圈里也有为数不多的思想者，正是因为有他们，比特币才能够留存到今天，并且不断发展壮大。

他们披荆斩棘，著书立说，甚至不为金钱，不为名利。

他们就是这么一群人，他们的内心倒映着深邃的星空；他们荡涤了脑海里那些凡夫俗子的陈腐律条；他们纠结于那些被世俗所嘲笑的时空观念而不能自拔；他们崇尚开放、自由、共享的理念被商业社会所驱逐；他们离经叛道的个人主义为主流世界所不容；他们是上帝之友，世界公敌；他们上下求索，不知所归；他们苦苦追寻着比特币的足迹……他们被称为 Bitcoiner，他们是自由的子孙。唯有他们，才能理解中本聪的语言。

他们信仰比特币，如果一定要在这个信仰上加一个期限，那可能就是“永远”。

5. 结尾

千人千面，币圈内外林林总总的面孔，犹如汪洋，即使如此简单的分类，也让人为之汗颜。

那些面孔或者增多或者变少，或者清晰或者模糊，或者靠近或者远离，或者喧闹或者寂然，漂浮在人们身边，停留在人们的脑海。

我们停留驻足，却只能茫然观看，无法数清。

佛经中讲：无我相，无他人相，无众生相，亦无寿者相。

亦然、使然、释然。

后 记

本书关于数字货币与区块链产业的区别、币种划分、公众币与央行币的应用探索、匿名性与监管体系规划研究、数字货币投资战略、实战技法、价格运行分析等，均提出自己独立思想和看法，读者一定对书中的观点存在疑问或批评，或激起对这个产业的强烈兴趣，为满足大家进一步探讨的愿望，遂成本后记，以联通读者与编者共同学习与成长。

数字货币伟大之所在就是去中心化、分布式区块链总账本信用体系，这实在是对既往中心化社会的挑战，未来世界的竞争与发展，趋于集合更多个体的智慧形成合力，那么，密切关注每个读者思想、每个投资者群体、整个社会层面的反馈就成为一本有责任的书也必须完成的任务。

1. 本书不同既往其他数字货币知识与概念书籍，而是面向读者直接提供投资战略思想与实战技法，单刀直入，立场鲜明，但因为数字货币还是新生事物，个中观点具有一定的不确定性，投资者在学以致用时需客观理性分析，以参考为主，不可生搬硬套。

2. 本书的社会价值：在于勇敢自信有担当，面对数字货币纷繁乱象，大胆提出厘清币种分类原则，帮助投资者鉴别和规避科技泡沫与传销风险，提高投资致赢率。

3. 本书的历史价值：在于抢占全球数字货币体系建设和规划发展制高点，让中国人在这场全球性的数字货币革命中，起到中流砥柱的作用。

4. 本书崇尚去中心化理念，所有观点均为编委原创独立思想，并以此影响业界精英与投资者充分发挥个人研究和探索精神，在传递作者立场的同时，让圈内外头脑风暴成为政府决策与行业发展的智库。

5. 本书作者均对数字货币投资与产业发展充满热情，对书中观点可能存在的问题和不足均保持开放心态，每个人都非常期待读者对自己的文章和观点提出批评和建议，为便于精准联络与讨论，特公布各编委联系方式如下。

姓名	微信	微博	QQ 与邮箱
王博	wangboxa	王博 vip	2073848917@qq.com
周朝晖	5449191	Joomla 周朝晖	5449191@qq.com
邹来辉	farmer_zou	狗叔 UncleDoge	1251433202@qq.com
江恩	13799504508	江恩-狗狗币	2748289326@qq.com
潘国力	great_eric	力国潘	128478221@qq.com
马龙	maxxlong	狗狗币	maxxlong@163.com

6. 本书正式开启数字货币投资之旅，但因其具有无限发展空间，一定会随时遇到新的问题，为满足读者咨询和讨论的需要，我们特创建了 QQ 群：群号 554940365、群名“数字货币读者交流群”，你有任何对如何投资数字货币的疑问，都可以及时反馈，我们力求为大家起到保驾护航的作用。

7. 本书不仅是一本知识传播媒介，还希望为政府研究与监管、银行金融系统、机构与风险投资者、交易平台、区块链产业发展、资产代币研发、大型企业跨国贸易支付、民间众筹投资等提供参考，编委集体也面向全社会接受研究课题或项目委托。

8. 如何投资数字货币的探索才刚开始，编委会成员真诚期待全球币圈精英和投资者提供原创思想和文章，让我们在未来发展过程中，充分发挥去中心化组织优势，聚合全球分布式头脑智慧，持续不断地为数字货币投资提供指导和建议。

本书在编写过程中，得到中国狗狗币协会、中国狗狗币基金会、施比爱、币区势大数据分析、比特时代、巴比特、bite 酱的支持，在此一并表示感谢！

最后，真诚感谢电子工业出版社对本书的发起与推出，感谢所有读者对我们编委集体的信任！

《如何投资数字货币》编委会

2016 年 10 月 1 日